Les Écrans
de l'ombre

Du même auteur

La Voie des images
Quatre histoires de tournage au printemps-été 1944
Verdier, 2013

D'Arusha à Arusha
Le tribunal pénal international pour le Rwanda
ou l'expérience de la diplomatie judiciaire
(avec Thierry Cruvellier et Christophe Gargot)
Filigranes, 2011

Univers concentrationnaire et génocide
Voir, savoir, comprendre
(avec Annette Wieviorka)
Mille et une nuits, 2008

« Nuit et brouillard »
Un film dans l'histoire
Odile Jacob, 2007

Clio de 5 à 7
Les actualités filmées de la Libération : archives du futur
CNRS Éditions, 2000

DIRECTION

Les Histoires de René Allio
(avec Myriam Tsikounas et Marguerite Vappereau)
PUR, 2013

Théâtres de la mémoire
Mouvement des images
(avec Christa Blümlinger, Michèle Lagny,
François Niney et Sylvie Rollet)
Presses Sorbonne nouvelle, 2011

Sylvie Lindeperg

Les Écrans
de l'ombre

La Seconde Guerre mondiale
dans le cinéma français, 1944-1969

NOUVELLE ÉDITION AUGMENTÉE

Éditions Points

Ce livre a fait l'objet d'une première publication
aux éditions du CNRS en 1997.

ISBN 978-2-7578-3746-7
(ISBN 978-2-2710-5451-7, 1ʳᵉ édition)

© Éditions Points, avril 2014 pour la présente édition

Le Code de la propriété intellectuelle interdit les copies ou reproductions destinées à une utilisation collective. Toute représentation ou reproduction intégrale ou partielle faite par quelque procédé que ce soit, sans le consentement de l'auteur ou de ses ayants cause, est illicite et constitue une contrefaçon sanctionnée par les articles L. 335-2 et suivants du Code de la propriété intellectuelle.

Pour Michèle et Gérard

Introduction

Le passé au miroir

> Ce que le monde fournit au mythe, c'est un réel historique, défini, si loin qu'il faille remonter, par la façon dont les hommes l'ont produit ou utilisé ; et ce que le mythe restitue, c'est une image naturelle de ce réel[1].
>
> Roland Barthes

En juin 1994, tandis que déferlait sur les plages normandes la foule des célébrants, les boutiques de Sainte-Mère-Église proposaient aux vétérans et aux pèlerins du souvenir, parmi les clichés jaunis des opérateurs de guerre, quelques photogrammes du *Jour le plus long* dont la qualité n'avait pas subi les outrages du temps. Cette juxtaposition d'images sur les présentoirs du tourisme commémoratif, cet écrasement des perspectives temporelles substituant l'écho du cinéma à celui de l'histoire synthétisent la réflexion qui fut à l'origine de ce livre.

J'appartiens à cette génération dont les parents, engendrés par l'époque des « années noires » mais trop jeunes pour en avoir partagé la gloire ou les compromissions, avaient déjà livré le combat des interpellations et des inquisitions fiévreuses. Loin de ces assauts ardents, la Seconde Guerre mondiale nous fut offerte en un goutte-à-goutte d'images

---

1. Roland Barthes, *Mythologies*, Paris, Seuil, 1957, rééd. « Points Essais », 1970, p. 230.

cinématographiques transfusées dans le plus grand désordre. Si je dois l'éveil de mes curiosités à ce chaos intime des représentations qui me fit voir en Emmanuelle Riva la première femme tondue, le propos de ce livre n'est pas de mesurer les traces déposées dans notre mémoire par les images cinématographiques de l'Occupation. Ouvrant la réflexion en amont, je tenterai plutôt de comprendre comment l'histoire de la Seconde Guerre mondiale fut convoquée, refigurée, « réinventée » par le cinéma français en fonction des enjeux multiples du temps présent[2]. À la métaphore digestive de Stanley Hoffmann cernant la « spécificité française » dans le poids d'un passé qui remonterait toujours « comme une nourriture non digérée qui "revient" »[3], je préférerai le questionnement ouvert par Moses Finley et Georges Duby sur les usages, les abus et la mise en légende du passé[4].

Les usages cinématographiques du passé

Dans *Le Dimanche de Bouvines*, le médiéviste étudie la déformation progressive du souvenir de la bataille de 1214, événement proprement refabriqué par ceux qui répandirent sa renommée[5]. Duby analyse tour à tour la naissance du mythe forgé par les contemporains de Philippe Auguste puis sa postérité et sa transformation. Étudiant les récits de la première génération, l'historien décrit les phénomènes de déformation et d'amplification des faits, mis en œuvre par les ennemis du roi de France et ses historiographes, les premiers s'employant à amenuiser la gloire du Capétien, les seconds

---

2. Voir Marie-Claire Lavabre, « Du poids et du choix du passé : lecture critique du "Syndrome de Vichy" », *Cahiers de l'IHTP*, n° 18, juin 1991, p. 177-185.

3. Stanley Hoffmann, « Regards d'outre-Hexagone », *Vingtième Siècle. Revue d'histoire*, n° 5, janvier-mars 1985, p. 142.

4. Moses I. Finley, *The Use and Abuse of History*, Londres, Chatto and Windus, 1975.

5. Georges Duby, *Le Dimanche de Bouvines, 27 juillet 1214*, Paris, Gallimard, 1973, rééd. « Folio Histoire », 1985, p. 10.

Introduction 11

à embellir sa légende. Après avoir décrit la translation de Bouvines en mythe de la nation, Duby étudie sa postérité sur un temps long, de la mort de Philippe Auguste à la veille de la Première Guerre mondiale. À travers ses diverses « résurgences », il montre comment le stock de souvenirs et d'images fut mis au service de nouvelles causes : l'idéologie de la royauté bourgeoise ; la mobilisation patriotique contre l'ennemi d'outre-Rhin.

Comme l'histoire de Bouvines, celle de la France occupée fut d'emblée soumise aux infiltrations du légendaire et mobilisée par le cinéma au service de nouveaux combats. C'est à la cristallisation de ce mythe et de cet imaginaire dans les fictions et les documentaires de la Libération, puis à leurs transformations successives jusqu'à la fin des années 1960 qu'est consacré cet ouvrage. Le choix de l'année 1944 s'impose de lui-même : il permet de remonter à la source des images forgées dans une quasi-contemporanéité avec l'événement. La date de 1969 mérite que l'on s'y attarde, tout autant pour sa signification propre que pour l'espace temporel qu'elle borne en aval.

Cette durée de vingt-cinq années est suffisamment longue pour étudier les transformations d'un passé réifié, remobilisé par le cinéma à la faveur de la guerre froide, des conflits coloniaux, des alternances politiques. Elle présente l'avantage de suivre jusqu'à son terme la trajectoire d'un groupe de cinéastes pour lesquels la guerre constitua l'événement fondateur et l'horizon de la conscience historique. Leur carrière fut marquée par l'Occupation : certains y trouvèrent l'opportunité d'une porte entrouverte ou d'une promotion accélérée, d'autres subirent la mise au ban, d'autres encore firent le choix d'une interruption que la Libération transforma en capital symbolique. Les vingt-cinq années écoulées voient ainsi s'accomplir et se clore le remplacement de cette génération par une nouvelle cohorte de cinéastes, enfants de la guerre ou nés dans son ombre portée, qui ne connurent pas l'heure des choix décisifs. La variable générationnelle est moins envisagée « sur le modèle de la trace, [...] de l'empreinte, de la conséquence de l'événement » que sur « sa capacité rétrospective à se reconnaître dans l'événement [et] à [en] construire une mémoire »[6]. Une mémoire... mais aussi une histoire, comme le suggère Pierre Nora qui voit dans la génération « l'horizon spontané de l'objectivation historique individuelle[7] ». En 1969, Jean-Pierre Melville réalisa *L'Armée des ombres*, dernière fiction sur la Résistance conçue par un cinéaste qui en fut aussi acteur. Ce film nostalgique et fervent sortit sur les écrans quelques mois après le départ du général de Gaulle auquel il livrait un ardent hommage. La même année, Marcel Ophuls entreprenait le tournage du *Chagrin et la Pitié*, pensé comme une machine de guerre contre l'historiographie gaullienne qui dominait les écrans depuis le retour au pouvoir du Général. Cette sensibilité du cinéma aux scansions politiques doit être envisagée non comme une réponse mais comme une question. En élucider les causes sans succomber aux fausses évidences nécessite d'entrer dans le tain du miroir.

Le « film-palimpseste »

Pour éclairer la méthode choisie, j'emprunte à la cybernétique la figure de la « boîte noire ». Plutôt que d'appréhender le cinéma comme une entité close et opaque dont on n'observerait que les entrées (le contexte de production) et les sorties (les films réalisés), je suis la voie ouverte par Bruno Latour lorsqu'il invite à se déplacer dans la boîte avant qu'elle ne se ferme pour devenir noire[8]. Refaire le parcours à l'envers, qui va du « film-fait » au « film-en-train-de-se-

---

6. Marie-Claire Lavabre, « Du poids et du choix du passé... », art. cité, p. 180.
7. Pierre Nora, « La génération », *in* Pierre Nora (dir.), *Les Lieux de mémoire*, vol. 3, *Les France*, t. I, *Conflits et partages*, Paris, Gallimard, 1992, p. 961.
8. Bruno Latour, *La Science en action*, Paris, La Découverte, 1989, p. 33.

faire », conduit à traverser l'écran en quête des linéaments du récit cinématographique. La genèse des œuvres permet d'apporter une première série de réponses à la question des usages du passé : elle clarifie le rôle joué par chaque protagoniste dans l'élaboration collective des films ; elle révèle une part des enjeux et des arbitrages dont ils sont l'aboutissement.

Traces premières de leur naissance, les lettres d'engagement, les contrats, les budgets constituent des sources précieuses qui signalent les moyens mis en jeu, les buts affichés, les premières formulations du sujet. Ces documents révèlent aussi les initiateurs, les éventuels commanditaires, les parrains et les intercesseurs discrets dont les noms ne figurent pas toujours aux génériques. La quête des origines est particulièrement féconde pour la période de la Libération qui vit de nombreux films sur la Résistance portés par des acteurs extérieurs au monde du cinéma. Elle se prolonge par la recherche minutieuse et patiente des traces de fabrication du « film-palimpseste ».

Envisager l'œuvre cinématographique comme un *palimpseste* consiste à gratter la surface du film pour en retrouver l'épaisseur et les couches d'écriture, en éclairer les bifurcations et les repentirs. Aux synopsis, aux versions successives du découpage ou de la continuité dialoguée s'ajoutent les comptes rendus des réunions de production, les correspondances, les avis des commanditaires. Ces documents permettent de cerner au plus près les stratégies des agents engagés dans la mise en images du passé.

La dispersion des archives cinématographiques soumet trop souvent la collecte de ces traces aux fortunes du hasard ; elle s'enrichit heureusement de séries plus complètes. Les dossiers de censure constituent un excellent observatoire pour suivre sur un temps long les arrêts des pouvoirs publics. Par-delà les affaires connues et les scandales médiatiques, ces archives révèlent un travail souterrain de tractations et de sacrifices secrètement consentis. Elles soulignent aussi l'importance des procédures de contrôle préalable exercées sur la seule base du scénario. Elles donnent encore la mesure des mécanismes d'autocensure qui conduisirent des producteurs frileux à refuser les projets les plus audacieux, les visions les moins conformistes.

Choix des sujets, désignation des acteurs, normes du représentable, le « film-palimpseste » conserve en ses plis les stratégies multiples et les « disputes » sur les représentations du passé. S'en tenir toutefois à ces seules traces serait faire peu de cas des enjeux latents, des réappropriations formelles, des empreintes clandestines.

L'opération cinématographique

Dans ses travaux pionniers sur le cinéma soviétique, Marc Ferro insiste sur les écarts entre le contenu explicite des films et « l'idéologie latente du texte et des images ». Analysant le film *Tchapaev* (Sergei et Georges Vassiliev, 1934), l'historien dévoile, derrière le discours manifeste de la révolution salué en première page de la *Pravda*, une idéologie implicite renvoyant au système de valeurs véhiculé par les contre-révolutionnaires qui fut introduite à l'insu d'« apparatchiks bureaucrates, illettrés de la culture visuelle », focalisant leur attention sur les dialogues et le scénario[9]. Dans son étude de *Dura Lex* (Koulechov, 1925) s'appuyant sur quelques éléments de mise en scène, Marc Ferro montre que derrière le décor du Canada des chercheurs d'or, c'est en réalité l'Union soviétique des premiers procès qui est représentée. Dans l'immédiat après-guerre, certains cinéastes français situèrent eux aussi leurs films dans des ailleurs lointains : usant de l'allégorie historique pour contourner les interdits, ils portèrent un regard moins contraint sur la France occupée.

À rebours de ces rares visions discordantes, il faut s'atta-

---

9. Marc Ferro, *Cinéma et histoire. Le cinéma agent et source de l'histoire*, Paris, Denoël-Gonthier, 1977, rééd. Gallimard, « Folio Histoire », 1993, p. 21.

cher à cet autre implicite du cinéma d'après-guerre, imprégné de l'« univers mental » d'une époque, témoin de ses désirs inexprimés. Derrière l'infinie variété des intrigues et l'apparente diversité des récits se profilent une matrice commune, un modèle narratif dominant, une philosophie de l'histoire tacitement partagée. Ce passé réinventé fit l'objet d'un large consensus.

Pour d'autres cinéastes enfin, la Seconde Guerre mondiale fut un horizon éthique et politique qui appelait une refondation esthétique et une rénovation des pratiques ; elle signa l'acte de naissance du cinéma moderne[10]. Éclairer ces enjeux, en comprendre les effets et les traductions nécessite de les situer dans la dynamique du « champ cinématographique ».

Pierre Sorlin, s'appuyant sur les travaux de Pierre Bourdieu, a révélé la fécondité de la notion de champ pour une analyse sociohistorique du cinéma[11]. L'historien a démontré que la surreprésentation de la marginalité repérée dans les films italiens des années 1950 devait être considérée moins comme un reflet de la réalité sociale que comme une traduction symbolique de la situation des jeunes réalisateurs à l'intérieur du champ cinématographique. Elle fut l'expression d'un mouvement d'ascension contrarié et d'une crainte de marginalisation d'autant plus aiguë qu'elle s'exprimait dans une période de forte valorisation de la profession[12]. À la notion de reflet, Sorlin substitue l'idée du prisme, de la diffraction du réel, des effets de miroirs. Cet angle sociohistorique invite à resituer le « producteur » du film dans une perspective dynamique prenant en compte ses positions au sein de la profession, sa trajectoire, ses stratégies de carrière. Tout comme le champ littéraire étudié par Bourdieu,

---

10. Voir Jean-Michel Frodon, *L'Âge moderne du cinéma français. De la nouvelle vague à nos jours*, Paris, Flammarion, 1995.

11. Pierre Sorlin, *Sociologie du cinéma. Ouverture pour l'histoire de demain*, Paris, Aubier-Montaigne, 1977.

12. *Ibid.*

le monde cinématographique apparaît à la fois comme « un champ de forces agissant sur tous ceux qui y entrent, et de manière différentielle selon la position qu'ils y occupent », et comme « un champ de luttes » en vue de conserver ou de transformer celle-ci[13].

Cette approche permet de saisir au plus près les stratégies des réalisateurs, scénaristes, producteurs de la Libération placés à l'intersection des champs cinématographique et politique. Leurs imaginaires de la guerre, largement modelés par l'esprit du temps, dépendirent aussi de leur comportement professionnel sous l'Occupation, de leur place dans le cinéma libéré, de leurs espoirs et de leurs désillusions face à la réorganisation du métier. Au cours des décennies suivantes, leur vision des années noires et de la Libération fut soumise à l'évolution des carrières et des situations personnelles, parfois réinvestie sous l'angle nostalgique de l'âge d'or, exhumée comme la source d'une légitimité déclinante.

Soumise au passage du temps et aux tyrannies de l'actualité, la mise en images du passé est aussi le produit d'une opération. Au même titre que l'écriture historiographique analysée par Michel de Certeau, elle s'élabore dans un rapport complexe où se conjuguent la place occupée par les cinéastes dans le milieu du septième art, leurs pratiques professionnelles et les règles de construction d'un récit filmique. Ce sont les facettes multiples et changeantes de cette *opération cinématographique*[14] que le présent ouvrage se propose d'étudier.

---

13. Pierre Bourdieu, « Le champ littéraire », *Actes de la recherche en sciences sociales*, n° 89, septembre 1991, p. 5.

14. Sur la notion d'« opération historiographique », dont j'adapte ici le concept, voir Michel de Certeau, *L'Écriture de l'histoire*, Paris, Gallimard, 1975, p. 63-120.

LIVRE PREMIER

CINÉMA, ANNÉES ZÉRO : NAISSANCE D'UN IMAGINAIRE

À la fin du mois d'août 1944, alors que la capitale porte encore les stigmates des combats, les salles obscures projettent déjà les images de l'insurrection. Œuvre symbole de la liberté reconquise, *La Libération de Paris* inaugure un cycle de films héroïques qui tient le haut de l'affiche jusqu'à la fin de l'année 1946. Pendant cette période sont conçus plus de trente fictions et documentaires consacrés à la Résistance[1]. Une telle profusion s'explique par l'intense activité de trois pôles cinématographiques.

Le Comité de libération du cinéma français (CLCF), groupement professionnel de résistance largement constitué de membres et sympathisants du parti communiste, est le premier à fixer l'image de la Résistance sur la pellicule. Porté par le succès de *La Libération de Paris* dont il est l'instigateur, le CLCF met en chantier quelques-uns des films les plus marquants du cinéma d'après-guerre (*La Bataille du rail*, *Au cœur de l'orage*, *Le Six Juin à l'aube*).

De son côté, le Service cinématographique de l'armée (SCA) réalise, entre mai et août 1945, une série de documentaires retraçant les faits d'armes de la France libre et les épisodes glorieux de la Libération. Conçus sous les auspices du ministère de la Guerre, ces films constituent, en dépit de leur confidentialité, le principal vecteur de l'histoire officielle.

Avec un temps de retard sur le CLCF, le monde du

---

1. Parmi lesquels une quinzaine de courts métrages (voir filmographie).

cinéma, désorganisé par les pénuries et l'épuration, se remet au travail au printemps 1945 et fait une place de choix à la Résistance. De ces foyers parallèles, parfois concurrents, naît un imaginaire de la guerre et de la France occupée.

PREMIÈRE PARTIE

Portrait de l'artiste en résistant

Les premières images de la lutte clandestine sont tournées par des réalisateurs issus des rangs de la Résistance. Préparées dans la clandestinité, elles s'enracinent dans leurs choix, leurs actions et leurs comportements aux jours sombres de l'Occupation. Elles sont nourries par les combats politiques de la Libération, portées par l'illusion des « premiers beaux jours » puis marquées par le désenchantement qui suit. La connaissance de cet arrière-plan constitue un préalable à l'analyse des films.

Chapitre 1

Cinéastes de l'ombre

« Une profession qui n'a pas trahi » (Louis Daquin)

« Résistant cinéaste » ou « cinéaste résistant » ? La distinction opérée par Jean-Pierre Bertin-Maghit[1] éclaire l'alternative qui s'offrit aux professionnels désireux de lutter contre l'occupant : militer dans des organisations corporatistes agissant sur le monde du cinéma ou s'engager dans des réseaux et des mouvements poursuivant de plus vastes desseins.

La « Résistance cinématographique »

Le Réseau des syndicats et la section cinéma du Front national drainèrent l'essentiel de ceux qui optèrent pour la première forme d'engagement[2]. Militant communiste[3] doué

---

1. Jean-Pierre Bertin-Maghit, *Le Cinéma sous l'Occupation. Le monde du cinéma français de 1940 à 1946*, Paris, Orban, 1989. Les pages qui suivent empruntent de nombreuses informations à cet ouvrage de référence. Elles s'appuient également sur les entretiens réalisés par l'auteure entre 1989 et 1994 avec Pierre et Henri Alekan, Pierre Braunberger, Henri Calef, Max Douy, Lili Denis, Claude Heymann, Emma Le Chanois, Marc Maurette, Roger Mercanton, Louis Wipf, André Zwobada, ainsi que sur les archives communiquées par ces derniers.
2. Un troisième groupement, Opéra, fut constitué par des fonctionnaires résistants d'obédience gaulliste travaillant notamment au Comité d'organisation de l'industrie cinématographique, structure fondée en décembre 1940 par le gouvernement de Vichy et qui contrôlait l'ensemble de la corporation sur le territoire français.
3. Il adhéra au PCF en 1933.

d'un solide sens de l'organisation, Jean-Paul Le Chanois fut la cheville ouvrière du Réseau de défense du cinéma, qu'il fonda en décembre 1940 dans la capitale occupée[4]. Le chef opérateur Nicolas Hayer, le cameraman Jacques Lemare, l'assistant-opérateur Étienne Laroche, le décorateur Max Douy, l'assistant réalisateur Marc Maurette, l'ouvrier électricien René Houdet et le pionnier du cinéma scientifique Jean Painlevé constituèrent les premiers cadres de l'organisation[5]. Si la tonalité du Réseau fut nettement communiste, tous n'appartenaient pas au parti. Certains comme Max Douy et Marc Maurette avaient adhéré pendant l'Occupation.

Le Réseau des syndicats se spécialisa d'abord dans le renseignement interne et la propagande cinématographique. Les tracts de l'organisation étaient destinés aux membres de la profession et les informations collectées concernaient le milieu cinématographique. L'équipe de Le Chanois procéda ainsi au recensement des biens confisqués par les Allemands (salles, studios, laboratoires...) qui devraient être restitués à la Libération.

À partir de 1943, le Réseau reçut l'ordre de préparer activement la mobilisation de la profession dans la perspective de l'insurrection nationale. Pour mener à bien cette mission, il fut chargé de reconstituer clandestinement les syndicats affiliés à la CGT. L'organisation s'élargit, changea de nom et se structura pour constituer un véritable réseau de résistance. Elle pratiqua l'entrisme et le noyautage des administrations vichystes. Elle lança avec moins de bonheur quelques opérations symboliques destinées à frapper l'opinion.

En avril 1944, après avoir organisé une manifestation de rue vite dispersée par l'occupant, le Réseau des syndicats projeta

---

4. Ce groupe changea plusieurs fois de nom : Réseau de résistance du cinéma français, Réseau de défense du cinéma français, Comité de salut public, Réseau des syndicats (voir Jean-Pierre Bertin-Maghit, *Le Cinéma sous l'Occupation...*, *op. cit.*, p. 174).

5. Jean Painlevé fut également affilié au réseau du musée de l'Homme.

d'intervenir dans une émission radiophonique de Jean-Hérold Paquis, au moyen d'un branchement effectué sur un câble dans les égouts parisiens. Mais le jour de l'intervention, Le Chanois rata son contact et se retrouva seul dans le ventre de Paris. À la même période, un projet plus ambitieux vit le jour. Il s'agissait d'intercaler dans la bande-annonce des actualités filmées un message de contre-propagande se terminant par ces mots : « Vive l'Insurrection Nationale ! Chassez les nazis et les traîtres à leur solde ! » La bande pirate, réalisée grâce à des complices aux laboratoires CTM, devait être projetée au cinéma La Pagode. Mais au dernier instant, craignant de mettre en péril la vie du projectionniste, les hommes de Le Chanois stoppèrent l'opération et détruisirent le document compromettant[6]. À côté de ces initiatives velléitaires, le Réseau procéda à l'enregistrement de prises de vues clandestines ; en 1943, des photographies de la capitale parvinrent jusqu'à Londres. Le principal mérite de cette organisation fut de tisser patiemment un faisceau de solidarités, de structurer une organisation souterraine qui donna sa pleine efficience lors de l'insurrection parisienne. Parallèlement à ce courageux travail d'homme de l'ombre, Le Chanois avait mené une carrière professionnelle jugée moins édifiante.

Fils d'une mère catholique irlandaise et d'un père juif français, le cinéaste figurait à l'état civil sous le nom de Jean-Paul Dreyfus. La mixité de son ascendance lui permit d'échapper à la législation antisémite promulguée par Vichy[7] et d'obtenir un certificat de « non-appartenance à la race juive » qu'il fit établir au nom de Le Chanois – transcription francisée du patronyme maternel. Mais ce document fut

---

6. Entretien d'Emma Le Chanois avec l'auteure ; voir aussi Jean-Paul Le Chanois, *Le Temps des cerises. Entretiens avec Philippe Esnault*, éd. Bernard Chardère, préface de Raymond Chirat et Laurent Billia, Arles ; Lyon, Actes Sud-Institut Lumière, 1996, p. 127.

7. Son père étant né lui-même d'un père juif et d'une mère catholique, Le Chanois n'était par conséquent qu'au quart juif, selon sa propre expression.

jugé insuffisant par le Comité d'organisation de l'industrie cinématographique (COIC)[8] qui lui refusa, en 1941, la carte d'assistant réalisateur et de chef monteur. Comme nombre de professionnels d'origine juive, Le Chanois pratiqua clandestinement sa profession : il devint le « nègre » de Jean Aurenche sur les scénarios de *Huit hommes dans un château* et de *Moussaillon*. Lorsque son mentor entra à la Continental – la firme allemande dirigée par Alfred Greven – il proposa à Le Chanois de collaborer à *La Main du diable*. Le réalisateur fut intégré officiellement dans l'équipe de scénaristes animée par Henri-Georges Clouzot ; Greven n'ignorait rien de ses origines juives et de son passé militant. Le Chanois écrivit encore pour la Continental le scénario de *Signé Picpus*. Mais au début de l'année 1943, alors qu'il commençait l'adaptation du roman de Simenon, *Cécile est morte*, une dénonciation le contraignit à interrompre ses activités pour entrer dans la clandestinité. Ce passage à la Continental lui valut à la Libération quelques attaques virulentes, non dépourvues d'arrière-pensées politiques[9].

En 1942, l'écrivain communiste René Blech, ancien rédacteur de *La Pensée libre*[10] et bras droit d'Aragon, mit en place la section cinéma du Front national (FN). Ce mouvement de

---

8. Sous la direction de Raoul Ploquin, le COIC délivrait une carte d'identité professionnelle obligatoire dans tous les secteurs d'activités cinématographiques. L'obtention de ce document était soumise à trois conditions : ne pas être juif, n'avoir subi aucune condamnation infâmante, jouir d'une probité attestée.

9. Interrogé sur son travail à la Continental par Philippe Esnault, Le Chanois déclara : « Avant d'accepter, j'avais pris le conseil de mes responsables directs et on m'a répondu que la question n'était pas de savoir si j'allais travailler *chez* les Allemands, mais si j'allais travailler *pour* les Allemands » (*Le Temps des cerises..., op. cit.*, p. 135).

10. Aux côtés de Georges Politzer et Jacques Decour, futurs fondateurs des *Lettres françaises* clandestines. Voir Nicole Racine, « René Blech », in Jean Maitron et Claude Pennetier (dir.), *Dictionnaire biographique du mouvement ouvrier*, t. XIX, *1914-1939, de la Première à la Seconde Guerre mondiale. Bern à Bore*, Paris, Éd. de l'Atelier, 1983, p. 259, et Anne

large rassemblement ne fut jamais une organisation structurée mais une nébuleuse de sympathisants qu'unissait un commun refus de la collaboration et la volonté de contrôler la profession. S'y retrouvèrent des réalisateurs tels que Louis Daquin, Jacques Becker, Jean Grémillon, André Zwobada, Jean Delannoy ; des intellectuels – critiques ou scénaristes – comme les frères Prévert, Nino Frank, Pierre Bost, Jean-Paul Sartre, Armand Salacrou ; quelques acteurs dont Pierre Blanchar et André Luguet. Appartenaient encore au FN Jean Jay (ancien directeur de l'Association de la presse filmée) et Roger Mercanton (assistant réalisateur et chef monteur), qui furent parmi les maîtres d'œuvre de *La Libération de Paris*. La section cinéma comportait un noyau dur et de nombreux satellites qui établissaient leurs quartiers au café de Flore et à la Cinémathèque d'Henri Langlois[11].

Pendant l'Occupation, le principal mérite du Front national des cinéastes fut de s'ériger en mentor de la profession. Ses membres exercèrent un contrôle occulte sur les projets de films que les réalisateurs et scénaristes acceptaient de leur soumettre. Des délégués du FN dissuadèrent certains professionnels de participer à des films de propagande. En décembre 1943, une nouvelle étape fut franchie avec la création de *L'Écran français*, organe de la section cinéma qui fut intégré en mars 1944 dans *Les Lettres françaises* clandestines[12]. L'hebdomadaire permit au Front national de renforcer son emprise sur le monde du cinéma en publiant des listes noires et en clouant certaines œuvres au pilori. Ainsi Clouzot fut-il voué aux gémonies pour *Le Corbeau*, auquel

---

Simonin, *Les Éditions de Minuit, 1942-1955 : le devoir d'insoumission*, Paris, IMEC, 1994, p. 52.

11. Témoignage d'André Zwobada. L'appartenance au groupe de René Blech n'empêchait pas les engagements dans la Résistance active. Jean Jay travailla ainsi pour le réseau Bourgogne, spécialisé dans l'évasion de parachutistes alliés.

12. Voir Olivier Barrot, *« L'Écran français », 1943-1953. Histoire d'un journal et d'une époque*, Paris, Éditeurs français réunis, 1979.

les auteurs Georges Adam et Pierre Blanchar opposaient les vertus du *Ciel est à vous* de Jean Grémillon :

> Aux estropiés, aux amoraux, aux corrompus qui déshonorent, dans *Le Corbeau*, une de nos villes de province, *Le ciel est à vous* oppose des personnages pleins de sève française, de courage authentique, de santé morale, où nous retrouvons une vérité nationale qui ne veut pas et ne peut pas mourir[13].

L'Écran français servit encore de support à une réflexion sur la réorganisation de l'industrie cinématographique. En juin 1944, dans un article intitulé « Le cinéma aux mains pures », Louis Daquin en définissait les principes : en bon marxiste, il prônait une modification radicale des rapports de production et conditionnait le renouveau du cinéma à son émancipation des puissances de l'argent[14]. Le cinéaste concluait son texte en désignant ceux qui, le jour venu, mèneraient à bien cette entreprise salvatrice :

> C'est à ceux de la résistance que reviendra l'honneur de construire ou de réorganiser leur profession, à ceux qui auront acquis dans la lutte cette abnégation et ce désintéressement, cette austérité et cet épanouissement moral sans lesquels aucune entreprise élevée et durable ne peut être envisagée, à ceux enfin qui, tout en essayant de défendre leurs intérêts professionnels et leur patrimoine spirituel contre Vichy et les nazis, se sont efforcés avant tout de libérer la France[15].

Par-delà le catalogue de vœux pieux, il s'agissait de prendre acte pour l'après-guerre. Daquin donnait la priorité aux réformes de structures ; Sartre définissait les nouvelles

---

13. Georges Adam et Pierre Blanchar, « Le corbeau est déplumé », *Les Lettres françaises*, n° 14, mars 1944, p. 3-4.
14. Article paru en deux parties dans *Les Lettres françaises*, n° 17, juin 1944, p. 3 et n° 18, juillet 1944, p. 3.
15. Louis Daquin, in *Les Lettres françaises*, n° 18, juillet 1944, p. 3.

orientations du cinéma libéré. Partant d'une critique des films de Vichy, le philosophe estimait que le septième art avait délaissé sa vocation première en renonçant à peindre les foules et à mettre en scène des personnages situés dans leur environnement social. « Le mal dont souffre le cinéma n'est [...] pas constitutionnel, assurait encore Sartre, c'est la guerre et l'idéologie de l'occupant et de ses valets qui tentent de l'étouffer[16]. » Dans l'attente des lendemains qui chantent, le cinéma devait penser à de nouvelles thématiques :

> Nous ne pouvons aujourd'hui que préparer en silence sa libération, en cherchant les grands sujets qui lui rendront sa place exceptionnelle d'art des foules. Et quel est le sujet qui doit nous réclamer tout d'abord, si ce n'est précisément cette France occupée où nous vivons, sa grandeur et ses misères ? Il faudra bien laisser les Américains et les Russes nous parler de la guerre, des batailles de Libye, de Stalingrad, de Kharkov. Mais notre souffrance est nôtre. Personne ne pourra, à notre place, parler des déportations, des fusillades, des combats des soldats sans uniforme, de ces Maquis héroïques, et de ce million de prisonniers qui manquent depuis quatre ans à la France [...]. Le metteur en scène qui aura le courage d'entreprendre un tel film devrait y penser dès maintenant, et dès maintenant rassembler les documents [...]. Ainsi, la libération du cinéma accompagnera la libération du territoire.

Sartre, pas plus que Daquin, ne posait l'héritage de la guerre en terme de refondation esthétique et formelle. Dans les textes programmatiques du Front national, le cinéma libéré est envisagé sous l'angle d'une réorganisation des modes de production et d'un nécessaire renouvellement thématique.

L'identité et la formation des groupes de Le Chanois et de Blech éclairent les incompréhensions qui les opposent à maintes reprises : le Réseau des syndicats, très ouvriériste, se défiait de « l'intellectualisme » des membres de la section

---

16. Jean-Paul Sartre, « Un film pour l'après-guerre », *Les Lettres françaises*, n° 15, avril 1944, p. 3-4.

cinéma du Front national et critiquait leur immobilisme ; ces derniers n'étaient pas loin de considérer leurs camarades et concurrents du Réseau comme des matamores. Les deux organisations fusionnèrent pourtant en 1944 au sein du Comité de libération du cinéma français (CLCF), relié au Conseil national de la Résistance et présidé par l'acteur Pierre Blanchar. Largement dominé par les communistes, il joua un rôle essentiel dans les premiers mois de la Libération.

En s'opposant à l'intérieur du champ professionnel, en privilégiant des logiques internes au milieu, les membres du Front national et du Réseau avaient pris leurs marques pour l'après-guerre. Ils possédaient une longueur d'avance sur ceux qui, parmi leurs collègues, étaient tenus éloignés des studios parisiens par leurs activités clandestines ou par les rigueurs de la législation antijuive[17].

L'engagement des exilés de l'intérieur

Parmi les gens de cinéma engagés dans la Résistance active, certains adhérèrent à des réseaux ou à des mouvements déjà constitués ; d'autres mirent sur pied leur propre organisation[18]. Démobilisé en 1940, l'assistant réalisateur Henri Alekan s'installa à Nice en compagnie de son frère Pierre. En mars 1941, il devint l'un des cadres du Centre artistique et technique des jeunes du cinéma (CATJC) où il exerça la fonction de chef opérateur[19]. Cet organisme de formation, de recherche et de création, fondé sous le patronage du secrétariat d'État à l'Éducation nationale et à la Jeunesse, constitua le premier embryon du futur Institut

---

17. Le « ou » est ici inclusif.
18. Le centre de gravité de cette autre forme de résistance se situa principalement en zone dite « libre ». Dans la région niçoise, les studios de la Victorine constituaient un pôle cinématographique attractif pour les professionnels repliés ou chassés de la capitale. La région marseillaise remplissait la même fonction autour des studios Marcel-Pagnol.
19. Témoignage d'Henri Alekan.

des hautes études cinématographiques (IDHEC). Il se révéla une pépinière de jeunes talents qui s'affirmèrent dans l'après-guerre. Bien qu'il fût dirigé par le commandant Paul Legros, officier de marine vichyssois, le CATJC fournit ses premières recrues à l'organisation clandestine de Pierre Alekan. Ce jeune avocat parisien avait dû rompre avec son ancienne profession du fait des lois antisémites et exerça quantité de travaux alimentaires dans la région niçoise. Successivement vendeur à la sauvette, apprenti maquilleur puis figurant dans les films de Marc Allégret et Abel Gance, il entra comme administrateur stagiaire au CATJC, en 1941, par l'entremise de son aîné. Dans le courant de l'année 1942, les frères Alekan fondèrent le groupe de résistance 14 Juillet. L'opérateur Raymond Clunie, l'assistant réalisateur Jean Badie, le scénariste André Cerf, le producteur Alexandre Kamenka, le photographe de plateau Léo Mirkine[20] et son épouse constituèrent les premiers membres de cette organisation qui attira nombre de juifs persécutés. Plus tard, grâce à Yvan Noë, Pierre Alekan entra en contact avec un ancien technicien de laboratoire, Léon Lasks, membre du réseau Reims-Gallia[21] auquel 14 Juillet fut rattaché. L'affiliation fut confirmée en 1943 sur les ondes de la BBC par le message « Paris-Lyon-Méditerranée roule toujours ».

Les activités des membres du groupe Alekan s'exerçaient en dehors du monde du cinéma auquel tous appartenaient cependant. Ils se spécialisèrent dans le renseignement (mouvements de troupes, installations de défense, transports de l'ennemi...) et la fabrication de faux papiers pour les illégaux. Ils diffusèrent la littérature clandestine et établirent des liaisons avec les maquis régionaux pour y conduire des réfractaires au STO. Ils participèrent aussi, plus épisodiquement, à des

---

20. Léo Mirkine était parallèlement affilié au mouvement Combat.
21. Pierre Alekan avait aussi des contacts réguliers avec d'autres formations clandestines : France au combat, Combat et l'Organisation juive de combat.

opérations d'action directe montées par les groupes francs de l'Organisation juive de combat.

Il arriva toutefois que Pierre Alekan fît appel aux compétences professionnelles de ses camarades. Des photographies des installations de Toulon furent prises et envoyées à Londres. En 1943, Henri Alekan profita du tournage de *Ceux du rail* pour mettre sa caméra au service de la Résistance. Pour réaliser ce documentaire retraçant la journée d'un conducteur de locomotive et son mécanicien, René Clément avait reçu des Italiens l'autorisation de tourner sur la ligne Nice-Marseille. Chaque soir, tandis que l'équipe rentrait au CATJC par convoi spécial, Henri Alekan montait sur la plateforme et filmait les lignes de défense ennemies. Ses prises de vues, tournées à l'insu de Clément, parvinrent jusqu'à Londres via l'Espagne.

En février 1944, alors qu'il tentait de mettre sur pied une filière d'évasion vers la Suisse, Pierre Alekan tomba dans les rets de la Gestapo niçoise. Le groupe avait déjà perdu trois de ses membres : Raymond Clunie avait « décroché » ; André Cerf était parti pour Alger ; Henri Alekan, rentré dans la capitale, exerçait son métier au grand jour grâce à une généalogie falsifiée[22]. Emprisonné à l'hôtel Hermitage, Pierre Alekan réussit à s'évader et à rejoindre la région parisienne[23]. Il y reprit la lutte en avril 1944 dans le mouvement Ceux de la Résistance,

---

22. Après l'invasion de la zone Sud, la législation antisémite fut appliquée dans la région niçoise avec plus de rigueur. L'administration du CATJC dut fournir des dossiers sur ses collaborateurs établissant leur « non-appartenance à la race juive ». Grâce à la complicité du curé d'un petit village, Pierre et Henri Alekan purent soustraire, au cours d'une nuit, le registre des baptêmes. Henri mit au point un mélange permettant d'imiter l'encre vieillie et profita d'un blanc sur le registre pour y intercaler les noms de leurs deux grands-parents. Ils purent ainsi obtenir, à leur nom, de vrais faux papiers (témoignage de Pierre Alekan).

23. Pierre Alekan, « La vie de palace », *in* Philippe Breton (dir.), *Les Évasions. Le prix de la liberté*, Paris, Denoël, 1965, p. 111-163, et dossier de résistance de Pierre Alekan, Service historique de la Défense (SHD), GR 16P 6829.

Cinéastes de l'ombre

en qualité de chef de secteur pour la zone Paris Nord-Ouest[24]. L'expérience du groupe 14 Juillet avait duré vingt mois.

Si leurs relations de travail avaient permis aux frères Alekan de créer leur propre groupe, d'autres s'affilièrent à des organisations existantes. Ce fut le cas du cinéaste et scénariste Claude Heymann et de l'assistant réalisateur Henri Calef. Réfugiés dans la région niçoise et exclus de la profession par la législation antijuive, ils exercèrent des petits emplois avant d'être introduits par Jacques Cohen dans un groupe de travail chargé d'élaborer des scénarios pour des financiers d'Afrique du Nord[25]. Parallèlement, les deux hommes rejoignirent la Résistance. Claude Heymann travailla pour la section Combat d'Antibes et pour un réseau anglais chargé de l'accueil et du convoiement des clandestins.

André Michel rompit pendant quatre ans avec le monde du septième art. Étudiant en droit passionné de cinéma, il était entré dans le métier par la porte de la critique. À la fin des années 1930, devenu l'assistant de Pabst, il songeait à devenir cinéaste lorsque la guerre éclata. Prisonnier pendant la campagne de 1940, Michel sauta du train qui l'emmenait en Allemagne[26]. Au terme d'une longue marche forcée à travers la France, il s'installa à Lyon où il prit contact avec la Résistance locale. Après un premier emploi de propagandiste, en charge de la rédaction et de la diffusion de tracts et journaux clandestins, il fut promu responsable de l'Armée secrète pour la ville de Lyon, en mai 1943. Une activité de programmateur au théâtre des Célestins lui servit un temps de couverture avant que le développement de ses activités ne l'oblige à entrer dans une totale clandestinité. En juillet 1944, André Michel quittait Lyon pour le maquis de Cluny[27].

---

24. Le 20 août 1944, il fut l'un des premiers à pénétrer dans l'Hôtel de Ville avec Léo Hamon (voir son dossier de résistance, SHD, GR 16P 6829).

25. Témoignages de Claude Heymann et d'Henri Calef. Voir également Jean-Pierre Bertin-Maghit, *Le Cinéma sous l'Occupation...*, *op. cit.*, p. 75.

26. Dossier militaire d'André Michel, SHD, GR 8Ye 118932.

27. Dossier de résistance d'André Michel, SHD, GR 16P 416817.

Lorsque vint l'heure de la Libération, il souhaita reprendre le fil de sa carrière interrompue. Sa nomination à la direction du service cinématographique du Comité d'action militaire (COMAC) lui permit de renouer avec son milieu d'origine.

Quelle légitimité pour quel combat ?

Dans l'immédiat après-guerre, la légitimité acquise dans la Résistance varia de nature et d'intensité suivant la nature des engagements pris sous l'Occupation. Si les résistants de Combat, de 14 Juillet ou de l'Armée secrète jouissaient d'un prestige incontesté, les militants du Réseau des syndicats et du Front national ne pouvaient faire valoir leurs mérites en dehors du milieu professionnel. Dès août 1944, le CLCF mit donc en valeur ses tentatives de régulation du septième art et assura la promotion des prises de vues tournées par ses opérateurs. Pour juger l'efficacité de ces actions, il convient d'opérer un *flash-back* sur le monde du cinéma pendant l'Occupation.

« L'exil hors du temps[28] »

Le « cinéma de Vichy » a fait l'objet de débats nourris et de controverses passionnées qui varièrent au gré des époques. À la Libération, la presse professionnelle se plut à penser que le cinéma français, resté à l'écart de l'actualité politique, n'avait pas offert de prise aux propagandes allemande et vichyste, à l'exception des actualités filmées et de quelques documentaires produits par des sociétés spécialisées sous l'égide de l'État français ou de l'occupant. Dès juillet 1944, le critique Armand Cauliez n'hésitait pas à dresser le « bilan héroïque du cinéma français[29] ».

---

28. L'expression est de Claude Roy dans *Carrefour*, n° 3, 9 septembre 1944, p. 4.

29. Armand Cauliez, in *Écho de la France*, 8 juillet 1944.

Il fallut attendre les années 1970 pour que ce dogme de l'infaillibilité soit remis en cause par de jeunes chercheurs issus de la génération d'après-guerre. En 1972, Jean-Pierre Jeancolas ouvre le banc des critiques et invite à réinstruire le dossier[30] :

> Pourquoi cet intérêt pour le cinéma de Pétain ? Pourquoi revenir à ces quatre années que tant de Français ont voulu oublier ? Peut-être précisément pour cette raison : trente ans se sont écoulés depuis l'Occupation, beaucoup de protagonistes majeurs des années 40 ont disparu, une nouvelle génération monte, qui est curieuse [...]. Le temps est venu de mettre en doute les vérités officielles, d'y aller voir par soi-même[31].

L'expression « cinéma de Pétain » en dit long sur les présupposés de l'auteur. Partant du constat de « déréalisation » autrefois établi par Sartre, Jean-Pierre Jeancolas forge la notion de « contemporain vague[32] » auquel il attribue de nouvelles causes. Ce « présent de convention », desserti du quotidien des spectateurs et protégé des brûlures de l'actualité, aurait constitué un habile moyen d'afficher un apolitisme de façade tout en confortant implicitement la pensée de Vichy : « C'est au fond le petit tour de force de ce cinéma : il reste de son temps tout en n'y étant pas trop (pour éviter le désagréable), mais en y étant quand même un peu. Parce qu'il faut bien que passe un souffle de l'idéologie ambiante[33]. » La valorisation de la province, l'exaltation des valeurs paysannes et du retour à la terre, les poncifs de l'Ordre moral et la défiance à l'encontre des intellectuels furent les principales composantes de cette « idéologie ambiante ».

En 1978, Jean-Pierre Bertin-Maghit enrichit cette réflexion

---

30. Jean-Pierre Jeancolas, in *Jeune cinéma*, n° 65, septembre-octobre 1972, p. 1-9 et n° 66, novembre 1972, p. 37-44.

31. *Id.*, in *Jeune cinéma*, n° 65, septembre-octobre 1972, p. 1.

32. *Ibid.*, p. 4.

33. *Ibid.*

en reprenant la distinction de Jacques Ellul entre la propagande idéologique et la propagande sociologique définie comme « un ensemble de manifestations selon lesquelles une société tente d'intégrer en elle le maximum d'individus »[34]. Selon l'historien, les films français n'auraient pas cédé aux messages politiques mais ils auraient alimenté une propagande sociologique visant à « incorporer l'individu dans l'ensemble du corps social de la France de Vichy » et conduit les spectateurs à « se situer par rapport au critère du bien et du mal défini par la Révolution nationale »[35].

À ces études fouillées s'ajoutent des articles plus polémiques. Dans *Positif*, Stéphane Lévy-Klein traite du même sujet sur le ton sans appel d'un procureur, accusant sans nuance les cinéastes français d'avoir adhéré à l'idéologie vichyssoise[36]. Irrité par ces attaques répétées qui coïncidaient fâcheusement avec la « mode rétro » dont il fut le pourfendeur, Jacques Siclier riposte par une défense et illustration du cinéma des années noires :

> On a reproché au cinéma français des années Pétain son manque de références à la réalité contemporaine, sinon par allusions vagues. C'est absurde. Si le cinéma avait voulu, alors, traiter les événements de la guerre mondiale, la situation intérieure de la France et tout ce qui se rattachait au présent, il aurait été obligé de le faire sous le contrôle des autorités allemandes d'occupation, c'est-à-dire dans le sens du nazisme installé[37].

---

34. Jean-Pierre Bertin-Maghit, « Propagande sociologique dans le cinéma français de 1940 à 1944 », *Revue du cinéma*, n° 329, juin 1978, p. 71-84 (citation p. 74) et *Le Cinéma français sous Vichy. Les films français de 1940 à 1944 : signification, fonction sociale*, Paris, Albatros, 1980.

35. *Id.*, « Propagande sociologique dans le cinéma français de 1940 à 1944 », art. cité, p. 84.

36. Stéphane Lévy-Klein, « Sur le cinéma français des années 1940-1944 », *Positif*, n° 170, juin 1975, p. 35-44.

37. Jacques Siclier, *La France de Pétain et son cinéma*, Saint-Ouen, Veyrier, 1981, p. 69.

Et le critique de conclure : « Le contemporain vague n'a pas été mis au service de l'idéologie pétainiste [...] il a servi de protection, de refuge contre elle[38]. »

Cette controverse, de l'aveu même de Siclier, prend la forme d'un conflit générationnel doublé d'une « dispute » entre le témoin cinéphile et les historiens du cinéma. Page après page, l'auteur trace le portrait d'un spectateur passionné mais vigilant, rétif à toute forme de propagande. Écrit en 1981, ce livre de souvenirs, empreint des débats franco-français sur l'Occupation, n'est pas exempt de visées justificatrices. Siclier ne peut admettre avoir cautionné une production dont les qualités formelles n'excluaient pas quelques messages propres à conforter le régime vichyste. En ce sens, son livre se présente surtout comme une réhabilitation du public des années noires. Même embellie par le souvenir, l'évocation nostalgique de Siclier ne manque pas de justesse ; elle a le mérite d'inaugurer un nouveau cycle de recherches plus circonspectes à l'égard du « cinéma de Pétain ».

Dans *Quinze ans d'années trente* (1983), élargissant son investigation à la décennie d'avant-guerre, Jeancolas relève que les films des années 1940-1944 s'inscrivent dans la continuité de la production antérieure. Leur idéologie paternaliste et cléricale est déjà présente dans les fictions des années 1935-1939 et ne constitue pas une spécificité du cinéma de Vichy[39]. François Garçon lui emboîte le pas en 1984 dans son ouvrage *De Blum à Pétain*, illustrant la continuité sociologique des films d'avant-guerre et de l'Occupation[40]. Il

---

38. *Ibid.*, p. 94. La thèse de Siclier se trouve étayée par un article d'André Michel paru dans le bulletin du service des émissions vers l'étranger de la CMN en date du 30 août 1945 (archives privées d'André Michel).

39. Dans un article de 1972, Jeancolas remarquait déjà, au détour d'un paragraphe, que la trilogie pétainiste *Travail, Famille, Patrie* était à l'œuvre dans certains films des années 1930 sans en tirer toutes les conséquences (in *Jeune cinéma*, n° 65, septembre-octobre 1972, p. 8).

40. François Garçon, *De Blum à Pétain. Cinéma et société française, 1936-1944*, Paris, Cerf, 1984.

met aussi l'accent sur une rupture idéologique qui joue dans le sens inverse de celui attendu. Les thèmes xénophobes, les discours proallemands glorifiant l'adversaire de 1914, le pacifisme et les stéréotypes antisémites qui proliféraient sur les écrans d'avant-guerre disparaissent des fictions des années noires, alors même que toutes les conditions semblent réunies pour une acculturation profonde du cinéma national :

> Le basculement du pays dans sa période la plus sombre correspond au surgissement d'un cinéma idéologiquement propre, moralement irréprochable. Au moment où tous les véhicules d'idées (la grande presse, la radio, une bonne part de l'œuvre romanesque) donnent dans l'air du temps le plus vil, le cinéma, lui, se tait. Et il se tait sur des questions comme la Grande-Bretagne, les Juifs, la xénophobie sur lesquelles il était jusqu'alors fort disert. Et bien cruel[41].

Cette suite d'analyses appelle plusieurs remarques. Les chercheurs des années 1970 eurent le grand mérite de rouvrir le dossier et de recentrer le débat sur le terrain sociologique. Mais les méthodes laissaient parfois à désirer. « Province, Travail, Famille, Patrie. C'est ce que nous attendions, c'est ce que nous avons trouvé, nulle surprise[42] », écrit Jean-Pierre Jeancolas, ravalant le cinéma au rang de simple reflet et cantonnant les films à la validation d'un savoir historique constitué en dehors d'eux. Son approche de l'idéologie pétainiste relève par ailleurs d'une double myopie. Elle sous-estime aussi bien le caractère moralisateur du cinéma populaire d'avant-guerre que les ambivalences de la devise vichyssoise. L'exaltation de la famille et de la patrie, la valorisation de l'ordre et du travail ne sont point l'apanage des seuls émules de la Révolution nationale. On trouve dans la presse clandestine des figures de style qui ne détonnent

---

41. *Ibid.*, p. 11.
42. Jean-Pierre Jeancolas, in *Jeune cinéma*, n° 65, septembre-octobre 1972, p. 8.

Cinéastes de l'ombre 39

guère avec les slogans maréchalistes. Témoigne de cette ambivalence le satisfecit accordé par *L'Écran français* au *Ciel est à vous* de Jean Grémillon qui fut célébré en des termes identiques par la presse vichyssoise et par Lucien Rebatet, plume talentueuse de la littérature fasciste[43].

Ces valeurs survivent à la Libération, comme le remarque Siclier :

> Si l'on dit que l'idée nationale, chère au gouvernement de Vichy, et sa morale de l'effort, de la virilité et du courage prêchée à la jeunesse eurent, à un certain moment, des points communs avec l'esprit de la Résistance clandestine, cela risquera d'interloquer sinon de choquer ceux qui veulent encore voir dans les années 40-44 une époque manichéenne, où le bien et le mal eurent leurs terrains bien délimités selon les choix idéologiques et politiques. Or, nous avons vécu pas mal d'ambiguïtés à partir d'une ambiguïté fondamentale : celle de la France « éternelle » retrouvant, malgré sa défaite militaire et l'Occupation, ses vertus profondes grâce à un gouvernement national dont Pétain, même s'il en fut de moins en moins maître, resta le symbole jusqu'à l'heure de sa chute.
> J'ai fait partie de cette jeunesse à laquelle on parlait, dans les lycées, de nos grands hommes et de Jeanne d'Arc, héroïne favorite entre toutes les femmes de notre histoire [...]. Les discours que nous tinrent nos professeurs ou les représentants du commissariat à l'Éducation Générale et aux Sports, je les ai entendus de nouveau, presque inchangés, dans la France libérée, toute vibrante encore de l'héroïsme des « maquisards », de l'arrivée du général de Gaulle, haute figure tutélaire, et des soldats du général Leclerc. Sous l'Occupation, les circonstances historiques marquèrent quelques films de cette ambiguïté[44].

Fallait-il réfuter pour autant une quelconque spécificité « sociologique » du cinéma de l'Occupation ? En 1989, dans

---

43. Lucien Rebatet, in *Je suis partout*, n° 651, 4 février 1944. Le film fut également qualifié d'« œuvre saine » par le journal d'Alphonse de Châteaubriant, *La Gerbe* (n° 186, 3 février 1944).
44. Jacques Siclier, *La France de Pétain et son cinéma, op. cit.*, p. 199.

un nouvel ouvrage, Bertin-Maghit apporte une réponse nuancée[45] : certes, les fondements moraux de la Révolution nationale furent à l'œuvre avant 1940 et précédèrent l'avènement du régime de Vichy ; mais ces valeurs étaient alors noyées « dans un ensemble de 1 300 films. À partir de juin 1940, elles occupent une place surdéterminante ; il n'y a plus qu'elles[46] ». Ainsi, la singularité du cinéma de Vichy résiderait surtout dans son exceptionnelle homogénéité et dans l'hégémonie de la thématique de l'Ordre moral visant à intégrer les spectateurs dans le corps social de la France vichyste.

Tout au long de ce débat proliférant, la position des chercheurs et des témoins demeure inchangée sur la question de la propagande idéologique qui se limita à la presse filmée et aux productions de quelques officines spécialisées[47]. Tous relèvent l'imperméabilité du cinéma français des années noires aux « prescriptions antimaçonnes, antisémites, anglophobes et anticommunistes professées en haut lieu[48] ». Sur ce point, la réouverture du dossier n'a fait que conforter les « vérités officielles ». Reste à comprendre les causes de cette virginité politique.

Les historiens invoquent le refus tacite de s'aligner idéologiquement sur l'ennemi mais aussi l'absence d'un marché pour le film fasciste[49]. Les gens de cinéma se divisent passionnément sur la question. En 1991, le cinéaste Claude Heymann estime que cette imperméabilité à l'idéologie nazie fut le fait du patron de la Continental, Alfred Greven, qui cantonna le cinéma français à des sujets anodins[50]. Pour

---

45. Jean-Pierre Bertin-Maghit, *Le Cinéma sous l'Occupation...*, *op. cit.*
46. *Ibid.*, p. 146.
47. Jean-Pierre Bertin-Maghit, *Les Documenteurs des années noires. Les documentaires de propagande, France 1940-1944*, Paris, Nouveau Monde éditions, 2004.
48. François Garçon, *De Blum à Pétain...*, *op. cit.*, p. 197.
49. *Ibid.*, p. 183, et du même auteur, « La tardive tentation fasciste du cinéma français, septembre 1942-septembre 1943 », *in* Marc Ferro (dir.), *Film et histoire*, Paris, EHESS, 1984, p. 129.
50. Témoignages de Claude Heymann et d'André Zwobada.

le réalisateur André Zwobada, l'explication est à chercher dans le contrôle et les pressions exercés par la Résistance cinématographique. Cette divergence de vues puise dans leurs parcours respectifs. Le résistant Heymann, banni du cinéma pendant quatre ans, dénie à ses collègues le droit de tirer un quelconque profit moral d'une situation dont ils n'étaient pas la cause. Zwobada, qui poursuivit sa carrière sous l'Occupation, reprend les thèses du Front national auquel il a appartenu.

À la Libération, les anciens membres du FN revendiquent également la paternité de quelques œuvres « résistantes ». Sous le masque de l'adaptation littéraire et de l'allégorie historique, ces films auraient proposé une vision apologétique de la lutte clandestine. Parmi les fictions citées, *Les Visiteurs du soir* de Marcel Carné et *Pontcarral, colonel d'Empire* de Jean Delannoy. La première fut scénarisée par Jacques Prévert, la seconde interprétée par Pierre Blanchar, tous deux membres du Front national aux côtés de Jean Delannoy.

Ce fut longtemps un pont aux ânes que d'évoquer le cœur de la France palpitant dans la poitrine des amants pétrifiés des *Visiteurs du soir*. Cette thèse trouve aujourd'hui moins de défenseurs. Jacques Siclier lui-même parle à ce sujet de « billevesées » ; Raymond Borde estime que « le cœur suave de la patrie blessée est une sornette » pour qui a connu les trotskistes et truculents frères Prévert[51]. Cette reconstruction mentale dont Carné s'amusa dans ses mémoires[52], semble avoir cristallisé dans les premiers mois de la Libération. Joseph Daniel évoque une caricature parue en 1945 dans *Paris-Cinéma* : le dessinateur Jean Effel représente « le général de Gaulle et Marianne, tendrement enlacés, statufiés

---

51. Jacques Siclier, *La France de Pétain et son cinéma*, *op. cit.*, p. 144 ; Raymond Borde, préface à l'ouvrage de Francis Courtade, *Les Malédictions du cinéma français. Une histoire du cinéma français parlant, 1928-1978*, Paris, A. Moreau, 1978, p. 13.

52. Marcel Carné, *La Vie à belles dents. Souvenirs*, Paris, J.-P. Ollivier, 1975.

sur un socle portant l'inscription "1940-1944", alors que Pétain-Satan murmure, dépité : "J'entends leur cœur qui bat, qui bat, qui bat…" »[53].

L'analyse de *Pontcarral* est plus délicate et la thèse du « film résistant » conserve ses défenseurs. Pierre Blanchar y campe un colonel d'Empire réfractaire à la Restauration s'opposant à la nouvelle autorité « venue dans les fourgons de l'étranger ». Jeancolas consacre un long développement au film de Delannoy qu'il considère comme la seule exception à l'apolitisme ambiant du cinéma français. L'auteur s'étonne que les « censeurs conjugués de Vichy et de l'occupant » aient pu autoriser un message aussi clair[54]. En fait, le film ne passa pas sans dommage sous les fourches caudines de la censure allemande. Il fut amputé de quelques morceaux de choix dont cette apostrophe de Louis-Philippe : « Il est temps de sortir la France de ses humiliations, de rendre à son drapeau, le nôtre, un peu de gloire »[55]. Ce toilettage n'aurait pas empêché le public de s'émouvoir devant les troupes françaises en route pour l'Afrique du Nord ni d'applaudir quelques saillies échappées à la vigilance des censeurs. La fameuse tirade « La place des honnêtes gens est aujourd'hui en prison », écho d'une réplique tout aussi applaudie de *La Reine morte* de Montherlant[56], fait toujours le délice des exégètes[57].

---

53. Joseph Daniel, *Guerre et cinéma*, Paris, Presses de la Fondation nationale des sciences politiques, 1972, p. 200.

54. Jean-Pierre Jeancolas, in *Jeune cinéma*, n° 66, novembre 1972, p. 37.

55. Joseph Daniel, *Guerre et cinéma*, *op. cit.*, p. 200.

56. « En prison se trouve la fleur du royaume. » Comme le note Jean-Pierre Azéma, cette réplique ne permet pas pour autant de « transfigurer l'auteur du *Solstice de juin* en un jacobin de l'an II » (*De Munich à la Libération, 1938-1944*, La Nouvelle Histoire de la France contemporaine, vol. 14, Paris, Seuil, « Points Histoire », 2002, p. 153).

57. Les témoignages sur le film abondent : voir notamment Georges Sadoul, *Histoire générale du cinéma français*, t. VI, *L'Époque contemporaine, 1939-1954*, Paris, Denoël, p. 48-49 ; Roger Régent, *Cinéma de France, de « La Fille du puisatier » aux « Enfants du paradis »*, Paris,

Cinéastes de l'ombre

Raymond Borde s'inscrit pourtant en faux contre cette vision. Il affirme que ceux qui aimèrent le film « étaient ceux-là mêmes qui acclamaient le Maréchal dans ses voyages triomphaux à travers le pays. On a trop oublié que Vichy cultivait les saluts aux couleurs et le pas cadencé et que, même vaincu et pleurnichard, le patriotisme demeurait toujours aussi étouffant. *Pontcarral* s'inscrit comme un garde-à-vous dans cette France des officiers et des drapeaux[58] ». Ces deux thèses ne sont pas incompatibles ; elles illustrent l'ambivalence du thème de la « France éternelle ». Reste qu'à la Libération *Pontcarral* contribue grandement au prestige du CLCF et de son président Pierre Blanchar. À cette légitimité jaillie de la toile des écrans s'ajoute la gloire acquise par les opérateurs dans le feu de l'action.

La caméra sous le manteau

La Résistance utilisa très occasionnellement le cinéma comme agent de renseignement. La lourdeur des appareils et leur bruit ne les prédisposaient pas à ce genre de mission[59]. Les caméras permirent en revanche de porter témoignage sur la France captive et sur les maquis. Au printemps 1944, Robert Gudin et Albert Mahuzier tournèrent clandestinement dans la capitale occupée. Gudin avait travaillé au CATJC pendant les premières années de l'Occupation. De retour à

Bellefaye, 1948, p. 99. Les partisans d'une lecture « résistante » du film font également remarquer que plusieurs clandestins prirent, après 1942, le pseudonyme de Pontcarral. Raymond Chirat rapporte par ailleurs que « lors de la sortie du film à Lyon, dans l'hiver 1942-1943, c'est-à-dire après le débarquement en Afrique du Nord, [...] des inscriptions apparurent sur les murs : "Pontcarral, c'est Giraud" » (cité par Jean-Pierre Jeancolas, in *Jeune cinéma*, n° 66, novembre 1972, p. 37).

58. Raymond Borde, préface à l'ouvrage de Francis Courtade, *Les Malédictions du cinéma français...*, *op. cit.*, p. 13.

59. Gilbert Larriaga évoque ses mésaventures d'apprenti opérateur entré au service de la Résistance dans *Les Caméras de l'aventure. Trente ans de reportages à la télévision*, Paris, Plon, 1982.

Paris en 1944, il entra en contact avec Ceux de la Résistance, par l'entremise de Pierre Alekan. Les responsables du mouvement lui demandèrent de filmer sous le manteau dans Paris et sa proche banlieue. Avec son compère Mahuzier, il mit au point quelques techniques pour tromper la vigilance de l'occupant. Les premières bobines furent tournées avec un appareil camouflé dans un paquet percé en trois endroits pour laisser place à l'objectif, au viseur et au déclencheur. Équipé de cette caméra cachée, Mahuzier s'installait à l'arrière de la moto conduite par Gudin et filmait au débotté des scènes de la vie parisienne. La seconde astuce nécessitait une petite mise en scène. Mahuzier s'asseyait à la terrasse d'un café et posait sa caméra sur la table. Gudin arrivait alors et une discussion s'engageait sur les mérites de l'appareil que son complice se proposait de vendre. Tandis que ce dernier y allait de son boniment, il manipulait la caméra, visait, et prenait des images de l'occupant attablé et des rues environnantes. En dépit de quelques clichés insolites et de leur léger tremblé, ces images de la capitale présentaient peu de différences avec celles tournées par la presse germano-vichyste. Les opérateurs parvinrent néanmoins à filmer les traces d'un déraillement et quelques plans de la manifestation du 14 juillet 1944 organisée à l'appel du CNR.

L'enjeu des prises de vues résidait surtout dans le fait de berner l'occupant en contrevenant à l'interdiction de filmer. La guerre finie, ces images furent montées dans *Caméras sous la botte*, mêlées aux plans que Gudin et Mahuzier tournèrent en abondance pendant l'insurrection parisienne et la débâcle allemande. Pour mettre en valeur ces images volées, les deux opérateurs se mirent en scène, reconstituant les astuces et les péripéties du tournage. L'acte d'enregistrement s'y trouvait célébré comme un fait de résistance à part entière ; la prise de vues était à elle-même sa propre fin.

Les tournages prirent souvent une tournure ludique. En juin 1944, l'opérateur Gaston Madru filma trois parachutistes alliés flânant dans la capitale occupée. Pris en charge par le réseau d'évasion Bourgogne, ils avaient exprimé le désir de visiter Paris. Ils furent habillés en civils et promenés sur les quais de la Seine puis au Trocadéro, au milieu des soldats allemands[60].

Ces prises de vues clandestines témoignaient du Paris sous la botte mais elles ne rendaient pas compte des activités de la Résistance. Pendant l'Occupation, les hommes de l'ombre n'accompagnèrent pas leurs opérations secrètes d'un grand luxe de publicité et, pour d'évidentes raisons de sécurité, ils ne pouvaient confier leurs visages à la caméra. Pourtant, le 11 novembre 1943, les hommes d'Henri Romans-Petit prirent ce risque afin de marquer l'opinion : ils organisèrent, photographièrent et filmèrent l'audacieux défilé patriotique devant le monument aux morts d'Oyonnax. Les clichés, sur lesquels les visages des maquisards étaient floutés, furent publiés dans le journal clandestin *Bir-Hakeim*, qui salua l'événement[61].

Les tournages furent plus aisés dans les zones reculées des maquis. À l'automne-hiver 1943, des plans furent tournés dans l'Ain et en Haute-Savoie puis acheminés jusqu'à Londres ; il s'agissait surtout de convaincre les Britanniques et la France libre d'armer et d'équiper les maquisards. Les initiatives se multiplièrent à l'approche de la Libération. Les résistants commençaient à prendre conscience de l'extrême rareté des images témoignant de leur combat ; il fallait filmer pour le public d'après-guerre et les générations futures. En mai 1944, Georges Bidault initia un projet de tournage : le cinéaste Jeff Musso fut chargé de rejoindre les maquis de l'Ain et de l'Yonne avec une équipe et du matériel[62] ; mais l'opération se solda par un échec.

En avril 1944, le CLCF confia à un petit groupe de pro-

---

60. À la Libération, ces images, accompagnées d'une interview des trois parachutistes, furent montées dans le documentaire *Réseau X*, réalisé par les mêmes Gudin et Mahuzier.

61. *Bir-Hakeim*, n° 26, 1er décembre 1943.

62. Camouflés sous des sacs de charbon (voir Roger Bry, in *Carrefour*, n° 19, 30 décembre 1944 ; *Le Film français*, n° 2, 15 décembre 1944).

fessionnels le soin de lancer un programme de prises de vues clandestines. Sur proposition du producteur Émile Flavin, Pierre Blanchar, Jean-Paul Le Chanois, Jean Jay, Nicolas Hayer et Jean Painlevé décidèrent d'envoyer un opérateur dans le Vercors ; ces images allaient constituer la matière du documentaire *Au cœur de l'orage*[63]. Armé d'une caméra Bell & Howell, fourni en pellicule par les laboratoires Lumière, le cameraman Félix Forestier arriva au maquis en juin[64]. Il fut pris en charge par les militaires du lieutenant Geyer et commença son travail de prises de vues dans la zone sud du plateau ; il fut plus tard rejoint par Albert Weil et Georges Coutable[65]. Le 21 juillet, les troupes allemandes attaquèrent le Vercors. Forestier se réfugia avec un groupe de maquisards dans la forêt de Lente, après avoir enterré ses bobines en différents points du plateau. Il enregistra la retraite, la contre-offensive des maquisards et la descente du groupe franc Vallier sur Grenoble tandis que Weil poursuivait son chemin avec le 11ᵉ cuirassiers en direction de Romans. La pellicule enfouie fut récupérée à la Libération ; elle avait souffert de l'humidité. Le Chanois décida de se rendre dans le Vercors pour y tourner des plans de reconstitution. Lors de la sortie d'*Au cœur de l'orage*, le cinéaste affirma que l'opération *Vercors* avait débuté fin 1943[66]. Cette

---

63. Dans le deuxième chapitre de *La Voie des images. Quatre histoires de tournages au printemps-été 1944* (Lagrasse, Verdier, 2013), je fais retour sur ces films clandestins, et tout particulièrement sur celui du Vercors, à la lumière d'une nouvelle problématique centrée sur la prise de vues.

64. Forestier fut accueilli à Lyon par les hommes du commandant Paul Leistenschneider, alias « Carré », chef de la DMR, qui l'escortèrent jusqu'au maquis.

65. Deux semaines après son arrivée, Forestier avait pris conscience qu'il ne pouvait couvrir tous les événements. Il fit un court séjour à Paris pour y quérir de l'aide et du matériel et revint au maquis le 13 juillet en compagnie de l'opérateur Albert Weil et du réalisateur Georges Coutable (lequel repartit peu de temps après).

66. Le Chanois avança cette date à plusieurs reprises : lors d'entretiens avec des journalistes ou des historiens ; dans une note de présentation du film destinée à la presse (Cinémathèque française/Bifi, LC 09B3) ; dans

allégation est révélatrice des enjeux de Jean-Paul Le Chanois. En antidatant le déclenchement de l'opération, il lui conférait plus d'importance et de prestige ; il pouvait en attribuer les bénéfices au seul Réseau des syndicats et rappeler sa carrière précoce de résistant. Les attaques partisanes contre ses errements professionnels ne furent pas étrangères à sa soif de reconnaissance. Cette quête de légitimité constitua un enjeu majeur du CLCF à l'heure de la Libération.

---

une lettre adressée à Costa-Gavras, datée du 28 mars 1984 (Cinémathèque française/Bifi, CGCF, boîte 13) ; dans le nouveau générique de *La Libération de Paris*, réécrit par ses soins (voir *infra*, p. 83).

Chapitre 2

De la Résistance à la Révolution : les illusions du Grand Soir

À bien des égards, la période de l'Occupation constitue pour les professionnels résistants une répétition générale, une phase préparatoire au « Grand Soir ». Certes leurs prises de position ont été précoces et leur régulation du milieu a eu quelque efficacité ; mais l'essentiel de leurs efforts a tendu vers ces heures de libération qu'ils imaginent porteuses de bouleversements heureux. L'insurrection parisienne offre au CLCF l'occasion d'une première consécration grâce à ses opérateurs qui immortalisent l'événement. Dans *Le Livre d'or du cinéma français*, Merry Bromberger relève l'importance symbolique de ces prises de vues :

> La Libération de la France aura été, presque avant tout, pourrait-on dire, la libération du Cinéma français.
> Les appareils de prise de vues sortirent dans les rues de la capitale, en même temps que les premières mitraillettes. Ils allaient tourner cet admirable film de la libération de Paris au fur et à mesure que s'en improvisaient les séquences. Dans les salles de province, les actualités allemandes capitulèrent souvent plus vite que les garnisons de la ville. L'ennemi n'avait pas encore évacué la cité et tenait encore les rues que déjà le mensonge filmé avait disparu de la toile blanche[1].

---

1. Merry Bromberger, *in* Collectif, *Le Livre d'or du cinéma français*, Paris, Agence d'information cinégraphique, 1945, p. 111.

Le baptême du feu

Après le débarquement allié en Normandie, le Conseil national de la Résistance a confié au CLCF une double mission : organiser l'insurrection des milieux du cinéma et préparer la mise en route d'un journal d'actualités. Début août 1944, Hervé Missir propose de filmer les combats qui ne manqueront pas de se dérouler dans la capitale ; ces séquences offriront la matière du premier numéro de la presse libérée. L'opération est préparée par un directoire de cinq personnes issues du Réseau des syndicats (Nicolas Hayer, Hervé Missir) et du Front national (André Zwobada, Roger Mercanton et Jean Jay)[2].

Tandis que Missir recrute les opérateurs, Hayer récupère le matériel et la pellicule sur différents lieux de tournage et les rassemble dans les studios de la rue Francœur où Jacques Becker tourne *Falbalas*. De son côté, Mercanton prépare, aux Buttes-Chaumont, un laboratoire et une salle de montage. Marcel Carné vient leur offrir ses services mais il est sèchement éconduit par Pierre Blanchar, plus colonel d'Empire que jamais. En septembre 1944, le réalisateur des *Visiteurs du soir* découvre qu'il figure sur la liste des premiers cinéastes suspendus par le Comité de libération[3]. Carné en garda longtemps rancune à Blanchar, rapportant à son propos les mots de Cocteau sur l'homme « au regard d'aigle dans une tête de moineau[4] ».

Pendant ce temps, Jean-Paul Le Chanois et les représentants des syndicats illégaux organisent l'armement des

---

2. Les informations sur le film proviennent des entretiens réalisés avec André Zwobada, Roger Mercanton, Marc Maurette, et de l'article de Jean Painlevé, « Journal d'un témoin », *L'Écran français*, n° 7, 15 août 1945, p. 8-10. Voir également Marcel Huret, *Ciné-Actualités. Histoire de la presse filmée, 1895-1980*, Saint-Ouen, Veyrier, 1984, p. 107-110.

3. Pour avoir signé un contrat pourtant non honoré avec la Continental.

4. Marcel Carné, *La Vie à belles dents...*, *op. cit.*, p. 176.

Milices patriotiques du cinéma. Commandées par Étienne Laroche, elles doivent permettre d'occuper les principaux lieux du pouvoir cinématographique. Le CLCF passe à l'action dans la journée du 19 août. Dans la matinée, Le Chanois a réuni une trentaine d'hommes au cinéma La Pagode pour leur désigner deux objectifs prioritaires : le siège de *France-Actualités* et les locaux du Comité d'organisation de l'industrie cinématographique (COIC). Séparément pour ne pas attirer l'attention, les combattants traversent l'esplanade des Invalides et le pont Alexandre-III. Arrivés dans la rue François-Ier, ils prennent sans coup férir le contrôle du journal filmé germano-vichyste[5]. À 18 h 30, les membres des Milices se dirigent vers l'immeuble du COIC, au 92 avenue des Champs-Élysées. Les locaux sont presque déserts à cette heure tardive. Marc Maurette se souvient avec amusement de leur arrivée au troisième étage de l'immeuble. Étienne Laroche ouvre la marche, armé d'une vieille pétoire. Devant la porte, il se met à frapper vigoureusement, obtenant pour toute réponse l'écho de trottinements feutrés. Renouvelant ses sommations, il entend un faible « Qui est là ? » murmuré par une secrétaire apeurée. Rajustant son brassard, Étienne Laroche lui répond alors superbement : « C'est la France ! »

Si l'anecdote est peut-être apocryphe, elle n'en traduit pas moins le mélange de détermination, de grandiloquence et d'amateurisme qui marque ces jours d'insurrection. Dans les anciens locaux de l'organisation vichyste, Louis Daquin installe le nouveau quartier général du CLCF. Les ouvriers de la dernière heure commencent à affluer et viennent grossir les rangs. Ces activistes, d'autant plus intransigeants qu'ils n'ont point la conscience en repos, entendent prendre des initiatives et arrêtent leurs camarades de la veille dans une indescriptible pagaille. De ces heures agitées et de ces

---

5. Témoignage de Marc Maurette.

« vitupérations expiatoires[6] » naissent nombre d'épisodes tragi-comiques dont les témoins conserveront des souvenirs tenaces où se mêlent le malaise, l'étonnement amusé et la condescendance hautaine. Les divergences politiques ajoutent encore à la confusion. Lorsqu'ils arrivent avenue de Messine au siège de la Direction générale du cinéma, les membres du CLCF constatent que les locaux sont déjà occupés par des membres du groupe Opéra ; l'un d'entre eux, Philippe Acoulon, est arrêté par la suite sur les ordres de Jean Painlevé. Ce résistant gaulliste a été un fonctionnaire en vue du régime vichyste, signataire de l'ordonnance interdisant aux juifs l'accès à la profession. Relâché le lendemain, il est nommé en octobre à la tête du COIC[7]…

Tandis que se déroule cette lutte pour la conquête des lieux du pouvoir, les équipes de Missir se sont mises au travail et tournent depuis le 19 août des images du Paris insurgé. Le projet prévoit la réalisation d'un documentaire sur les quatre années d'occupation dont les prises de vues sur la libération de la capitale formeront l'épilogue en même temps qu'elles alimenteront le premier numéro des actualités filmées. Mais le 22 août, devant l'affluence des reportages, le CLCF décide de consacrer la totalité du film à l'insurrection parisienne. Les bobines arrivent au studio des Buttes-Chaumont où officient Suzanne de Troye, Roger Mercanton et son épouse Victoria. Pour apporter la pellicule et visionner les rushes, les membres du CLCF effectuent la navette entre la zone libérée du nord de Paris et le quartier des Champs-Élysées où la bataille fait rage. Ils circulent à bicyclette, exhibant au hasard des rencontres

---

6. Pierre Assouline, *L'Épuration des intellectuels*, Bruxelles, Complexe, 1985, p. 107.
7. Jean-Pierre Bertin-Maghit, *Le Cinéma sous l'Occupation…*, *op. cit.*, p. 198. Le 28 août 1945, le COIC se transforme en Office professionnel du cinéma.

les brassards FFI roulés sous leurs chaussettes[8]. L'équipe Mercanton procède à un premier montage pour lequel Pierre Bost compose le commentaire, lu par Pierre Blanchar. Le documentaire est projeté le 29 août au cinéma Le Normandie où il reçoit un accueil triomphal. Le CLCF a gagné la première bataille de l'image.

Le déroulement des journées d'août et la géographie des occupations donnent une idée du programme du Comité pour le mois de septembre 1944. L'objectif principal est de transformer le succès d'estime en rétributions politiques et professionnelles : prise en main des actualités ; mise en place des commissions d'épuration ; réorganisation de la profession et remplacement du COIC par des instances plus légitimes. Dès la fin du mois d'août s'ouvre une ère de négociations intenses entre les différentes forces de la Résistance.

**La mystique se dégrade en politique :
de l'euphorie à la confiscation**

Dans un texte programmatique rédigé sous l'Occupation, le CLCF se pose déjà comme l'interlocuteur obligé du gouvernement provisoire et prétend prendre « en main la direction et les responsabilités de l'Art et de l'Industrie cinématographiques, en attendant qu'ils soient réorganisés rationnellement[9]. » Le Comité joue un rôle décisif dans le bras de fer qui s'engage pour la maîtrise du champ cinématographique. Soutenu par la Fédération du spectacle (CGT) mais toujours en première ligne, il remplit

---

8. Témoignage d'André Zwobada. Des volontaires ont été chargés de chercher dans tout Paris des pains de glace pour réfrigérer les bains de tirage ; d'autres brûlent de vieilles portes pour servir de combustible.

9. Document intitulé « Au service de l'Art cinématographique » (Cinémathèque française/Bifi, LC 792).

sa fonction de tête de pont communiste au sein de la profession[10].

Le 19 septembre 1944, le CLCF désigne ses instances dirigeantes. Jean-Paul Le Chanois, parti en repérage dans le Vercors, est le grand absent de cette réunion. Ses déplacements professionnels ne constituent pas l'unique motif de sa défection : attaqué par certains dirigeants du FN qui lui reprochent son passage à la Continental, il a préféré prendre du champ jusqu'à ce que son cas soit étudié sereinement. Le Chanois est donc évincé du bureau où il aurait dû légitimement siéger. Le poste de secrétaire général échoit à Louis Daquin, communiste de plus fraîche date mais qui a fait preuve pendant les années de guerre d'une parfaite orthodoxie[11]. L'exclusion de leur responsable apparaît à beaucoup de membres du Réseau comme une insupportable injustice ; elle aggrave le contentieux entre les deux organisations. À l'ordre du jour de cette même réunion est inscrite la question des actualités.

La reprise en main des actualités

« La première bande de notre presse filmée renaissante s'est élaborée dans l'âcre atmosphère de poudre et de sang de l'insurrection parisienne », écrit Raymond Barkan dans *L'Écran français*[12]. Le succès de ce « numéro zéro » et la consécration qu'il apporte à son équipe accélèrent la prise en main des actualités par le CLCF.

Jay, Missir, Hayer, Zwobada et Mercanton occupent depuis le 1er septembre la place laissée vide par la mise sous séquestre

---

10. Après la dissolution du Comité, la centrale syndicale prend logiquement le relais de cet organisme provisoire.

11. Louis Daquin a adhéré au PCF en 1941. Il se voit lui aussi reprocher certains écarts professionnels, tels que sa participation aux balbutiements du COIC et des doublages effectués pour trois films allemands. Son dossier est classé le 31 janvier 1945.

12. Raymond Barkan, in *L'Écran français*, n° 44, 1er mai 1946, p. 5.

de *France-Actualités*. Le premier numéro de *France-Libre-Actualités*, journal de la Résistance, sort le 5 septembre 1944. Il ne jouit encore d'aucune reconnaissance officielle. Zwobada l'explique à ses camarades : ils ne sont qu'« une bande de gangsters » occupant illégalement les locaux de *France-Actualités* ; il leur faut désormais entrer dans la légalité et « trouver une solution juridique »[13].

La situation est d'autant plus précaire que *France-Libre-Actualités* se trouve en concurrence avec *Le Monde libre*, journal de presse filmée produit par les Alliés pour les territoires libérés[14]. En septembre 1944, le Film Officer Lacy W. Kastner, responsable des services cinématographiques d'Eisenhower, est arrivé à Paris porteur d'un ordre de son chef approuvé à Alger par le général de Gaulle. Il stipule que le monopole des informations filmées en France sera octroyé au journal *Le Monde libre*. Kastner laisse une « impression impérissable » à Jean Painlevé et à Louis Daquin, pénétrant avec désinvolture dans leur bureau, en « jetant sa serviette sur une table dans une attitude très assurée de prise de possession du local, des meubles et des fonctions »[15].

Après de longues négociations, les deux parties parviennent

---

13. Compte rendu de la réunion du CLCF du 19 septembre 1944 (archives privées de Marc Maurette). Si tous s'accordaient sur la nécessité de donner une existence légale au journal, ils se partageaient par contre sur le choix de son futur statut. André Zwobada, appuyé par la majorité des membres du CLCF, défendait vigoureusement l'idée d'une coopérative. Jean Jay, soutenu par Jean Painlevé, proposait une régie d'État. Cette formule était plus réaliste, la forme coopérative nécessitant, pour être viable, le maintien du monopole. Mais Jean Jay fut accusé par certains communistes de faire le jeu du grand capital et de travailler en sous-main pour Gaumont (voir Sylvie Lindeperg, *Clio de 5 à 7. Les actualités filmées de la Libération : archives du futur*, Paris, CNRS Éditions, 2000, p. 29-42).

14. L'Office français d'information cinématographique (OFIC), créé à Alger en avril 1943 par le CFLN, entrait pour un tiers dans la production de la version française du journal.

15. Paul Léglise, *Histoire de la politique du cinéma français*, t. II, *Entre deux républiques, 1940-1946*, Paris, Lherminier, 1977, p. 117-118.

à un compromis : *France-Libre-Actualités* continuera à paraître sous condition d'insérer dans chacun de ses numéros plusieurs séquences conçues par les services du *Monde libre*. Pierre Blanchar salue cette victoire à sa juste valeur :

> C'est grâce à l'initiative du Comité de libération du cinéma français que les Américains [...] ont reconnu dans un protocole la prééminence des actualités françaises en France métropolitaine et d'outre-mer[16].

Il reste encore au CLCF à affirmer son leadership sur l'ensemble des actualités françaises. Fin 1944 en effet, la Chambre syndicale de la presse filmée a demandé à reprendre ses activités d'avant-guerre sous la forme d'un *pool* constitué par les sociétés qui lui sont affiliées. Le gouvernement rejette cette formule et consent au journal du CLCF le monopole des actualités, jusqu'à la fin des hostilités, sous réserve d'en devenir le principal actionnaire[17]. En avril 1945, *France-Libre-Actualités* devient *Les Actualités françaises*, seule voix autorisée sur le territoire national. La guerre finie, le décret du 27 juillet 1945 autorise les sociétés d'actualités d'avant-guerre à reprendre leurs activités. Le retour à la concurrence n'est effectif qu'en janvier 1946.

L'édition d'un journal d'actualités « typiquement français, consacrant ses reportages au relèvement et à l'assainissement de la France[18] » constitue le premier point du programme du CLCF. Le second vise l'épuration de la profession.

Épuration : l'échec d'une catharsis

La collaboration idéologique du cinéma s'étant limitée aux actualités et à quelques documentaires de propagande, l'épuration doit permettre de juger la minorité de profession-

---

16. *Ibid.*, p. 118.
17. C'en est fini des espoirs coopératifs (Sylvie Lindeperg, *Clio de 5 à 7...*, *op. cit.*, p. 41).
18. Programme du CLCF, Cinémathèque française/Bifi, fonds Le Chanois.

nels qui s'est mise au service de l'occupant. Par-delà cet impératif se profile une volonté de clarification. En effet, si l'essentiel de la profession n'a pas failli idéologiquement, elle a vécu ces « années noires », sinon comme un « âge d'or », du moins comme un moment propice.

« Me comprendra-t-on si je dis à la fois que [l'Occupation] était intolérable et que nous nous en accommodions fort bien[19] ? » Le célèbre aveu de Sartre s'applique parfaitement au monde du septième art. En dépit d'une censure omniprésente et des contraintes propres à l'économie de guerre – techniciens requis par le STO ; pénurie de pellicule ; règne du système D, des *ersatz* et des redresseurs de clous[20] – le cinéma français fit preuve d'une exceptionnelle vitalité dont témoigne la liste des grands films produits sous l'Occupation. Ce dynamisme s'explique par les atouts dont bénéficia son industrie.

Tout au long des années 1930, le cinéma français avait souffert d'une crise endémique qui prit des proportions alarmantes à la veille de la guerre. Le financement des films dépendait trop souvent d'hommes d'affaires véreux et les faillites étaient légion dans le secteur de la production. Les films français éprouvaient en outre quelques difficultés à s'exporter et subissaient une concurrence d'autant plus asphyxiante que le marché ne bénéficiait d'aucune protection. Les pouvoirs publics tardaient enfin à reconnaître le septième art comme une véritable industrie et l'éclatement des responsabilités entre différents ministères de tutelle freinait les prises de décision.

Créé par Vichy en décembre 1940, le Comité d'organisation de l'industrie cinématographique eut donc le mérite d'apporter cette centralisation administrative qui avait fait défaut

---

19. Jean-Paul Sartre, *Situations*, t. III, *Lendemains de guerre*, Paris, Gallimard, 1949, p. 24.
20. Témoignages de Jean Dréville et de Max Douy. Les réalisateurs de la Continental bénéficièrent par contre, tout au long de l'Occupation, de moyens de production exceptionnels.

et que le Front populaire n'avait pas eu le temps d'accomplir. Le COIC structura une profession au fonctionnement anarchique, réglementa l'industrie cinématographique, en assainit les pratiques financières. Les grandes orientations de la politique menée par l'occupant favorisèrent elles aussi la création française. Alfred Greven entendait en effet défendre et promouvoir un cinéma européen structuré autour d'un axe franco-allemand susceptible de rivaliser avec Hollywood quitte à s'affranchir des directives de Goebbels.

À la mise en place d'une infrastructure solide réduisant les risques de précarité, à la revitalisation de la production nationale encouragée par les autorités occupantes, s'ajouta la disparition de toute concurrence étrangère sérieuse, les importations de films anglo-saxons ayant été interdites. Ces mutations de l'industrie et du marché cinématographiques se combinèrent avec une modification des conditions d'accès au métier.

L'exil volontaire des grands maîtres des années 1930 – Jean Renoir, Julien Duvivier, René Clair, Jacques Feyder – et les nombreuses exclusions consécutives à la législation antijuive contribuèrent à ce renouvellement profond. Des assistants réalisateurs, qui, en d'autres temps, auraient dû gravir un à un les échelons, se trouvaient propulsés sur le devant de la scène et signaient sans attendre leurs premiers films. Henri-Georges Clouzot, André Cayatte, Robert Bresson, Jacques Becker, André Zwobada profitèrent de ces promotions accélérées. Les carrières de Louis Daquin et Claude Autant-Lara s'épanouirent sous l'Occupation[21]. Marcel Carné, Marc Allégret, Jean Dréville, Jean Grémillon, Christian-Jaque, Jean Delannoy consolidèrent leurs positions d'avant-guerre. Des producteurs confirmés comme André Paulvé ou Roger Richebé et des débutants comme Raoul Ploquin profitèrent

---

21. Comme l'écrit Jean-Pierre Jeancolas au sujet de Claude Autant-Lara : « En 1941, il a une grande expérience du métier, mais il n'a pas de nom. » (*Le Cinéma des Français*, t. II, *Quinze ans d'années trente, 1929-1944*, Paris, Stock, 1983, p. 338.)

du départ forcé des frères Hakim, de Pierre Braunberger, d'Alexandre Kamenka, d'Émile Natan.

Les « purges antisémites » du régime de Vichy furent donc une aubaine pour de nombreux professionnels qui en profitèrent avec plus ou moins d'états d'âme. Ce fut pour sa part sans complexe que Claude Autant-Lara dressa le bilan de la période :

> Pendant l'Occupation, nous avons été débarrassés d'un certain nombre de parasites, c'est à cette époque que le cinéma a pu s'épanouir et que s'est créée une sorte d'école française avec des réalisateurs qui ont pu enfin travailler... Des Français travaillaient pour les Français, de cela est née une école française de cinéma[22] !

Jean-Pierre Bertin-Maghit envisage la compromission du milieu dans toute sa complexité :

> Les cinéastes unanimement laissent entendre que les années d'Occupation ont été un âge d'or pour le cinéma français. Mais se replier derrière des considérations esthétiques « une nouvelle école française est née », avouer ne pas s'occuper du contexte politique dans une période d'Occupation simplement parce qu'on est trop occupé à « bien faire son métier », rechercher l'évasion à tout prix pour faire oublier au public les coercitions du moment, réaliser « enfin un cinéma français pour les Français » coupé de la concurrence étrangère, clamer la nécessité et le bienfait d'une législation qui rompt avec des pratiques « barbares », avoir gommé de sa mémoire les aspects sombres du quotidien, n'est-ce pas avouer indirectement que l'on s'est accommodé des circonstances politiques[23] ?

---

22. Cité par Jean-Pierre Bertin-Maghit, *Le Cinéma sous l'Occupation...*, *op. cit.*, p. 10. Dans une interview accordée à Gérald Devries dans *Je suis partout* (n° 630, 3 septembre 1943, p. 7), Claude Autant-Lara se félicitait que l'Occupation eût permis l'émergence d'une nouvelle génération de cinéastes.

23. Jean-Pierre Bertin-Maghit, *Le Cinéma sous l'Occupation...*, *op. cit.*, p. 151.

Si les professionnels du cinéma s'étaient majoritairement gardés de toute collaboration active, du moins avaient-ils péché aux yeux de l'opinion par excès de félicité. En définissant les contours de la faute, en désignant les vrais coupables à la vindicte populaire, ils se donnent les moyens d'une clarification nécessaire.

Préparée sous l'Occupation, l'épuration commence en septembre 1944 et se déroule en deux temps : à une période d'improvisation pendant laquelle le CLCF joue les maîtres d'œuvre succède une phase institutionnelle, marquée par la mise en place des organismes officiels[24].

Dans le climat passionnel des premiers jours de la Libération, le Comité constitue une commission d'épuration provisoire qui se réclame de la justice républicaine. Le 1er septembre, elle obtient une reconnaissance du communiste Jean Guignebert, sous-secrétaire d'État provisoire à l'Information. Le CLCF met au point un questionnaire que chaque professionnel doit retourner dûment rempli[25]. Les quinze chefs d'accusation peuvent être regroupés en quatre rubriques :

– engagement personnel dans les rangs de la collaboration active (adhésion à des groupements tels que la LVF, le PPF, le MSR ; dénonciation de juifs ou de clandestins…) ;
– utilisation abusive de sa notoriété pour participer à des manifestations orchestrées par l'occupant (réceptions mondaines, émissions de radio, voyages en Allemagne…) ;
– collaboration économique (avoir travaillé avec des capitaux allemands ; avoir servi de prête-nom ou d'intermédiaire dans des transactions commerciales avec l'ennemi…) ;
– pratique cinématographique (participation aux actualités ou aux documentaires de propagande ; doublage de films allemands, italiens ou japonais ; signature de contrats avec la Continental allemande ou la société Nova-Films…).

---

24. Pour plus de détails sur l'épuration, voir *ibid.*, chap. XI et XII.
25. Archives privées de Marc Maurette.

De la Résistance à la Révolution

Une commission de filtrage examine les réponses et opère un premier tri. Les cinéastes blanchis reçoivent un certificat permettant d'obtenir l'indispensable carte professionnelle. Les cas délictueux passent en plénière. La commission de douze membres peut prononcer une mesure suspensive dans l'attente des décisions qui seront prises par les instances officielles. Mais, très vite, sa légitimité est mise en cause. Aux avant-postes de la contestation se trouve le producteur Henri Ullmann qui reproche au CLCF de s'être exclu de la procédure. Pour couper court à la polémique, le Comité annonce que ses membres seront eux aussi entendus.

Cet incident est riche d'enseignements. Il montre que les premières mesures d'épuration ne parviennent pas à lever l'hypothèque qui pèse sur les anciens membres du CLCF. Elle tient à leur double appartenance : au monde de la Résistance, qui les place du côté des juges ; à celui du cinéma, dont ils ont partagé les ambivalences. L'escarmouche révèle aussi les arrière-pensées politiques d'Henri Ullmann qui s'est illustré dans les rangs de la France libre. Bertin-Maghit a retracé les principaux jalons de sa rocambolesque aventure : engagé après sa démobilisation au service de la France libre comme commandant d'un bataillon de chars, il est « chargé par l'état-major d'enquêter sur les tractations des professionnels du cinéma avec les autorités occupantes et spécialement sur celles qui concernent les actualités ». Nommé chef d'état-major à la formation de l'AS 24, il est arrêté le 22 septembre 1943 par la Gestapo. Blessé, il s'échappe et se réfugie dans le Vercors. « Le 9 juin 1944, à la mobilisation générale, il prend le commandement du 12ᵉ BCA ; repris par la Wehrmacht, il est délivré le 22 août par l'avance américaine »[26].

Fort des renseignements recueillis sous l'Occupation,

---

26. Jean-Pierre Bertin-Maghit, *Le Cinéma sous l'Occupation...*, *op. cit.*, p. 197-198.

Ullmann alimente les accusations contre Pierre Blanchar, Louis Daquin, Jean-Paul Le Chanois... Bien que ses « preuves » ne semblent guère convaincre les juges des commissions officielles, ce Fouquier-Tinville du gaullisme ne désarme pas jusqu'à la fin des années 1940.

Cette querelle fait éclater au grand jour la rivalité entre les gaullistes et les communistes. Elle s'exacerbe à l'annonce des premières mesures prises par les commissions d'épuration officielles qui sont opérationnelles à l'hiver 1945. En février, le CLCF perd son pouvoir suspensif et doit se contenter de la préparation des dossiers. Cette dépossession est d'autant plus mal vécue que les jugements rendus ne vont pas dans le sens souhaité. En septembre 1945, *L'Écran français* fait part du « malaise compréhensible » de la profession face à une épuration partielle et partiale qui frappe les techniciens sans inquiéter leurs employeurs[27]. L'assainissement de la profession se serait limité aux lampistes. Jean-Pierre Bertin-Maghit juge ces reproches infondés : ils reposent sur une illusion d'optique liée à la faible proportion d'employeurs dans l'ensemble de la profession[28].

Pourtant, en janvier 1946, le puissant Syndicat des techniciens tire une seconde salve. Sous la plume de Marc Maurette, il s'indigne de l'incohérence des jugements émis par le Comité régional interprofessionnel d'épuration :

1° Monsieur X... a maquillé des artistes qui tournaient dans des films de la Continental : pour ce fait, il lui est interdit de maquiller des artistes pendant un délai indéterminé [...].
Mais, les artistes qu'il a maquillés et qu'on a vus sur l'écran ne sont pas épurés.
Mais, les Maisons qui ont été intéressées à 25 % sous l'occupation

---

27. « Épuration des lampistes », *L'Écran français*, n° 13, 26 septembre 1945, p. 2. Sur la dépossession du CLCF, voir également la correspondance avec Jean Painlevé, Archives nationales (AN), F 42 131.

28. Jean-Pierre Bertin-Maghit, *Le Cinéma sous l'Occupation...*, *op. cit.*, p. 223.

dans France Actualités, reçoivent l'autorisation de produire de nouveau leur Journal d'Actualités, à partir du 12 décembre 1945.
2° Monsieur Zwobada, a réalisé deux films aux Industries Cinématographiques, société française. À part cela, il a depuis trois ans milité dans la Résistance et on lui doit une grande partie de la préparation clandestine, puis de la réalisation du film sur la libération de Paris, puis la mise sur pied de France Libre Actualités. Il est blâmé parce qu'il aurait dû savoir que le président des Industries Cinématographiques faisait des affaires avec les Allemands.
Mais, Monsieur Lauer, Directeur des Studios de Billancourt, faisait également des affaires avec les Allemands, en l'espèce avec la Continental. Or, à l'heure actuelle, il se porte fort bien et s'apprête à reprendre en main ses studios[29]…

Le Syndicat des techniciens s'alarme surtout de la multiplication des blâmes qui fait perdre de sa lisibilité à l'épuration :

Nous nous refusons à admettre cette nuée de petites sanctions qui font croire que le Cinéma tout entier était un guêpier de collaboration, alors qu'il fallait frapper peu, mais frapper fort dans les quelques cas patents que tout le monde connaît[30].

On touche là au point névralgique. Pour le CLCF, l'épuration doit avoir un effet de purgation et de clarification ; elle doit séparer nettement le bon grain de l'ivraie. Or les faits de collaboration se trouvent noyés au milieu d'écarts mineurs. D'anciens résistants partagent le banc de collaborateurs notoires et reçoivent des blâmes infamants. Les membres du CLCF, dépossédés et amers, renouent donc avec les vieux réflexes syndicaux et l'antienne de la justice de classe.

Parallèlement à l'épuration officielle, des boycotts sont organisés par des professionnels ayant souffert de la législation antijuive. Créé par Claude Heymann et Pierre Braunberger, le

---

29. En italiques dans le texte original. Marc Maurette, in *Le Technicien du film*, n° 3, janvier 1946, p. 9.
30. *Ibid.*

Groupe israélite de renseignements et d'actions (GIRA) met à l'index ceux dont l'attitude sous l'Occupation est jugée répréhensible, au premier rang desquels Claude Autant-Lara[31].

Au final, l'épuration des professionnels du cinéma fut à la mesure de leur attitude pendant l'Occupation : ambiguë et modérée, à l'exception de quelques épiphénomènes qui marquèrent l'opinion[32]. Ce fut le cas de l'affaire Clouzot qui aboutit à sa suspension *sine die* et servit d'abcès de fixation. Le cinéaste est accusé d'avoir été une pièce maîtresse de la Continental, d'avoir tenu des propos pronazis et d'être le réalisateur du *Corbeau*. Ce dernier grief tient une place minime dans la procédure mais il divise violemment le monde du cinéma. Cible de *L'Écran français* clandestin, le film est de nouveau attaqué par le CLCF à la Libération. L'un des articles de son questionnaire semble avoir été conçu spécialement pour Clouzot : il préconise de poursuivre toute personne ayant « pris part à l'établissement et à la réalisation de films ayant pour but de présenter la vie française sous des couleurs fausses, en prétendant en montrer les vices et les tares, et d'accréditer, auprès du public, la légende qu'il n'y a de vertus qu'hitlériennes ou fascistes[33] ».

---

31. Témoignages de Pierre Braunberger et de Claude Heymann ; Pierre Braunberger, *Pierre Braunberger producteur. Cinémamémoire*, propos recueillis par Jacques Gerber, préface de Jean-Luc Godard, Paris, Éd. du Centre Pompidou-Centre national de la cinématographie, 1987.

32. Les professionnels du cinéma compromis dans la collaboration active sont jugés devant la chambre civique ou la cour de justice. Jean Marquès-Rivière, scénariste de *Forces occultes* (1943), est condamné à mort par contumace. Jean Mamy, réalisateur du même film, est fusillé en mars 1949, non pour son œuvre de propagande mais pour avoir dénoncé et fait fusiller des résistants. Robert Muzard, directeur de Nova-Films, est condamné à trois ans de prison. Enfin, le comédien Robert Le Vigan, ancien *speaker* à Radio-Paris puis à Ici la France, à Sigmaringen, membre du PPF depuis 1943, est condamné à dix ans de travaux forcés.

33. Commission provisoire d'épuration du CLCF (archives de Marc Maurette).

De la Résistance à la Révolution

Face aux accusateurs qui taxent *Le Corbeau* d'œuvre antifrançaise, des intellectuels et scénaristes (Simone de Beauvoir, Jean-Paul Sartre, Michel Leiris, Henri Jeanson) prennent la défense du film, appelant à penser en termes plus nuancés les rapports du cinéma au monde réel :

> Prétendre que les personnages sont le reflet de tout un pays est une absurdité ou alors il faut dire que *Pension Mimosas*, c'est la bourgeoisie française, *Pépé le Moko*, l'empire français, *Le Grand Jeu*, l'armée coloniale française, *La Bête humaine*, les chemins de fer français, *Quai des brumes*, la vie de nos ports, *Goupi mains rouges*, notre paysannerie… Condamner *Le Corbeau* selon ce point de vue serait un précédent mortel pour notre cinéma[34].

Le propos peut faire mouche et les films ne sont pas choisis au hasard : en 1938, Jean Renoir, alors proche du PCF, a traité *Quai des brumes* de film fasciste, reprochant à Carné de montrer à l'écran « des individus tarés, immoraux, malhonnêtes »[35]. Le « puritanisme patriotique » du parti communiste, renforcé par l'Occupation, prend une ampleur sans égale à la Libération. L'exaltation cinématographique des héros positifs aux cœurs simples et ardents, l'élaboration de « films roses sur pellicule à la vanille[36] » deviennent un devoir civique.

---

34. Lettre au CLCF citée par Jean-Pierre Bertin-Maghit, *Le Cinéma sous l'Occupation…*, *op. cit.*, p. 225. L'historien consacre un long développement à cette affaire (p. 224-228). Voir également Raymond Bellour et Francis Lacassin, « Le procès Clouzot », *Cinéma 61*, n° 60, octobre 1961.
35. Jean-Pierre Jeancolas analyse la polémique autour de *Quai des brumes* dans *Quinze ans d'années trente* (*Le Cinéma des Français*, t. II, *op. cit.*, p. 271-272). Henri Jeanson, signataire de la pétition en faveur de Clouzot, avait envoyé à l'époque une réponse cinglante à Jean Renoir.
36. Henri Jeanson dans sa réponse à Jean Renoir (cité par Jean-Pierre Jeancolas, *ibid.*, p. 272).

Laissons le mot de la fin à François Chalais dans sa description toute personnelle du climat ubuesque de l'épuration :

> Peut-être se souvient-on encore de cette vague de folie qui secoua Paris ? Jean-Paul Le Chanois avait à peine cessé de s'appeler Commandant Marceau, Christian-Jaque cessait d'être juge FFI […] Louis Daquin réalisait l'un des rêves de sa vie : devenir secrétaire général de quelque chose. Quant à Jean Grémillon, il abandonnait délibérément la place de maître du cinéma français à laquelle il pouvait postuler et se préparait à quelques solides années de difficultés tout comme un vulgaire épuré de talent. Quand l'odeur est trop forte ce sont en effet les plus délicats qui ont, les premiers, envie de vomir.
> Pendant ce temps, des commissions formaient des tribunaux qui jugeaient les commissions, puis les commissions jugeaient les tribunaux, car la main-d'œuvre était rare et on ne demandait qu'à s'entraider. C'était la désunion sacrée. Les gens s'abordaient : « Tiens, vous ne jugez personne aujourd'hui ? » Et l'autre répondait : « Non, il faut que j'aille afficher le blâme qu'on m'a infligé sur la porte du lieu de mon travail. » Alors l'autre, avec une amicale bourrade : « Ça vous fera une promenade. »
> Quelquefois, un imbécile ou un téméraire bousculait l'ordre de la conversation et semait la panique au Fouquet's ou au Luigi's :
> « Vous avez vu Clouzot, ces temps-ci ?
> – Chut !! Ah ! ah ! ah ! toujours le mot pour rire… Vous voulez dire ce grand ami Chézeau [Charles Chézeau : secrétaire de la CGT-Spectacle] ? Bien sûr, on ne se quitte plus…
> – Non, je disais Clouzot, vous savez, le réalisateur du *C*…
> – Excusez-moi, j'ai un coup de téléphone à donner à Daquin… »
> Mais sans doute m'accusera-t-on de mauvaise foi. Il est bien entendu que je règle des comptes et que le cas de Clouzot n'est qu'un tremplin à calomnie. Il n'en est malheureusement rien. Les choses se sont passées exactement ainsi. Et ceci avec d'autant plus de mauvaise foi que dans le fond il n'y avait aucune raison, ou presque, pour que les accusateurs ne fussent pas les accusés et réciproquement[37].

---

37. François Chalais, *François Chalais présente H.-G. Clouzot*, Paris, Jacques Vautrain, 1950, p. 34-35.

L'ironie du mémorialiste, dont la trajectoire était tout aussi ambivalente[38], confirme que l'entreprise de clarification voulue par le CLCF avait pour le moins manqué sa cible ! Le Comité déchanta pareillement à l'annonce des mesures du gouvernement pour réorganiser la profession.

Organiser et produire

La mise en place des nouvelles instances alourdit en effet le contentieux opposant les « cégéto-communistes » aux gaullistes et aux démocrates-chrétiens. Le CLCF marque un point en obtenant la nomination de Jean Painlevé, issu de ses rangs, à la Direction générale du cinéma. Mais l'équilibre est aussitôt rétabli par la nomination de Pierre-Henri Teitgen au ministère de l'Information. La victoire est surtout de courte durée : Jean Painlevé, soumis au travail de sape des conseillers de Teitgen, ne peut réaliser le programme ambitieux qu'il s'est fixé. Le 16 mai 1945, il doit céder la place à Michel Fourré-Cormeray. Avec ce serviteur de l'État, membre du MRP, la Direction générale du cinéma passe aux mains des gestionnaires.

Le CLCF enregistre un nouvel échec lorsque est définie la nouvelle politique du cinéma. Les communistes réclament une intervention active de l'État afin de libérer la production des logiques du marché. Leur projet de création d'un Commissariat du cinéma prévoit des modes de désignation démocratiques et un fonctionnement paritaire entre la profes-

---

38. Comme le rappelle Jean-Michel Frodon dans *Le Monde* du 4 mai 1996, p. 12, François Chalais débuta « sa carrière journalistique dans les colonnes d'*Idées*, revue de la "révolution nationale", et *Combats*, journal de la Milice, puis (comme critique littéraire), du 4 février au 16 août 1944, à *Je suis partout*. À la Libération, il reçut néanmoins la médaille de la Résistance, et, plus tard, à l'occasion d'un procès contre le rappel de ses débuts dans la presse collaborationniste, son avocat, Me Georges Kiejman, affirmera que cette activité lui avait servi de couverture, avant de réclamer pour son client un "droit à l'oubli" ».

sion et les pouvoirs publics. La création du Centre national de la cinématographie (CNC) en octobre 1946 ne satisfait pas toutes leurs revendications. Le CLCF joue son va-tout en participant à l'édification d'un secteur coopératif, né d'un rêve utopique. « Dans notre grande naïveté, explique Louis Wipf, nous pensions récupérer les structures cinématographiques allemandes – studios de Billancourt, laboratoire de Joinville, sociétés de distribution comme la Sédif, salles de cinéma confisquées… – qui auraient permis de constituer le fonds de la Coopérative[39]. »

Wipf rédige les statuts de cette coopérative, créée en octobre 1944 pour libérer le septième art de l'emprise de la finance[40]. La Coopérative générale du cinéma français (CGCF) accueillera, à leur demande, tous les salariés inscrits à un syndicat affilié à la CGT. Elle sera composée de six coopératives de branches : production de grands films ; production de courts métrages et dessins animés ; studios et laboratoires ; distribution ; exploitation ; importation et exportation. Un conseil d'administration aura pour fonction d'étudier le programme de réalisation annuel qui sera financé en majeure partie par des producteurs associés à la CGCF et intéressés à ses bénéfices.

Mais cet harmonieux dispositif ne trouve vie que sur le papier. Dans les faits, seules les deux branches de production deviennent opérationnelles ; elles permettent l'élaboration des premiers documentaires sur la Résistance (*La Rose et le Réséda*, *La Bataille du rail*, *Au cœur de l'orage*…). Les secteurs exploitation et distribution, qui devaient permettre l'autonomie du système, souffrent en revanche d'un défaut structurel, l'utopie d'une confiscation des salles reprises

---

39. Témoignage de Louis Wipf.
40. Les statuts définitifs furent déposés le 16 novembre 1944. Sur la CGCF, voir Pauline Gallinari, « Cinéma et communisme en France, de la Libération au milieu des années 1960 », thèse de doctorat d'histoire sous la dir. de Marie-Pierre Rey, université Paris 1 Panthéon-Sorbonne, octobre 2009, p. 112-117.

aux Allemands ayant fait long feu[41]. Cette carence pèsera lourdement sur le devenir de la Coopérative.

Pour le Comité de libération, l'euphorie des premiers jours fait place à l'amertume. D'août 1944 à la fin de l'année 1946, il est dépossédé de ses prérogatives et de ses illusions : échec de l'épuration, fin du monopole des actualités, mainmise de l'État sur la profession, constitution d'un réseau coopératif très en deçà de ses espoirs. Les films du CLCF portent la trace de ses espoirs et de ses déconvenues.

---

41. La confiscation des biens ennemis permit cependant la création d'un secteur nationalisé. En janvier 1945, les biens de la Continental furent placés sous séquestre. Leur transfert à l'État, prononcé trois mois plus tard, permit la création de l'Union générale cinématographique (UGC).

Chapitre 3

Le cinéma du Comité de libération : la reconversion des héros

Les premiers films du Comité de libération du cinéma français sont tous consacrés à la Résistance, à l'exception du *Six Juin à l'aube* de Jean Grémillon. Ce poème cinématographique sur les désastres de la guerre dévoile les cicatrices d'une terre normande labourée par la « monstrueuse charrue » des combats.

L'inclinaison pour les pages glorieuses du passé répond à une double fin. Il s'agit de révéler la face cachée de l'Occupation, de montrer le vrai visage de ces résistants naguère dépeints en terroristes hirsutes et sanguinaires. En se posant comme les plus aptes à filmer l'armée des ombres, les cinéastes du CLCF poursuivent aussi leur quête de légitimité. Le premier enjeu relève du devoir de témoigner, le second de la compétence à le faire, acquise dans la clandestinité.

Reste à définir les contours de cette Résistance. Faut-il exalter conjointement les soldats sans uniforme et les combattants de la France libre ? Privilégier le rôle du parti communiste et de ses FTP ? Présenter la Résistance comme l'apanage d'une classe ou bien comme la révolte sourde de tout un pays ? Autant de questions auxquelles le CLCF apporte des réponses changeantes au gré des variations du climat politique.

Des « premiers beaux jours » à la « restauration gaullienne », *La Libération de Paris*, *La Bataille du rail* et *Au cœur de l'orage* rendent compte de ces évolutions : le premier est conçu dans l'euphorie partagée ; le second marque le temps des négociations et des habiles compromis ; le troisième sort dans un climat d'affrontement[1].

La Libération de Paris : le film de la communion

L'image d'actualité, nous dit Bazin, puise sa force de conviction dans une desquamation de l'Histoire dont la peau à peine formée deviendrait pellicule[2]. Cette promesse de vérité et cette séduction du réel rendu dans sa plénitude trompent la vigilance du spectateur, lui donnant l'illusion d'assister à une suite authentique d'événements dont la dramaturgie est construite de toutes pièces. Car le film d'actualités soumet les faits historiques à une série d'altérations : la prise de vues opère une sélection dans le champ du réel ; le montage le réordonne suivant de nouvelles logiques ; le commentaire surajoute à l'image un sens qui lui est propre. Déconstruire l'« œuvre-faite », en reconstituer la genèse, en examiner les chutes et les repentirs aide à mieux cerner les enjeux du CLCF en août 1944.

Paris levé, debout

La Libération de Paris[3] est composée en trois tableaux : l'insurrection et ses temps forts (combats de rue, occupation

---

1. Parallèlement à la production du CLCF, le PCF renoue avec la production et la distribution à travers la structure Ciné-France. Le parti produit ainsi plusieurs documentaires évoquant la guerre et la Résistance, tel le film *Pierre Sémard, héros de la liberté* consacré à la cérémonie d'obsèques organisée, le 18 mars 1945, à la mémoire du héros de la résistance communiste (Pauline Gallinari, « Cinéma et communisme en France… », thèse citée, p. 139-168).

2. André Bazin, « À propos de "Pourquoi nous combattons" : histoire, documents et actualités », *Esprit*, n° 123, juin 1946, p. 1022-1026.

3. Passé à la postérité sous le titre *La Libération de Paris*, le film s'intitulait originellement *Le Journal de la Résistance*. Les chutes du documentaire, d'une durée d'environ quatre heures, sont conservées à

de la préfecture de Police et de l'Hôtel de Ville) ; l'arrivée des avant-gardes de la division Leclerc et la réduction des dernières poches de résistance ; le discours de Charles de Gaulle à l'Hôtel de Ville et la journée de sacre du 26 août.

Cette structure respecte un apparent équilibre entre les forces de la Résistance que la sélection d'images conforte, montrant sans exclusive tous les acteurs français de la Libération. À l'écran, les combats de chars et l'artillerie lourde des militaires répondent aux coups de feu des porteurs de brassards et au balai des voitures FFI. L'agencement des séquences et du commentaire invite cependant à nuancer ce constat. Les premiers plans des Leclerc sont insérés à la suite d'une série de scènes consacrées aux prisonniers allemands ; elles montrent une ville solidement tenue en main par les insurgés. Cette astuce du montage prépare et consolide la thèse du récitant affirmant que le sort de la capitale se joua avant l'arrivée des FFL : « La lutte touche à sa fin, Paris achève sa libération… *Maintenant,* les avant-gardes de la division Leclerc roulent sur Paris. » Dans la hiérarchie des artisans de la victoire, les soldats de la France libre se trouvent réduits à la fonction de supplétifs.

Si cette relégation profite à la Résistance intérieure, le texte de Pierre Bost privilégie surtout la capitale et ses habitants. Cette intention est soulignée dès les premières phrases : « Paris a compris que la Libération est proche et que c'est lui-même qui doit la conquérir. » Le nom de Paris est utilisé treize fois comme sujet de l'action tandis que le terme « FFI », prononcé à trois reprises, ne l'est qu'une seule fois. Le commentaire se garde plus encore des allusions partisanes. Pierre Bost cite le nom du colonel Rol au détour d'une phrase mais ne prononce pas les mots « communistes », « Front national », « Francs-tireurs et partisans ». Les chutes du film contiennent des plans inutilisés montrant

---

l'INA. Pour une analyse plus fouillée du tournage de ce film, voir Sylvie Lindeperg, *La Voie des images…*, *op. cit.*

les sigles FTPF et CGT ainsi que l'insigne de la faucille et du marteau. Le film se distingue en cela du documentaire soviétique *La France libérée* (1945) dans lequel Sergueï Youtkevitch insiste sur le rôle joué par les communistes, ces « fidèles soldats de la Résistance ».

Paradoxalement, dans *La Libération de Paris*, le seul corps légitimé en tant que tel est celui de la police. Abondamment filmés par les opérateurs et qualifiés de « braves » par Pierre Bost, les gardiens de la paix se trouvent rachetés par l'action d'une minorité. Le documentaire du CLCF, bientôt relayé par les commémorations gaulliennes, contribue à faire écran à leurs états de service moins édifiants sous la férule de Vichy et de l'occupant.

Pour le reste, le film noie l'identité des combattants dans l'anonymat d'un sujet abstrait et célèbre la victoire d'une communauté ressoudée. *La Libération de Paris* offre en ce sens un décalque du fameux discours du 25 août :

> Paris ! Paris outragé ! Paris brisé ! Paris martyrisé ! Mais Paris libéré ! Libéré par lui-même, libéré par son peuple avec le concours des armées de la France, avec l'appui et le concours de la France tout entière, c'est-à-dire de la France qui se bat, c'est-à-dire de la seule France, de la vraie France, de la France éternelle !

Introduit dans le film par le trait de Bost : « Enfin un micro français parle français ! », cet extrait du discours gaullien n'est pas choisi au hasard. Jean-Pierre Azéma note que Charles de Gaulle, arrivant à l'Hôtel de Ville, s'est laissé prendre par l'émotion et a rendu au Paris insurgé un des plus beaux hommages qu'il ait jamais reçus : « Bon prince, il saluait le peuple qui le faisait roi[4]. »

Certes, le chef du gouvernement provisoire ne perd pas de vue les urgences politiques de l'heure, omettant de citer

---

4. Jean-Pierre Azéma, *De Munich à la Libération...*, *op. cit.*, p. 351.

le CNR ni ne prononçant le mot « résistance » ; du moins s'efface-t-il au profit de la population parisienne. Il rend ainsi possible ce court état de grâce, cette fusion des acteurs dans l'entité abstraite de la capitale dont *La Libération de Paris* porte à son tour témoignage. Sans autre artifice qu'un éclairage en clair-obscur, l'image tournée par les cameramen du CLCF restitue le jeu de miroirs des émotions : celle visible de l'orateur et de ses auditeurs, celle quasi palpable des opérateurs et du narrateur. Jean Lacouture a pénétré l'intensité mystique de cette scène où fusionnent la Chair et le Verbe gaulliens :

> Le film qui a été alors tourné, ce qui nous en reste en tout cas, montre la haute stature dominant les visages levés comme dans une Ascension du Gréco, ses bras qui semblent figurer une lyre, le visage livide du géant renversé en arrière comme pour une consécration... Un climat proprement mystique. Et la voix fameuse qui psalmodie ces phrases intensément lyriques, à la dimension du moment, ces phrases jaillies de cette communauté enivrée et consciente[5].

L'assistance subjuguée doit attendre la fin de l'allocution pour entendre le Général mentionner évasivement « nos chers et admirables alliés ». Le CLCF est tout aussi cavalier avec les troupes américaines montrées dans les seules scènes de liesse, occupées à distribuer des cigarettes et à échanger des baisers avec les Parisiennes.

Comme de Gaulle encore, les auteurs du film s'en tiennent à une lecture patriotique du combat résistant et valident son discours sur le retour à l'ordre. Évoquant l'arrivée du préfet de la Seine Marcel Flouret à l'Hôtel de Ville, Pierre Bost insiste sur le rétablissement de la légalité républicaine : « Paris et la France ont un gouvernement. C'est hier qu'ils n'en avaient pas. »

---

5. Jean Lacouture, *De Gaulle*, t. I, *Le Rebelle, 1890-1944*, Paris, Seuil, 1984, p. 833-834.

Le film se distingue en revanche par sa célébration du Paris populaire et insurrectionnel. Commentaire et images convergent pour réinscrire l'événement dans la tradition des grandes luttes révolutionnaires, renouant avec l'« art des foules » célébré par Sartre. Le bruit sec des arbres que l'on abat[6], la fierté souriante des jeunes femmes en robes légères et des gavroches mal nourris déterrant les pavés restituent les pulsations d'une ville chargée d'Histoire qui retrouve dans sa mémoire « le grand geste instinctif de sa défense contre les oppresseurs ». Paris hérissé des barricades de 1848 et de la Commune, Paris berceau des révolutions avec ses symboles et ses rites, parmi lesquels la proclamation de la République au balcon de la Maison commune.

La dernière séquence du film peut être envisagée sous cet angle. Par son final, le montage du CLCF rompt en effet avec la chronologie des événements. Après la réception du Général à l'Hôtel de Ville, il élude le dernier tronçon du parcours qui voit le cortège se rendre à Notre-Dame pour le Magnificat. Par un déplacement symbolique, le film s'égare vers la place de la République et se conclut sur la statue de Marianne. L'intention de la mise en scène est appuyée par les dernières phrases du commentaire :

> À l'Hôtel de Ville, qui fut le premier centre de la Libération, le général de Gaulle salue Paris et le remercie. Les acclamations redoublent, la joie déferle de rue en rue, partout, et vient éclater sur cette grande place au cœur de Paris, au cœur de la France, la place de la *République* !

Le mot est déclamé par Blanchar avec une belle insistance ; il prend tout son sens quelques jours après l'incident du

---

6. Signalons que l'essentiel du film est tourné en muet et sonorisé après coup, à l'exception du discours de l'Hôtel de Ville, de la journée du 26 août et d'une brève séquence montrant le capitaine Dronne donner des instructions à ses hommes.

Le cinéma du Comité de libération 77

25 août entre Bidault et de Gaulle qui a refusé de proclamer la République au balcon de l'Hôtel de Ville.

La dernière séquence offre aussi au film une fin plus séculière et mobilisatrice, en éludant les fusillades de Notre-Dame qui troublèrent l'ordonnancement de la cérémonie. Cette omission illustre un autre parti pris des auteurs qui expurgent l'Histoire de ses inévitables impuretés. Les images violentes de l'« épuration sauvage » et des fusillades font en revanche les délices des propagandes allemande et anglo-saxonne.

L'Histoire et ses scories

Dans le court métrage *Paris Liberated*, ces mêmes scènes ont la charge d'illustrer l'anarchie qui aurait suivi l'entrée des Français libres dans la capitale. Les images de collaborateurs brutalisés, de femmes tondues, giflées et humiliées, les tirs à la Concorde et à Notre-Dame viennent étayer la thèse d'une ville en proie à la confusion. Le film se conclut sur les troupes d'Eisenhower défilant en ordre impeccable sur les Champs-Élysées, symbole d'un retour à la discipline qui sonne le glas de la sédition.

Des plans analogues sont montés par les actualités allemandes (*Deutsche Wochenschau*) du 18 octobre 1944. Le commentateur du sujet met à profit les scènes des tirs à Notre-Dame pour évoquer les divisions franco-françaises et prophétiser la venue de l'hydre bolchévique dans les fourgons du général de Gaulle[7]. « Après nous le déluge », affirme la propagande allemande ; « Avant nous le chaos », rétorquent les Américains.

De même qu'ils renoncent aux fusillades, les monteurs de *La Libération de Paris* écartent les plans de femmes tondues tournées par leurs opérateurs[8]. Pour évoquer l'épuration, ils

---

7. Images encore dramatisées par l'ajout de cris sur la bande-son et par l'orchestration d'une musique symphonique.

8. Images qui figurent dans les chutes du film. Les opérateurs du CLCF ne les tournèrent pas sans quelque réticence, comme en témoigne Gilbert Larriaga : « Ce n'est pas toujours beau à voir, un peuple en colère.

choisissent des prises de vues plus travaillées, montées dans une séquence unique tout entière consacrée à l'arrestation des collaborateurs.

Pour en comprendre les enjeux, il faut revenir au montage initial tel qu'il fut projeté le 29 août 1944. Sur les images d'un groupe de civils descendant d'un camion les bras en l'air, le commentaire précise : « On commence à nettoyer Paris... On arrête les collaborateurs, les gros et les petits. On ne les châtie pas encore, on les jugera... En voici un petit, un obscur collaborateur de quartier... Hop, en prison ! » Suivent quelques « collaboratrices horizontales » aux chevelures préservées, accompagnées par du « plus gros gibier » : Paul Devize, le président du tribunal spécial, et le journaliste collaborationniste Stéphane Lauzanne, escortés sans violence par des FFI souriants. Ces images révèlent l'absence de spontanéité des figurants qui posent pour la caméra. Dans la séquence sur Devize, cinq membres de la Croix-Rouge, immobiles, entourent précautionneusement le président du tribunal d'État, allongé sur une civière ; comme pour un instantané, ils fixent sagement l'objectif et brandissent un drapeau français dans le champ de l'appareil[9]. Les choix de mise en scène viennent à l'appui du commentaire pour illustrer la maturité des FFI soucieux de respecter la légalité en traitant leurs prisonniers selon les codes de l'honneur militaire.

La séquence des femmes rasées, dans le 15e arrondissement, en est une parfaite illustration. Je suis en train de filmer des jeunes gens arrachant les poteaux indicateurs allemands jaunes et noirs, quand je me sens soudain soulevé, emporté et "invité" par un commando de cinglés, couverts de pistolets et ceints de brassards tricolores, à filmer un groupe de "femmes collaboratrices" auxquelles on vient de raser le crâne et que l'on s'apprête à décorer de croix gammées. Au cours de ma carrière, il m'a été donné de voir la lâcheté des gens, mais ce jour-là j'ai honte de filmer une telle scène. » (*Les Caméras de l'aventure...*, *op. cit.*, p. 30.)

9. De même, dans la séquence consacrée aux collaboratrices, un civil relève le chapeau d'une des prisonnières pour livrer son visage à la caméra.

Quelques semaines après la première du film, André Zwobada a la surprise de voir pénétrer dans son bureau « l'obscur collaborateur de quartier » qui décline son identité : frère d'une grande figure de la Résistance lui-même engagé dans la lutte, il a été arrêté par erreur et aussitôt relâché. Mais depuis le jour funeste de la projection, cet acteur involontaire du film est victime de son formidable succès. Reconnu dans la rue et sans cesse conspué, il a dû se résoudre à garder la chambre. Avec l'aval de ses camarades, André Zwobada, compatissant, accepte de couper le début de la séquence. Pour cette raison contingente, le discours sur la légalité disparaît du commentaire ; Devize, Lauzanne et le groupe de femmes demeurent les seuls collaborateurs montrés à l'écran[10]. Reste à éclairer les raisons de cette vision irénique des événements parisiens.

Arbitrages

La Libération de Paris porte certes la marque du climat euphorique des journées d'août 1944. Mais sa célébration œcuménique de la résistance n'en est pas moins critiquée par quelques membres du CLCF. Ainsi Louis Daquin s'en prend-il aux « carences idéologiques » du film[11].

Celles-ci s'expliquent en partie par la personnalité des auteurs. Pierre Bost et les cinq responsables des actualités n'ont pas des tempéraments de boutefeux et n'appartiennent pas tous à la galaxie communiste. Jean Jay, qui fut le responsable de la presse filmée, est issu de la haute bourgeoisie ; il « émargeait pour le grand capital », selon l'expression gentiment ironique de Mercanton. Pour préserver leur cohésion, les six hommes choisissent de ne heurter aucune conviction. La diversité de leurs engagements et leur penchant commun pour la temporisation leur permettent de composer une œuvre

---

10. Témoignage d'André Zwobada.
11. *Ibid.*

fédératrice et consensuelle, délestée de tout épisode diviseur (celui de la trêve notamment).

Le style et le ton du film se ressentent aussi de la personnalité de Pierre Bost, écrivain de la « génération humaniste » dont l'ouvrage *La Haute Fourche*, retenu par les Éditions de Minuit clandestines, est en cours de publication à la Libération[12]. Imprégné de culture protestante, l'écrivain n'est guère sujet aux accès de fièvre lyrique ; la sobriété de son commentaire contraste avec l'interprétation enflammée et déclamatoire qu'en propose Blanchar[13]. Ce dépouillement stylistique est critiqué par plusieurs membres du Comité, farouches partisans d'une dramaturgie épique et flamboyante. Jacques Becker aurait quant à lui insisté pour que disparaissent du film les images de jeunes cyclistes insouciantes pédalant gaiement dans la capitale insurgée.

Les choix des auteurs sont surtout guidés par la volonté de construire une œuvre durable, résistante à l'épreuve du temps. Dès le 25 août, ils comprennent que le film dépassera les ambitions d'une simple bande d'actualités[14]. Leur documentaire doit donc se démarquer des codes de la presse filmée dont ils ont aussi la charge. En témoigne le premier numéro de *France-Libre-Actualités* daté du 5 septembre. Le sommaire de ce journal est à lui seul éloquent : bombardement de Paris, chambre de torture d'Issy-les-Moulineaux, charnier de Vincennes… « Images atroces, souligne le commentaire, qui n'appellent ni l'oubli, ni le pardon »[15]. Ce numéro s'ouvre

---

12. Anne Simonin, *Les Éditions de Minuit…*, *op. cit.*, p. 165.

13. Dès 1944, certains camarades du CLCF ont jugé outranciers les « coups de clairon cocardiers » de leur président.

14. Comme en témoigne le journal de Jean Painlevé, qui note, le 25 août 1944 : « Nous commençons à nous apercevoir que notre film sera peut-être une grande chose : le récit de la Libération de Paris. » (*L'Écran français*, n° 7, 15 août 1945, p. 10.)

15. Dans *La Libération de Paris*, seule la séquence du charnier du fort de Romainville remplit une fonction analogue.

Le cinéma du Comité de libération 81

justement sur les images de la fusillade de Notre-Dame, délaissées par *La Libération de Paris* :

> Au moment même où le général de Gaulle arrive à Notre-Dame où va être célébré le Te Deum de la Libération, sur tout le parcours que vient de suivre le cortège, une fusillade éclate. L'ennemi a laissé dans la capitale les derniers restes de ses arrière-gardes et ses complices. Embusqués sur les toits, quelques tueurs, allemands ou français, mais tous hitlériens, ont tiré sur le peuple de Paris, lâchement, en assassins, par pure haine de sa joie. À la même minute, partout, les rafales ont balayé la foule : aux Champs-Élysées, à l'Hôtel de Ville, jusque sur le parvis de Notre-Dame, des balles sifflent. Sur cette journée d'enthousiasme et d'union, les nazis vaincus ont voulu mettre leur marque, comme pour rappeler à la France entière que la lutte continue, qu'elle ne sera pas terminée tant que les derniers tronçons du serpent s'agiteront encore. La Cinquième colonne est toujours là, la lutte continue. Vigilance !

Cette rupture de ton révèle une communication à double détente. Le numéro de *France-Libre-Actualités* répond à une logique politique à court terme. L'hydre de la « cinquième colonne » justifie les mesures d'épuration drastiques préconisées par les communistes et le maintien des organisations armées de la Résistance. Transmises par le canal des actualités, ces images de désordre et de désunion ne risquent pas de ternir l'aura de la France : par essence éphémère, destinée au seul public, la presse filmée est condamnée à une rapide obsolescence. Il lui revient le rôle de transmettre les mots d'ordre du jour.

La composition des journaux de *France-Libre-Actualités* au cours du second semestre 1944 confirme cette sensibilité extrême aux aléas de la conjoncture politique. Appel à l'« épuration patriotique », glorification de la résistance communiste, lutte pour la dissolution du COMAC et le désarmement des Milices patriotiques, la presse filmée fait le jeu du PCF pendant les premiers mois de la Libération.

Cette allégeance s'exprime aussi dans la scénographie des prestations gaulliennes. Le service des actualités réussit le tour de force de rendre compte des voyages du Connétable dans le pays sans livrer un seul extrait de ses discours, le dépouillant ainsi de ses attributs politiques. Assimilant son tour de France à une réinstallation de l'État dans ses provinces, Charles de Gaulle a en effet renoué avec la symbolique des « deux corps du roi[16] ». Privé par les actualités de sa voix et de son verbe, il se trouve ravalé au rang de maître de cérémonies, de simple signe de ralliement. D'où l'importance et la singularité de la séquence du film tournée à l'Hôtel de Ville qui consacre le Général en chef politique incarnant les vertus nationales.

Contrairement aux journaux de *France-Libre-Actualités* et bien qu'il en soit le numéro zéro, *La Libération de Paris* vise la postérité et une audience internationale ; il doit porter dans l'espace et dans le temps l'image irréprochable d'une nation héroïque fermement gouvernée[17]. *France-Libre-Actualités* est une arme politique qui épouse les sinuosités de la stratégie communiste ; le montage sur l'insurrection est taillé dans le marbre dont on fait les statues. Ses lignes plus travaillées, débarrassées des inévitables impuretés, constituent le socle d'un futur monument commémoratif.

On saisit mieux à cette aune le débat qui oppose les membres du CLCF. Les uns souhaitent retirer du film des rétributions politiques immédiates ; les autres en attendent

---

16. Symbolique fondée sur le principe d'une incorporation, en la personne du monarque, des corps naturel et politique (Ernst Kantorowicz, *Les Deux Corps du roi. Essai sur la théologie politique au Moyen Âge*, Paris, Gallimard, 1989).

17. Comme en témoigne le carton du générique : « Réalisé clandestinement et sans aucun moyen matériel, entre le 16 et le 26 août 1944 par une équipe de cinéastes de la Résistance, ce film apporte à la France et au Monde un témoignage authentique sur la Libération de Paris. » Pierre Blanchar fait, en décembre 1944, une grande tournée aux États-Unis pour présenter le film aux Américains. Le succès est immense.

des bénéfices indirects. Les uns veulent exalter sans tarder la résistance communiste ; les autres faire œuvre de communion et encaisser les dividendes d'un succès public exemplaire. Plébiscité par les spectateurs, le documentaire sert la gloire du Comité qui y puise une indéniable légitimité :

> C'est donc à l'initiative, au dévouement [...] d'un groupe de cinéastes, à leur prévoyance et à leur abnégation que nous devons ce film qui retrace, avec l'émouvante simplicité des choses vues et captées sur le fait, l'héroïque libération de Paris.
> On ne fait jamais appel en vain à la conscience professionnelle de ceux qui aiment leur métier. Le film sur la Libération de Paris a sauvé l'honneur du Cinéma français. Et c'est un film clandestin[18] !

Le succès est si grand que l'œuvre fera l'objet, quarante ans plus tard, d'une tentative de réappropriation. En 1984, au moment de la liquidation du fonds de la Coopérative générale du cinéma, Le Chanois réécrit le générique du documentaire qui est inséré dans les copies cédées à l'INA. Ce texte attribue l'initiative du projet au seul Réseau des syndicats dont il reconstitue l'historique.

Les débats internes au CLCF révèlent la concurrence entre deux modes d'instrumentalisation du passé : un usage politique immédiat, réduisant le film au rang d'œuvre de propagande ; une stratégie professionnelle plus contournée, réinvestissant la geste héroïque en profits internes au monde cinématographique. Pour transformer l'essai de *La Libération de Paris*, le Comité, par le biais de sa coopérative, lance un ambitieux programme de réalisations pour lequel il travaille en liaison étroite avec le service cinématographique de la Commission militaire nationale (CMN)[19].

---

18. René Lehmann, « Honneur et gloire du cinéma français. Images du Paris qui se libère », *Point de vue*, n° 24, 30 août 1945.

19. L'ex-COMAC.

La Bataille du rail : le temps des habiles compromis

En octobre 1944, André Michel prend la tête d'une petite structure chargée des questions cinématographiques au sein de la CMN. Composée d'une secrétaire et d'un adjoint – Henri Alekan, relayé par son frère Pierre en janvier 1945 –, elle fait preuve d'une intense activité. La cellule assume une triple fonction de production, de contrôle des scénarios sur la Résistance et de diffusion des films de guerre alliés. Le service cinéma dispose du studio Étoile, rue Troyon, où il organise des séances gratuites au profit des combattants de la Résistance et des anciens prisonniers de guerre[20].

Le programme de production financé par la Commission militaire[21] permet à André Michel de réaliser *Dix minutes sur les FFI*. Son service participe au financement de *Réseau X* et produit *Ces va-nu-pieds superbes*, documentaire d'Yves Allégret à la gloire des FTP du Mans dirigés par Claude Jaeger[22]. En lien étroit avec la Coopérative, Michel réalise encore *La Rose et le Réséda* et il met sur pied le projet de *La Bataille du rail*.

La mission de contrôle des scénarios est assurée par une commission de lecture composée d'anciens résistants. La CMN a conquis ce droit de haute lutte, comme l'atteste ce courrier d'André Michel à Claude Jaeger : « Nous avons obtenu avec bien du mal ici, à la Commission, qu'aucun

---

20. Le 16 décembre 1944, les invités de la Commission militaire purent ainsi voir, en avant-première, un épisode de la série *Pourquoi nous combattons*, de Frank Capra.

21. Le service cinématographique dispose de quelques fonds propres : bénéfices d'exploitation de ses documentaires ; recettes des galas organisés sous l'égide de la CMN. Pierre Blanchar a, par ailleurs, reversé au service d'André Michel les recettes réalisées aux États-Unis par le film *La Libération de Paris*.

22. Sur le tournage du film, voir Simone Signoret, *La nostalgie n'est plus ce qu'elle était*, Paris, Seuil, 1976, p. 84-85.

Le cinéma du Comité de libération 85

des films qui traitent de la Résistance n'ait l'autorisation de tournage sans notre accord préalable, et je crois que cette position est assez importante et assez utile à notre cause pour que nous tâchions de la soutenir honorablement[23]. »

Les premiers documentaires sur la Résistance s'élaborent ainsi sous le contrôle de la Direction générale du cinéma, de la Commission militaire et du CLCF. Ce pouvoir tricéphale est dominé par les communistes, fort nombreux au Comité de libération et très écoutés à la DGC. Le cas du service cinématographique de la CMN est légèrement plus complexe. André Michel, qui ne s'est guère embarrassé de considérations politiques pendant ses années souterraines, se tient désormais à distance raisonnable du parti communiste tout en entretenant des relations amicales avec d'anciens camarades FTP. S'il est très apprécié des militants communistes qui ont combattu à ses côtés dans les corps francs de la région lyonnaise, sa nomination tient surtout à son indéniable légitimité. Figure incontestée de la Résistance et homme de cinéma, il est en mesure d'imposer ses vues à la profession. Mais il dépend étroitement du communiste Maurice Kriegel-Valrimont et de son adjoint Jacques Arnault qui ont la haute main sur tous les services de la Commission et prennent les décisions en dernier ressort. Tous ces acteurs jouent leur partition pendant la mise en œuvre de *La Bataille du rail*.

Genèse

Présenté sur les écrans parisiens en février 1946, deux fois primé au Festival de Cannes[24], le premier long métrage de la Coopérative connaît un vif succès auprès du public et des critiques qui louent sa justesse et son authenticité,

---

23. Lettre d'André Michel à Claude Jaeger du 14 juin 1945 (archives privées d'André Michel).

24. *La Bataille du rail* reçut le Prix du jury et le Grand prix de la première édition du Festival de Cannes.

saluent les prémices d'un art nouveau et la révélation d'un jeune talent[25]. Cette réussite exemplaire s'explique largement par les ambivalences du récit composé par Clément. Court métrage documentaire devenu long métrage de fiction, initiative communiste réinvestie par la SNCF, *La Bataille du rail* ménage, dans la brèche d'une construction chaotique, l'espace de plusieurs films parallèles dont chaque protagoniste peut se prévaloir.

Le projet remonte à octobre 1944. André Michel suggère à la Coopérative de produire un court métrage sur le combat des cheminots : *Résistance-Fer* inaugure un cycle de documentaires sur la lutte clandestine produits par la CGCF. Michel aurait souhaité en assurer lui-même la réalisation mais ses nombreuses activités l'en empêchent. Henri Alekan, qui en sera le chef opérateur, propose le nom de René Clément avec lequel il a travaillé sur *Ceux du rail* pour le CATJC. Bien qu'il ait déjà réalisé une quinzaine de courts métrages, le jeune cinéaste est inconnu du public et a peu d'assises dans la profession. Il ne peut non plus exciper d'une légitimité acquise dans la Résistance. C'est donc la seule qualité de son court métrage *Ceux du rail*[26] qui emporte l'adhésion des commanditaires : à défaut d'un nom et d'une expérience de la clandestinité, Clément possède les compétences et la virtuosité pour rendre compte de l'âpre poésie du monde

---

25. Initialement exploité dans un seul cinéma, L'Empire, où il engrange en sept semaines 146 934 entrées, le film fut par la suite projeté, en raison de son succès, dans trois autres salles (Rex, César et Opéra). Les distributeurs furent surpris de l'accueil réservé par le public à un film qu'ils avaient initialement boudé. Le film totalise à ce jour 5 727 700 entrées (chiffres d'exploitation du CNC).
26. *Ceux du rail* fut visionné par Roger Verdier (responsable de la coopérative des courts métrages), Louis Daquin (président-directeur général de la Coopérative) et André Michel. La filiation stylistique entre les deux films est très nette : René Clément s'inspire des cadrages et des situations de *Ceux du rail* pour les scènes de *La Bataille du rail* tournées à bord de la locomotive et au poste de commandement.

ferroviaire déjà magnifié par Abel Gance (*La Roue*) ou Jean Renoir (*La Bête humaine*).

Reste à entrer en contact avec l'association Résistance-Fer, intéressée au premier chef par une initiative qui rendra gloire à son action clandestine[27]. En cet automne 1944, la SNCF nourrit justement un projet analogue pour lequel elle a demandé le concours du Service cinématographique de l'armée. Les représentants de la Coopérative, de la SNCF et de Résistance-Fer se mettent d'accord pour unir leurs efforts[28].

Un premier contrat est établi le 7 février 1945 : Résistance-Fer passe officiellement commande à la Coopérative d'un court métrage sur « l'action héroïque des cheminots pour la libération de la France »[29]. Estimé à 1 200 000 francs, le budget sera assuré par une double avance de la Direction générale du cinéma et de l'association du rail. De son côté, la SNCF fournira d'importants moyens techniques, humains et matériels. Le contrat notifie que le scénario de Clément devra obtenir l'approbation de la Commission militaire, de la Coopérative et de Résistance-Fer. André Delage, sous-inspecteur à la SNCF, représentera sa direction auprès de la Coopérative : il suivra la réalisation du film, coordonnera l'équipe de cheminots mobilisés pour le tournage, aura « à sa disposition un double de toute correspondance et contrats ainsi que les pièces comptables justifiant toutes les dépenses ».

---

27. L'association Résistance-Fer fut créée en décembre 1944 pour promouvoir la mémoire de la résistance ferroviaire ; elle portait le nom du réseau du même nom, créé en 1943. Elle s'employa également à la reconnaissance des titres de Résistance et à l'obtention des décorations, développa l'action sociale auprès des familles de disparus. Les archives de l'association ont été versées aux Archives nationales : AN, 72 AJ 2280-2297.

28. Correspondance entre René Clément et la CMN (Henri Alekan), archives de la Fondation René-Clément.

29. Ce contrat fut établi le 7 février 1945 et modifié sur quelques points de détail après que la CGCF eut obtenu une promesse d'avance de la Direction générale du cinéma par un contrat annexe signé le 26 février 1945 (Cinémathèque française/Bifi, CGCF 2 B1).

Après une première remise de 200 000 francs, il débloquera la somme restante par fractions de 100 000 francs[30].

Depuis le mois de novembre, Clément a entrepris une série de démarches et de déplacements pour assembler la matière de son scénario. L'histoire de la résistance ferroviaire n'est pas encore écrite ; le réalisateur y contribue dans le cadre d'une écriture collective à laquelle participent largement les cheminots résistants. Après avoir compulsé de nombreux tracts et bulletins clandestins, Clément part dans les régions[31] pour recueillir leur témoignage en compagnie de Colette Audry, future dialoguiste du film[32]. Riche de cette documentation, il rédige un premier scénario centré sur la zone de Chalon-sur-Saône ; par un effet de condensation se trouvent agencés sur un même lieu les faits et les anecdotes recueillis[33].

Les prises de vues commencent en mars 1945 dans la région de Lannion[34] ; cinq semaines plus tard, le cinéaste procède à un montage provisoire. Cette copie de travail est projetée le 23 mai 1945 devant les représentants de la Coopérative, de la Commission militaire et de la Direction générale du cinéma représentée par Jean Painlevé et son

---

30. Pour une somme totale de 700 000 francs (Cinémathèque française/ Bifi, CGCF 2 B1).

31. Une lettre d'André Delage (SNCF) demande aux cheminots de lui faire bon accueil et de lui confier renseignements et anecdotes pour son scénario. Pour sa recherche documentaire, René Clément bénéficia également de toute la documentation réunie pour l'exposition sur la Résistance au sein de la SNCF qui devait se dérouler au palais Berlitz à Paris (archives de la Fondation René-Clément).

32. Selon le témoignage de René Clément dans *Le Cinéma de l'ombre*, film de Pierre Beuchot et Jean-Pierre Bertin-Maghit (1984). Ce point est toutefois contesté par Henri Alekan qui soutient que le réalisateur fut secondé par la secrétaire d'André Michel au COMAC (entretien avec l'auteure).

33. On trouve dans les archives de René Clément de nombreux renseignements et anecdotes fournis par les correspondants de Tarbes, Brive, Limoges, Toulouse et Villeneuve qui inspirèrent très largement son scénario (archives de la Fondation René-Clément).

34. D'autres prises de vues furent tournées à Château-du-Loir, au dépôt du Bourget et sur la ligne d'Épinac à Santenay, près de Chalon.

Le cinéma du Comité de libération 89

successeur Michel Fourré-Cormeray[35]. Ce dernier, séduit par la qualité du travail, propose d'augmenter sa participation pour transformer le « court métrage en un grand film dont la qualité s'avère certaine[36] ». André Michel est prêt à apporter son concours. Mais son offre n'est pas retenue, la Coopérative étant peu désireuse qu'un nouveau tiers entre dans le financement du film[37]. Le 6 juillet 1945 est signé un avenant au premier contrat par lequel chaque partie s'engage à augmenter sa participation pour la production d'un long métrage de 2 400 mètres.

Le tournage ayant repris, cet apport s'avère toutefois insuffisant ; la Coopérative accepte donc la proposition de Michel. Le 24 août 1945, un ultime contrat est signé entre la CGCF et la Commission militaire, représentée par Maurice Kriegel-Valrimont, qui investit la somme de 1 500 000 francs. Sur ce document, *Bataille du rail* – initialement baptisé *Résistance-Fer* – porte son titre définitif[38].

Ainsi élargi au gré des nécessités budgétaires, le groupe de production agrège des commanditaires et des financeurs dont les enjeux disparates vont peser sur le récit et la forme du film.

L'hybridité des formes au service d'un discours pluriel

La Bataille du rail est structurée en deux parties d'inégales longueurs et de nature dissemblable. La première

---

35. Le film présenté, qui ne correspondait qu'aux deux tiers du scénario prévu, faisait déjà 1 500 mètres.
36. Lettre de Michel Fourré-Cormeray à Roger Verdier datée du 24 mai 1945 (Cinémathèque française/Bifi, CGCF 2 B1 ; archives de la Fondation René-Clément).
37. Lettre de Roger Verdier à André Delage datée du 24 mai 1945 (Cinémathèque française/Bifi, CGCF 2 B1 ; archives de la Fondation René-Clément).
38. Le titre exact du film est en effet *Bataille du rail* ; il est passé à la postérité sous celui de *La Bataille du rail*, que j'ai choisi de reprendre ici.

époque, située dans un espace temporel flou, décrit les astuces employées par les cheminots résistants pour faire franchir la ligne de démarcation aux hommes et au courrier ; elle évoque leurs efforts assidus pour gripper le dispositif allemand en infligeant du retard aux trains ennemis. Michèle Lagny remarque que cette première période « affecte la forme documentaire, en redoublant parfois d'un commentaire *off* les scènes évoquées et reliées entre elles par des fondus enchaînés sans que s'amorce de récit continu » :

> La « séquence des otages », tout particulièrement, relève d'un montage dont la forte activité évoque l'école soviétique par les oppositions de lumière et de lignes à l'intérieur des plans comme de plan à plan, les brutaux contrastes d'échelle et d'angle de prise de vue, l'utilisation de textes écrits, d'affiches, etc. ; le supplice des otages est monté en alternance avec l'exécution d'une sentinelle allemande par des saboteurs qui continuent leur travail, ce qui construit conflictuellement le cycle sabotage-répression-attentat[39].

Cette scène emblématique a été minutieusement préparée par un découpage et un *story-board*[40]. S'y trouvent précisés les changements d'échelles, les jeux de lumières, la collision des lignes tracées par les mouvements de caméra. La bande-son parachève ce dispositif virtuose, rythmant l'exécution des otages par la pulsation d'un compresseur : semblable à une respiration, le battement rauque de la machine ralentit peu à peu, se fait gémissement puis s'évanouit sur le visage du dernier fusillé.

---

39. Michèle Lagny, « Les Français en focalisation interne », *Iris*, n° 2, second semestre 1984, p. 96. Voir aussi l'article de Jean-Pierre Bertin-Maghit, « "La Bataille du rail" : de l'authenticité à la chanson de geste », *Revue d'histoire moderne et contemporaine*, n° 33, avril-juin 1986, p. 280-300. Dans cette première partie, on relève de nombreux plans inspirés du court métrage *Ceux du rail*.
40. Cinémathèque française/Bifi, collection jaune, CJ150 B21.

Le cinéma du Comité de libération 91

La seconde partie du film évoque la bataille de Libération en se focalisant sur le destin du convoi blindé *Apfelkern* qui tente de rejoindre le front de Normandie. Elle est introduite par une scène où les résistants captent le message de la BBC annonçant le Débarquement. Le récit adopte alors une forme nouvelle :

> Le montage tend à effacer les ruptures et linéariser le récit, d'autant plus que des indications de dates et d'heures viennent référentialiser le développement de la temporalité interne du film. Ainsi s'ouvre, dans l'homogénéité apparente du propos, une fissure produite par les hésitations entre deux types de montage et la réduction du modèle conflictuel à la soviétique au modèle plus homogène du cinéma occidental, juste après l'annonce de l'intervention alliée[41].

Cette partie atteint son acmé dans la scène grandiose du déraillement pour laquelle l'administration des domaines sacrifia un train entier, capturé à Chagny par la 1re armée[42].

La translation stylistique du film se combine avec la diversification des personnages. Le premier segment est construit autour d'un sujet collectif socialement homogène : conducteurs de locomotives, mécaniciens, employés du poste de commandement. La représentation des cheminots en lutte privilégie l'interchangeabilité, l'indifférenciation et l'anonymat des acteurs. Seuls trois personnages sont identifiés : Athos et Camargue, désignés par leur pseudonyme, ainsi que Louis, l'ouvrier en bleu de chauffe, dont les actions scandent le récit.

Dans la seconde partie sur les tribulations du convoi, l'initiative passe plus nettement aux employés du poste de commandement. Le sujet collectif se diversifie socialement.

---

41. Michèle Lagny, « Les Français en focalisation interne », art. cité.

42. Henri Alekan garda longtemps le regret de n'avoir pu tourner lui-même cette scène : il se trouvait en effet sur le plateau de *La Belle et la Bête* (Jean Cocteau) et se partageait entre les deux tournages. Clément fut assistant sur ce même film.

Il s'ouvre aux strates supérieures de la hiérarchie dans la scène où l'ingénieur en chef vient féliciter Athos pour son travail au PC. Le dialogue qui s'engage entre les deux hommes suggère que les complicités remontent jusqu'au sommet de la Société.

Parallèlement, la lutte contre l'occupant mobilise des cheminots qui n'appartiennent pas au réseau : l'aiguilleur du poste 7 qui tente de stopper la grue, les deux retraités de la SNCF qui mettent à feu une locomotive. Dans leur action de ralentissement puis de destruction du train, les hommes du rail reçoivent enfin le concours d'agents extérieurs aux chemins de fer : les maquisards attaquant le convoi et les pilotes venus de Londres pour bombarder les voies. La règle de l'anonymat s'estompe et favorise la dramatisation de l'action autour de héros situés dans leur environnement familial et géographique[43].

Cette évolution narrative et formelle est perçue par les critiques de l'époque qui la mettent sur le seul compte de l'allongement du métrage, sans en percevoir toutes les causes et les implications. Certes, la modification du projet et l'apport de nouveaux moyens ont influé sur le travail de Clément qui recourut à des ingrédients fictionnels pour capter l'attention des spectateurs. Ces contingences ne suffisent pourtant pas à expliquer une hybridité déjà présente dans le montage de mai 1945. Les versions successives du prologue en éclairent plus sûrement les motifs.

D'une logique de classe à une logique d'entreprise

La première mouture s'emploie à marquer les jalons de la résistance ferroviaire :

> Coûte que coûte, il faut passer à travers ce mur [la ligne de démarcation]. Il faut que les objets passent, que les lettres passent, que les hommes passent.

---

43. Le conducteur de locomotive Lampin, les retraités Jules et Victor, le jeune maquisard originaire de Montrouge.

> Ce sera *la première forme de résistance* dans cet organisme essentiel que constituent les transports ferroviaires.
> Lutte sournoise tout d'abord, lutte larvée où l'inertie, la simple application des règlements, les petits trucs seront les premiers instruments entre les mains du vaincu.
> Mais si, au sein des chemins de fer, une chaîne de complicité vient à se former, si, à mesure que grandit la Résistance dans le pays entier, viennent à se créer sur tous les réseaux des centres d'organisation, de véritables cerveaux capables de commander le passage de la ligne, le rassemblement et la transmission des renseignements, plus tard les actions décisives, alors l'une des armes les plus redoutables de la Résistance aura été forgée, l'instrument de domination qu'est le rail se retournera entre les mains de l'ennemi pour paralyser tous ses mouvements[44].

Ce texte retrace assez fidèlement l'histoire et les formes d'une lutte qui ne figure pas encore dans les manuels. D'abord passive et sporadique, fruit d'initiatives individuelles, elle brida la machine ennemie et facilita le transport clandestin des hommes et des documents. En 1942 les sabotages se multiplièrent. Les cheminots prirent leur autonomie en mai 1943 avec la création de Résistance-Fer par Louis Armand et Jean-Guy Bernard. La résistance ferroviaire trouva son apothéose dans l'exécution du plan *Vert* qui prévoyait, par une série d'actions simultanées, de couper les voies aux transports se dirigeant vers les lieux du Débarquement.

L'évolution narrative et formelle de *La Bataille du rail* a donc pour principale fonction d'épouser les scansions et les métamorphoses d'une lutte protéiforme. La logique discontinue du montage d'ouverture restitue l'aspect sporadique des premières actions. La personnalisation progressive des personnages figure la constitution d'une chaîne de solidarité et d'actions. La focalisation du récit sur les aventures d'*Apfelkern* démontre enfin de manière spectaculaire l'efficacité

---

44. Les mots en italiques sont soulignés d'un trait dans le texte original. Cinémathèque française/Bifi, CGCF 2 B1.

de la résistance du rail dans les combats de la Libération. Cette lecture historienne du combat ferroviaire est toutefois phagocytée par une autre logique qui s'exprime dans la réécriture du prologue. Les premières modifications sont apportées par Résistance-Fer en novembre 1945 :

> Coûte que coûte, il faut passer la ligne : il faut que le courrier passe, que les hommes passent.
> C'est la première forme de la Résistance ferroviaire.
> Les Cheminots s'enhardissent peu à peu : sous la terreur, ils forgent pendant quatre ans, par le renseignement et le sabotage, une arme redoutable qui, lors du débarquement, contribuera puissamment à la désorganisation des transports et à la défaite allemande dans la bataille de la Libération[45].

Le texte d'origine se focalise sur les missions de la Résistance sans en désigner les auteurs. Le nouveau prologue use d'un style plus direct, scandé par des verbes d'action, pour mieux mettre en scène le sujet collectif « les cheminots ». Ce passage des faits aux acteurs se double ainsi d'un glissement vers le mythe. À travers l'entité cheminote, il transfère sur l'ensemble du personnel de la SNCF le prestige et la légitimité d'une minorité active. Cette réécriture prépare l'ultime translation vers le légendaire opérée dans le prologue définitif :

> Entre les deux zones, un lien encore solide, mais que l'ennemi contrôle étroitement, *les chemins de fer*. La France doit maintenir à tout prix son unité intérieure et ses relations avec l'extérieur. Il faut que la barrière dressée par l'ennemi soit franchie par le courrier comme par les hommes. Les chemins de fer s'y emploient, première forme de leur résistance. Puis ils s'enhardissent et, peu à peu, sous la terreur, au cours d'une lutte de quatre ans, ils forgent une arme redoutable. Le jour du débarquement, elle

---

45. Version corrigée par E. Paris, jointe à sa lettre adressée à la CGCF le 5 novembre 1945 (Cinémathèque française/Bifi, CGCF 2 B1).

Le cinéma du Comité de libération

contribuera puissamment à la désorganisation des transports, à la défaite allemande dans la bataille de la *libération*[46].

Les « chemins de fer » ont été substitués aux « cheminots », terme à la polysémie ambiguë qui peut désigner l'ensemble du personnel ou les seuls ouvriers. Il marque plus nettement la volonté de promouvoir la compagnie et non la seule résistance ferroviaire.

Cette captation d'héritage, qui s'observe aussi dans le changement de titre[47], se prolonge dans le film par l'image idyllique d'une grande famille du rail, solidaire de la base au sommet, à laquelle les cheminots de tous âges et de tous rangs sont rattachés par d'indéfectibles liens. La promotion de l'entreprise se trouve confortée par le pourcentage de cheminots engagés dans la lutte. Comme le souligne le critique de *Paris-Matin*, « la densité des résistants proposée par le scénario semble avoir été déterminée par un optimiste[48] ». De fait, à l'exception du col blanc « aux oreilles trop longues », la complicité est générale au sein de la SNCF où un résistant se profile derrière chaque cheminot. La scène de l'ingénieur est sur ce plan emblématique : interrogé sur les retards infligés au convoi, Athos use d'abord d'une rhétorique pétainiste pour déplorer les exactions commises par les « terroristes » ; puis il tombe le masque lorsque son supérieur se dévoile et lui révèle ses véritables intentions. Cette scène fut tournée par Clément à la demande expresse de la SNCF : elle permettait de valoriser l'action des hauts cadres de la compagnie oubliés dans le scénario[49].

Cette constante « atmosphère lénifiante d'entente entre les hommes » est à la longue « un peu écœurante », estime

---

46. Les mots en italiques sont mis en valeur dans le texte original par l'usage de capitales.
47. Le terme « Résistance-Fer », encore présent dans le scénario intermédiaire, ne figure plus dans la version finale.
48. Jean Fayard, in *Paris-Matin*, 16 octobre 1946.
49. Témoignage d'Henri Alekan.

Jean Pouillon dans *Les Temps modernes*[50]. De fait, elle va *crescendo* tout au long du film. L'imagerie consensuelle trouve son apothéose dans les séquences finales de la Libération où les authentiques héros, les anonymes du PC et les patriotes plus timorés (le chef de gare de Saint-André) communient dans la joie de la liberté recouvrée, sur l'air du *Chant du départ*. L'épilogue de *La Bataille du rail* brosse ainsi le portrait flatteur d'une société sans classes et sans antagonismes, unie dans la lutte contre l'occupant comme la bataille future de la reconstruction[51].

De la vérité historique à la légende, le glissement est donc adroitement négocié par la SNCF ; par une série d'ajouts et de légers déplacements, elle impose sa marque sur l'écriture du film[52]. Cette stratégie est validée par les responsables de Résistance-Fer qui occupent des postes clés à la SNCF, à l'instar de Louis Armand qui en est le directeur général adjoint. Au lieu d'assurer la promotion de leur réseau et récolter les fruits de leur combat clandestin, ils jouent pleinement la carte de l'entreprise, confortant le mythe des chemins de fer résistants auquel ils demeureront longtemps attachés. Préfaçant en 1968 l'ouvrage de Paul Durand sur la SNCF en guerre, Louis Armand – devenu président de la Société – évoque le « consensus quasi unanime de toute la corporation ». Il rappelle que la SNCF, citée à l'ordre de la Nation, reçut en mai 1951 la croix de guerre et la Légion d'honneur[53]. Plus généralement, ce livre accrédite la thèse d'une résistance généralisée de

---

50. Jean Pouillon, « À propos des films de guerre », *Les Temps modernes*, n° 8, mai 1946, p. 1510.
51. Derrière le train qui part, un groupe de cheminots replace les rails que la Résistance a fait sauter. L'hymne à la reconstruction est également marqué par le souci exprimé par Camargue « de sauver le matériel ».
52. Témoignage d'Henri Alekan.
53. Paul Durand, *La SNCF pendant la guerre. Sa résistance à l'occupant*, préface de Louis Armand, Paris, PUF, 1968, p. VIII.

Le cinéma du Comité de libération 97

la SNCF envisagée comme « personne morale »[54]. Cette notion opportune trouve dans *La Bataille du rail* sa plus parfaite expression. D'un point de vue tactique, elle permet de couper court aux disputes sur la collaboration de cadres et de hauts dirigeants des chemins de fer, tout en contrant les communistes porteurs d'une mémoire moins consensuelle[55].

À ce titre, l'évolution de *La Bataille du rail* demeure-t-elle compatible avec les enjeux du CLCF et de la Commission militaire ? Ces derniers avaient initialement pour dessein de glorifier l'action de la Résistance intérieure et de fixer l'imagerie d'une classe ouvrière héroïque. Cette lecture du film s'impose dans la presse communiste : Pol Gaillard loue, dans *L'Humanité*, la beauté d'une œuvre qui exprime « avec une simplicité grandiose l'héroïsme quotidien du peuple[56] ». L'interprétation du film selon la logique de classe connut une exceptionnelle postérité. Interrogé sur *La Bataille du rail* en 1984, Louis Mexandeau cite le François Mauriac du *Cahier noir* célébrant la gloire de la classe ouvrière et sa fidélité à la patrie profanée[57]. Pour Fred Kupferman, le film de Clément contribue bel et bien à cristalliser le mythe communiste d'une classe ouvrière tout entière résistante :

> Un seul parti s'est battu en tant que parti, une seule classe en tant que classe... Cette grossière image d'Épinal, peu de gens à la Libération osent y toucher, tant est grand le pouvoir d'intimidation des communistes [...]. Il serait indécent, quand René Clément, dans *La Bataille du rail*, célèbre l'héroïsme des

---

54. Sur l'histoire et la mémoire de la SNCF sous l'Occupation, voir le rapport de Christian Bachelier, « La SNCF sous l'occupation allemande, 1940-1944 », IHTP-CNRS, septembre 1996.
55. Christian Bachelier, *ibid.*
56. Pol Gaillard, in *L'Humanité*, 26 mars 1946, p. 4.
57. Louis Mexandeau interrogé par Philippe Dessaint dans le cadre de *La Nuit la plus longue*, émission diffusée sur FR 3 les 7 et 8 mai 1990.

cheminots, de rappeler qu'il ne s'est pas trouvé un seul cheminot pour refuser de conduire un convoi de déportés[58].

Cette lecture s'autorise surtout de la première partie du film qui prend l'ouvrier Louis comme fil rouge et dans laquelle abondent les plans de cheminots en bleus de chauffe. Elle est moins fondée si l'on tient compte de l'ensemble de l'œuvre et de sa progression finale où l'emporte la logique d'entreprise de la SNCF. Ce hiatus n'a pas échappé au critique de *L'Écran français* : il juge qu'« il n'était peut-être pas indispensable de faire intervenir un ingénieur en chef pour montrer que le sabotage était orchestré et que l'exemple venait de haut[59] ».

La place accordée aux maquisards pouvait aussi heurter la Commission militaire et la Coopérative. Leurs actions sont présentées sous un jour peu flatteur : l'une se solde par une manœuvre dangereuse (le renvoi en marche arrière du train qui menace les ouvriers du chantier) ; la seconde par un échec cuisant (l'attaque manquée du convoi)[60]. Si l'ultime opération de déraillement débouche sur une spectaculaire réussite, elle a été conduite et coordonné par les cheminots qui cantonnent les maquisards au rôle d'exécutants. L'opposition entre le professionnalisme des hommes du rail et l'amateurisme des maquisards était plus marquée encore dans le scénario provisoire. La scène ci-dessous fait suite à la première opération du maquis :

Au PC. Un employé annonce à Athos : « On a fait sauter le pont au-dessus de la route. »
Athos fronce les sourcils : « Ça ne vient pas de chez nous, ça ?
– Non.
– Ils ne se rendent pas compte, ces gens-là. Une demi-heure

---

58. Fred Kupferman, *Les Premiers Beaux Jours...*, Paris, Calmann-Lévy, 1985, p. 175.
59. Jean-Pierre Barrot, in *L'Écran français*, n° 35, 27 février 1946, p. 7.
60. Imputé implicitement à l'insuffisance d'armement.

plus tôt, ils immobilisaient trois trains. Dans un métier comme le nôtre, il faudrait travailler en accord avec les spécialistes et dans la discipline. C'est le seul moyen d'obtenir des résultats puissants. C'est pourquoi on a tout de même bien fait de leur donner les indices.
– Enfin, ça embête toujours les Allemands », fait l'employé philosophiquement[61].

Peu valorisante pour « ces gens-là », la scène est supprimée et Clément tourne une séquence supplémentaire montrant l'arrestation des Allemands de Saint-André par des FFI[62]. Pour faire bonne mesure, le poste de commandement annonce que ces résistants – dont Camargue remarque qu'ils ont enfin reçu des armes – ont libéré un second village, arrêté une cinquantaine d'ennemis et conquis la maîtrise des routes de la région. Cet ultime toilettage valide les propos de Louis Armand lorsqu'il affirme dans ses mémoires qu'il a bien fallu faire quelques concessions à la Résistance intérieure[63].

La forme définitive de *La Bataille du rail*, son hybridité stylistique et ses glissements narratifs apparaissent donc surtout comme le fruit d'une écriture collective et d'une série d'astucieux compromis. L'œuvre de Clément concilie habilement les revendications plurielles de ses financeurs. Ce syncrétisme s'exprime exemplairement dans la scène finale du « train de la liberté » dont les voitures défilent une à une à l'écran : les inscriptions tracées sur les portières rendent d'abord hommage aux FFI et au PCF avant que n'apparaisse l'arrière du dernier wagon qui porte la mention : « Vive la France et la Résistance. Honneur aux Cheminots. » Bertin-Maghit soutient que ce « générique de

---

61. Les mots en italiques sont soulignés d'un trait dans le texte original. Cinémathèque française/Bifi, CGCF 2 B1.
62. En effet, cette séquence ne figure pas dans le découpage intermédiaire.
63. Louis Armand, *Propos ferroviaires*, Paris, Fayard, 1970, p. 134, à propos notamment de la scène d'attaque du train blindé.

fin » fait écho au prologue présentant la France comme un sujet actif au même titre que les « chemins de fer »[64]. *La Bataille du rail* redouble le mythe de la SNCF résistante par celui d'une nation virginale unie contre l'occupant, solidaire dans la bataille de libération comme dans celle de la reconstruction. La célébration de la famille du rail, microsociété sans classes dressée contre l'occupant, vaut pour la France entière.

Cette reconstruction légendaire puise sa force de conviction dans une campagne de promotion placée sous le signe de la vérité.

Les usages du vrai

Lors de la sortie du film, à laquelle elle est étroitement associée, la SNCF use d'un discours sur le vrai fondé sur l'authenticité de la mise en scène et les conditions d'un tournage en décors naturels, effectué avec le matériel et les équipes de la compagnie. Elle met en avant les scènes où d'anciens résistants rejouent pour la caméra des gestes de sabotage accomplis sous l'Occupation[65]. Cette fusion entre les interprètes et les acteurs historiques trouve tout son sens dans le générique de fin qui rend gloire aux cheminots.

Le pacte de vérité, déduit de l'authenticité de la mise en scène, se retrouve en 1949 sous la plume de Louis Armand :

Le cinéaste, tel un bon portraitiste, a pris pour modèles d'authentiques cheminots, d'authentiques exploits de résistance et, dans la magistrale composition qu'il en a tracée, ne les a ni magnifiés,

---

64. Jean-Pierre Bertin-Maghit, « "La Bataille du rail" » : de l'authenticité à la chanson de geste », art. cité, p. 292.
65. Et notamment la scène de sabotage où un cheminot scie un anneau sur la chaîne de relevage d'une grue que les Allemands ont envoyée pour dégager la voie. Cet épisode authentique fut interprété avec émotion par le résistant qui en avait été le héros sous l'Occupation (Louis Armand, *Propos ferroviaires*, *op. cit.*, p. 133).

ni trahis […]. Cette ressemblance implique l'élimination de tout trucage. *Bataille du rail* est rigoureusement vrai[66].

La SNCF a fait imprimer des affiches de *La Bataille du rail* sur lesquelles figure « le tribut payé par les cheminots », sous la forme d'une liste comptabilisant les morts, les blessés et les déportés. L'association Résistance-Fer organise une série de galas à travers la France ; la projection du film est couplée avec une exposition itinérante sur la résistance du rail qui présente des photos du tournage et du matériel ayant servi pour le film[67].

L'antienne du vrai est reprise à d'autres fins par la Coopérative. En fondant la promotion du film sur le travail de documentation, le rejet des trucages, des décors artificiels et des comédiens professionnels[68], la CGCF entend se démarquer d'une première vague de fictions résistantes éreintées par la presse. Soufflant leur argumentation aux critiques, elle cherche à imposer *La Bataille du rail* comme le « premier *vrai* film sur la Résistance » et l'inscrit dans la lignée du film *L'Espoir*, d'André Malraux, et des fleurons du cinéma soviétique. Ce label permet à la Coopérative d'affirmer sa capacité à parler, en toute légitimité, de la lutte clandestine.

Le succès de *La Bataille du rail* sert enfin de sésame à son réalisateur. En décembre 1945, dans les colonnes de *L'Écran français*, Clément revendique la paternité d'un art nouveau marqué du sceau de la guerre et de la déportation :

Après Buchenwald, on ne peut plus faire de films mièvres. Il y a quelque chose d'autre à exprimer […]. Sciemment ou non,

---

66. Colette Audry et René Clément, *La Bataille du rail*, Paris, Comptoir français de diffusion, 1949, p. 7.

67. Exposition intitulée « La semaine du rail » (voir Jean-Pierre Bertin-Maghit, « "La Bataille du rail" : de l'authenticité à la chanson de geste », art. cité).

68. Dans une longue note rédigée par la Coopérative, intitulée sentencieusement « Instructions aux journalistes ».

tous les metteurs en scène recherchent l'illusion du vrai. Alors, pourquoi ne pas aborder franchement le problème ? Pourquoi ne pas se mesurer avec cette grise réalité ? On triche trop souvent avec la réalité et elle se venge[69].

Sans contester la sincérité de Clément, on peut relever les raisons tactiques de cette profession de foi. Méconnu de la critique et du grand public, le jeune réalisateur saisit l'occasion de « se poser en s'opposant » : il joue la carte de l'innovation pour sortir de la clandestinité. Réinvestissant en arguments artistiques les carences d'une production à petit budget, Clément fait de nécessité vertu et impose les conditions particulières de tournage comme les normes d'un nouveau réalisme. Son originalité élevée au rang de valeur[70], rehaussée d'un fondement éthique, l'impose au sein de la profession.

Le succès de *La Bataille du rail* permet donc à chacune des parties engagées d'en tirer profit. Pourtant, une fois encore, le CLCF a échoué à composer une œuvre orthodoxe, dans la ligne de l'historiographie communiste. Il joue son va-tout avec le documentaire *Au cœur de l'orage*, réalisé par un militant fidèle et discipliné.

Au cœur de l'orage : le nœud gordien

Mis en chantier dans l'euphorie de la Libération, *Au cœur de l'orage* voit le jour en août 1948 dans un paysage politique bouleversé. Cette longue gestation offre un cas exemplaire de « film-palimpseste » : ses couches d'écriture dévoilent, comme autant d'instantanés, les enjeux cristallisés au fil du temps autour de la Résistance, de sa mémoire

---

69. René Clément, in *L'Écran français*, n° 24, 12 décembre 1945, p. 8.
70. Voir Alain Viala, *Naissance de l'écrivain. Sociologie de la littérature à l'âge classique*, Paris, Minuit, 1985, p. 217.

et de ses représentations[71]. Cette stratification a souvent échappé aux critiques qui – selon qu'ils retenaient la date de tournage ou la date de sortie – interprétèrent *Au cœur de l'orage* tantôt comme un témoignage authentique sur les années clandestines, tantôt comme le pur produit du cinéma de guerre froide.

Pour rendre compte des circonvolutions du projet et du poids qu'y joua la conjoncture, la genèse du film sera abordée en deux temps, celui de la Libération et celui de l'entrée en guerre froide. On s'intéressera ici à la période 1944-1946 pendant laquelle Le Chanois conçoit les premiers états du scénario et du montage, sous le contrôle vigilant de la Commission militaire, du CLCF et des anciens maquisards.

Wolfram

À la Libération, le Comité récupère les boîtes cachées par Forestier lors de l'attaque du plateau. Les bobines rescapées sont développées en octobre 1944 avec les prises de vues tournées lors de la contre-offensive du maquis. Ces images appartiennent en droit au producteur Émile Flavin qui a fourni du matériel et de la pellicule. Il accepte de s'en dessaisir au profit du CLCF après remboursement des sommes engagées[72]. Le 10 novembre 1944, Marc Maurette évoque les suites à donner au projet :

MAURETTE : Il faut, je pense, que nous trouvions quelqu'un qui s'occupe de travailler avec Forestier sur le film. Mon point de vue est de faire un document qui puisse durer 45 minutes qui ne soit pas un complément de programme, en plaçant le film

---

71. Donation faite à la Cinémathèque française en 1984, archives conservées à la Bifi, fonds Le Chanois, *Au cœur de l'orage*, 09B2 et 09B3. Dans les pages qui suivent, les cotes seront reportées comme suit : Bifi, LC 09B2 ou LC 09B3.

72. Compte rendu de la séance du CLCF du 10 novembre 1944 (archives de Marc Maurette). Il semble que Jean Jay ait également participé financièrement au tournage clandestin.

sur son côté authentique, sur le fait que c'est le seul document tourné au mois de juin pendant l'occupation allemande. Nous ne montrerons aux gens que des choses qui n'auront pas été reconstituées [*sic*].
DAQUIN : Nous le passerons avec la prise d'Orel, cela fera un programme très bien. D'autre part, je demande que le commentaire soit fait par Bost qui est qualifié pour cela.
BOST : J'accepte volontiers, mais je demanderai que la préparation et le montage du film soit suivi [*sic*] de plus ou moins près par quelqu'un qui ai [*sic*] vécu au Vercors[73].

En plaçant l'accent sur l'authenticité des images et en proposant le nom de Bost, Maurette et Daquin cherchent à renouer avec le succès de *La Libération de Paris*. Pourtant, l'affaire du Vercors se prête mal à une célébration irénique : dès la Libération, elle soulève les passions et divise les anciens résistants. Si le Vercors est entré dans la légende héroïque, il est aussi le symbole d'une tragédie où 130 civils et 326 maquisards trouvèrent la mort[74]. Décrivant les acteurs de ce drame, Henri Noguères insiste sur la ligne de fracture qui opposa les civils aux militaires et la Résistance intérieure aux Français libres d'Alger. Il décrit l'abîme séparant les officiers d'active, « gavés de traditions d'un autre âge », et les combattants civils, « venus là, comme tous les maquisards, pour défendre tout autre chose que le fanion du bataillon »[75]. Cette opposition culturelle, que les

---

73. Archives de Marc Maurette.
74. Selon l'étude établie en 1994 par Joseph La Picirella, *Le Martyre de Vassieux-en-Vercors* (Lyon, Imprimerie Rivet), cité par Gilles Vergnon, *Le Vercors. Histoire et mémoire d'un maquis*, Paris, Éd. de l'Atelier-Éd. ouvrières, 2002, p. 140. Paul Dreyfus parvenait en 1969 aux chiffres de 201 civils et 639 maquisards (*Vercors, citadelle de la liberté*, Paris, Arthaud). Sur l'histoire du Vercors, voir également Paul Dreyfus, *Histoire de la Résistance en Vercors*, Paris, Arthaud, 1984, et Henri Noguères, *Histoire de la Résistance en France*, t. V, *Au grand soleil de la Libération, 1er juin 1944-15 mai 1945*, Paris, R. Laffont, 1981, p. 173-182 et p. 336-386.
75. Henri Noguères, *ibid.*, p. 173.

travaux de Gilles Vergnon invitent à nuancer[76], se serait doublée de divergences tactiques. Les civils, adeptes de la guérilla, reprochaient aux militaires leur « jourjisme » et leur attachement à la guerre de positions et au combat « en ligne ». Les incompréhensions remontèrent jusqu'au sommet : Eugène Chavant, dirigeant civil du maquis, entretint des rapports difficiles avec le lieutenant Geyer et le commandant Descour, officiers d'active aux convictions conservatrices[77].

La tragédie se noua au lendemain du débarquement allié en Normandie. De retour d'Alger, Chavant transmit à Descour un message de Jacques Soustelle ordonnant l'activation du plan *Montagnards*. Le commandant décréta le verrouillage du plateau et la mobilisation des « compagnies civiles ». Cette grave décision conduisait à faire sortir le maquis de la clandestinité et à déclarer une guerre ouverte aux Allemands. Elle se justifiait dans l'esprit de Descour par la croyance en l'imminence d'un débarquement en Provence. Conformément au plan *Montagnards* établi en 1943, le soulèvement du maquis devait en effet coïncider avec une offensive alliée dans le sud de la France. Épaulé par l'envoi massif de troupes aéroportées, équipé par des parachutages d'armes lourdes, le maquis aurait permis de prendre l'ennemi à revers. Mais le déclenchement de l'opération, qui n'était assorti d'aucune des conditions nécessaires à sa réussite, transforma le Vercors en un piège redoutable. En dépit de télégrammes pressants envoyés à Alger, les maquisards ne reçurent pas l'armement nécessaire. Les troupes allemandes attaquèrent sur les flancs du plateau. Des planeurs utilisèrent le terrain d'atterrissage construit pour les Alliés à Vassieux : ils déversèrent au

---

76. Gilles Vergnon, *Le Vercors. Histoire et mémoire d'un maquis*, *op. cit.*, p. 103-105.

77. Sur Geyer, voir Gilles Vergnon, *ibid.*, p. 60 et p. 94. Paul Dreyfus écrit à propos de Descour : « C'est un homme de réflexion et un caractère fortement trempé. Il ne cache ni ses opinions politiques, qui se situent nettement à droite, ni ses convictions religieuses, qui en font un catholique intransigeant. » (*Vercors, citadelle de la liberté*, *op. cit.*, p. 26-27.)

cœur du maquis les chasseurs parachutistes du groupement Schäfer. Impuissante à assurer sa défense, la Résistance fut contrainte au repli et se dispersa par petits groupes dans les forêts ; abandonnée à son sort, la population de Vassieux fut soumise à une atroce répression.

De nombreux maquisards gardèrent une rancune tenace aux Français libres. Leur ressentiment visait tout particulièrement Soustelle qui transmit un ordre funeste, Kœnig qui rédigea des communiqués contradictoires, les services français d'Alger, accusés d'indifférence et de négligence. D'autres résistants relevèrent l'incompétence du commandement militaire et s'en prirent à Descour, dénonçant sa naïveté et ses erreurs tactiques. À l'évidence, le sujet n'est pas idéal pour célébrer le front uni de la Résistance ! Faute de s'être interrogés sur son opportunité, les membres du Comité avancent avec une belle insouciance sur ce terrain miné. Ils n'en évitent pas les chausse-trappes[78].

Dans le courant du mois de novembre 1944, la Coopérative passe officiellement commande à Le Chanois d'un scénario de court métrage permettant d'utiliser les images clandestines[79]. Après l'hypothèse Bost, le cinéaste reprend logiquement la main : il a été l'un des initiateurs du projet sous l'Occupation et travaille sur le film depuis septembre 1944[80].

Le Chanois visionne les bobines qui ont survécu à l'humidité. Il estime qu'un huitième à peine est utilisable. La

---

78. À la Libération, l'affaire n'est connue que d'un petit cercle de résistants qui garde sur le sujet un silence de circonstance. En novembre 1944, le Vercors symbolise pour beaucoup un des hauts lieux de la Résistance qu'il paraît légitime de célébrer.

79. Jean-Paul Le Chanois ne reçoit sa lettre d'engagement que le 15 janvier 1945.

80. En octobre 1944, il correspond déjà avec Félix Forestier en vue de la préparation du scénario. Lors de son premier voyage d'observation en août-septembre 1944, il aurait réalisé avec sa femme quelques prises de vues à la grotte de la Luire (témoignage d'Emma Le Chanois).

Le cinéma du Comité de libération 107

désillusion est de taille comme il le confie à un représentant de Pathé :

> Les documents tournés par Forestier et Weil [sont] dans l'ensemble assez médiocres et d'un intérêt fort réduit. Ce [ne sont] que prises d'armes, instruction militaire, reconstitutions de combats franchement ridicules et libération de Lyon. Les quelques bons éléments [sont] les ruines et les massacres de Vassieux, un beau parachutage par forteresses volantes et la retraite du maquis dans une forêt où, épuisés, les hommes se nourrissent avec du trèfle[81].

Afin d'utiliser au mieux ces images, Le Chanois rédige un scénario intitulé *Wolfram*, du nom de code du maquis. Le Vercors y apparaît comme un emblème de la lutte française contre l'occupant. Après avoir stigmatisé la presse collaborationniste et « Fritz-Actualités » qui donnèrent de l'Occupation une image hideuse et faussée, le scénariste évoque la « vraie France », immortalisée par les opérateurs clandestins :

> Et cependant, derrière l'écran luttait, vivait, mourait une France différente, une France unie dans la Résistance […]. Des centaines de photographes et d'opérateurs, amateurs ou professionnels, ont fixé sur la pellicule, pendant ces quatre années, le véritable visage de la France[82].

Pour agencer les prises de vues du Vercors, Le Chanois s'est inspiré d'une note de Félix Forestier rédigée en octobre 1944 : pris en charge par les militaires[83], le cameraman propose une version des faits en tout point conforme à celle de l'état-

---

81. Lettre à M. Réfrigier, 11 juin 1945, Bifi, LC 09B3. Dans toutes ses déclarations ultérieures, le réalisateur insista au contraire sur la richesse des documents recueillis.
82. Scénario *Wolfram*, Bifi, LC 09B2.
83. Et tout particulièrement par le lieutenant Geyer (voir Paul Dreyfus, *Vercors, citadelle de la liberté, op. cit.*, p. 30).

major[84]. Peu au fait des événements, Le Chanois en suit les grandes lignes : il réserve une place de choix aux officiers d'active, présentant Geyer et Descour comme les initiateurs du maquis ; il insiste sur les relations fraternelles entretenues par les combattants avec les services de la France libre.

Mais le cinéaste introduit aussi une thématique républicaine plus conforme à l'historiographie communiste. Exaltation de la levée en masse, assimilation des maquisards aux soldats de Valmy, la Résistance révolutionnaire et patriotique est fidèle à la tradition jacobine. Pour sa documentation iconographique, Le Chanois a rassemblé des dessins de 1848 et de la Commune[85] : les photos des maquisards suppliciés côtoient les illustrations des martyrs de 1871 fauchés par la répression versaillaise. Cette imagerie révolutionnaire, conjuguée à l'évocation syncrétique de la Résistance, place *Wolfram* dans le droit-fil de *La Libération de Paris*.

En décembre 1944, le scénario reçoit l'agrément de la Commission militaire, du CLCF et de la Direction générale du cinéma qui accorde à la Coopérative une subvention de 700 000 francs pour la réalisation d'un court métrage documentaire.

Vercors

Le Chanois a prévu de repartir aussitôt dans le Vercors pour pallier l'insuffisance des prises de vues authentiques. Mais le tournage est retardé par un hiver rigoureux. Il en profite pour reconstituer à Paris les scènes, supposées clandestines, montrant la Résistance dans la capitale occupée.

---

84. Forestier était vraisemblablement ignorant des véritables promoteurs du maquis (Pierre Dalloz et Yves Farge) et du plan *Montagnards* établi en janvier 1943. L'opérateur ne semble pas avoir pris la mesure de l'option stratégique de verrouillage du plateau et du danger qu'elle fit courir aux combattants du Vercors (note de Félix Forestier pour Jean-Paul Le Chanois, 27 octobre 1944, Bifi, LC 09B2).

85. Bifi, LC 09B2.

Ces séquences rejouées devaient par la suite être recyclées sans trêve comme des images d'archives[86]... Le Chanois met également en scène des émissions de Radio-Londres avec le concours de Geneviève Brissot, Pierre Lefevre et Jacques Duchêne.

En avril 1945, il peut enfin se rendre dans le Vercors où il est pris en charge par la 14e région militaire[87]. Chaban-Delmas lui aurait en revanche refusé son aide, désapprouvant la réalisation du film[88]. Avec l'aide d'anciens maquisards et de figurants locaux, Le Chanois procède à un important travail de reconstitution. Plutôt que de simples raccords, il filme des séquences entières : les unes mettent en scène les combats de Saint-Nizier et Valchevrière ; les autres la proclamation de la République du Vercors et le « peuple en marche » montant au maquis.

---

86. Selon la liste des séquences tournées à l'hiver 1944 (Bifi, LC 09B2). Ces dernières mettent en scène diverses manifestations de la rébellion française contre l'occupant. Celle-ci va des actes modestes de résistance larvée (fleurir les tombes des aviateurs alliés, écouter Radio-Londres, découper en « V » des tickets de métro) à la lutte armée (sabotages), en passant par les activités de propagande (impression et distribution de tracts). Furent mêlées à ces scènes reconstituées quelques images authentiques, celles notamment tournées par Gudin, Mahuzier et Madru (plans des parachutistes au Trocadéro).

87. Le Chanois fut recommandé par André Michel au commandant de Nadaillac de la 14e région (lettre du 20 mars 1945, Bifi, LC 09B3). Il demanda au colonel de Virieu, commandant de l'École militaire d'Uriage, de mettre à sa disposition le lieutenant Bechmann (dit Lescot), résistant de la première heure et gendre de l'écrivain Jean Prévost (lettre du 16 mars 1945, Bifi, LC 09B3).

88. « Seul M. Chaban-Delmas, à Grenoble où je lui fus présenté par M. Flavin, me reçut peu amicalement malgré les papiers officiels que je lui présentai. Il me refusa son aide et son appui (se bornant à me déclarer qu'il était hostile d'avance à tout film qui pourrait être fait sur ces questions, et qu'il avait d'ailleurs l'ambition d'en faire un lui-même). » (Extrait d'un brouillon de lettre de Le Chanois à Henri Ullmann, 9 décembre 1947, Bifi, LC 09B3 ; la partie entre parenthèses a été supprimée dans le courrier définitif.)

Ce séjour permet à Le Chanois de prendre la mesure des dissensions entre les anciens résistants. À son retour, il s'en ouvre à Daquin :

> Comme je te l'avais indiqué, cette affaire du Vercors est très embrouillée.
> Dès mon arrivée là-bas, j'avais pu me rendre compte des différents antagonismes qui existaient entre civils et militaires et entre militaires eux-mêmes, et c'est pourquoi plus que jamais j'avais donné au film une orientation générale, l'élevant au-dessus de ces petites querelles, sans vouloir prendre parti, ni avantager l'un ou l'autre.
> Le film se présente donc non pas comme une anthologie du Vercors mais comme un film à la gloire de la Résistance Française dans lequel un maquis sera plus particulièrement montré, et ce maquis sera celui du Vercors, puisque nous avons là des documents à utiliser.
> Je pense donc nécessaire de ne pas prendre pour titre le mot « Vercors ». Cela pourrait amener des frictions, des récriminations et d'autre part, le Vercors en tant qu'opération militaire est très critiqué[89].

Depuis décembre 1944, Le Chanois a repris l'écriture de son film, devenu entre-temps un long métrage qui dépasse les ambitions du projet initial. Son nouveau scénario, *Vercors*, s'ouvre par un long développement sur la naissance de la Résistance auquel fait contrepoint une dénonciation virulente du gouvernement de Vichy : « Les nazis découvrent partout leurs semblables. Pétain avoue cette complicité par la poignée de main de Montoire »[90]. Vichystes et collaborationnistes se trouvent confondus dans un même opprobre. Le commentaire brocarde la LVF et les « faux maquis » des Chantiers de la jeunesse, dénonce le rôle joué par la Milice et la police de

---

89. Lettre de Le Chanois à Daquin, 6 juin 1945, Bifi, LC 09B3.
90. Version *Vercors* (Bifi, LC 09B2). Les citations qui suivent sont empruntées au même document.

Vichy dans la torture et la déportation de Français « sur une terre hostile, dans des camps de galériens ». Une allusion au STO et à ses réfractaires sert de transition au chapitre sur les maquis qui s'ouvre sur une évocation des Glières.

La partie « Vercors » a été remaniée à l'avantage des civils. Elle s'émancipe désormais du récit de Forestier : Pierre Dalloz et Jean Prévost retrouvent la paternité du plan *Montagnards* ; les actions de guérilla des groupes francs y prennent toute leur place. Enfin, des allusions sibyllines au manque d'armes parachèvent cette nouvelle vision des faits :

> Mais nul n'envoyait les armes demandées. Les insignifiants parachutages n'autorisaient que de faibles actions. Enfin cinquante forteresses volantes survolent le pays [...]. Le parachutage commence [...]. L'envoi est important mais il ne contient ni mortiers ni canons antichars. Et le côté spectaculaire de l'opération attire l'attention de l'ennemi.

Le texte se conclut sur la dispersion du maquis et la sauvage répression allemande exercée à l'encontre des populations. Ce scénario sert de base au premier montage qui est présenté à Maurette et Daquin le 15 juin 1945. Le Chanois en garde une impression mitigée :

> De la projection faite au Comité il ne ressort pas grand-chose, une discussion s'étant élevée au sujet de l'action des militaires pendant l'occupation parallèlement à celle des Francs-Tireurs. Il est bien évident que notre film à l'origine était un film sur le Vercors, et sur le maquis. Il s'est transformé en un film sur la Résistance Française, mais il reste évidemment à la gloire du maquis, et on ne peut maintenant le transformer en quelque chose d'autre[91].

D'autres projections sont organisées pour André Michel et Pierre Villon. Leur verdict tombe le 27 juillet : la Commission

---

91. Lettre de Le Chanois à Roger Verdier, 11 juillet 1945, Bifi, LC 09B3.

militaire ne peut donner son accord pour le film qui présente « la Résistance Française sous un aspect erroné et incomplet et risque ainsi de nuire gravement à la propagande nationale[92] ».

Leurs critiques portent sur le fond comme sur la forme. Surpris par la faible proportion d'images clandestines, les membres de la CMN et du Comité sont déçus par leur teneur : messes en plein air, saluts aux couleurs, cérémonies aux morts... les plans de Forestier s'accordent mal avec l'imagerie communiste[93]. L'interprétation des faits laisse elle aussi à désirer. Les communistes Daquin, Maurette et Villon n'ignorent pas que le Vercors est mal choisi pour chanter les louanges des FTP, surtout présents dans les vallées du Dois et du Royan, auxquelles Le Chanois fait une brève allusion[94]. Du moins espèrent-ils que le film ne ménagera pas les militaires dont les erreurs tactiques ont eu de tragiques conséquences. Ils jugent donc inopportune la place accordée aux officiers d'active complaisamment filmés par Forestier. Enfin, la structure narrative du film, qui s'achève sur la tragédie de Vassieux, leur paraît hautement blâmable. À son corps défendant, Le Chanois accrédite la thèse d'une résistance militairement inefficace et inutilement dangereuse pour les populations civiles.

---

92. Lettre de la CMN au CLCF, 27 juillet 1945, Bifi, LC 09B3. Le service cinématographique de la CMN s'est inquiété à plusieurs reprises de la lente gestation du film sur lequel il fonde de nombreux espoirs : « Nous sommes étonnés d'être sans nouvelle aucune du film *Le Vercors*. Lors d'un entretien que nous avons eu avec vous, au cours des prises de vues à la Radio-Diffusion, il vous avait été demandé que le film soit achevé pour le 6 juin, anniversaire du débarquement, délai qui vous avait paru parfaitement acceptable [...]. Nous nous permettons de vous rappeler que ce film a un but d'information. Dans les circonstances présentes, il est indispensable que nous ayons en main, sans plus attendre, cet important document sur la lutte clandestine. Ce n'est pas un inutile témoignage. » (Lettre du service cinématographique à Le Chanois, 26 juin 1945, Bifi, LC 09B3.)

93. Témoignage de Marc Maurette.

94. Son scénario évoque également les coups de main à Grenoble du groupe franc dirigé par Paul Vallier.

En novembre 1945, le film est toujours dans l'impasse lorsque la Coopérative entre en pourparlers avec la maison Pathé pour s'assurer d'un réseau de distribution. Cette initiative n'est pas du goût de Le Chanois :

> Une projection à laquelle j'ai été convié et à laquelle assistaient les dirigeants de la maison Pathé, m'a causé quelque inquiétude. Il est évident que ces Messieurs ont, sur le problème de la résistance et du maquis, un point de vue personnel qui n'est certainement pas le nôtre. J'en cite comme simple exemple qu'ils ont « tiqué » sur le plan montrant un maquisard s'exerçant à la mitraillette sur un portrait de Pétain fiché contre un arbre et qu'ils ont demandé, entre autres, la suppression de ce plan. Je tiens donc à vous mettre en garde contre les dangers d'une vente de ce film sans un contrôle politique sur son montage définitif et son commentaire[95].

À sa lettre de protestation, le cinéaste a joint un nouveau commentaire[96].

Pour que vive la France

Le film s'intitule désormais *Pour que vive la France* ; il tient compte des critiques formulées. Le principal remaniement porte sur la place de choix concédée aux combattants communistes : Le Chanois insiste sur la précocité de leur engagement, célèbre la « lutte sans merci » des Francstireurs et partisans[97], rend un hommage appuyé au colonel Fabien. Il prévoit aussi d'inclure un graphique qui figurera la progression des attentats FTPF, de 1940 [*sic*] à 1944.

---

95. Lettre de Le Chanois au CLCF et à la coopérative des courts métrages, 21 novembre 1945, Bifi, LC 09B3.
96. « Guide des images du film "Pour que vive la France" », Bifi, LC 09B2. Ce commentaire correspondait au même montage que celui de *Vercors*. Le Chanois précise en effet dans sa lettre que le montage n'a pas été retouché depuis la projection à la CMN.
97. Sans surprise, le pacte germano-soviétique est occulté.

Le rôle des militaires dans la bataille du Vercors est également révisé. Le scénario souligne leur inadaptation aux tactiques de guérilla :

> De nombreux militaires et officiers supérieurs viennent aussi prendre leur place dans le maquis. Ils y apportent toute l'organisation un peu spectaculaire de l'armée [...]. Ils circulent en uniforme [...]. Pas encore habitués à la clandestinité, ils négligent de prendre les précautions indispensables et attirent ainsi l'attention de l'ennemi.

Enfin, le procès des collaborateurs, de leur trahison, de leurs mensonges et de leur propagande antisémite est instruit avec une virulence accrue. Le générique d'ouverture sonne comme un appel à la délation :

> Voici un film strictement documentaire, sans aucun acteur, sans aucun figurant professionnel.
> On y verra par contre toutes les authentiques vedettes de la Collaboration, et de nombreux figurants de la trahison dont certains se cachent encore [...].
> Soyez attentifs, reconnaissez-les au passage, pour mieux les démasquer demain [...][98].

Tandis que le propos du film se radicalise, les anciens maquisards s'enquièrent à leur tour de son sort. Dès mai 1945, le colonel Descour a fait état de certaines préventions :

> Divers bruits me parviennent d'une certaine opposition qui risque de se manifester à l'égard de ce film. Les anciens résistants, les anciens maquisards ou combattants du Vercors et, en tout premier lieu, leur chef, le colonel Huet, ainsi que M. Chavant [...] craignent que le film n'altère plus ou moins la réalité et ne donne pas au public la vraie image de ce qu'a été la Résistance

---

98. Bifi, LC 09B2. Dans sa lettre à Réfrigier du 11 juin 1945, Le Chanois affirme qu'il a exhumé dans les archives de la radio française des disques inédits d'Henriot qui seront versés au procès Laval.

Le cinéma du Comité de libération 115

et les combats dans le Vercors. On craint que l'esprit de générosité, de sacrifice, d'héroïsme dont ils ont été animés durant ces jours tragiques ne transpire pas dans un scénario plat et romanesque, et que d'une page sublime de l'histoire de *France* il ne sorte que les gros bénéfices d'une entreprise commerciale habilement montée[99].

En ce printemps 1945, la presse professionnelle annonce une série de films sur la Résistance qui semblent inspirés du plus parfait mercantilisme. Les anciens du Vercors peuvent légitimement éprouver quelque inquiétude sur la manière dont le cinéma s'emparera de leur histoire, même si *La Libération de Paris* sert de caution morale à la Coopérative.

Pour les rassurer, Le Chanois rencontre le commandant Guetet chargé par Descour de suivre l'affaire. Il lui renouvelle sa promesse d'un film fédérateur et strictement documentaire. De son côté, à l'insu du cinéaste, la maison Pathé organise une projection muette pour l'Amicale des pionniers et combattants volontaires du Vercors à laquelle assistent notamment Huet, Descour et Ullmann. Ce dernier fait connaître leurs impressions le 4 octobre 1946 :

> Nous n'avons en général aucune objection à formuler concernant l'emploi fait de ces prises de vues, cependant, en plein accord avec tous nos camarades du Vercors, nous pensons qu'il serait nécessaire :
> 1° d'ajouter une scène où figureraient les promoteurs du Vercors, c'est-à-dire les éléments civils qui, en collaboration avec les éléments militaires, ont préparé presque depuis l'armistice cette opération.
> Cette prise de vue muette montrerait que tandis que les états-majors alliés préparaient le débarquement, parallèlement des plans s'étudiaient sur le territoire français, plans qui reçurent l'approbation des états-majors alliés, courant 1944.

---

99. Le mot en italiques est mis en valeur dans le texte original par l'usage de capitales. Lettre de Descour, gouverneur militaire de Lyon, commandant de la 14e région, à Daquin, 29 mai 1945, Bifi, LC 09B3.

La semaine prochaine, seront à Paris Monsieur Chavant dit Clément, Chef civil du Vercors, avec Monsieur Victor Huillier, un de ses meilleurs collaborateurs. Il serait alors possible, je pense, de profiter de leur présence à Paris, pour, dans un coin de décor, prendre une courte scène où on les verrait avec Monsieur Yves Farge […] ;

2° [de] diminuer le nombre des scènes d'horreur, dont la répétition risque d'avoir sur le public des effets que nous désirons éviter – la scène des paysans réfugiés dans la forêt serait aussi à couper, ainsi qu'un certain nombre de scènes prises après la dispersion du Vercors […].

3° Nous pensons qu'il y aurait lieu d'ajouter l'ordre du jour de Monsieur le Général Kœnig, de septembre 1944, que nous vous ferions parvenir […].

Nous vous remercions de bien vouloir nous communiquer les commentaires qui doivent accompagner ce film et nous serons heureux de vous donner, après lecture, soit notre accord, soit formuler des suggestions qui vous permettront de sortir le film, en plein accord, avec les représentants du Vercors[100].

Rejet des scènes d'horreur et de retraite, citation de l'ordre du jour de Kœnig : les maquisards refoulent la tragédie au profit de la seule épopée. Leur désir de réévaluer le rôle des civils confirme par ailleurs que les images de Forestier avantageaient les militaires. Le commentaire remanié corrige ce déséquilibre mais il n'a pas été soumis aux maquisards. Il y a là un *casus belli* qu'Henri Ullmann ne manquera pas d'exploiter. Dans le droit-fil de sa bataille contre le Comité aux heures fiévreuses de l'épuration, Ullmann fourbit ses armes et prépare la cabale.

Le Chanois le pressent confusément et il s'en ouvre à Daquin[101]. Las de ces pressions incessantes et multiples, il

---

100. Lettre d'Henri Ullmann à la CGCF (sur papier à en-tête de l'Amicale des pionniers et des combattants volontaires du Vercors), 4 octobre 1946, Bifi, LC 09B3.

101. Dans sa lettre du 6 juin 1945, Le Chanois écrit : « À l'origine de toutes ces salades se trouve le commandant Ullmann. » Il laissait entendre à

Le cinéma du Comité de libération 117

choisit d'élargir encore le propos de son film. Dans le courant de l'année 1946, grâce à de nouveaux financements, il commande des images d'archives qui permettront d'évoquer tous les fronts du monde en guerre[102]. Ainsi diluée, la partie « Vercors » perdra peut-être de sa charge explosive.

Le cinéaste travaille sur ce nouveau montage lorsque Pathé l'informe qu'elle souhaite réduire le film à la longueur d'un « petit court métrage[103] » ! Atterré, Le Chanois plaide sa cause auprès d'un responsable de la maison de production[104]. Il rend compte de l'entrevue au président de la Coopérative, Pierre Lévy :

> Je lui ai fait observer que je n'étais pas une girouette qui allait tourner toute ma vie, couper, réduire, augmenter, rallonger, etc. […] selon le bon plaisir des marchands de soupe […].
> Je répète donc que je couperai un plan de Pétain, quelques plans de cadavres, une petite séquence d'évocation du maquis, que je réduirai la bataille de Berlin et terminerai par un défilé cocardier des Français à Berlin […][105].

Ces maigres concessions n'ont pas l'heur de plaire à Pathé. Pratiquant la « tactique de l'édredon », la société interdit au

---

Daquin qu'Ullmann prenait ombrage de n'être pas impliqué dans le projet, ajoutant que ce dernier faisait l'objet de suspicions de la part d'officiers supérieurs – dont Descour – qui auraient demandé au réalisateur de ne pas mentionner le nom du commandant dans le film (Bifi, LC 09B3).

102. Le Chanois a notamment passé commande de plans de la bataille de Stalingrad et de la chute de Berlin à la Représentation commerciale de l'URSS. En outre, en mai 1946, la Coopérative commence à encaisser les recettes de *La Bataille du rail* et elle peut dégager une nouvelle enveloppe pour *Au cœur de l'orage*.

103. Pneumatique de Pathé à Le Chanois, 26 septembre 1946, Bifi, LC 09B3.

104. M. Saint-Loubert Bié.

105. Lettre de Le Chanois à Pierre Lévy, 5 octobre 1946, Bifi, LC 09B3. Tous les rushes du film, ainsi que les plans non utilisés par Le Chanois ont été retrouvés par l'INA au printemps 2013, grâce aux recherches de Franck Mazuet. On y trouve notamment le fameux plan de tirs sur le portrait du Maréchal.

cinéaste l'accès à ses salles de montage sous les prétextes les plus variés[106].

Le changement de cap de Pathé suivait le cours des spéculations du marché. En novembre 1945, lorsque le distributeur s'intéressa au documentaire, la mode des films sur la Résistance battait son plein. *Au cœur de l'orage* était apte à faire recette pour peu qu'il adopte un ton consensuel et recueille l'adhésion du plus grand nombre. Pour cette raison, les allusions à Vichy étaient inopportunes tout comme l'amalgame entre Pétain et les collaborationnistes. Ces éléments risquaient de heurter la « tribu des pétaino-gaullistes[107] » qui demeuraient attachés à la personne du Maréchal et s'accrochaient à la métaphore de « l'épée et [du] bouclier ». À cette époque en effet, comme le note Fred Kupferman, les porteurs de francisque ont rangé leur décoration et « les portraits du vainqueur de Verdun » sont remisés dans des greniers ; mais le pétainisme n'est pas mort[108]. Les représentants de Pathé pressentent qu'il sera difficile de déculpabiliser la population française en éreintant la personne du Maréchal, dans le culte duquel nombre de

---

106. Lettre de Le Chanois à Pierre Corti, 4 novembre 1946, Bifi, LC 09B3. Dans une lettre à Pierre Lévy du 12 décembre 1946, Jean-Paul Le Chanois explique qu'il compte présenter son film en avant-première à l'occasion du grand gala FTP organisé à Chaillot à la fin décembre : « [Les FTP] pensent donner à cette soirée une publicité sensationnelle, avec un parterre de généraux, y compris Leclerc, Kœnig, Legentilhomme, etc. [...] les ministres de l'armement, des armées, des prisonniers et déportés, etc. [...] les ambassadeurs d'URSS, USA, England, etc. [...] et tout le gratin possible. Je pense que l'intérêt de la chose pour la sortie de notre film ne t'échappera pas. C'est une consécration officielle vis-à-vis de la France, et de l'étranger [...]. C'est la certitude d'un grand nombre de comptes rendus dans la presse. Et c'est enfin, vis-à-vis de la maison Pathé, le moyen de justifier une fois de plus notre attitude rigide au sujet du film : les FTP ayant vu le film sous sa forme actuelle et le trouvant très bon comme tel [...]. » (Bifi, LC 09B3B.)

107. Pour reprendre l'expression utilisée par Fred Kupferman dans *Les Premiers Beaux Jours...*, *op. cit.*, p. 106.

108. *Ibid.*

compatriotes ont vécu. Car le scénario de Le Chanois nie dans le même temps les assises populaires de Vichy : il oppose le portrait idéalisé d'une France virginale à la trahison d'un régime fantoche, d'une poignée de collaborationnistes, de « politiciens corrompus ».

Les exigences du distributeur se seraient toutefois limitées à ce léger toilettage, l'accord eût été conclu. Mais en préconisant une réduction drastique du documentaire, Pathé tire sur la corde et place Le Chanois sur le gril. Cette nouvelle stratégie prend acte d'un net essoufflement du marché : en octobre 1946, passée la première vague de films héroïques, des signes de lassitude se font sentir au sein du public. Dans un contexte de désenchantement marqué par la retraite du général de Gaulle et les combinaisons du tripartisme, l'évocation de la Résistance perd de sa vertu mobilisatrice.

Les mésaventures de Le Chanois avec son distributeur illustrent la fragilité de la Coopérative. *Au cœur de l'orage* n'a pas bénéficié du concours de commanditaires puissants ; la maigre subvention de la Direction générale ne permet pas de couvrir tous les frais. Les responsables de la CGCF se sont tournés vers Pathé pour trouver des subsides et assurer au film une vaste distribution. Car, du fait de ses carences structurelles, la Coopérative dépend du bon vouloir des exploitants. *La Bataille du rail* avait essuyé le refus du cinéma Le Normandie qui jugeait le film peu commercial ; présentée dans une seule salle, celle de l'Empire, l'œuvre de Clément n'a dû son salut qu'au plébiscite du public parisien. En cette fin d'année 1946, l'horizon s'est encore obscurci. L'échec immérité du *Six Juin à l'aube*, autre production de la Coopérative, en offre une démonstration cruelle : après sa présentation publique en novembre, la carrière du film de Grémillon a été brutalement interrompue.

Les considérations des commerciaux sont de moins en moins compatibles avec les desiderata politiques des camarades de Le Chanois. Passé l'irénisme des premiers films, le parti communiste entend imposer enfin sa ligne et sa lecture des événements. En militant discipliné, Le Chanois s'exécute, au risque de la rupture. Ce faisant, il se place sous le feu des gaullistes, qui passeront à l'offensive dans le climat dégradé des débuts de guerre froide. Car le temps, qui joue contre le PCF, accule le projet dans l'impasse.

Le CLCF, une imparfaite courroie de transmission

Ainsi, de *La Libération de Paris* à *Au cœur de l'orage*, l'image de la Résistance est prise dans un jeu de miroirs ; ses figures se recomposent au rythme d'une évolution convergente des mondes politique et cinématographique.

Les municipales de mai 1945 marquent le premier accroc dans l'unité proclamée de la Résistance et le point de départ d'une ère de « restructuration de la vie politique sur les airs anciens[109] ». En ce même mois de mai, Jean Painlevé cède la place au démocrate-chrétien Michel Fourré-Cormeray à la tête de la Direction générale du cinéma, préfigurant les désenchantements du second semestre 1945 suscités par les ratés de l'épuration, la perte de pouvoir du Comité et la réorganisation de la profession, jugée décevante par les communistes.

La Libération de Paris et le scénario *Wolfram* témoignent des « premiers beaux jours » et du front sacré de la Résistance. La radicalisation de *Pour que vive la France* et les remaniements de *La Bataille du rail*, peu à peu phagocytée par la SNCF, marquent le temps des premiers raidissements avant celui des ruptures franches. Mais, en dépit de cette porosité extrême entre la politique et le cinéma, le CLCF ne fut pas une infaillible courroie de transmission pour le PCF.

---

109. Jean-Pierre Rioux, *La France de la IVᵉ République*, t. I, *L'Ardeur et la Nécessité, 1944-1952*, *La Nouvelle Histoire de la France contemporaine*, vol. 15, Paris, Seuil, « Points Histoire », 1980, p. 89. Pour une analyse détaillée du PCF à la Libération, voir Philippe Buton, *Les Lendemains qui déchantent. Le Parti communiste français à la Libération*, Paris, Presses de la Fondation nationale des sciences politiques, 1993.

Le cinéma du Comité de libération 121

Soumise à des contraintes diverses, fruit d'enjeux multiples et d'incessants arbitrages, la production cinématographique est plus dure à maîtriser que le discours lissé d'un secrétaire général, les éditions du parti ou l'organisation d'une cérémonie du souvenir.

Les distorsions ne manquent donc pas entre la politique de mémoire du PCF et les films du Comité de libération et de sa coopérative. La ligne fédératrice adoptée par les communistes va de pair avec la glorification du « parti des 75 000 fusillés », du Front national et des FTP : si les manifestations organisées par les communistes témoignent d'une volonté de large rassemblement, elles relèvent aussi d'une tentative d'organisation hégémonique du souvenir[110]. La sacralisation de l'armée des ombres doit profiter, sinon directement au parti, du moins à ses organisations résistantes. Sur ce plan, les films du CLCF ne donnent pas entière satisfaction : le Front national et les FTP, absents du récit de *La Libération de Paris*, sont mentionnés dans *Wolfram* avec une discrétion de violette ; quant à la lecture de classes, elle perd de sa lisibilité dans la version finale de *La Bataille du rail*.

Au même moment, le pouvoir gaulliste et l'histoire officielle trouvent un relais efficace auprès du Service cinématographique de l'armée.

---

110. Gérard Namer, *Batailles pour la mémoire. La commémoration en France de 1945 à nos jours*, Paris, Papyrus, 1983.

DEUXIÈME PARTIE

Une « pédagogie de l'honneur national[1] »

Au lendemain de la guerre, le Service cinématographique de l'armée (SCA) est l'instrument privilégié de la propagande d'État. Il produit une série de documentaires projetés dans des salles spécialisées et lors de cérémonies commémoratives. Affranchis des impératifs de rentabilité commerciale, ses réalisateurs sont les fidèles servants de l'histoire officielle. Certes, leurs films ne touchent pas un large public et n'ont donc qu'un rôle limité dans la construction d'un imaginaire national. Mais ils témoignent exemplairement de la réécriture du passé mise en œuvre par les autorités françaises à la fin du conflit.

---

1. Selon l'expression de Serge Barcellini dans sa communication « L'État et la commémoration des débarquements », colloque de Cerisy-la-Salle, « Du débarquement à la commémoration », 22-25 septembre 1994.

Chapitre 4

Le Service cinématographique de l'armée, miroir de la « France éternelle »

Constitué pendant la Grande Guerre, le SCA ne devient une structure pérenne qu'à la Libération. La première Section cinématographique de l'armée a été créée en mars 1915, sur décision du ministre de la Guerre Alexandre Millerand. Sa direction est confiée au critique et auteur dramatique Jean-Louis Croze[1].

L'état-major français impose d'abord le *black-out* sur les images du front, interdisant les prises de vues dans les zones d'opération[2]. Cette attitude défensive perdure jusqu'en juin 1916, date à laquelle les opérateurs sont autorisés à filmer en première ligne. Peu à peu, le service se structure et s'étoffe : en quatre ans, ses effectifs passent de 80 à 800 personnes. À la fin du conflit, le Service photographique et cinématographique de la guerre (SPCG) contrôle un double flux d'images : les documents enregistrés sur le front, soigneusement filtrés par la censure, alimentent *Les Annales de la guerre*, journal hebdomadaire d'actualités présenté en salles ; en retour, le Service achemine vers les

---

1. Aux côtés de la Section photographique de l'armée (SPA). Voir le commandant Darret, « Le cinéma au service de l'armée (1915-1962) », *Revue historique de l'armée*, n° 2, mai 1962, p. 121-131 ; François Borot, « L'armée française et son cinéma (1915-1940) », thèse de doctorat d'histoire sous la dir. de Marc Ferro, université Paris X Nanterre, 1987. Pour la Première Guerre mondiale, voir Laurent Veray, *Les Films d'actualité français de la Grande Guerre*, Paris, AFRHC-SIRPA, 1995.

2. Laurent Veray, *ibid.*

zones de combat des scènes mobilisatrices de « l'arrière » censées galvaniser le moral des soldats.

La paix revenue, les autorités jugent inutile de maintenir le SPCG : il est dissous en septembre 1919 et ses archives confiées à un organisme civil. À partir de 1926, le capitaine Calvet, auteur d'un documentaire de compilation sur les campagnes de 1918, s'emploie à pérenniser la section, recréée sans grands moyens en juin 1920. Mais à la veille de la Seconde Guerre mondiale, le service cinématographique de l'armée de terre demeure sans ampleur[3].

La donne change en septembre 1939. L'équipe de Pierre Calvet est aussitôt mobilisée et ses moyens augmentés. Des cameramen sont intégrés dans chaque corps d'armée pour effectuer des prises de vues sur les différents fronts[4]. Les effectifs sont renforcés par la mobilisation d'opérateurs d'actualités, rejoints par quelques prestigieuses recrues comme Jean Renoir. De Narvik à Dunkerque, leurs prises de vues alimentent le *Journal de guerre* monté par Jean Delannoy[5]. Parallèlement, le commissaire à l'Information Jean Giraudoux a institué son propre service de propagande. Il commande à Julien Duvivier *Untel père et fils*, grande fresque familiale destinée à préparer l'opinion au conflit. François Chalais le qualifie en 1945 de « drôle de film sur le drôle d'esprit de la drôle de guerre[6] ».

Après la signature de l'armistice, le SCA s'installe à

---

3. Jusqu'en juillet 1946, chaque armée possède sa propre cellule cinématographique. Les services cinématographiques des armées de l'air et de la marine, également mis sur pied en 1936 et 1937, sont plus embryonnaires, même s'ils font preuve de dynamisme.

4. Stéphane Launey, « Le service cinématographique de l'armée de Vichy, 1940-1944 », mémoire de maîtrise d'histoire sous la dir. de Georges-Henri Soutou, université Paris IV Paris-Sorbonne, 2005 ; *id.*, « Les services cinématographiques militaires français pendant la Seconde Guerre mondiale », *Revue historique des armées*, n° 252, *Guerre et cinéma*, 2008, p. 27-40. Les pages qui suivent doivent beaucoup à cet article riche et documenté.

5. *Ibid.*

6. François Chalais, in *Carrefour*, n° 60, 12 octobre 1945, p. 7.

Vichy, sous la direction du commandant André Brouillard, alias Pierre Nord, célèbre auteur de romans d'espionnage. La cellule technique est basée à Marseille[7]. De 1941 à 1942, le service tourne « à plein régime » : il quadrille la zone libre et une partie de l'Empire colonial français (Afrique du Nord et Levant)[8]. Pour Brouillard, la priorité va aux films d'instruction qui doivent préparer les soldats à une reprise des combats. Car cet officier saint-cyrien, patriote aux convictions d'extrême droite, rêve toujours d'en découdre avec l'ennemi. L'ancien membre de la Cagoule se met sans état d'âme au service de la Révolution nationale et distille son idéologie dans des sujets et courts métrages destinés aux actualités filmées et au magazine *La France en marche*.

La donne change en novembre 1942 après le débarquement allié en Afrique du Nord et l'invasion de la zone Sud. Le SCA survit à la disparition de l'armée d'armistice mais son chef a rejoint la clandestinité ; le commandant Brouillard devient l'agent de renseignement du réseau de contre-espionnage Éleuthère. Le service cinématographique passe sous la direction du commandant Jean Blech et se replie à La Bourboule. Ses activités prennent un cours languissant, freinées par la baisse des effectifs et les restrictions[9].

Au même moment, à Alger, est créée une section cinématographique destinée à constituer des archives pour l'histoire et à servir la propagande filmée par l'édition d'un nouveau *Journal de guerre*. De leur côté, les opérateurs de la France libre tournent depuis juillet 1940 : ils ont couvert les déplacements du général de Gaulle et effectué des reportages au Moyen-Orient et en Afrique équatoriale française. En 1942, ils suivent les combats des FFL engagés en Libye.

---

7. Voir Stéphane Launey, « Le service cinématographique de l'armée de Vichy, 1940-1944 », mémoire cité.

8. *Ibid.*, p. 8.

9. Stéphane Launey, « Les services cinématographiques militaires français pendant la Seconde Guerre mondiale », art. cité.

La propagande filmée de la France libre prend sa pleine amplitude en avril 1943 avec la création de l'Office français d'information cinématographique (OFIC). Cet organisme installé à Alger doit contrecarrer la mainmise des Britanniques sur l'information filmée[10]. L'OFIC réalise le magazine *Ici la France* et entre pour un tiers dans l'édition du journal allié *Le Monde libre*. Les opérateurs de la France libre et de l'armée d'Afrique filment encore les campagnes d'Italie, la libération de la Corse, le débarquement de Provence.

Arrivées en France, leurs sections reçoivent le renfort du SCA dont Brouillard a repris le contrôle en septembre 1944. Ils sont rejoints par des cameramen d'actualités qui filment à leurs côtés jusqu'à la capitulation allemande. De retour du Vercors, Félix Forestier et Albert Weil s'engagent comme correspondants de guerre, le premier dans l'armée de Lattre, le second dans la 2e DB. En avril 1945, Gaston Madru est tué en mission à Leipzig tandis qu'il couvre l'avance américaine.

Ces prises de vues sont montées par la presse filmée. La collaboration entre l'équipe du CLCF et le Service cinématographique de l'armée n'est pas sans heurts. Marcel Idzkowski se fait son porte-voix dans *Le Film français*, accusant *Les Actualités françaises* de couper les reportages du SCA sous prétexte de leur longueur et de priver ainsi les spectateurs de magazines de qualité[11]. Le critique déplore la dualité de la propagande française tiraillée entre deux services concurrents, dépendant pour l'un du ministère de l'Information, pour l'autre de celui de la Guerre. Cette concurrence donne lieu à quelques passes d'armes et à d'intenses négociations qui aboutissent en février 1945 : *Les Actualités françaises* réserveront chaque semaine un sujet aux questions militaires ; en contrepartie, le SCA s'engage

---

10. *Ibid.* Voir également Isabelle Flahault-Domergue, « La France libre en images », mémoire de DEA d'histoire sous la dir. de Pascal Ory et Myriam Tsikounas, université Paris 1 Panthéon-Sorbonne, septembre 2002.

11. Marcel Idzkowski, in *Le Film français*, n° 9, 2 février 1945, p. 4.

à soigner la qualité de ses reportages, à fournir des scènes de combats prises sur le vif, à éviter le recours – jusqu'ici fréquent – aux images recyclées[12].

Les frictions entre les militaires et l'équipe du Comité de libération ne relèvent pas d'une classique guerre des services. Elles traduisent des désaccords idéologiques profonds et des conceptions antagonistes de l'information. Le groupe des *Actualités* est aussi en délicatesse avec ses organismes de tutelle. En témoigne l'incident qui suit la projection d'un sujet consacré au passage du Rhin par les troupes alliées : le cabinet du général de Gaulle prend ombrage de ce que les documents d'origine anglo-américaine utilisés pour ce reportage ne montrent point les troupes françaises[13]. Dans le journal du 13 avril 1945, en guise de réparation, une séquence spéciale est consacrée à l'opération conduite par la 1re armée. L'indigence des documents s'y trouve compensée par un commentaire enflammé vantant l'« un des exploits les plus étonnants d'une armée plus riche de courage que de matériel ». Les vues de fantassins français attendant l'aube et le passage furtif de quelques embarcations sont rehaussées par les images du général de Gaulle félicitant les vainqueurs du Rhin lors d'une prise d'armes à Karlsruhe.

L'attention sourcilleuse portée au « rang de la France » transparaît en toute netteté dans les documentaires produits par l'institution militaire entre mai et novembre 1945. La guerre finie, les sections cinématographiques des ministères de la Guerre, de l'Air et de la Marine ne sont pas dissoutes et s'attellent à un ambitieux programme de réalisations. Cette différence avec l'autre après-guerre se confirme, en juillet 1946, par l'installation au fort d'Ivry d'un service cinématographique permanent, commun aux trois armées.

---

12. Sur le détail de cette négociation, voir Sylvie Lindeperg, *Clio de 5 à 7...*, *op. cit.*, p. 50-55.

13. Témoignage de Roger Mercanton. Pour des raisons techniques, il n'y avait pratiquement aucune image du passage du Rhin par la 1re armée.

Les années de guerre ont convaincu les autorités françaises des immenses ressources du cinéma en matière de propagande ; ils entendent en élargir l'usage aux périodes de paix, en l'enrôlant dans les batailles de mémoire plus pacifiques de la Libération.

La politique cinématographique du ministère de la Guerre se focalise sur trois objectifs : clarifier l'image d'une institution militaire brouillée par le legs équivoque des années 1940-1945 ; cautériser les blessures d'orgueil national en procédant à une réécriture cohérente et subtilement lacunaire du dernier conflit ; justifier les choix politiques du général de Gaulle en redéfinissant le rôle des artisans de la victoire.

Souvenirs écrans et captation d'héritage

Le ministère de la Guerre a pour première tâche d'assurer la promotion d'une institution « proliférante et macrocéphale[14] » constituée par l'amalgame de strates antagonistes. Le général de Gaulle évoque dans ses mémoires les préventions réciproques entre les éléments disparates de sa nouvelle armée :

> Les « Français libres » conservaient, vis-à-vis de quiconque, une fierté assez exclusive. Les hommes de la clandestinité, longtemps traqués, fiévreux, miséreux, auraient volontiers prétendu au monopole de la résistance. Les régiments d'Algérie, du Maroc, de Tunisie, bien qu'ils aient été naguère partagés en tendances variées, se montraient unanimement ombrageux de leur esprit de corps[15].

La guerre transmet au pays un héritage ambivalent : l'éclat des victoires de 1945 est terni par l'humiliante défaite de

---

14. Jean-Pierre Rioux, *La France de la IVe République*, t. I, *op. cit.*, p. 24.
15. Charles de Gaulle, *Mémoires de guerre*, t. III, *Le Salut, 1944-1946*, Paris, Plon, 1959, rééd. Pocket, 1980, p. 46.

1940 ; l'héroïsme des FFL n'efface pas le ralliement tardif des militaires d'Afrique du Nord et l'attentisme des « naphtalinés ».

Le SCA pratique un rigoureux inventaire dans ce legs équivoque. Les reportages d'actualités sur la prise de Strasbourg, la traversée du Rhin, l'entrée des troupes françaises à Berchtesgaden ont ressoudé la nation autour de scènes de victoire qui chassent la défaite de 1940. Les films du SCA reviennent longuement sur ces faits d'armes.

Frontière de la liberté (Guillaume Radot)[16] et *Prise de Strasbourg*[17] sont consacrés à la bataille d'Alsace ; *Débarquement Sud* (Pierre Poutays) exalte les combats de l'armée de Lattre sur les côtes de Provence[18]. Ces films peuvent glorifier la « nouvelle armée française » en éludant la question délicate de sa constitution. Sur les images des soldats de la 1re armée, le récitant de *Débarquement Sud* propose un résumé elliptique des épisodes précédents : « L'envahisseur n'a pas permis que la France gardât un homme armé sur son territoire ; en réponse à ce *diktat*, une armée entière est en route vers la métropole. »

Cette stratégie d'évitement est d'autant plus opérante que l'opinion métropolitaine est mal informée des événements d'outre-mer. Les Français n'ont pas suivi avec précision les détours qui menèrent au rassemblement de ces troupes, « à leur armement et à leur engagement, à Londres, à Alger et dans l'Empire tout entier, Indochine exceptée, jusqu'au jour J[19] ».

Une autre tactique consiste à revisiter toute la période de guerre en se focalisant sur la geste d'un chef héroïque ou d'un corps d'armée prestigieux. *Caravane blindée* (Pierre Caillet) retrace

---

16. Commenté par l'écrivain André Chamson.
17. Ce film du SCA ne comporte pas de générique.
18. *Débarquement Sud* constitue le second volet du film *Étapes vers la victoire*, le premier épisode étant consacré à la campagne d'Italie.
19. Jean-Pierre Rioux, *La France de la IVe République*, t. I, *op. cit.*, p. 21.

l'épopée du général Leclerc de Koufra à Berchtesgaden[20] ; *La Marine au combat* (Jean Arroy) glorifie les faits d'armes des forces navales françaises de 1939 à 1945[21]. Seul le documentaire *La Grande Épreuve*, long métrage de Pierre Poutays commenté par André Gillois[22], embrasse un plus vaste sujet : au moyen d'images empruntées aux Alliés et prises à l'ennemi, il retrace les cinq années du conflit sur l'ensemble des fronts.

Le caractère ciblé de *Caravane blindée* permet au réalisateur de slalomer entre les écueils pour contourner la débâcle et l'armistice. Le récit s'ouvre sur une citation du général Leclerc : « Sortis de France la rage au cœur mais non pas vaincus, nous y rentrions il y a quelques mois, décidés à surmonter n'importe quel obstacle [...]. »

La Marine au combat[23] oublie les revers de la flotte française et exalte son infaillibilité, quitte à déposer sur d'autres armes le fardeau de la défaite militaire. Le récit commence en septembre 1939 : les forces navales doivent faire respecter le blocus et s'acquittent de leur tâche à merveille. En 1940, Dunkerque est héroïquement défendu par les fantassins de l'armée de terre et les canons de la marine. Si le combat terrestre se solde par un échec, la « formidable évacuation » apparaît comme une nouvelle victoire des forces navales. Les séquences suivantes sont consacrées aux actions valeureuses des bâtiments français en Méditerranée. Une escadre part de Toulon pour attaquer Gênes :

> Les coups ont porté, le bombardement a laissé l'ennemi sur place, pétrifié, sans réaction, l'escadre rentre à Toulon sans

---

20. Le réalisateur Yves Ciampi consacra au même sujet un film intitulé *Compagnons de la gloire*, commenté par Maurice Schumann et projeté en avant-première, le 27 juillet 1945, lors d'un gala organisé en l'honneur de la division Leclerc.

21. Jean Arroy est porté au générique comme monteur.

22. Sur un scénario d'Étienne Rajk.

23. Film produit par le service de la marine. L'armée de l'air conçoit également ses propres documentaires. Le court métrage *Bombardiers lourds* retrace, dans un exposé très technique, vingt-quatre heures de la vie d'un équipage français affecté à une unité de la RAF.

avoir subi de pertes sérieuses. Soir de victoire bien vite assombri ; les bâtiments qui viennent de remplir avec succès cette mission resteront désormais au port, enchaînés. L'armistice va les condamner.

On appréciera la manière dont Jean Arroy évoque la défaite à travers les images de bâtiments conquérants. À charge pour le public d'interpréter ce sort immérité comme un coup bas du politique ou comme la faillite des armées terrestres. *Fluctuat nec mergitur...* Les forces navales françaises ressortent de l'épreuve victorieuses et injustement sacrifiées.

Cette vision n'est certes pas dénuée de fondement : la flotte de haute mer demeura invaincue et bénéficia d'une clause particulière dans la convention d'armistice. Mais elle éclaire surtout la rhétorique d'un film tout entier placé sous le signe du refoulement. Occultant Mers el-Kébir et les sentiments vichystes et anglophobes de nombreux officiers, le documentaire présente le sabordage de Toulon comme un autre épisode héroïque : « La France a perdu sa flotte mais elle a gagné une grande bataille. » Le même « esprit maison » transparaît dans l'évocation du combat des bâtiments de la France libre aux côtés des Alliés. L'armée de mer fut sans cesse aux avant-postes et joua un rôle décisif dans la lutte de libération, martèle le commentaire. Et ce sont les « marins français » plus que les volontaires des Forces navales françaises libres qui sont mis à l'honneur. Par cette captation d'héritage, la hiérarchie de l'engagement s'efface devant la promotion uniforme de l'armée de mer. Le film se conclut sur sa célébration irénique :

> La marine française, par la fusion de ses éléments et l'arrivée de jeunes, grâce à la cession de bâtiments alliés, a repris entièrement sa place au moment de la victoire. Quinze millions de miles ont été parcourus pendant la guerre contre l'Axe. C'est maintenant une force cohérente et puissante, prête à assumer toutes les missions qui lui seront dévolues.

Portée par de plus hautes ambitions, *La Grande Épreuve* ne peut user de tels subterfuges : le documentaire doit offrir au public le récit unificateur d'une France en guerre, opiniâtre, engagée sur tous les fronts jusqu'à la victoire finale. Pierre Poutays n'élude pas les épisodes douloureux du printemps 1940 ; mais il les soumet à un lissage avantageux qui les rend compatibles avec le genre de l'épopée guerrière.

Sur les images des premiers affrontements, le commentaire affirme sans ambages la supériorité allemande et dénonce les responsabilités du haut commandement français : « Notre infériorité militaire, conséquence d'un système militaire mauvais, se révèle terrible. » La cause est entendue et l'avancée victorieuse des blindés allemands confirme le bien-fondé des théories du colonel de Gaulle.

Si la défaite est évoquée, les images humiliantes sont bannies du montage. Les soldats français apparaissent au combat, face à l'ennemi, défendant pied à pied le sol de France, dans une lutte désespérée : « Premiers morts français, première *Marseillaise* éraillée dont l'écho restera dans nos oreilles pour toujours. » Cette résistance valeureuse butte sur la puissance de feu de l'ennemi : les impressionnantes séquences de bombardements aériens, qui firent la réputation des cameramen allemands, illustrent l'inégalité d'un combat confrontant le courage des hommes à l'acharnement destructeur des machines.

Dans sa sélection d'archives, Poutays écarte les vues des prisonniers français. Il faudra attendre les années 1960 pour que la débâcle soit présentée dans sa vérité la plus crue : routes de Dunkerque encombrées de véhicules et de matériel abandonnés à la hâte, colonnes de prisonniers piégés sur les plages atlantiques, processions de vaincus conduits par leurs geôliers allemands sur les routes de France.

Les responsabilités étant établies, la défaite épurée, reste à la réduire au rang d'une simple bataille dans un combat tout juste engagé. Le discours gaullien du 13 juillet 1940 autorise cette vision :

> Puisque ceux qui avaient le devoir de manier l'épée de la France l'ont laissée tomber brisée, moi, j'ai ramassé le tronçon du glaive. Je suis en mesure d'annoncer qu'il existe déjà sous mes ordres une force militaire appréciable capable de combattre à tout instant sur terre, dans les airs et sur mer […]. Français, sachez-le, vous avez encore une armée de combat.

L'armée de mer est toutefois ramenée à de plus justes proportions : « Quelques éléments de notre marine […] ont préféré le combat à la honteuse inaction. » Les auteurs de *La Grande Épreuve* entendent rappeler qu'en 1940 l'honneur du pays a reposé sur une poignée de volontaires qui parlèrent haut et fort au nom de la France. Leur message, repris et martelé, tient en une phrase : grâce à l'héroïsme de ses meilleurs éléments, la France fut militairement présente au combat[24], elle s'est battue aux côtés des Alliés pendant toute la guerre et sur tous les théâtres d'opération. Le commentaire prend pour modèle l'hommage vibrant de Churchill aux aviateurs de la bataille d'Angleterre : « À la vérité, l'histoire des guerres ne vit jamais de dette aussi grande des multitudes envers un groupe si infime. »

De la réalité historique – celle d'une présence à la fois symbolique et efficace des combattants de la France libre –, le film glisse vers le mythe d'une intervention décisive, surestimant les faits d'armes des FFL entre 1940 et 1942[25]. Le discours de la rédemption par l'élite s'infléchit logiquement

---

24. *Présence au combat* est le titre d'un montage commandé à Marcel Cravenne par le ministère de l'Information britannique. Ce documentaire, consacré pour une large part à l'épopée de la France libre, fut offert symboliquement par les Britanniques au gouvernement français lors d'une cérémonie au palais de Chaillot en janvier 1946. C'est un des rares documents de l'époque à faire allusion à Mers el-Kébir.

25. Et oubliant au passage le fiasco de Dakar.

à partir du débarquement d'Afrique du Nord. Le récitant ne parle plus de la France combattante mais de la « nouvelle armée française ». Ce glissement sémantique s'accompagne d'une évocation laconique de la donne militaire :

> L'armée française de l'armistice a terminé sa carrière. La consigne de correction est levée […]. Le 11 novembre, la radio de Londres avait diffusé un nouvel appel du général de Gaulle : « Profitez des quelques heures dont vous disposez pour venir, si vous pouvez, vous joindre à ceux qui luttent aux côtés des Alliés. » Et ce fut l'évasion à travers les Pyrénées et par l'Espagne jusqu'à Casablanca où une nouvelle armée se forme.

Le récit est ici singulièrement allusif. Les ralliés de l'armée d'armistice sont noyés dans le flot des recrues de la zone Sud ; les « moustachis » de l'armée Giraud sont superbement ignorés[26]. Pour évoquer les campagnes de Tunisie et d'Italie, les débarquements de Normandie et de Provence, le commentateur emploie désormais l'adjectif possessif (« *nos* soldats », « *nos* troupes ») sur les images de soldats victorieux. Le retour à la normale s'opère sur le sol national par la formation d'une armée régulière : « La France poursuit son effort de guerre. Le général de Gaulle remet leurs drapeaux aux nouvelles unités qui se constituent peu à peu. »

La Marine au combat et *La Grande Épreuve* mettent donc en jeu des stratégies différentes pour redorer le blason de l'armée française. Fort des exploits de la flotte de haute mer, Jean Arroy choisit d'ignorer la défaite. Pierre Poutays et ses collaborateurs, au contraire, la réintégrèrent dans le genre codifié de l'épopée guerrière : après la lutte désespérée mais héroïque vient le temps du sursaut de l'élite combattante puis la victoire de l'armée régulière.

La différence entre les deux films s'illustre aussi dans leur

---

26. Jean-Pierre Azéma, *De Munich à la Libération*..., *op. cit.*, p. 294.

vision des volontaires français. Quand *La Marine au combat* impose sans fondement la logique du nombre (« beaucoup d'entre eux » ; « nombreux sont les Français » ; « de plus en plus nombreux sont ceux qui »), *La Grande Épreuve* rend plus justement grâce à une minorité éclairée (« notre flotte aérienne n'est pas encore nombreuse » ; « une poignée de Français » ; « quelques éléments de notre marine » ; « quelques hommes »).

Ces divergences tiennent en grande partie aux cahiers des charges. Jean Arroy travaille pour le ministère de la Marine, intéressé au premier chef par la promotion des forces navales. La tâche est urgente et ardue dans une armée qui, plus que les autres, a connu des déchirements internes, compté une forte proportion d'officiers vichystes et subi le traumatisme de Mers el-Kébir[27]. *La Grande Épreuve* est patronnée par la direction des services de presse du ministère de la Guerre : le documentaire doit promouvoir toutes les armées et bâtir le récit irénique et unificateur de la France en guerre. André Gillois, ancien porte-parole du gouvernement provisoire et chroniqueur à la BBC[28], contribue à le façonner sur la geste gaullienne.

Le mythe de la « vraie France »

La Grande Épreuve emprunte aux écrits et aux discours du général de Gaulle les concepts de « guerre de trente ans » et de « continuité républicaine ».

---

27. Voir Paul-Marie de La Gorce, *La République et son armée*, Paris, Fayard, 1963.
28. Voir André Gillois, *L'Histoire secrète des Français à Londres de 1940 à 1944*, Paris, Hachette, 1973.

La guerre de trente ans

Le titre du documentaire, emprunté à « un grand film national de l'autre après-guerre[29] », met d'emblée l'accent sur le rôle séminal de la Grande Guerre. Sur les images de la division Leclerc pénétrant à Berchtesgaden, le récitant proclame : « Les Français ont l'honneur de planter leur drapeau à la fenêtre du dernier repaire [...]. C'est la fin d'une *guerre de trente ans*. »

La continuité des deux conflits favorise une lecture purement nationaliste du combat. Elle se double d'une vision toute gallo-centrique de la conflagration. Ayant montré le gigantisme des parades militaires allemandes, le commentateur sonde l'invincibilité de l'ennemi : « Que peuvent-ils craindre avec ce matériel fantastique, avec cette armée innombrable, avec des esclaves fanatiques ? » Et de répondre aussitôt, sur l'image d'un planisphère couvert de petites croix de Lorraine : « Ils auraient dû craindre cela ! » La capitulation du IIIe Reich sonne la revanche du David français sur le Goliath germanique : « L'Allemagne signe sa défaite, la France signe sa victoire. »

Ce triomphe patriotique est aussi celui de la Vertu sur les forces du Mal. Le thème de la croisade se trouve renforcé par les images confisquées à l'ennemi, qui instruisent son procès. Les prises de vues allemandes sur l'exode dévoilent le calvaire des populations civiles : femmes en pleurs poussant des landaus, enfant mutilé boitillant sur une route, familles entassées sur des chariots de fortune, vieillards portés sur des civières, cadavres de civils abattus

---

29. Joseph Daniel, *Guerre et cinéma*, *op. cit.*, p. 207. Mais le film doit également son titre à la citation gaullienne qui ouvre le documentaire : « Souvent dans notre histoire nos épreuves nous ont faits plus grands. » Cette phrase est reprise et prolongée dans l'épilogue : « Cette fois, nous saurons ranimer la flamme des aïeux au lieu de pleurer sur leurs cendres. C'est en allant vers la mer que le fleuve reste fidèle à sa source ».

par le pilonnage des Stuka... « Faut-il que les Allemands soient sûrs de leur victoire pour qu'ils osent filmer cela », conclut André Gillois.

Au martyre du peuple français, le film oppose la frénésie des foules allemandes acclamant le Führer à Berlin et à Nuremberg. Le face-à-face des deux armées se prolonge dans l'affrontement des peuples. Mais si l'ennemi héréditaire a franchi un nouvel échelon sur l'échelle de la barbarie, illustré par les massacres et les viols en Union soviétique, les francs-tireurs suppliciés, les ruines du village martyr d'Oradour[30], le conflit franco-allemand n'a pas pour autant changé de nature. Le combat contre le IIIe Reich, miroir de la Grande Guerre, n'a d'autre but que la défense sacrée de la patrie : nulle référence à l'idéologie hitlérienne (le terme « nazi » n'est jamais prononcé) ; nulle allusion à l'antisémitisme d'État et à la « solution finale » ; nulle image de l'ouverture des camps de concentration et des centres de mise à mort[31].

On touche ici à la fonction majeure du concept de « guerre de trente ans » : l'assimilation entre les deux guerres mondiales érode les particularismes de la seconde et transmet à la victoire de 1945 les attributs de celle de 1918, « incontestable et vierge de tout sentiment de malaise et de honte[32] ». Le dessein gaullien se parachève dans la fable de la « continuité républicaine » amplement relayée par *La Grande Épreuve*.

---

30. Massacre d'Oradour attribué aux seuls Allemands, omettant ainsi la présence de « Malgré-nous » alsaciens.

31. Alors que le film montre des images des prisonniers libérés des Stalags par les troupes françaises.

32. Henry Rousso, *Le Syndrome de Vichy, 1944-1987*, Paris, Seuil, 1987, p. 27-28. Lire également Odile Rudelle, « Politique de la mémoire : politique de la postérité », *in* Institut Charles-de-Gaulle (dir.), *De Gaulle en son siècle. Actes des journées internationales tenues à l'UNESCO, Paris, 19-24 novembre 1990*, t. I, *Dans la mémoire des hommes et des peuples*, Paris, Documentation française-Plon, 1991, p. 149-163.

La continuité républicaine

Le refoulement de l'armistice est la pierre de touche de cette fiction politique. 14 juin 1940, les troupes victorieuses du maréchal von Brauchitsch défilent sur les Champs-Élysées : « L'armée allemande a rempli son rôle, déclare André Gillois, la trahison fera le reste. » Cette allusion prend son sens dans la séquence suivante consacrée à la signature de l'armistice dans la clairière de Rethondes. Le mot « armistice » n'est pourtant jamais prononcé ni sa signification éclairée. Le récitant préfère s'attarder sur l'attitude de Hitler toisant la statue du maréchal Foch. Cette digression anecdotique fournit une transition idéale : « La défaite est-elle définitive ? Non ! Devant une autre statue du maréchal Foch qui se dresse dans une rue de Londres, l'homme qui a dit "non" vient ce 14 juillet 1940 saluer celui qui disait toujours "non" à la défaite et à l'abandon. La France libre est née. »

Ainsi l'acte du 22 juin 1940 est-il montré sans être nommé ; la trahison est dénoncée sans que ses effets politiques aient été évoqués. La convention d'armistice, acte fondateur de l'État français, se trouve ramenée aux dimensions d'une simple capitulation militaire. Le nom de Pétain n'a pas été prononcé et ne le sera pas tout au long du film. Cette occultation autorise le transfert de légitimité sur la personne du chef militaire en exil : « Le gouvernement britannique a reconnu en la personne du général de Gaulle le chef des Français libres. Et le mot reconnaître prend tout son sens ; le monde peu à peu *reconnaîtra* la France véritable. »

La « France véritable », c'est-à-dire la « France qui se bat », la « seule France », la « France éternelle »… Dans le discours gaullien, la « vraie France » est un concept polysémique. Il est le fruit double d'un jugement de valeur – seule compte moralement la France qui se bat – et d'une représentation idéalisée de la patrie profanée, dressée contre l'occupant à l'exception d'une poignée de traîtres.

La Grande Épreuve privilégie la première acception. La légitimité gaullienne s'affirme dans l'acte fondateur du 18 Juin ; elle est consacrée par le combat des FFL aux côtés des Alliés. Pour accréditer la vision d'un gouvernement français en exil, le film fait l'impasse sur l'occupation allemande de 1940 à novembre 1942. Cette longue ellipse permet d'ignorer le régime de Vichy ; elle conduit aussi à taire la naissance et le développement de la résistance intérieure.

De 1940 à 1942, toute l'histoire politique de la France se joue donc hors des frontières hexagonales. Le récitant décrit les étapes qui mènent de la reconnaissance *de facto* au rétablissement *de jure* d'institutions républicaines. Les événements d'Afrique du Nord et la création du CFLN en constituent le temps fort :

> Enfin, l'événement tant attendu se réalise : le général de Gaulle débarque en Afrique du Nord ; une victoire politique va suivre la victoire militaire. Dans la capitale provisoire de la France, la démocratie va renaître, un événement mémorable se prépare, un pays enchaîné et bâillonné va faire entendre sa voix, librement[33].

En réintégrant l'Empire, de Gaulle réinstalle la France chez elle. Alors seulement peut être levé un coin du voile sur le sort du pays occupé :

> L'ennemi et ses complices s'acharnent contre la France. Les travaux forcés, les bateleurs de la trahison. Mais tout vaut mieux que d'aller en Allemagne, tout vaut mieux que de travailler pour l'ennemi. Les maquis se constituent un peu partout dans le pays, de Savoie jusqu'en Bretagne et de la Corrèze au Vercors. Mais les maquis n'auraient pas pu se constituer si dès 1940 la Résistance n'était pas née, si dès 1940 quelques hommes n'avaient pas cru possible cette chose qui semblait aux autres folle ou dérisoire. Dès 1940 la presse clandestine s'imprimait

---

33. Dans sa relation des événements, l'auteur ne prononce pas le nom de Giraud, montré à l'écran aux côtés du général de Gaulle.

en France, dès 1941 les postes émetteurs de radio fonctionnaient en France. En 1940, 1941 et 1942 les réseaux secrets se sont organisés, armés, équipés. Après la résistance passive, c'est le sabotage. On les appelait des terroristes et même on disait une poignée de terroristes. Grâce à eux, l'ennemi n'est plus jamais en sécurité […]. Le maquis, la Résistance, il y a des gens qui trouvent qu'on en a trop parlé, ce sont ceux qui n'y étaient pas. Regardez ces jeunes hommes, ils ont sauvé l'honneur de la France.

Ce *flash-back* ramassé et tardif fait certes figure de développement postiche. Mais la vision incarnée de la Résistance, scandée par le pronom indéfini désignant un ennemi multiforme, s'émancipe des abstractions gaulliennes. Pour définir le « résistancialisme » du général de Gaulle, Henry Rousso note qu'il s'agit moins d'une « glorification de la Résistance (et certainement pas des résistants) » que de « la célébration d'un peuple en résistance que symbolise l'homme du 18 Juin, sans l'intermédiaire ni des partis, ni des mouvements, ni d'autres figures de la clandestinité »[34]. L'hommage d'André Gillois à ses camarades de combat[35] déroge à la symbolique gaullienne. *La Grande Épreuve* partage en revanche son souci ombrageux du rang de la France.

Jeux de rôles, enjeux de pouvoir

Le rang

Dans cette bataille opiniâtre, l'Empire fut à la fois un atout maître et un « mythe compensateur[36] ». Les documentaires du SCA rappellent le rôle des colonies françaises, entretenant une « mystique impériale […] portée à un degré rarement

---

34. Henry Rousso, *Le Syndrome de Vichy…*, *op. cit.*, p. 28.
35. André Gillois combattit en France occupée avant de rejoindre Londres, en septembre 1942.
36. Jean-Pierre Rioux, *La France de la IVe République*, t. I, *op. cit.*, p. 126.

égalé dans l'histoire de la colonisation française[37] ». *La Grande Épreuve* évoque avec lyrisme le ralliement du Tchad, du Cameroun et de la Nouvelle-Calédonie, qui tombèrent les premières dans l'escarcelle gaulliste. Dans *Caravane blindée*, le récitant déclare, non sans arrière-pensées, que le refus du défaitisme fut particulièrement fort dans les colonies d'Afrique où les mots « honneur », « devoir » et « sacrifice » avaient conservé tout leur sens. *Débarquement Sud* proclame avec emphase : « La France a créé l'Empire, l'Empire recrée la France. »

L'Indochine, maintenue dans la mouvance vichyste par l'amiral Decoux, échappe logiquement à cette célébration. Mais en août 1945, la souveraineté française s'y trouve menacée par l'appel d'Hô Chi Minh à l'insurrection nationale et par les décisions des Trois Grands à Potsdam. Pierre Caillet conclut donc *Caravane blindée* sur l'embarquement de l'armée Leclerc pour Saigon :

> À qui pouvait-on faire appel sinon aux hommes de la 2e DB dont le chef a dit et écrit : « Les mobiles qui nous poussaient furent l'amour-propre et la fierté nationale. Puissent ces sentiments subsister demain dans les combats pacifiques de la reconstruction française. » La 2e DB est donc partie pour l'Indochine ajouter de nouvelles pages héroïques à son histoire.

Ainsi se trouve établie une continuité entre les combats des FFL et les nouvelles missions de l'armée dans les territoires sous domination française. L'hommage légitime aux colonies justifie les appétits de grandeur. Si le trait est volontiers forcé et la question de l'Empire instrumentalisée, la vérité historique ne s'en trouve pas entièrement altérée. La réécriture du passé est plus radicale pour aborder le rôle des Alliés dans la bataille de France.

Les documentaires du SCA, hantés par le nouveau climat

---

37. *Ibid.*

international et le raidissement des anciens Alliés, négligent l'effort de guerre soviétique[38] et minimisent celui des Anglo-Saxons. Entre la Grande-Bretagne et « l'oncle Sam » les documentaristes marquent leur nette préférence. *La Grande Épreuve* célèbre avec chaleur le courage tranquille des Britanniques sous la conduite héroïque d'un Premier ministre indomptable. Si Churchill est salué à maintes reprises, Roosevelt – qui tarda tant à reconnaître de Gaulle – n'est en revanche cité qu'une seule fois. Entre les deux alliés, *La Grande Épreuve* impose une hiérarchie des mérites et des valeurs. Quand la Grande-Bretagne engage ses forces vives, les États-Unis mettent en branle leur industrie :

> L'Amérique était déjà l'arsenal des démocraties, elle va multiplier ses usines et ses chantiers d'où tant de navires vont être lancés, tant de porte-avions, et surtout ses fameux *liberty ships* […]. Voici les tanks qui libéreront l'Europe […].

Et ce sont les avions, les bateaux et les tanks américains, plus encore que les GI, qui libèrent l'Italie et accostent sur les plages normandes. À la « guerre industrielle » des Américains, la France oppose le génie de ses hommes : « [Elle] ne dispose pas de moyens gigantesques mais elle est un pays de grands capitaines. » Et c'est avec les Britanniques que fraternisent ces grands capitaines et leurs petits soldats…

L'amitié franco-anglaise ne résiste pas toutefois à l'évocation du débarquement de Normandie. Décrivant l'opération *Overlord*, *La Marine au combat* égrène complaisamment le nom des navires français engagés dans la bataille sans s'appesantir sur les armadas anglo-américaines. *Caravane blindée* concentre son attention sur l'arrivée de l'avant-garde Leclerc qui efface la date du 6 juin : « Août 1944, débarquement sur la côte normande. Ce qui était il y a quatre ans un

---

38. Seule *La Grande Épreuve* évoque toutefois l'héroïque résistance de l'armée Rouge et la victoire de Stalingrad.

rêve insensé est aujourd'hui une réalité [...]. » *La Grande Épreuve* reprend à la lettre le discours gaullien : « La nouvelle bataille de France commence et, naturellement, c'est la bataille de la France. Un contingent de commandos français a eu l'honneur de toucher le premier le sol de la Patrie[39]. » Usant d'une exposition ternaire (les canons de la marine anglaise, américaine et française ; les avions anglais, américains et français...), le récit fait accroire une participation française quantitativement et stratégiquement équivalente à celle des Anglo-Saxons. Et c'est à la geste gaullienne qu'est rattachée *in fine* l'opération *Overlord* :

> Des millions d'hommes vont passer par ces plages, mais l'arrivée de l'un d'eux quelques jours plus tard prend une signification particulière ; le premier résistant de France, l'animateur de notre victoire remet après quatre ans le pied sur le sol national.

Les films du SCA ne s'attardent pas sur le débarquement de Normandie, lui préférant logiquement celui de Provence. *La Grande Épreuve* célèbre avec emphase l'éclatante victoire de la France sans mentionner la place qu'y prirent les Américains[40]. *Débarquement Sud* décrit par le menu l'opération menée par « l'Armée du Monde libre ». Le récitant réussit alors l'exploit de ne pas employer les mots « États-Unis », « Amérique », « Américain », tandis que « la France » et

---

39. Une telle formulation s'inscrivait, avec plus de partialité, dans la logique du monument d'Ouistreham qui commémore en ces termes les faits d'armes français : « Sur cette plage, à l'aube du 6 juin 1944, les troupes du maréchal Montgomery et le commando français du capitaine Kieffer mirent les premiers les pieds sur la terre de France. » (André Kaspi, *La Libération de la France, juin 1944-janvier 1946*, Paris, Perrin, 1995, p. 49.)

40. Contre toute logique, le commentaire évoque une opération préparée avec la marine britannique. Churchill s'était fermement opposé à l'opération *Anvil*. Voir Arthur Funk « *Anvil* : partie intégrante de *Overlord* », *in* François Bédarida (dir.), *Normandie 44. Du débarquement à la Libération*, Paris, Albin Michel, 1987, p. 292-306.

« les Français » sonnent dans chacune de ses phrases comme d'impérieux coups de clairon.

Certes, ce fut une armée nationale et autonome, forte de 260 000 hommes, qui participa aux opérations de Provence ; certes, l'attaque audacieuse du général de Lattre sur Toulon et Marseille[41] fut une belle réussite française. Mais en passant sous silence le rôle des Américains, Poutays sacrifiait la vérité historique à l'obsession du rang de la France. Le retour en métropole des troupes de la 1re armée exalte en termes barrésiens l'amour exclusif de la patrie : l'ennemi est assimilé à une plante parasite qu'il convient de déraciner du sol français. *Caravane blindée* décrit pareillement les « mains tremblantes » des soldats Leclerc s'agenouillant sur les plages normandes pour pétrir « une poignée de terre ». Sur les mêmes images, André Gillois déclare : « Il ne suffit pas de toucher terre, il faut la toucher vraiment, avec les doigts. »

Ainsi la production du SCA relaie-t-elle fidèlement la « pédagogie gaullienne de l'honneur national[42] ». L'entreprise de révision historique est conduite avec les mêmes armes sur le front intérieur : le SCA sacrifie la Résistance sur l'autel du retour à l'ordre.

L'ordre

Pour évoquer les grandes batailles du monde en guerre, les films peuvent ignorer le rôle de l'armée des ombres et le sort de la France occupée. L'opération est plus contestable dès lors qu'est abordé le chapitre de la Libération, à laquelle la Résistance intérieure prit toute sa part. Le général Eisenhower

---

41. De Lattre se considérait « comme un généralissime français et non comme un subordonné au commandement allié », note Henri Michel dans *La Seconde Guerre mondiale*, t. II, *La Victoire des Alliés, janvier 1943-septembre 1945*, Paris, PUF, 1969, rééd. 1980, p. 270.

42. Serge Barcellini, « L'État et la commémoration des débarquements », colloque de Cerisy-la-Salle, « Du débarquement à la commémoration », 22-25 septembre 1994.

estima son apport à l'équivalent de quinze divisions[43]. À l'approche du 6 juin, lancés par l'état-major allié dans une vaste opération stratégique, les FFI normands remplirent leur mission de harcèlement, en dépit d'une préparation et d'un équipement insuffisants. En Bretagne, l'action militaire des soldats sans uniforme accéléra la libération et sécurisa les arrières des Alliés. La Résistance intérieure facilita l'avance des troupes franco-américaines après le débarquement de Provence, prit l'initiative de l'attaque à Marseille comme à Toulon, déclencha l'insurrection parisienne.

Les Forces de l'intérieur sont pourtant les oubliées des films du SCA. Dans *Débarquement Sud*, la Résistance intérieure est expédiée en une phrase : décrivant Marseille libérée, le commentaire évoque ces « rues où des hommes des Forces françaises de l'intérieur se sont battus[44] ». Les FFI n'ont pas même l'honneur d'une mention dans *La Marine au combat* qui relate le même événement. *Caravane blindée* élude l'appui de la Résistance intérieure lors du débarquement de Normandie. Une allusion tardive à « l'aide précieuse » des FFI dans la bataille d'Alsace n'efface pas la partialité du film qui conte la libération de Paris sans mentionner la Résistance intérieure. La « magnifique mission Leclerc », illustrée au moyen de cartes et d'animations, consiste à nettoyer le pavé parisien et

---

43. Si l'apport de la Résistance se prête mal à une telle quantification, la déclaration du commandant en chef des forces alliées en Europe a force de symbole ; dans ses mémoires, il précise sa pensée, affirmant que les opérations de libération auraient été plus longues et plus coûteuses en hommes sans l'aide de la Résistance française (Dwight Eisenhower, *Croisade en Europe. Mémoires sur la Deuxième Guerre mondiale*, Paris, R. Laffont, 1949, p. 347-348). Voir Philippe Buton, *La Joie douloureuse. La Libération de la France*, Bruxelles ; Paris, Complexe-IHTP-CNRS, 2004, p. 55-102.

44. À titre de comparaison, les mêmes événements sont décrits en des termes bien différents par Le Chanois dans *Au cœur de l'orage* : « Débarquement allié sur la Côte d'Azur [...] ; attaquant les convois, coupant les colonnes, s'emparant des villages, le maquis bouscule tout le dispositif de défense allemande. De Marseille à Lyon, l'armée américaine pourra avancer sans tirer un coup de fusil. »

à remettre de l'ordre dans la capitale insurgée. La séquence se conclut sur les images du général Leclerc, acclamé par la foule parisienne et présenté comme l'unique libérateur de Paris.

La Grande Épreuve se distingue une fois encore par l'hommage rendu à la Résistance intérieure :

> Les parachutistes ont fait leur jonction avec les Forces françaises de l'intérieur. Ceux que bientôt on n'appellera plus que les FFI, les vrais, pas ceux de septembre, livrent leurs premiers combats à découvert. La clandestinité a fait son temps. Ce ne sont là à première vue que des escarmouches, des luttes individuelles sans grande portée et pourtant mille combats semblables ont eu pour résultat ce fait dont, après leur percée d'Avranches, les Américains devaient être stupéfaits que les routes de Bretagne leur étaient ouvertes et libres et que leurs colonnes blindées pouvaient foncer sans coup férir jusqu'à Brest, cela parce que des milliers d'hommes comme ceux-ci, sans y être contraints par aucune loi humaine, avaient choisi de combattre.

Mais le film succombe à son tour à l'iniquité pour décrire la libération de Paris. L'épisode s'ouvre sur l'image de civils déterrant des pavés, qui illustre le verbe gaullien : « l'insurrection nationale est inséparable de la libération nationale ». La séquence est ensuite exclusivement composée d'images de la 2e DB. Sur les vues du défilé du 26 août, une mention tardive est faite aux soldats de l'ombre : « La France libre fait son entrée dans Paris libéré. Les membres du Conseil national de la Résistance, à l'appel de qui Paris s'était soulevé, partagent avec le général de Gaulle l'honneur et l'exaltation de cette journée triomphale. » Le temps est venu de rendre les armes, déclare André Gillois : « L'heure n'est plus aux combattants sans uniforme, il y a maintenant une armée régulière mais elle n'efface pas le souvenir de l'autre. » Enterrées avec les honneurs, les Forces françaises de l'intérieur s'effacent devant les militaires qui poursuivront la guerre hors des frontières.

Cette marginalisation de la Résistance intérieure, commune à tous les films du SCA, suit un double dessein. Elle solde le difficile amalgame des FFI aux troupes régulières. Beaucoup d'officiers rechignent à ouvrir leurs rangs à cette « armée de Bourbaki », riche en fortes têtes et en activistes politiques. Aucun film ne fait allusion à leur intégration dans la 1re armée et la 2e DB ; *La Grande Épreuve* affirme que la page est tournée pour les soldats sans uniforme. Dans ces documentaires se lit déjà en filigrane l'échec de l'armée nouvelle. La minimisation du rôle des FFI remplit également une fonction politique : elle rabat les prétentions des héritiers de la lutte clandestine, les enjoignant à rentrer dans le rang sous la houlette du « rédempteur ». Cette vision personnalisée de l'exercice du pouvoir heurte les convictions des résistants de l'intérieur. Elle explique, selon Claude Bourdet, le conflit qui se fait jour dès l'été 1944 et trouve « son point culminant au cours de l'hiver 1945-1946 » :

> En dehors de quelques esprits exaltés ou ayant, eux aussi, un besoin passionné d'identification avec le « chef » et le « père », la plupart des hommes de la Résistance, à quelque secteur de l'opinion qu'ils appartinssent, n'ont jamais eu devant lui cette attitude du fidèle devant le thaumaturge[45].

Les films du SCA illustrent ces dissonances qui aboutissent au « grand divorce » de l'année 1946. La minimisation du rôle des FFI se combine avec une représentation mystique du général de Gaulle. « Chef qui sut communiquer sa foi et sa certitude de vaincre aux soldats », esprit et âme de la Résistance (*Caravane blindée*), « voix authentique de la France » (*La Grande Épreuve*), le chef de la France libre emprunte dans *Débarquement Sud* les traits du sauveur :

> Si des Français peuvent en ce jour de fête acclamer des généraux français vainqueurs, c'est parce que, dans le silence accablé de juin 1940, la voix de l'honneur a retenti ; c'est parce que de

---

45. Claude Bourdet, *L'Aventure incertaine. De la Résistance à la Restauration*, Paris, Stock, 1975, p. 413.

partout, aux heures les plus sombres de notre histoire, des hommes ont pu se diriger vers les deux étoiles d'un général français.

Le film se clôt sur un *Te Deum* à Notre-Dame-de-la-Garde ; le récitant évoque l'Assomption tandis que la caméra s'élève comme une prière vers la flèche de la basilique, jusqu'au « ciel des hautes espérances ». Comme le dieu de la tragédie antique, de Gaulle est celui qui impose les épreuves aux héros : incarnation de l'honneur, de la patrie et des vertus nationales, il appelle à la lutte, « indique les moyens et les buts » (*La Marine au combat*), prophétise la victoire (*La Grande Épreuve*).

Si la sanctification du Général est commune à tous les films, le régime de ses apparitions varie d'un documentaire à l'autre. Elles sont concentrées sur l'ouverture et l'épilogue de *Caravane blindée* et de *Débarquement Sud*, qui privilégient une économie de la rareté. Le chef de la France libre est nettement plus présent dans *La Marine au combat* et *La Grande Épreuve*. Le film de Jean Arroy le montre en célébrant : de Gaulle rend hommage aux marins, les salue et les félicite. Au nom de la nation, il est le chef qui dit le Bien, valide et authentifie les actions de gloire ; mais il cède la place à Leclerc dans les images du défilé parisien.

Aux emplois de prophète et d'officiant, *La Grande Épreuve* ajoute celui de héros agissant. Dès le début du film, de Gaulle affronte Hitler, par statues de Foch interposées. L'intercession muette du général victorieux donne son sens au combat singulier. Le champion du Bien prend toute sa part dans la croisade contre le Mal ; il relève une à une les défis sur le double terrain militaire et politique. *La Grande Épreuve* est rythmée par les interventions du Général au micro de la BBC. À la fin du récit, il partage avec ses chefs militaires l'ovation des Français : le défilé parisien est ainsi rendu à sa dimension politique de sacre populaire. On notera que Pierre Poutays exhume les images des fusillades du 26 août, les utilisant à contre-emploi. Au mépris de la chronologie,

Le Service cinématographique de l'armée 151

les tirs de Notre-Dame sont montés au cœur des scènes de combat qui précèdent la journée du 26 août. Loin de brouiller l'image du Sauveur, ces images dramatisent son combat ; elles consacrent de Gaulle comme garant du retour à l'ordre, dans l'apothéose d'un défilé grandiose.

À la mystique de l'infaillibilité militaire (*La Marine au combat*), *La Grande Épreuve* substitue enfin la logique du miracle, le culte de l'élite combattante, la célébration politique de la victoire. Cette divergence s'exprime exemplairement dans les épilogues des deux films consacrés au défilé du 18 juin 1945. *La Marine au combat* privilégie les plans d'ensemble des régiments et des détachements descendant les Champs-Élysées sous les applaudissements de la foule : « à tout un peuple en joie », les marins répondent présents pour tous ceux qui, « tombés avant les dernières batailles, n'auront pas vu se lever le jour du triomphe ». Dans la sélection d'images, aucune ne montre la tribune de la Concorde où se tient le général de Gaulle. Le montage de *La Grande Épreuve* est tout différent. L'homme du 18 Juin est montré de face, de profil et de dos, fixant, au garde-à-vous, le fleuve des militaires qui se scinde à ses pieds. L'échange d'hommages se prolonge avec ses compagnons d'armes Leclerc, de Lattre, Monsabert, Béthouart et Kœnig, tous dressés dans leurs jeeps, la main au képi, au pied de la tribune officielle. Et c'est vers de Gaulle que convergent encore les ovations de la foule : « Le peuple de Paris est venu saluer celui qui n'a pas désespéré du peuple. L'armée, la marine, l'aviation saluent celui grâce à qui la France ne fut jamais absente de la guerre. Celui qui avait dit : "la France n'est pas seule", celui-là n'est plus seul aujourd'hui. » *La Grande Épreuve* assure ainsi le double triomphe du général de Gaulle : la victoire militaire de l'homme du 18 Juin légitime l'action politique du chef du gouvernement provisoire. Le film de Pierre Poutays, pur produit de l'orthodoxie gaullienne, sert sans surprise les messes du souvenir de l'année 1945.

La bataille de mémoire

La période de la Libération est le théâtre d'une bataille de mémoire entre gaullistes et communistes que Gérard Namer a minutieusement décrite. Dans les derniers mois de l'année 1944, le PCF occupe largement le terrain commémoratif. Au Père-Lachaise en octobre 1944, il exalte la vision jacobine d'un peuple dressé contre les ennemis de la patrie. En proposant de panthéoniser Romain Rolland, les communistes poursuivent l'offensive autour d'une initiative fédératrice. Mais le Panthéon n'accueille pas le père de *Jean-Christophe* et le PCF perd progressivement l'avantage. Avec la journée des drapeaux du 2 avril 1945, la geste gaullienne s'impose déjà en un style grandiose. Le 11 novembre, elle triomphe sans conteste. « Chef-d'œuvre de stratégie », cette cérémonie majestueuse annexe tous les combattants sous la croix de Lorraine et fait confluer les mémoires vers le mont Valérien :

> Elle assure le triomphe de la mémoire gaulliste, au moment même où de Gaulle s'apprête à se retirer pour un temps de la vie politique. Toute cette journée [...] est une façon de prendre congé, en arrachant la commémoration à la vie quotidienne, aux revendications de l'après-guerre, où tentent de l'insérer les communistes depuis le 1er mai.
> Par cette commémoration grandiose, on rappelle à la nation qui s'abandonne au prosaïsme de la lutte des partis tout ce qu'elle doit comme épopée à l'homme à la croix de Lorraine[46].

Cette journée d'apothéose se termine par un gala de la victoire : au théâtre de l'Opéra, sous la présidence du général de Gaulle, *La Grande Épreuve* est présentée en avant-première au public parisien[47]. Cet honneur confirme

---

46. Gérard Namer, *Batailles pour la mémoire...*, *op. cit.*, p. 132.
47. Une seconde projection officielle fut organisée le 29 janvier 1946 sous la présidence d'Edmond Michelet.

le prix donné par les autorités au long métrage de Pierre Poutays. Le documentaire reçoit un accueil moins fervent dans la presse spécialisée.

Le Film français dédie un long article laudateur à *La Grande Épreuve* :

> Il était nécessaire qu'au-dessus de la mêlée commerciale vînt se placer un document irréfutable qui montre le vrai visage de cette lutte gigantesque et illustre la part prise par l'Armée française à la libération de l'Europe et du Monde[48].

La presse d'obédience communiste est plus circonspecte, sans verser dans une franche critique. *L'Écran français* a rendu compte en août de la sortie de *Débarquement Sud* en pointant sa partialité :

> Ce second film de la série des *Étapes de la victoire* a les qualités et les défauts de toutes les bandes réalisées par le service cinématographique de l'armée française. À son éloge, il convient de relever un certain brio, un certain panache même dans le montage des images. Mais il pèche par excès de grandiloquence, par une recherche laborieuse du détail. Il pèche surtout par une omission très grave : il mentionne à peine le rôle joué par l'armée américaine dans le débarquement dans le Midi. On pourrait croire que les Français furent les seuls à poser le pied sur la terre de France le 15 août 1944. Aurions-nous assez protesté si un film américain avait traité de cette façon cavalière l'effort de guerre français[49] !

Quelques mois plus tard, dans le même hebdomadaire, José Zendel exprime un avis mitigé sur *La Grande Épreuve* :

> Ces cinq années, divers films de montage nous les ont rendues déjà en juxtaposant des extraits de bandes d'actualités. Et c'est

---

48. *Le Film français*, n° 61, 1ᵉʳ février 1946, p. 17.
49. *L'Écran français*, n° 9, 29 août 1945, p. 6.

justement le handicap qui pèse sur *La Grande Épreuve*, que ce film vienne après tant d'autres qui ont su, parfois admirablement, nous raconter la guerre. Il apparaît qu'il faudrait clore ce cycle des films de montage sur la guerre[50].

La lassitude du critique fait écho à celle du public et des exploitants. Le marché du film de guerre est saturé depuis dix-huit mois par les documentaires alliés. En débarquant sur les côtes françaises, les Américains ont apporté dans leurs fourgons les échantillons de leur production de guerre. Lacy W. Kastner, l'émissaire de l'Office of War Information, veille à leur distribution dans l'Hexagone. Les documentaires britanniques et soviétiques suivent de près. Au cours des premiers mois de la Libération, les spectateurs français accueillent avec enthousiasme ces productions qui chassent des écrans quatre années de propagande germano-vichyste. À partir de mai 1945, la curiosité marque le pas et les exploitants s'en font le relais[51]. Les films du SCA arrivent trop tard sur le marché, dans le climat de la paix retrouvée, et leurs carrières en salles sont brèves[52]. Ces films de montage ne présentent pas non plus les qualités formelles qui permirent à la série virtuose de Frank Capra, *Pourquoi nous combattons*, de réveiller l'admiration des critiques et l'ardeur des spectateurs. C'est dans l'espoir de toucher un plus large public que le SCA se tourne vers la fiction.

---

50. José Zendel, in *L'Écran français*, n° 32, 6 février 1946, p. 10-11.
51. *Le Film français*, n° 22, 4 mai 1945, p. 9.
52. *La Grande Épreuve* resta trois semaines à l'affiche du cinéma parisien Champs-Élysées, largement spécialisé dans la présentation des productions officielles. Il totalise à ce jour 293 581 entrées (chiffres d'exploitation du CNC).

Chapitre 5

Terre de France :
dans les marges du cinéma officiel

Cofinancés par le SCA, réalisés grâce aux moyens logistiques de l'armée française, *Fils de France* (Pierre Blondy) et *Les Démons de l'aube* (Yves Allégret) s'inscrivent de plain-pied dans la production cinématographique institutionnelle. *Fils de France* en constitue le plus pur produit : il est impulsé et coproduit par le SCA, bénéficie de l'aide matérielle de l'armée de Lattre et voit sa promotion assurée par les autorités militaires. *Les Démons de l'aube* reçoit un financement du Service cinématographique de l'armée ainsi que le concours de la Delbase 901 et des commandos de la 1re armée. *Bataillon du ciel* (Alexandre Esway), scénarisé par Joseph Kessel, apparaît moins dépendant des institutions. Il bénéficie néanmoins de l'appui des pouvoirs publics signalé en ouverture du film : « Les ministères de l'Information, de l'Air et de la Guerre français et britannique, et la Royal Air Force ont voulu, permis et encouragé la réalisation de *Bataillon du Ciel*. »

Chacune de ces trois fictions aborde un temps fort de la bataille de libération conduite par les avant-gardes françaises : la campagne d'Alsace et la traversée du Rhin (*Fils de France*), le débarquement de Provence (*Les Démons de l'aube*), l'entraînement et le parachutage sur le sol breton des hommes du colonel Bourgoin (*Bataillon du ciel*).

La gloire de la 1re armée

Le retour du bleu horizon

> Que fait donc le Service Cinématographique de l'Armée, puisqu'il ne peut plus faire d'actualités de guerre ?
> Il fait de grands films.
> Au studio de St-Maurice, le SCA tourne actuellement *Fils de France*, un grand film romanesque.
> Pour donner toutes garanties, le SCA avait annoncé qu'il réalisait un film en coproduction avec la société Sigma. Mais il n'oublie pas qu'il est le SCA : aussi menace-t-il de réquisitionner studios, matériel, techniciens et sans doute aussi de la pellicule, si les 50 000 mètres qui lui sont alloués ne lui suffisent pas[1].

Cet entrefilet paru dans *L'Écran français* illustre la nature hybride de *Fils de France*, fruit d'un mariage d'intérêt entre l'armée et la société Sigma. En menaçant de court-circuiter la procédure d'attribution, le SCA affirme la primauté d'une propagande d'État soucieuse des intérêts supérieurs de la nation[2].

La réalisation de *Fils de France* – titre gaullien par excellence – est confiée à Pierre Blondy. La crédibilité de cet ancien assistant de Marcel Carné et de René Clair repose moins sur ses compétences professionnelles que sur ses états de service. S'il n'a encore signé aucun film, Blondy fut l'un des premiers à passer le Rhin avec ses camarades de la 1re armée.

Fils de France s'inscrit dans la continuité des documentaires militaires. Il célèbre la nouvelle armée française autour

---

1. *L'Écran français*, n° 7, 15 août 1945, p. 11.
2. En cofinançant *Fils de France*, le SCA assura les mêmes fonctions que Résistance-Fer pour *La Bataille du rail*, tandis que la 1re armée – fournissant hommes et matériel – apportait une aide équivalente à celle de la SNCF.

de deux temps forts de la lutte de libération : la défense de Strasbourg, symbole de la terre sacrée reprise à l'ennemi ; le franchissement du Rhin par la 1re armée qui conclut glorieusement la « guerre de trente ans ».

Dès l'annonce du projet, les critiques du *Film français* se sont félicités de cette initiative :

> Au milieu de tant de ruines et d'humiliation, de nombreux moments de notre participation militaire à cette guerre titanesque permettent à la France de ne pas se sentir écrasée par les luttes et les sacrifices de ses géants alliés. La bataille d'Alsace est l'un de ces « moments » de pure gloire. Louons donc *Fils de France* qui contribuera à fixer dans une matière durable l'héroïsme de nos divisions de chars d'assaut[3].

Pour reconstituer ces faits d'armes, Pierre Blondy et son scénariste Pierre Lestringuez auraient pu s'inspirer du modèle de *La Bataille du rail*. Ils choisissent une fiction mélodramatique aux conventions obsolètes et aux ressorts dramatiques usés. Le film s'ouvre sur l'ordre du jour du général de Lattre, illustré par des images d'archives de la prise de Strasbourg et de l'entrée des Français dans Mulhouse et Colmar[4]. Le récit s'attache ensuite aux membres d'équipage du char *Le Maroc* qui profitent de quelques heures de repos avant d'entreprendre l'odyssée du Rhin.

L'enfant de l'assistance adopté par la grande muette, ballotté entre l'inconstance d'une jeune fille frivole et le soutien d'une vieille marraine de guerre, le paysan alsacien qui quitte son poste pour passer quelques heures avec son épouse et sa mère, « le lieutenant qui trouve à la discipline des accommodements lui permettant de fermer les yeux sur les fautes de ses hommes[5] »... Ces personnages et clichés éculés

---

3. *Le Film français*, n° 38, 24 août 1945, p. 15.
4. « Nous sommes doublement en France puisqu'en Alsace », affirme le lieutenant.
5. René Jeanne, in *La France au combat*, n° 117, 23 mai 1946.

semblent tout droit sortis d'un film de la Grande Guerre. Le cinéma bleu horizon a cultivé le sentimentalisme et la mystique de l'union sacrée. Pendant les années 1915-1916, les réalisateurs français, Léonce Perret en tête, ont produit des films cocardiers, boursouflés d'emphase patriotique. *Fils de France* se présente comme le digne héritier de *Mort au champ d'honneur*, *Les Gants blancs de Saint-Cyr* et autres *Poilus de la revanche*[6].

Pour reconstituer les combats de chars, le réalisateur manque visiblement de moyens. Blondy suture maladroitement ses scènes de reconstitution avec des images d'archives qui figurent l'ennemi en contrechamp. Seule la traversée du Rhin – « une folie que nous exécuterons point par point » – échappe de justesse à l'indigence : tournée avec l'équipement et le concours des soldats de l'armée Rhin et Danube, éclairée par quelques fumigènes, la séquence met en scène le passage des hommes et des chars sur des canots pneumatiques. Le récit se conclut sur une note édifiante : l'équipage du Maroc est réuni au chevet de l'orphelin mourant ; un camarade lui lit la lettre de sa marraine qui exprime la fierté, l'orgueil et la gratitude de la nation.

Ce film conventionnel n'enthousiasme pas la critique. Pour Jean Néry, « la 1re armée française cherchait un historiographe », elle n'a trouvé « qu'un modeste troubadour »[7]. René Jeanne ne cache pas sa déception : « Quand on a vu *La Bataille du rail*, on ne peut s'empêcher de se demander s'il n'était vraiment pas possible de faire pour le passage du Rhin ce qui a été fait, et si remarquablement, pour la résistance des cheminots[8]. »

---

6. *Mort au champ d'honneur* (Léonce Perret, 1915) ; *Les Gants blancs de Saint-Cyr* (Henri Diamant-Berger, 1915) ; *Les Poilus de la revanche* (Léonce Perret, 1916). Voir à ce propos Joseph Daniel, *Guerre et cinéma*, *op. cit.*, p. 41-47.

7. Jean Néry, in *Le Monde*, 16 mai 1946, p. 7, cité par Joseph Daniel, *ibid.*, p. 245.

8. René Jeanne, in *La France au combat*, n° 117, 23 mai 1946.

« Ils sentaient bon le sable chaud... »

Une mise en scène plus maîtrisée vaut aux *Démons de l'aube* une critique assez élogieuse et une belle performance commerciale[9]. Yves Allégret a été affecté au SCA, en mai 1940. Son film évoque les exploits des hommes du général de Lattre à travers l'entraînement en Tunisie puis le débarquement sur les côtes de Provence d'un commando de la 1re armée. Dans une note d'intention adressée à la presse, les auteurs expriment sans ambages leur volonté de sacrifier l'histoire à la légende :

Les Commandos de la 1re Armée française sont des unités indépendantes composées de volontaires spécialement entraînés et employés dans des coups de main particulièrement audacieux. L'esprit qui les anime est remarquable et la légende déjà, à leur sujet, recouvre l'Histoire.
C'est cet esprit légendaire et non l'exactitude historique de leurs faits d'armes que l'on s'est efforcé de faire revivre[10].

Yves Allégret et ses scénaristes, Maurice Aubergé et Jean Ferry, procèdent eux aussi par emprunts narratifs et jeux de citations. La partie tunisienne se réfère aux films de la Légion qui firent les beaux jours du cinéma français des années 1930. Elle est agrémentée par une Simone Signoret débutante, en Madelon d'Afrique du Nord. Si le commando comprend quelques anciens légionnaires, c'est la logique du choix et du sacrifice que les dialogues magnifient : « Les hommes qui entraient à la Légion y allaient avec leur passé dans les reins comme une épée ; ici c'est autre chose, c'est un peu comme du lest que l'on lâche, le passé. » Ainsi les

---

9. Le film resta quinze semaines à l'affiche du cinéma Madeleine en exclusivité parisienne. Il totalise à ce jour 2 411 165 entrées (chiffres d'exploitation du CNC).
10. *Press-book* du film, Cinémathèque française/Bifi.

emprunts au populisme tragique sont-ils mis au service d'une imagerie cocardière.

Spectateur dubitatif, Georges Sadoul s'interroge sur la véracité du film :

> Nous ne savons à peu près rien des commandos, il nous est difficile de dire si ces gars baroudeurs, querelleurs, bons vivants, grandes gueules, sont un démarquage du légionnaire-qui-sentait-bon-le-sable-chaud, ou s'ils correspondent à une réalité[11].

Sur le récit classique de l'épopée guerrière – l'entraînement, l'attente, l'appel, l'action –, les auteurs greffent la mystique du sol. Tendus ardemment vers le jour du débarquement qui les ramènera au pays, les hommes du commando canalisent leur nostalgie par un système d'amendes qui sanctionne chaque allusion à la mère patrie. À une recrue fraîchement arrivée, les anciens expliquent le tarif : « Le mot "terre" coûte cent sous, "France" aussi. "Terre de France", ça, c'est de la provocation, alors dix balles. »

La description du débarquement s'inscrit dans la veine des documentaires du SCA. Allégret exploite à son tour le cliché de la poignée de terre, pétrie par l'ancien légionnaire, agonisant sur une plage de Provence. Le 14 août 1944, le commando est chargé de neutraliser une batterie allemande sur la côte toulonnaise. Grâce à la mission sacrifice de l'avant-garde française, la flotte alliée pourra aborder sans encombre dans la rade.

Les Démons de l'aube célèbre enfin la réconciliation entre deux strates de l'armée nouvelle au moyen d'une intrigue brumeuse. Dans la gare de Stuttgart, le lieutenant Claude Legrand[12], prisonnier rapatrié en route pour la France, croise l'ouvrier Serge Duhamel. Ce résistant de la première heure s'est introduit dans un détachement de la Relève pour faire

---

11. Georges Sadoul, in *Les Lettres françaises*, n° 105, 26 avril 1946, p. 7.
12. Interprété par Georges Marchal.

du sabotage en Allemagne. Il confie à Legrand un message d'une extrême importance qu'il devra porter à un groupe de résistants toulonnais. De retour dans sa luxueuse propriété, aux prises avec une épouse infidèle, le lieutenant faillit à sa mission. Les deux hommes se retrouvent en Afrique du Nord que Legrand a rejoint pour devenir le chef estimé du commando. C'est sur le sol français, dans la lutte commune pour la libération, que les deux hommes soldent leur inimitié : Serge pardonne enfin à Claude qui se sacrifie à ses côtés dans l'attaque de la batterie allemande. Cette vision romantique de la réconciliation ne fut pas du goût de Maurice Dampierre :

> L'antipathie qui sépare le communiste venu des formations partisanes de résistance et le grand bourgeois pour qui le commando est le « baroud » est une opposition vraie et une opposition trop grave, trop lourde de conséquences pour être camouflée par une quelconque intrigue. En outre, c'est une opposition qui ne s'arrange pas : ils ne combattent pas pour la même cause. Le visage sportif de M. Georges Marchal parle pour lui. Le metteur en scène a cru sublimer cette situation par un conflit « cornélien » et des tirades du même style, rehaussés par une réconciliation finale devant la mort. Les tirades cornéliennes, c'est du hors jeu en cinéma et c'est toujours mauvais. Si nous savons aussi que tout cela ne finit pas par des tirades et encore moins par des réconciliations. Le petit salut à la fiction de l'unanimité est un peu trop dans le goût du jour[13].

L'unanimisme lénifiant pouvait étonner de la part de l'ancien militant du groupe Octobre qui venait de réaliser un court métrage à la gloire des FTP bretons (*Ces va-nu-pieds superbes*) et devait bientôt s'illustrer dans des œuvres d'un réalisme noir.

---

13. Maurice Dampierre, in *Paroles françaises*, n° 23, 20 avril 1946. Contrairement à ce que laisse supposer l'auteur, Serge n'est pas explicitement présenté comme un communiste.

Comme Blondy, Allégret avait calqué son récit sur *Caravane blindée*, *Débarquement Sud* ou *La Marine au combat*. Les deux fictions témoignent d'une même volonté de promouvoir l'institution militaire, d'isoler les faits d'armes de l'armée française et d'alimenter la mystique du sol. Ces enjeux se retrouvent dans le film en deux épisodes *Bataillon du Ciel* qui s'inspire quant à lui du modèle de *La Grande Épreuve*.

Joseph Kessel, hagiographe de la France libre

L'épopée revendiquée

S'il est présenté au public français en mars 1947, *Bataillon du ciel* a été mis en route par Pierre Billon dès l'été 1945, sur la base d'un scénario établi par Joseph Kessel. La maladie du cinéaste interrompt le tournage qui est repris par Alexandre Esway au cours de l'année 1946. Cette dyarchie dans la réalisation, à laquelle s'ajoute la forte personnalité du scénariste, conduit les critiques à attribuer la paternité du film au seul Kessel[14].

Pour élaborer le scénario, l'ancien pilote de la France libre, aux côtés de Marcel Rivet, a recueilli les témoignages des hommes du bataillon alors que la guerre se poursuit hors des frontières. Le colonel Bourgoin (Bouvier dans le film) signe l'avant-propos du dossier de presse dans lequel une page entière est consacrée à la biographie des héros qui servent de modèles aux personnages. La tonalité gaullienne du film se trouve confirmée par le texte liminaire de Kessel :

> Ce film est dédié à la gloire et à la mémoire des parachutistes de la France combattante. Il est certain qu'un jour on écrira minutieusement l'histoire de ce bataillon de parachutistes […].

---

14. On peut lire par exemple dans *Opéra* (n° 96, 12 mars 1947) : « Kessel a fait un film de tout premier ordre […]. Il est impossible, quand on voit *Les Bataillons du ciel*, de ne pas reconnaître la patte magistrale de l'auteur de *L'Équipage*. »

Terre de France

> Ce n'est pas la place ici d'entreprendre ce récit en détail. Saluons simplement un miracle : alors que les nations géantes au combat forgeaient, par divisions entières, un type de guerrier nouveau – le parachutiste – et alors que la France était envahie, étouffée et sans armes, il s'est trouvé que – sous le signe du général de Gaulle – un groupe de parachutistes français a formé la pointe extrême de l'attaque libératrice.
>
> Ceux qui ont travaillé au film *Bataillon du Ciel* n'ont jamais pensé qu'ils pourraient reproduire exactement, dans toutes les figures, et tous les combats, cette épopée. La fiction se mêle ici au document. On ne conte pas en trois heures des années d'entraînement singulier et des mois de guerre sauvage.
>
> Tout ce que nous souhaitons est de rappeler par les images la vie et l'esprit d'une formation – qui fut sans égale – de la France libre[15].

Cette note d'intention tire une fois encore l'histoire du côté de la légende. Alexandre Esway apporte à la réalisation des techniques de mise en scène acquises à l'école américaine. D'origine hongroise, il fut pilote de chasse pendant la Première Guerre mondiale. En 1939, il changea de camp, s'engageant dans la Légion étrangère pour combattre aux côtés des Français. Gravement blessé pendant la campagne de 1940, Esway partit en convalescence aux États-Unis où il demeura jusqu'à la fin de la guerre. À Hollywood, il fut « l'un des plus ardents propagandistes en faveur de la France[16] ». Le réalisateur et son scénariste sont donc particulièrement qualifiés pour écrire et filmer la première époque du film, consacrée à la vie quotidienne des pilotes dans un camp d'aviation de la Royal Air Force. Ni l'un ni l'autre n'a connu en revanche la France de juin 1944 où se déroule le second épisode.

Ce ne sont pas des anges retrace l'entraînement sur le sol écossais des parachutistes du colonel Bouvier. Le capitaine

---

15. *Press-book*, Cinémathèque française/Bifi.
16. *Ibid.*

Férane (inspiré du lieutenant Marienne) a été chargé de constituer un groupe amalgamant les vétérans de Libye et les « bleus », évadés de France ou fraîchement arrivés d'Alger. Nourrie de faits et anecdotes véridiques, cette reconstitution minutieuse des séances d'entraînement s'attache à la peinture des rapports humains entre quelques personnages très typés : Quérec, le Breton forte tête ; Paname, le « titi parisien » gouailleur, interprété, comme il se doit, par Raymond Bussières ; Férane, le capitaine mélomane, craint et respecté par ses hommes, campé par un Pierre Blanchar très « jugulaire, jugulaire... ». Clin d'œil à l'Empire, Mouloudji joue le rôle d'un Canaque amoureux de la métropole qui mourra sur le sol breton, la main crispée sur une poignée de terre. Comme Allégret, Kessel s'inspire des fleurons du cinéma d'avant-guerre : la scène du ticket de métro humé par des guerriers nostalgiques offre un clin d'œil à *Pépé le Moko*. Amitiés viriles, code de l'honneur, loi du baroud, mystique du chef, on retrouve les ingrédients de la mythologie guerrière des films de Blondy et Allégret. La première partie est construite autour de l'inimitié entre deux hommes du bataillon : le vétéran Quérec, un as de Libye, et Drobel, une jeune recrue évadée des geôles espagnoles après avoir passé cinq mois « avec ces messieurs de la Gestapo ». En dépit des rivalités personnelles, les parachutistes français font front commun à l'entraînement pour surpasser leurs camarades anglais et norvégiens ou s'adonner à des rixes dans les tavernes écossaises. Cette affirmation de l'identité nationale est entretenue par le discours des chefs qui n'ont de cesse de rappeler aux Français qu'ils seront les premiers à toucher le sol de la patrie.

Terre de France, la seconde époque du film, s'ouvre sur le largage du groupe Férane au-dessus de la Bretagne le 5 juin 1944. Cette avant-garde surentraînée a pour mission de détruire des objectifs stratégiques afin de désorganiser l'ennemi et préparer le parachutage massif des hommes du bataillon. L'opération réussie, le récit se focalise sur les efforts des FFL pour empêcher la division Oder de rejoindre le front de Normandie. Dans l'exécution de cette mission périlleuse, la quasi-totalité du groupe Férane trouve une mort héroïque à laquelle la voix *off* rend un vibrant hommage :

> Ce fut le dernier combat de cette lutte incroyable, de cette lutte à un contre cent, les troupes alliées pénétraient en Bretagne et faisaient enfin leur jonction avec les parachutistes. Ceux-là avaient rempli leur mission au-delà de toute espérance, au-delà de toute vraisemblance. Lâchés sur le sol français pour tenir quelques jours, ils s'étaient accrochés à lui pendant deux mois, ils avaient harcelé, massacré, affolé l'ennemi. Ils l'avaient empêché de distraire un seul régiment en faveur de la grande bataille décisive. Il ne restait plus beaucoup de parachutistes à la fin, mais ceux qui étaient tombés avaient fait payer terriblement cher leur vie et les morts et les vivants sont entrés ensemble dans la légende.

Cet éloge funèbre évacue l'action des FFI qui apportèrent leur concours aux parachutistes ; leur mise en scène dans le film se fait sur un mode circonspect.

La guerre est un métier

Le récit de Kessel altère en effet la vérité historique en dénaturant et minimisant l'action de la résistance bretonne[17]. Le scénariste place les FFI locaux sous le commandement d'un aristocrate, le baron de Brandos. L'Occupation semble ne pas avoir troublé l'ordre immuable de la notabilité rurale. Au moment de partir sur le lieu de leur exécution, l'aubergiste confie à son « bon maître » : « En tout cas c'est bien de

---

17. Henri Noguères, *Histoire de la Résistance en France*, t. V, *op. cit.* ; Bradley F. Smith, « L'OSS, l'armée américaine et la Résistance pendant la bataille de Normandie », *in* François Bédarida (dir.), *Normandie 44…*, *op. cit.* ; Jacqueline Sainclivier, *La Bretagne dans la guerre, 1939-1945*, Rennes ; Caen, Ouest France-Le Mémorial de Caen, 1994 ; Philippe Buton, *La Joie douloureuse…*, *op. cit.* ; Olivier Wieviorka, *Histoire du débarquement en Normandie. Des origines à la libération de Paris, 1941-1944*, Paris, Seuil, 2007.

l'honneur pour nous qu'on soit ensemble... » Cette conception anachronique d'une Résistance menée par les « élites sociales » joue au détriment des FTP dont l'organisation et l'action efficace sont occultées.

À cette armée de l'ombre aguerrie par les années de lutte clandestine Kessel substitue l'image d'une Résistance dilettante qui attend sagement le Jour J. Les opérations de libération sont prises en main par Férane qui cantonne les hommes de Brandos dans des emplois subalternes. Lors du parachutage, le capitaine leur ordonne de ne pas quitter les boqueteaux. Camouflés dans leurs abris, les résistants inexpérimentés contemplent les militaires impeccables qui descendent du ciel, sous le regard fier et impassible de leurs frères d'armes. L'opération terminée, les FFI sont chargés de nettoyer le terrain en ramassant les parachutes et les *kitbags* des guerriers d'élite. L'amateurisme des résistants est souligné par les dialogues : « Suicide ! », s'exclame le colonel Bouvier lorsqu'il apprend que Férane est parti sans sa vieille garde, accompagné des seuls FFI. Ces combattants de l'intérieur – grossis par les forces villageoises – ne manquent certes pas de bravoure mais leur indiscipline contrecarre les plans militaires et Férane doit tempérer leurs ardeurs de boutefeux :

BRANDOS : Dans tous les villages, des gars veulent venir.
FÉRANE : Ah non, non [...]. Tout a très bien marché jusqu'à présent, le terrain que vous m'avez indiqué est parfait mais pour les hommes, mon commandant, ceux que vous m'avez envoyés me suffisent largement. L'opération doit se faire en souplesse, pas de mouvement en masse, sinon nous aurons les Allemands sur les reins.
BRANDOS : Pour l'instant ils ne se doutent de rien, c'est sûr. Tout le pays est calme.
FÉRANE : Et bien qu'il le reste. Faites circuler les consignes dans la campagne et dans les communes prévues. Mais, Brandos, saoulez vos gars, arrangez-vous, mais je veux la paix !
BRANDOS : Ce sera plus difficile que la guerre...

Terre de France 167

Tout en rendant hommage au courage et au dévouement de la Résistance intérieure, l'auteur du *Chant des partisans* établit une hiérarchie, sinon de l'héroïsme du moins de l'efficacité, rappelant que la guerre est une affaire de professionnels.

La minimisation du rôle des FFI a alerté la commission de lecture de la CMN qui communique un exemplaire du découpage à Claude Jaeger. Le 14 juin 1945, André Michel regrette que l'ancien résistant FTP, qui participa aux opérations de libération de la Bretagne[18], n'ait eu le temps d'en prendre connaissance :

> Ce film qui doit être réalisé à la fois en Angleterre et en France est une production d'envergure, et il est indispensable que nous prenions toutes les garanties et précautions nécessaires étant donné le retentissement qu'elle peut avoir.
> C'est pourquoi, étant pressé par le temps et ayant promis pour aujourd'hui à la Société Pathé une réponse écrite, car l'équipe ne peut partir en Angleterre sans notre autorisation, je leur donne, faute de mieux, un accord de principe, me réservant de leur demander des modifications de détail en ce qui concerne la deuxième partie[19].

Quelques semaines plus tard, Michel adresse ses conclusions à la société productrice :

> Notre Commission, après avoir pris connaissance du découpage du film : *Le Bataillon du ciel*, a estimé qu'il ne soulevait pas d'objection. Toutefois, nous devons vous signaler l'inconvénient suivant :
> Votre film présente simplement l'action des parachutistes liée à la Résistance dans un petit coin de Bretagne. Or, l'action des FFI a été très importante dans toute la Région bretonne. Il conviendrait d'introduire quelques images qui permettent de faire comprendre l'importance de cette activité, pour que le public ne croie pas à une Résistance sporadique et sans ampleur[20].

---

18. Sous le pseudonyme de Colonel Michelin.
19. Archives privées d'André Michel.
20. Lettre du 26 juillet 1945, archives d'André Michel.

En dépit de ces alertes, le découpage définitif attribue aux FFI un rôle marginal, compensé par un portrait sublimé de la population bretonne.

Fidèle Marianne

« Les Bretons sont épatants », confie Férane à Bouvier. Les villageois des deux sexes, de tous âges et conditions, participent à la lutte en assurant des liaisons, nourrissant et soignant les parachutistes blessés. Tandis que les cheminots paralysent le trafic, les paysans surveillent les mouvements de l'ennemi. Jusqu'au marginal du village, le clochard manchot qui sauve la vie du colonel Bouvier, tous se mobilisent au service des FFL.

Cette représentation n'est certes pas dénuée de fondements, les Bretons ayant largement participé à leur libération. Mais le récit de Kessel sacrifie au mythe de la « vraie France » en louant une population tout entière dressée contre l'occupant. Ce légendaire s'incarne dans le personnage de Berthe, la femme de Quérec. La première époque a montré le Breton ombrageux, acariâtre, cherchant à oublier dans les combats sa hantise d'être trompé par son épouse : « J'avais toujours l'idée dans la tête de toi avec d'autres, ça me rendait fou, dans le fond, j'y croyais pas… » Arrivé sur le sol breton, Quérec apprend que sa femme lui est restée fidèle et qu'elle est devenue une « reine de la Résistance ». Sans solliciter le film à outrance, on peut voir en cette Marianne moderne, interprétée par Janine Crispin, la belle-sœur de Kessel, l'incarnation d'une France demeurée loyale et dont le cœur n'a cessé de battre au rythme de la France libre.

À la réalité du pays vaincu, compromis dans la collaboration et soumis à la férule de l'occupant, le film substitue l'image d'une France en guerre dont toutes les institutions sont mobilisées dans la lutte contre l'envahisseur. Le maire du village vient officiellement féliciter les parachutistes dans le café où ils se réunissent pour conter leurs exploits du jour, comme ils le faisaient dans les tavernes écossaises. Les gendarmes français servent d'agents de renseignement au commandant Brandos[21]. De courageuses carmélites ouvrent leur couvent aux parachutistes traqués. Cette fiction unanimiste souffre une seule exception en la personne d'un milicien attaché à la Kommandantur, valet servile mais inefficace de l'occupant. Autre signe de cette translation de l'histoire en légende, Férane meurt héroïquement à la fin du film fauché par les balles allemandes ; son modèle, le lieutenant Marienne, fut assassiné par un agent français de la Gestapo après le premier mois des combats. Avec *Bataillon du ciel*, l'histoire officielle se trouve parée des atours de la fiction et rehaussée par la mise en scène hollywoodienne d'Alexandre Esway. Il sait conquérir le cœur du public.

Triomphe public et succès critique

Les deux épisodes, sortis en mars et avril 1947 dans un contexte de lassitude à l'encontre des films de guerre, sont plébiscités par les spectateurs. À défaut d'enthousiasme, la critique leur réserve un accueil très indulgent. « Les concepts de l'honneur militaire et du patriotisme nous ont valu jadis trop d'œuvres grandiloquentes pour qu'on n'apprécie pas la sobriété de celle-ci », écrit Jean-Pierre Barrot dans *L'Écran français* à propos de *Ce ne sont pas des anges*[22]. Dans les mêmes colonnes, Georges Altman se fait plus lyrique :

> Il est tonique [...] d'observer que, pour la première fois peut-être, le cinéma français vient, avec *Bataillon du ciel*, de nous donner un film qui égale les quelques grands films, jusqu'à présent anglais ou américains, consacrés à la grandeur et au péril des hommes de l'air [...]. Oui, j'ai retrouvé dans *Bataillon du ciel* cette atmosphère pure et virile qui palpite toujours dans les

---

21. Notons toutefois que certaines brigades de gendarmerie ont joué un rôle de protection auprès des FFI, dans le Morbihan notamment.
22. Jean-Pierre Barrot, in *L'Écran français*, n° 89, 11 mars 1947, p. 7.

images où l'on montre des hommes jeunes, braves, insouciants, unis par la camaraderie du métier et du danger[23].

La seconde époque, sur laquelle la CMN a émis quelques réserves, connaît un accueil plus contrasté. Le critique du *Film français* la juge forte et « grisante pour l'esprit » par « sa dimension épique plus affirmée »[24]. Jean-Pierre Barrot la trouve « moins adroite », en raison d'une « affabulation dramatique » plus sensible[25]. Armand Monjo se fait plus explicite dans *L'Humanité* :

> Ces coups de main contre l'ennemi nous touchent moins de la part de soldats spécialement entraînés que de partisans qui ont dû faire eux-mêmes leur éducation militaire. Aussi, toujours sur le plan de l'action, peut-on regretter que l'attaque de la division allemande, à peine indiquée à la fin du film, n'ait pas été l'occasion d'une grande fresque où nous aurions vu FFI et FFL lutter côte à côte […][26].

En 1945, la presse communiste n'a pas protesté contre le sort fait aux FFI dans les documentaires du SCA. Deux ans plus tard, elle l'exprime sans acrimonie, sur le ton d'un regret poli[27].

Les spectateurs parisiens sont peu sensibles à ces considérations. *Ce ne sont pas des anges* fait « courir Paris[28] », battant dès la première semaine le record d'affluence de *La Symphonie pastorale*. *Terre de France* remporte un triomphe dans les salles du Marignan et du Marivaux[29].

---

23. Georges Altman, in *L'Écran français*, n° 92, 1ᵉʳ avril 1947, p. 5.
24. *Le Film français*, n° 126, 9 mai 1947, p. 19. C'est également l'avis de Claude Vermorel dans *Le Spectateur*, n° 100, 29 avril 1947.
25. Jean-Pierre Barrot, in *L'Écran français*, n° 95, 22 avril 1947, p. 6.
26. Armand Monjo, in *L'Humanité*, 18 avril 1947.
27. On peut penser que la participation de Pierre Blanchar au film contribua à calmer les ardeurs des critiques communistes.
28. Jeander, in *Libération*, 24 avril 1947.
29. *Le Film français*, n° 120, 28 mars 1947, p. 14. Sorti le 5 mars 1947, *Ce ne sont pas des anges* totalisa 62 766 spectateurs à l'issue de sa

Terre de France

Avec plus d'efficacité que *La Grande Épreuve*, *Bataillon du ciel* sait populariser la geste gaullienne et les exploits des FFL auprès d'un large public. Mais ce monument à leur gloire pouvait paraître tardif à certains. En 1948, l'ancien pilote de chasse Pierre Clostermann regretta que les FFI aient pris longtemps toute la place dans le cœur des Français libérés[30]. Les fictions commerciales de l'immédiat après-guerre confirment cette primauté de la Résistance intérieure.

---

première semaine d'exploitation parisienne au Marignan et au Marivaux. Le film avait bénéficié dans la presse d'un lancement publicitaire de grande ampleur. Présenté le 16 avril 1947, *Terre de France* comptabilisa 77 800 entrées en une semaine (*Le Film français*, n° 127, 16 mai 1947, p. 11). Il totalise à ce jour 8 649 712 entrées (chiffres d'exploitation du CNC).

30. Pierre Clostermann, *Le Grand Cirque. Souvenirs d'un pilote de chasse français dans la RAF*, Paris, Flammarion, 1948, rééd. J'ai lu, 1990.

TROISIÈME PARTIE

La Résistance comme fonds de commerce

Entre décembre 1944 et août 1945 sont tournées neuf fictions classées « films de Résistance » par la presse professionnelle. En 1946, *Le Père tranquille* de René Clément et Noël-Noël clôture ce cycle, assurant la transition vers le cinéma de la IVe République.

Cette production ne présente pas l'homogénéité des films du Comité de libération du cinéma français et du Service cinématographique de l'armée. Alors que la profession est en pleine réorganisation, ces films, lancés à l'initiative d'un producteur, d'un scénariste ou d'un réalisateur, répondent à des enjeux variés conjuguant appât du gain, ambitions professionnelles, convictions politiques, motivations personnelles. Cette mode s'essouffle dès la fin de l'année 1945.

La règle du jeu

Au lendemain de l'Occupation, l'industrie du film est au bord de l'asphyxie. Salles de projection détruites par les bombardements, studios et laboratoires paralysés, pénurie d'électricité, de pellicule et de matières premières, le cinéma enregistre le lourd passif d'une économie de guerre. La situation est si précaire que les films en cours de tournage sont interrompus le 23 juillet 1944. Dès le mois d'août, une équipe du CLCF est chargée d'étudier les « questions pratiques du redémarrage », de la réouverture des salles de cinéma et de la reconstruction des studios[1].

En juillet 1945, le manque de pellicule est tel que Michel Fourré-Cormeray conditionne les tournages à l'obtention d'une autorisation préalable. Les projets doivent être soumis à une commission consultative qui détermine les priorités et le calendrier des réalisations en fonction de l'actualité et de l'intérêt du sujet. Imposée par une situation d'une gravité exceptionnelle, la remise en route de l'industrie cinématographique s'amorce sous le signe d'un certain dirigisme. Elle doit encore compter avec la censure.

Si le départ de l'occupant et la fin du régime vichyste ont desserré le corset de fer enserrant la création cinématographique, la liberté d'expression ne retrouve pas immédiatement ses droits. En août 1944, le contrôle cinématographique est confié à l'autorité militaire sous la direction du capitaine Lhéritier[2]. La production étant pratiquement arrêtée, cette commission statue essentiellement sur le sort des films tournés sous l'Occupation et sur les réalisations d'avant-guerre[3]. Mais elle contrôle également les scénarios transmis par la Direction générale du cinéma en vue de l'obtention d'une autorisation de tournage.

La paix revenue, les militaires perdent leurs prérogatives

---

1. Voir Jean-Pierre Bertin-Maghit, *Le Cinéma sous l'Occupation...*, *op. cit.*, p. 243-244.
2. Cette censure militaire fut arrêtée à Alger le 12 août 1944 et mise en place à partir du 24 août 1944 (Frédéric Hervé, *La Censure du cinéma en France à la Libération, 1944-1950*, Paris, ADHE, 2001, p. 13).
3. Placée sous l'égide du Contrôle militaire des informations (CMI), cette commission réunissait des représentants des ministères de la Guerre, de la Marine, de l'Air, des Affaires étrangères, de l'Intérieur et de l'Information. Elle devait juger les films « du point de vue des consignes de censure militaires permanentes et temporaires, tant celles d'origine alliée que celles émanant directement de la Direction du CMI » (AN, F 42 131).

au profit d'une commission de contrôle mise en place par ordonnance le 3 juillet 1945. L'exploitation et l'exportation des films sont désormais soumises à un visa délivré par le ministre de l'Information. La décision est prise après consultation d'une commission composée de sept fonctionnaires représentant les ministères de la Défense nationale, de l'Intérieur, de l'Information, des Affaires étrangères, des Colonies, de l'Éducation nationale et de la Santé publique, et de sept membres de la profession choisis dans les rangs des auteurs, des réalisateurs, des producteurs, des distributeurs, des exploitants, des critiques et des responsables de ciné-clubs.

Ce dispositif marque un recul du pouvoir discrétionnaire exercé de longue date par les représentants de l'État. Les commissions de censure ne sont pas nées sous Vichy ; la première a été créée en 1916, à la faveur de la Grande Guerre. La nouveauté de l'ordonnance de 1945 est d'instaurer une parité entre les représentants de l'administration et ceux de la profession[4]. Dans l'esprit de ses instigateurs, elle doit également mettre un terme à une autre forme de censure : les coupes pratiquées par les exploitants ou les autorités municipales.

> Tout film devra être exploité dans la forme même où il a été autorisé : sans coupures, ni modifications d'aucune sorte. Aucune censure locale, privée ou officielle, n'aura le droit d'intervenir. Ce qui met fin à des abus inacceptables, et à des ingérences intempestives dont le cinéma a déjà eu à souffrir[5].

---

4. La parité avait été introduite une première fois en 1928 par Édouard Herriot, ministre de l'Instruction publique et des Beaux-Arts ; le gouvernement Sarraut y mit fin quelques semaines avant la mise en place du Front populaire (Jean-Pierre Jeancolas, « Cinéma, censure, contrôle, classement », *in* Pascal Ory [dir.], *La Censure en France à l'ère démocratique*, Bruxelles, Complexe, 1997, p. 213-221, cité par Frédéric Hervé, *La Censure du cinéma en France à la Libération...*, *op. cit.*, p. 18).

5. Extrait du bulletin *Le cinéma français* diffusé par le ministère de l'Information, n° 4, 6 août 1945.

Le texte ne règle pas pour autant le problème de l'interdiction des films, que les articles 97 et 99 de la loi du 5 avril 1884 relative aux troubles à l'ordre public laissent à la discrétion des autorités locales. L'ordonnance du 3 juillet confirme la volonté des pouvoirs publics d'établir un contrôle permanent sur la production cinématographique. Amorcée par Vichy, la régulation du septième art par l'État apparaît irréversible. D'autres survivances de « l'ancien régime » peuvent sembler plus inquiétantes. Lorsque les critiques Jeander et Sadoul viennent siéger à la nouvelle commission, ils sont surpris d'y découvrir André Romieu, l'inamovible représentant du ministère de l'Intérieur qui a exercé ses talents sous Vichy[6].

À la censure officielle s'ajoute celle du CLCF et du service cinématographique de la CMN. Dès octobre 1944, le Comité de libération a informé les professionnels que tous les projets de films sur la Résistance ou « la vie des prisonniers en Allemagne » devront lui être soumis pour transmission au CNR[7]. En décembre, la presse corporatiste avise les producteurs que les autorisations de tournage délivrées par la Direction générale du cinéma seront conditionnées à l'aval du service d'André Michel :

> Aucune initiative pour tourner des films documentaires ou romancés sur les FFI ou la Résistance ne peut être prise sans en référer au Service Cinématographique de la Commission Militaire Nationale […] seul organisme habilité pour contrôler et coordonner les questions cinématographiques en accord avec le Comité de Libération du Cinéma et la Direction Générale du Cinéma[8].

---

6. Jeander, « Petite histoire de la censure », *Image et son*, n° 140-141, avril-mai 1961, p. 3-19. Un autre censeur, M. Peyssard, occupait des fonctions sous le régime de Vichy, comme chargé de mission au sein du commissariat général à la Famille (Frédéric Hervé, *La Censure du cinéma en France à la Libération...*, *op. cit.*, p. 37).

7. *Bulletin du CLCF*, n° 1, 23 octobre 1944, p. 4.

8. *Le Film français*, n° 4, 29 décembre 1944, p. 5.

Cette commission de lecture est très sollicitée : près de deux cents scénarios lui sont soumis entre octobre 1944 et la fin de l'année 1945. Ces projets sont examinés par André Michel et ses secrétaires, avec le concours de conseillers épisodiques, parmi lesquels l'écrivain Vercors. Seule une quinzaine de scénarios trouve grâce à leurs yeux[9].

À bien des égards, les années 1944-1946 apparaissent donc comme une période transitoire après le régime d'exception des années noires. La multiplication et la superposition des instances de contrôle compliquent la réalisation des films : précensure de la CMN, autorisation de tournage de la Direction générale, avis de la censure militaire, attribution de pellicule, constitution d'une équipe dont les membres soient en règle avec l'épuration... C'est dans ce cadre contraignant que sont mises en route les premières « fictions résistantes ».

---

9. Sont comptabilisés dans ce total quatre films déjà étudiés (*La Bataille du rail* ; *Au cœur de l'orage* ; *Les Démons de l'aube* ; *Bataillon du ciel*). Certains scénarios autorisés ne furent toutefois pas réalisés. Un projet de Jean-Paul Sartre, qui avait recueilli les suffrages unanimes des membres de la commission, resta dans les cartons du philosophe.

Chapitre 6

Effets de mode : les sources d'un imaginaire

« Ce que la liberté va peut-être nous rendre, c'est [...] un cinéma de la réalité [...] où nous retrouverons l'image de nos aventures et de nos épreuves, de nos combats et de nos joies », espère Claude Roy en septembre 1944. Ce désir s'accompagne d'un avertissement :

> Qu'ils prennent garde, ceux qui voudront courir aussitôt cette merveilleuse aventure. Ce que les hommes ont payé de leur sang et de leur patience exténuée, ils ne sauront pas tolérer que des médiocres le monnayent en images de cinéma médiocres comme eux [...]. Dès à présent, l'Occupation et ses drames, les maquis et leur légende, la guerre et ses lueurs d'incendie, l'insurrection et ses grandeurs sont des domaines réservés. Réservés au génie, à tout le moins au grand talent. Réservés à un art vrai, dépouillé, enraciné dans le réel[1].

Les premières fictions sur la Résistance et l'Occupation s'éloignent des aspirations de l'écrivain.

Héros et martyrs : l'histoire pieuse

Pendant les premiers mois de la Libération, dans un climat de patriotisme fiévreux, la radio et la presse écrite offrent

---

1. Claude Roy, « Le cinéma et l'événement », *Carrefour*, n° 3, 9 septembre 1944, p. 4.

chaque jour des témoignages sur les exploits des résistants et les atrocités commises par l'occupant. Ces récits ne manquent pas d'inspirer des professionnels en quête d'affaires lucratives. Le théâtre inscrit le premier « à son catalogue cet article de bon rapport » :

> *La Victoire de Paris* était une sombre et provocante ordure, *Un ami viendra ce soir* une plate et sinistre fumisterie. Mais le guichet des billets ayant délivré un certificat de bons et loyaux services, le cinéma se trouva piqué au vif et l'on remania en vitesse *Peloton d'exécution* afin de faire profiter cette anodine bande d'aventure du parfum à succès que dégage l'odeur du sang frais[2].

Tandis que ces pièces se jouent sur les planches du Théâtre de Paris et des Bouffes du Nord, des scénaristes s'emparent du filon. « Le patriotisme échauffait les têtes, témoigne Charles Spaak, et chacun se disant qu'en cédant à la tentation littéraire il servait la patrie en même temps que ses propres intérêts, cent projets de films [furent] fiévreusement élaborés[3]. »

Les Clandestins (André Chotin), *Mission spéciale* (Maurice de Canonge), *Nuits d'alerte* (Léon Mathot), *Peloton d'exécution* (André Berthomieu), *Un ami viendra ce soir* (Raymond Bernard), *Vive la liberté* (Jeff Musso) constituent la part émergée des innombrables récits inspirés par la guerre et les années noires. Pour construire leurs scénarios, certains auteurs réactualisent le modèle éprouvé du film d'espionnage ; d'autres œuvrent à la création d'un genre nouveau.

L'art d'accommoder les restes

De 1937 à 1940, une vague d'agents doubles sortis des romans de Pierre Nord et Charles-Robert Dumas a envahi les

---

2. Léo Sauvage, in *Diogène*, 3 mai 1946.
3. Charles Spaak, in *Opéra*, n° 30, 5 décembre 1945.

Effets de mode : les sources d'un imaginaire

écrans[4]. À la veille d'un nouveau conflit, certains cinéastes retrouvent des accents patriotiques oubliés et se grisent au souvenir de la Grande Guerre. Au printemps 1940, Maurice de Canonge entreprend *Soldats sans uniforme*. La débâcle stoppe son tournage. Cinq ans plus tard, il utilise quelques éléments du film mort-né dans *Mission spéciale*, fiction en deux épisodes sur les actions du 2e Bureau entre 1940 et 1944. Dans le même esprit, André Berthomieu porte à l'écran *Peloton d'exécution*, un roman d'espionnage de Pierre Nord publié en 1939, inscrit par l'occupant sur la « liste Otto » des livres interdits. Le chef du SCA l'a réécrit en transposant son intrigue dans la Seconde Guerre mondiale[5].

L'édition de 1939 contait les aventures d'un Alsacien du 2e Bureau qui pratique le double jeu sous l'uniforme allemand. Labarthe, devenu en 1915 le chef de la Kommandantur de Saint-Quorentin, située dans la zone occupée par les troupes de Guillaume II, livre à ses supérieurs des renseignements sur les projets de l'ennemi, avant d'être démasqué. Cette intrigue présentait quelque analogie avec les années noires. Le nouveau récit de Pierre Nord, situé en 1942, pousse le parallèle entre les deux occupations, recyclant les aventures de son héros camouflé sous l'uniforme SS.

L'auteur enrichit le texte-souche de faits inspirés par l'histoire récente. Il y insère quelques scènes pourvoyeuses d'une nouvelle imagerie : passages de résistants en Espagne par la frontière pyrénéenne ; préparation du débarquement en Afrique du Nord ; atterrissage nocturne d'un Lysander à la lueur des feux de balisage ; coup de main audacieux contre un dépôt de V1 ; torture de résistants français. Le train de femmes et d'enfants, évacués vers Metz pendant la Grande

---

4. Voir Joseph Daniel, *Guerre et cinéma*, *op. cit.*, p. 149-154, et Roland Lacourbe, *Nazisme et Seconde Guerre mondiale dans le cinéma d'espionnage*, Saint-Ouen, Veyrier, 1983.

5. Pierre Nord, *Peloton d'exécution*, Paris, Librairie des Champs-Élysées, 1939 pour le premier ; *Peloton d'exécution 1944*, Paris, Librairie des Champs-Élysées, 1945 pour le second.

Guerre, devient un convoi de personnes déplacées, depuis la Lorraine vers Vichy, dans lequel sont embarqués quelques réfractaires et la responsable d'une filière d'évasion.

Nord et Berthomieu apportent tout leur soin à la séquence finale montrant l'exécution des martyrs. L'espion Labarthe a été placé dans une cellule collective aux côtés d'un aristocrate nationaliste, d'un juif persécuté et d'un curé patriote. La nuit qui précède leur exécution, les condamnés se préparent à la mort et écrivent des lettres d'adieu. Lorsque les geôliers les conduisent au supplice, ils entonnent en chœur *La Marseillaise*. Attachés au poteau d'exécution, les condamnés tombent héroïquement sous les balles allemandes au cri de « Vive la France ! » Berthomieu est le premier à codifier une scène qui s'impose bientôt comme la quintessence de l'imagerie résistante.

Mission spéciale opère une même synthèse entre les lois éprouvées du film d'espionnage et celles, naissantes, du film de Résistance. La première époque relate les efforts de Chabrier, commissaire de la Sûreté nationale, pour démanteler un réseau d'agents allemands infiltrés sur le territoire français. Elle se clôt sur des images d'archives de la défaite, mise au compte des agissements de la cinquième colonne. La seconde période débute en 1942 : les hommes de Chabrier sont entrés dans la clandestinité d'où ils portent leurs coups contre l'occupant.

On retrouve dans le scénario de Simon Gantillon les figures classiques des récits d'espionnage d'avant-guerre : un Alsacien patriote, virtuose du double jeu ; une belle et cruelle espionne déguisée en infirmière de la Croix-Rouge ; une résistante héroïque dans un rôle dangereux de « collaboratrice horizontale », inspirée par la célèbre Marthe Richard.

Certains personnages d'officiers allemands puisent aussi à la tradition d'avant-guerre : interprété par Pierre Renoir[6],

---

6. Le même Pierre Renoir jouait dans *Peloton d'exécution* le rôle du chef du service d'espionnage français.

Effets de mode : les sources d'un imaginaire 183

Landberg, le responsable des services secrets, est un esthète raffiné épris de culture française ; Wildenstein, l'aristocrate viennois monoclé, est un nostalgique de la « vieille Allemagne ». La guerre du renseignement est présentée comme un sport d'élite pratiqué par des êtres d'exception : les deux hommes partagent le même culte de l'intelligence et du courage qui les incite à saluer les audaces de l'adversaire. La partie perdue, Landberg saura mourir avec panache, une rose à la main (clin d'œil au géranium de *La Grande Illusion*), après avoir avalé une pilule de cyanure et déclamé du Verlaine. Sa mort rappelle celle de l'espion von Ludow campé par Erich von Stroheim dans le film de Raymond Bernard, *Marthe Richard au service de la France* (1937) : prenant acte de son échec, le militaire raffiné et impénétrable meurt en jouant du piano après s'être injecté dans les veines un poison mortel.

Dans le film de Canonge, ces stéréotypes de la vieille Allemagne coexistent avec les nazis : le fanatique colonel SS Kleiner et son exécuteur des basses œuvres, brutal et stupide. L'homme du Parti est peint comme un être socialement déclassé, dévoué corps et âme à « son Führer », vociférant ordres et imprécations. Il s'oppose en toutes occasions au hobereau Wildenstein. Leur rivalité trouve son point d'orgue à la fin du film. L'heure de la retraite a sonné et l'Autrichien, appuyé sur sa canne, annonce dignement qu'il part se battre « le dos à la Patrie, face à l'ennemi ». Désignant le portrait du Führer, Wildenstein ajoute : « Mais le pire ennemi de notre Patrie, le voilà. » Dans un ultime accès de rage, Kleiner veut le faire arrêter mais l'aristocrate dégaine son arme et exécute le suppôt de Hitler sous le regard indifférent de Landberg[7].

---

7. La sortie de *Mission spéciale* soulève l'ire de l'ambassade de Chine qui s'offusque que le personnage d'un agent de liaison à la solde des espions allemands soit désigné comme « chinois ». Le Quai d'Orsay, saisi de l'affaire, demande au ministère de l'Information d'intervenir auprès du

Tous les clichés du temps se retrouvent dans *Mission spéciale* : otages chantant *La Marseillaise* sous la mitraille ; atterrissages nocturnes réglés par les messages personnels de la BBC ; martyre des résistants à la prison de Fresnes ; supplice de la blonde héroïne défigurée par la torture... Mis au goût du jour, le film d'espionnage peut se vendre sous l'étiquette avantageuse du « film de Résistance ». D'autres auteurs puisent directement à la source des années noires, évoquant les drames de l'Occupation et les exploits de l'armée des ombres.

Naissance d'un genre

Un ami viendra ce soir suit la mission d'un groupe de résistants qui préparent le soulèvement d'un maquis dans le sud de la France, quelques jours après le débarquement. *Nuits d'alerte* conte le périple d'un résistant traqué par la Gestapo jusqu'à son rapatriement vers l'Angleterre. *Les Clandestins* a pour héros un jeune typographe prenant le maquis après l'attaque de son imprimerie clandestine. *Vive la liberté* évoque la vie et les combats d'un maquis de Provence, dans la région de Courtray[8].

La lutte clandestine, présentée comme une succession de coups d'éclat où l'invraisemblance le dispute au spectaculaire, se trouve réduite à son versant armé : déraillements de convois, explosions d'usines et de centrales, attaques de Kommandanturs, évasions sur les toits, courses-poursuites automobiles, ballets aériens réglés par les feux de balisage... Les scénaristes usent à l'envi des situations, parfois improbables, créées par l'Occupation. Jacques Companeez

---

producteur pour « que l'on substituât dans le dialogue le mot "japonais" à "chinois" ». Le producteur s'exécute : la bande-son est remaniée et, dans les dialogues, « le Chinois » devient « le petit Jap' ». (Archives du MAE, relations culturelles 1945-1947, œuvres diverses, boîte 243.)

8. Je remercie Béatrice de Pastre de m'avoir donné accès à ce film que je n'avais pu visionner lors de la première édition de l'ouvrage.

Effets de mode : les sources d'un imaginaire 185

et Yvan Noë dissimulent leurs maquisards dans un asile psychiatrique ; les résistants et les parachutistes américains de *Nuits d'alerte* trouvent refuge chez les pensionnaires d'une clinique vétérinaire.

Les cinéastes exploitent aussi sans vergogne les tragédies de l'Occupation : villages et fermes incendiés, massacres de civils, pendaisons d'otages, pelotons d'exécution. *Vive la liberté* s'ouvre sur la place de Courtray où un détachement allemand a rassemblé des otages. Les voitures des maquisards déboulent au moment même où le peloton va procéder à l'exécution. Après un échange de tirs nourris, ils repartent avec les prisonniers libérés, sous les applaudissements des villageois ! Dans *Les Clandestins*, les soldats allemands arrêtent des civils à coups de crosse sous une affiche vantant la « correction » des occupants. Leur officier, interprété par Howard Vernon, exécute froidement le curé qui s'interpose pour sauver un enfant désigné comme otage. Lorsque la horde sauvage quitte le village incendié, les jambes des pendus se découpent sur le ciel entre les colonnes de fumée.

Les patrouilles allemandes sont coulées dans un moule uniforme. La soldatesque apparaît sous la forme d'une hydre bottée et casquée, hurlant des chansons de marche et aboyant des ordres lapidaires d'où émergent les familiers « *Raus !* », « *Schnell !* », « *Sabotage !* », « *Terroristen !* »[9]. Dans *Un ami viendra ce soir*, après avoir torturé, fusillé et mis le feu au village, la marée allemande se retire à la lueur des flammes, emmenant de jeunes otages ployant sous les trophées du pillage. Cette mise en scène renvoie aux premières séquences de *Marthe Richard au service de*

---

9. Joseph Daniel constate que le rôle du mauvais Allemand est interprété tantôt par Jo Dest – *Peloton d'exécution* ; *Jéricho* ; *Un ami viendra ce soir* ; *Bataillon du ciel* ; *Les Maudits* –, tantôt par Howard Vernon – *Boule de suif* ; *La Bataille du rail* ; *Les Clandestins* ; *Jéricho* ; *Le Père tranquille*. Voir *Guerre et cinéma, op. cit.*, p. 215-220 et p. 402. Howard Vernon, particulièrement sollicité, interpréta aussi le rôle d'un pilote américain dans *Nuits d'alerte* et d'un parachutiste britannique dans *Un ami viendra ce soir*.

la France. L'image des parents de l'héroïne, fusillés par les Prussiens, sert de modèle à Raymond Bernard pour filmer l'exécution du couple d'aubergistes : le cinéaste reprend les gestes, les cadrages et l'éclairage crépusculaire de cette scène séminale. Mais il montre aussi une gradation dans la barbarie allemande. La sobriété glaciale du cavalier von Ludow conduisant le peloton dans *Marthe Richard*... fait place à l'hystérie maléfique d'un officier balafré, dressé dans sa voiture, dont les hurlements évoquent les imprécations du maître du IIIe Reich.

À rebours des récits d'espionnage, les films sur la Résistance dépeignent des Allemands d'un type nouveau, produits de synthèse entre les « tares du germanisme » et les « perversions du nazisme »[10]. Dans *Un ami viendra ce soir*, la stigmatisation de la folie hitlérienne repose sur un jeu d'inversion : l'asile d'aliénés apparaît comme une île de la raison dans l'océan de démence meurtrière du « nouvel ordre allemand ». Et c'est un malade incurable, joué talentueusement par Michel Simon, qui tire les leçons du désastre et annonce l'aube radieuse d'un pays délivré du Mal[11].

Les dialogues du film soulignent la coresponsabilité d'un peuple d'« esclaves fanatiques ». Découvrant que son amant, qu'elle croyait suisse, est un officier de renseignement nazi, la jeune juive Hélène déclare qu'un abîme immense sépare désormais les Allemands de tous les autres hommes. Elle raconte la déportation de sa mère et de sa petite sœur, jetées dans un wagon plombé « tapissé de chaux vive ». Le commandant Gérard, chef du réseau, évoque la stérilisation des malades mentaux et ironise sur les « méthodes industrielles […] de vivisection appliquées aux êtres humains » et sur les camps d'extermination qui placent l'Allemagne « au

---

10. *Ibid.*, p. 215.
11. Saturnin Fabre interprète un autre aliéné qui se joue de son interlocuteur nazi au cours d'une scène de délire paranoïaque où il compare les ennemis qui l'assaillent à une prolifération de poux.

Effets de mode : les sources d'un imaginaire 187

pinacle de la civilisation et de la culture ». Le face-à-face entre l'amant démasqué et la jeune juive, interprétée par Madeleine Sologne, fonctionne comme une scène d'exorcisme. En criant à l'espion horrifié : « Vous avez aimé une juive ! », la blonde Iseult de *L'Éternel Retour* dénonce les stéréotypes de la propagande antisémite et l'irrationalité criminelle des préjugés raciaux. Le scénario du film a été ébauché par Jacques Companeez sous l'Occupation, depuis la cachette qui lui permit d'échapper aux arrestations ; de cet abri précaire, il a entendu, incrédule, les premières nouvelles des camps de la mort diffusées par la BBC[12]. Avec Raymond Bernard, lui aussi victime de l'antisémitisme[13], ils donnent une large place à la persécution des juifs.

La question de l'antisémitisme est évoquée, sur le mode mineur, dans d'autres fictions résistantes. La figure du juif traqué apparaît comme le passage obligé d'un exercice de style codifié, la petite touche authentifiant le tableau de l'Occupation. Le collaborateur de *Nuits d'alerte* exploite un tailleur juif qu'il tient « sous sa coupe » ; *Les Clandestins* met en scène un médecin juif affublé de l'étoile jaune, privé du droit d'exercer sa profession et de fréquenter les lieux publics.

Pour mettre en scène leurs chromos sur l'Occupation, les cinéastes puisent dans la symbolique chrétienne. À la damnation des Allemands cernés par les flammes répond la sanctification des Français. Poussés avec brutalité par les soldats, titubant sous le poids de lourdes caisses, les

---

12. D'après le témoignage de sa fille, Nina Companeez, dans *Jacques Companeez scénariste*, bonus du DVD d'*Un ami viendra ce soir* (Studio Canal, 2006).
13. Fils de Tristan Bernard, décédé à Drancy, Raymond Bernard perdit également son neveu, mort en déportation. Son frère Jean-Jacques fut interné à Compiègne. Jacques Companeez, originaire de Russie, dut fuir l'Allemagne nazie dans le courant des années 1930 pour rejoindre la France ; réfugié à Juan-les-Pins pendant l'Occupation, exclu de la profession par la législation antijuive, il travailla sous un prête-nom à de nombreux scénarios. Après l'invasion de la zone Sud, il dut se cacher pour échapper aux arrestations.

prisonniers d'*Un ami viendra ce soir* rejouent la scène évangélique du chemin de croix. Et c'est à la crucifixion que se réfère Mathot dans la scène d'ouverture de *Nuits d'alerte* : il met en scène son héros, sous la lumière crue de trois projecteurs, les bras en croix, le dos nu strié par les lanières d'un fouet. Dans la même veine, Chotin filme la torture du médecin juif arrêté pour faits de résistance : attaché à un poteau, le torse nu, il reçoit de violents coups de cravache qui le laisseront aveugle[14]. Si les dialogues de *Nuits d'alerte* et *Vive la liberté* évoquent également le supplice de la baignoire, la crucifixion s'impose pour figurer le martyre des résistants soumis à la question.

Entre épopée et piété, les cinéastes fixent un imaginaire de la lutte clandestine et de l'Occupation que les années noires ont esquissé sur le mode de la rumeur et du fantasme. La critique est partagée. Certains crient au sacrilège. François Chalais s'en est déjà pris aux recettes mercantiles de *Peloton d'exécution* :

> La résistance à l'ennemi est devenue (pour le cinéma) une annexe commode de la littérature policière. Il est bien entendu qu'Hitler a été vaincu par Sherlock Holmes parce qu'il avait commis la faute de laisser des cendres de cigarettes sur le rebord de l'autostrade Hambourg-Breslau […]. Sur le compte pertes et profits de son grand livre, un condamné à mort vaut une femme nue, deux déraillements de trains une exhibition de french cancan[15].

Mais « les scènes de la prison et du peloton d'exécution » trouvent grâce aux yeux du critique de *Dimanche* qui les juge « poignantes » : « On pourrait croire que l'on assiste

---

14. Maurice de Canonge filme lui aussi le commissaire Chabrier, livré à ses tortionnaires les bras en croix attachés au mur de sa cellule.
15. François Chalais, in *Carrefour*, n° 65, 16 novembre 1945, p. 7. Son avis est partagé par Jean Rougeul (*Opéra*, 14 novembre 1945) et André Salvet (*Forces nouvelles*, n° 39, 17 novembre 1945), qui reprochent au cinéaste de flatter les bas instincts du public.

Effets de mode : les sources d'un imaginaire

au drame véritable et l'on ne peut s'empêcher de penser qu'il n'y a pas si longtemps, des Français allaient ainsi à la mort »[16]. « Beaucoup [...] seront émus devant les scènes qui disent la mort des patriotes exécutés, estime encore Georges Zévaco, et l'image des pauvres corps qui s'affaissent laissera au cœur des spectateurs une marque ineffaçable[17]. »

Les fictions résistantes sont généralement éreintées. Dès le tournage de *Vive la liberté*, le comédien résistant René Lefèvre a accusé Jeff Musso d'exploiter le sang des martyrs à des fins commerciales[18] ; l'affaire fait grand bruit et François Mauriac, pressenti pour collaborer au film, se retire du projet[19]. Lorsque *Vive la liberté* sort en juin 1946, Jacques Sigurd dénonce les « poncifs » d'un « bas mélo », tourné dans la tradition des films de gangsters et affligé par des « harmonisations gratinées du *Chant des partisans* »[20]. Léo Sauvage s'offusque de cet échantillonnage « commercialement spectaculaire d'*attractions* faites de sang et de larmes », de cet « exhibitionnisme forain sous le signe de la grosse caisse »[21]. *Vive la liberté* trouve pourtant grâce aux yeux de François Chalais qui rappelle que le projet de Musso est né d'une opération avortée de prises de vues clandestines, dans les dernières semaines de l'Occupation[22].

---

16. *Dimanche*, 18 novembre 1945.

17. Georges Zévaco, in *Mondes*, 7 novembre 1945. Quatre mois plus tard, rendant compte de *Jéricho*, le critique qualifie pourtant *Peloton d'exécution* de « mauvais mélodrame, où Margot elle-même n'arrivait plus à pleurer » (*Mondes*, 26 mars 1946).

18. *Le Film français*, n° 2, 15 décembre 1944, p. 4. Musso finit par obtenir un droit de réponse (*Le Film français*, n° 4, 29 décembre 1944, p. 15).

19. Voir René Chateau, *Le Cinéma français sous l'Occupation*, Paris, R. Chateau, 1995, p. 489.

20. Jacques Sigurd, in *L'Écran français*, n° 49, 5 juin 1946, p. 10-11, et in *Le Figaro*, 4 juillet 1946.

21. Léo Sauvage, in *Franc-Tireur*, n° 604, 9 juin 1946, p. 2.

22. François Chalais, in *Carrefour*, n° 95, 13 juin 1946, p. 7. Le projet de *Vive la liberté* était né en mai 1944 d'une opération avortée de prises de vues dans les maquis de l'Yonne et de l'Ain (voir *supra*, p. 45).

Léon Mathot ne bénéficie pas des mêmes indulgences. Sous le titre « La Résistance défigurée », José Zendel reproche au réalisateur de *Nuits d'alerte* d'utiliser la lutte clandestine comme prétexte à son intrigue amoureuse : « Il ne manque pourtant pas de sujets auxquels M. Mathot a toute licence de s'attaquer sans qu'on lui en tienne rigueur[23]. » Quant à *Un ami viendra ce soir*, Jean Néry décrète qu'il s'agit du « film sur la Résistance le plus prétentieux, le plus affligeant, le moins acceptable qui soit ». Léo Sauvage accuse Raymond Bernard de placer son public « dans l'état d'esprit du croyant qui surprendrait quelqu'un en train de souiller une cathédrale ». Michel Collinet, dans *L'Aube*, prend pourtant la défense des auteurs : « Refuserons-nous le romanesque, alors que les plus extraordinaires aventures étaient possibles[24] ? » L'adresse de Raymond Bernard et son prestigieux casting valent cependant au film quelques critiques bienveillantes et l'adhésion du public[25]. Le film *Les Clandestins* fait l'unanimité contre lui. Léo Sauvage accuse Chotin « de traire la douleur pour la faire dégouliner dans leurs porte-monnaie. Et de pressurer l'héroïsme pour lui faire cracher des billets d'entrée[26] ». « Faire des recettes sur le dos des Juifs martyrisés, aux dépens des maquisards morts [...] c'est ignoble, bête et criminel, surenchérit le critique de *Juin*, et un simple agent de police devrait avoir le droit d'intervenir et de conduire ce joli monde au dépôt[27]. »

À la Libération, Musso décida de réaliser une fiction sur le sujet. François Mauriac fut pressenti pour superviser le scénario écrit par Pierre Forest et Pierre Corval (ancien résistant et rédacteur en chef de *L'Aube*).

23. José Zendel, in *L'Écran français*, n° 66, 2 octobre 1946, p. 14.

24. Jean Néry, in *Le Monde*, 11 avril 1946 ; Léo Sauvage, in *Franc-Tireur*, 14 avril 1946 ; Michel Collinet, in *L'Aube*, 19 avril 1946.

25. À ce jour, *Un ami viendra ce soir* totalise 3 760 000 entrées (chiffres d'exploitation du CNC).

26. Léo Sauvage, in *Franc-Tireur*, 14 avril 1946.

27. V. Desquières, in *Juin*, 16 avril 1946. Le critique poursuit : « Les cinémateux professionnels des mystères gestapéins [...] sont des malins,

Effets de mode : les sources d'un imaginaire 191

Touchés par l'imagerie sainte ou révulsés par sa profanation mercantile, les critiques expriment leur point de vue sur le registre du sacré. Pourtant, alors que ces films usent des mêmes archétypes, ils ne créent pas une vision uniforme de la France occupée.

Les fables historiques

Dans les fictions de Berthomieu et de Raymond Bernard, aucun traître à la patrie ne brouille la représentation sublimée d'une nation tout entière dressée contre l'envahisseur. La population villageoise d'*Un ami viendra ce soir* est solidaire de la Résistance et chacun fait preuve d'une complicité sans faille : postière devenue agent de liaison, paysans prenant leurs faux et leurs fourches pour prêter main-forte aux maquisards, enfant transmettant des messages, berger communiquant les ordres de l'état-major… Cet échantillonnage révèle un recrutement social nettement plus populaire que celui de *Peloton d'exécution* qui exalte le combat des militaires de carrière, épaulés par un notaire, chef local de la Résistance. Le devoir patriotique motive les héros du très nationaliste Pierre Nord ; *Un ami viendra ce soir* promeut les valeurs de l'humanisme et la soif de liberté. Dans la séquence finale, Raymond Bernard sacrifie à l'image du peuple en marche et de la levée en masse : en surimpression, il couvre l'écran d'une déferlante de maquisards qui rejoignent la vallée, entonnant le chant de la délivrance composé par Arthur Honegger.

Les autres films lèvent un coin du voile sur la collaboration à travers les personnages de « mauvais Français ». *Mission spéciale* en propose quelques spécimens sous les traits d'un patron de café délateur et de l'entraîneuse d'un cabaret

---

étant donné que le thème nous touche de très près, personne n'ose siffler. Ils ont réussi à tabouiser le navet. »

rouennais. Une évocation du gai Paris parachève ce portrait d'une minorité dont l'indignité est amplement rachetée par l'héroïsme dominant de la population. « La France presque entière est complice », remarque Landberg. De fait, autour du noyau de résistants actifs (l'équipe de Chabrier secondée par une grande bourgeoise et un typographe anarchiste), le récit construit une chaîne de solidarité ininterrompue dont les maillons se recrutent dans l'ensemble du corps social. Une concierge signale une chambre « brûlée » après la perquisition des SS, un paysan normand prête son champ pour les atterrissages nocturnes, un garçon d'hôtel copie les plans de fortifications dans la chambre d'un officier, l'ingénieur d'une usine d'armement communique des informations sur les V1, des ouvriers de l'organisation Todt sabotent la construction du mur de l'Atlantique, un curé patriote cache les résistants dans son clocher tandis que les cheminots facilitent les déplacements de l'ancien commissaire. La mystique de l'union sacrée est validée par le colonel Kleiner qui déplore la prolifération de la littérature clandestine : « Voilà ce qui circule tous les jours dans le panier de la ménagère, le sac de la mondaine, la musette de l'ouvrier. » Même s'il évoque discrètement une frange indigne de la communauté nationale, *Mission spéciale* sacrifie au mythe héroïque.

Le portrait est moins flatteur dans *Les Clandestins* : le film oppose aux résistants et à l'incontournable curé patriote un patron de bar délateur et un grand bourgeois qui vante la « correction de l'occupant » tout en vitupérant contre les « terroristes ». Dans *Vive la liberté*, les maquisards sont confrontés à un traître, une « collaboratrice horizontale » chargée de les espionner, des paysans égoïstes et avares engraissés par le marché noir qui vendent leurs produits aux Allemands plutôt qu'aux « terroristes ». S'y ajoutent deux personnages plus ambivalents, pris comme otages et libérés par les maquisards : le patron d'une entreprise de chaudronnerie travaillant pour l'industrie allemande et un pétainiste qui condamne les actions illégales de la Résistance et ses

« chefs de bande », déplore les civils tués dans les déraillements, se vante d'obéir « à un chef nommé régulièrement : le Maréchal ». L'un et l'autre trouveront la rédemption : l'industriel en finançant les résistants, le pétainiste en prenant les armes lors de l'attaque du maquis[28].

Avec *Nuits d'alerte*, le cinéma écorne plus nettement la vision d'une nation héroïque. L'atmosphère du Paris occupé imaginé par René Wheeler et Léon Mathot mêle parfums d'héroïsme, relents de délation et odeur fade de la lâcheté ordinaire. Les résistants actifs (l'émissaire de Londres, le vétérinaire, l'incontournable cheminot patriote) sont épaulés par des Français patriotes (une concierge, un chirurgien, un brancardier). Mais ils sont confrontés à un ancien footballeur reconverti en patron du café, qui travaille pour la Gestapo et dénonce ses compatriotes. Ce collaborateur, finalement exécuté par la Résistance, est l'un des personnages principaux du film : pendant négatif du héros, il est aussi son rival en amour. Dans le camp des mauvais Français, un voisin claque sa porte au nez du résistant blessé et deux civils assistent à sa torture dans les locaux de la Gestapo et lui conseillent de se « déballonner ». José Zendel s'insurge contre « cette intrigue trouble, où évoluent, en même temps que des résistants assez bien décrits, des personnages douteux[29] ». *Nuits d'alerte* se singularise par une évocation plus audacieuse de la collaboration d'État. Si les gendarmes refusent de « faire du zèle pour les Fritz », les policiers français sont montrés dans leurs actions de répression (arrestation de résistants, perquisitions musclées).

Les autres fictions ménagent la gendarmerie et la police de Vichy. *Mission spéciale*, tout à la gloire des policiers résistants, évoque le rôle des gendarmes sous le signe du

---

28. Les maquisards, en nombre insuffisant, sont débordés par l'ennemi. Mais les chars de l'armée américaine (figurés par des images d'archives) arrivent, comme la cavalerie, pour leur porter secours.

29. José Zendel, in *L'Écran français*, n° 66, 2 octobre 1946, p. 14.

double jeu : un brigadier donne l'ordre à son subordonné de brûler les fiches anthropométriques de l'équipe de Chabrier transmises par les Allemands. Le gendarme de *Vive la liberté* prévient les maquisards que « les boches préparent un sale coup ». Dans *Les Clandestins*, les gendarmes chargés d'enquêter sur le déraillement préfèrent prendre le maquis « puisqu'en ce moment le vrai parti de l'ordre c'est celui du désordre »[30].

Le directeur du SCA, Pierre Nord, occulte sans surprise la collaboration d'État. Raymond Bernard la réduit à la trahison du seul Maréchal : tandis que l'officier allemand lance ses imprécations contre les villageois, la caméra demeure fixée sur un portrait de Pétain, implicitement accusé de parler la langue de l'ennemi.

L'oblitération du régime de Vichy a commencé sous les ciseaux de la censure militaire. Le service du capitaine Lhéritier entend purger la France d'un discours et d'une idéologie. Il interdit de nombreux films produits sous l'Occupation au motif qu'ils présentent des « tendances vichyssoises », abondent « dans les thèmes favoris de l'idéologie vichyste », rappellent l'« enrégimentement » du régime de Pétain, font « l'apologie de la Collaboration entre ressortissants ennemis »[31]. Ses arrêts portent aussi sur les personnalités jugées compromises : l'œuvre de Sacha Guitry est interdite en son

---

30. Un seul gendarme refuse de quitter son poste pour poursuivre les « réfractaires et les communistes » : il sera exécuté froidement par les Allemands.
31. AN, F 42 123, dossier « Censure des films 1944-1945 ». Il s'employa aussi à ce que nul film n'accrédite la thèse du « bon Allemand » ou de la « bonne Allemagne ». Sur ce plan, la rigueur fut extrême. Ainsi, dans le film *Hommage à Bizet* fut coupée la phrase : « Il renonce à l'Allemagne, *patrie des géants de la musique : Bach, Beethoven, Wagner.* » Le service de Lhéritier protégea également avec un soin scrupuleux la réputation des Alliés de la France. Il fit disparaître une mention au « pacte de non-agression avec Staline » dans le commentaire de *Ceux qui servent sur mer* et coupa dans *L'Homme à l'oreille cassée* une scène, montrant des soldats russes en état d'ébriété, qui pouvait « sembler désagréable à nos Alliés russes ».

entier et les films avec Danielle Darrieux, Pierre Fresnay ou Corinne Luchaire sont provisoirement suspendus. Le maréchal Pétain est la première cible du grand élan épurateur. La censure militaire fait systématiquement disparaître son nom, ses portraits et ses effigies des films produits sous l'Occupation : ni les timbres-poste ni les plaques de boulevards à son nom n'échappent au zèle purificateur des militaires[32]. « La censure de la Libération » est bel et bien une « censure d'épuration »[33]. En même temps qu'elle purge les écrans de l'idéologie vichyssoise, elle révise l'Histoire, renouant avec les pratiques anciennes de la *damnatio memoriae*, ses traîtres débaptisés, ses criminels privés de nom, ses vaincus rayés des mémoires[34].

La censure militaire examine également les découpages des films sur la Résistance, à l'exception de *Vive la liberté* dont le tournage a commencé en janvier 1945, sans autorisation[35]. Elle ne trouve rien à redire à ces scénarios validés par la CMN et la Direction générale du cinéma. Lorsque les fictions sont achevées, la nouvelle commission de contrôle a déjà pris le relais et elle accorde les visas.

La commission de contrôle est moins sourcilleuse que les militaires sur le rappel des jours funestes, autorisant les portraits du maréchal Pétain et les rares allusions au régime de Vichy : ces films à la gloire de la Résistance ne peuvent être suspectés de propager l'idéologie vichyssoise.

---

32. Furent également supprimés les noms de Darlan ou d'Alphonse de Châteaubriant et les mentions aux institutions de Vichy (les Chantiers de jeunesse) ou aux lieux emblématiques du régime défunt (l'hôtel du Parc).

33. Comme le note justement Frédéric Hervé dans *La Censure du cinéma en France à la Libération...*, *op. cit.*, p. 103.

34. Pratiquée notamment dans l'Égypte pharaonique (voir Pierre Vidal-Naquet, *Le Trait empoisonné. Réflexion sur l'affaire Jean Moulin*, Paris, La Découverte, 1993 ; Georges Posener, « Les criminels débaptisés et les morts sans nom », *Revue d'égyptologie*, n° 5, 1946, p. 51-56).

35. Sa situation fut réglée dans l'après-coup (AN, F 42 123). Voir Suzanne Langlois, *La Résistance dans le cinéma français, 1944-1994. De « La Libération de Paris » à « Libera me »*, Paris, L'Harmattan, 2001, p. 69.

En autorisant *Nuits d'alerte*, Georges Huisman est plus libéral que ses successeurs qui, quelques années plus tard, défendront l'honneur de la police et de la maréchaussée. Son parcours n'y est sans doute pas étranger : en juin 1940, ce haut fonctionnaire a embarqué sur le *Massilia* ; révoqué par Vichy, déchu de sa nationalité, il voit ses biens confisqués. De retour en France, Huisman tombe sous le coup des lois antijuives : il est arrêté en 1942 par la police française « puis libéré grâce à ses relations » ; en 1944, il se terre « pendant sept mois dans une ferme après avoir échappé à une rafle de la Gestapo »[36]. Sous la houlette de ce nouveau berger, dans une France marquée par les procès d'épuration, l'esprit de la Résistance et la condamnation sans appel de la collaboration soufflent sur la censure française.

Ainsi, bien que le mythe d'une nation unanimement héroïque se soit largement imposé dans le cinéma libéré, les scénaristes et les cinéastes ne se sentent pas liés à un modèle univoque. Ils adoptent une même stratégie d'évitement pour mettre en scène l'armée des ombres.

Politique et Résistance

Les fictions commerciales trahissent la prudence des scénaristes soucieux de ne pas attiser la concurrence des mémoires résistantes. Si le choix des sujets joue en faveur de la lutte clandestine, les films procèdent à un subtil équilibrage des honneurs et des mérites qui délègue « l'autorité à la Résistance extérieure et l'action concrète, immédiate, à la Résistance intérieure[37] ». Dans ce cadre, la BBC joue

---

36. Frédéric Hervé, « Les enfants du cinématographe et d'Anastasie. La censure cinématographique et la jeunesse en France (1945-1975) », thèse de doctorat d'histoire sous la dir. de Pascal Ory, université Paris 1 Panthéon-Sorbonne, mars 2012, p. 52.

37. Joseph Daniel, *Guerre et cinéma, op. cit.*, p. 228.

Effets de mode : les sources d'un imaginaire 197

un rôle de tout premier plan. Les scénaristes succombent au charme inépuisable des messages personnels que leurs personnages écoutent avec une liberté confondante. Jeff Musso se singularise en choisissant le message célèbre de Maurice Schumann invoquant les « morts et les emmurés aux mains jointes » de Fresnes et d'Auschwitz. Mais la radio anglaise constitue surtout un intermédiaire commode entre la France libre et les résistants de l'intérieur : elle guide les missions des combattants, annonce l'exécution d'un traître et l'aube du grand jour. Presque tous les films proposent une scène où les clandestins, réunis autour du poste, attendent anxieusement le signal du déclenchement des opérations. À la France libre la logistique, l'initiative, les prises de décision ; aux soldats sans uniforme le courage, l'héroïsme, l'obéissance.

Lieu symbolique et destination lointaine où les héros vont chercher consignes et subsides, Londres demeure un sujet abstrait qui se substitue aux acteurs de la France libre. « Londres demande », « Londres voudrait savoir »… sont les expressions utilisées par Chabrier pour transmettre les ordres de ses interlocuteurs lointains. Le traitement qu'il réserve au général de Gaulle s'inscrit dans cette même logique. Maurice de Canonge fait disparaître pendant le tournage l'unique mention de son nom figurant au scénario. Ainsi la réplique d'Hélène à sa mère est-elle amputée de ses premiers mots : « *N'oublie pas ce qu'a dit de Gaulle :* si tous les Français s'unissent, nous rendrons au pays son honneur, sa grandeur et sa liberté ». L'homme du 18 Juin n'apparaît pas non plus dans les plans du défilé parisien du 26 août sélectionnés par Canonge pour l'épilogue de *Mission spéciale*. Empruntées pour une large part au film du CLCF, les images montrent les chars de la France libre et les Parisiens enthousiastes acclamant le cortège. La foule du sacre est là, mais elle célèbre, en lieu et place du Monarque républicain, l'acteur collectif qu'est la France combattante.

Si le général de Gaulle ne s'impose pas d'emblée comme une figure rentable, les réalisateurs n'avantagent par pour autant ses concurrents communistes. « Pas la moindre notion politique ne s'affirme, pas la moindre doctrine n'est évoquée[38] », se félicite Georges Zévaco à propos de *Peloton d'exécution*. Les héros de Berthomieu, comme ceux de Bernard, Chotin ou Mathot, ne définissent pas leur combat en termes idéologiques ; ils se réclament du seul parti de la France, celui du Devoir, de la Liberté.

Mission spéciale mentionne une seule fois les appartenances partisanes dans une brève séquence qui réunit des personnages secondaires dans une cellule de la Santé. L'arrivée d'un nouveau détenu déclenche un rituel de présentation caricatural : « Dumontier, communiste ; Morel, socialiste ; Pereire, démocrate-chrétien ; Cadet, employé de banque », lancent tour à tour les prisonniers à l'appui d'une virile poignée de main. Ces dialogues de 1945, s'ils anticipent sur le tripartisme, se veulent surtout un hommage œcuménique à la fraternité des partisans.

À cet égard, comme le note Suzanne Langlois, *Vive la liberté* fait figure d'exception[39]. Dans le film de Musso, on retrouve le personnage du résistant patriote scrupuleusement apolitique : Pierre, le chef du maquis, rappelle à ses hommes qu'ils ont pour seule mission de « libérer le pays » et qu'ici « on ne fait pas de politique ». Ce héros infaillible, dont les parents ont été « fusillés par les Fritz », est tout entier investi des devoirs de sa charge et il refoule ses sentiments pour Marie en se consacrant corps et âme à l'amour exclusif de la liberté.

Pourtant, la vie des maquisards n'est pas présentée sous un jour irénique et lénifiant : les combattants se plaignent d'être mal nourris et de manquer d'armes ; ils s'affrontent sur les buts et les méthodes du combat[40]. L'un d'entre eux, interprété

---

38. Georges Zévaco, in *Mondes*, 7 novembre 1945.
39. Voir l'analyse circonstanciée qu'elle consacre à ce film dans son ouvrage *La Résistance dans le cinéma français...*, *op. cit.*, p. 68-78.
40. Un lieutenant de Pierre tente en outre un assaut piteux sur la personne de Marie.

Effets de mode : les sources d'un imaginaire

par Raymond Bussières, représente l'archétype du combattant communiste : il s'en prend violement à l'industriel en dénonçant la collaboration immorale du « grand capital », remet en cause le principe de la propriété, oppose la manière forte au légalisme de Pierre en suggérant la réquisition forcée contre des paysans profiteurs de guerre. Brocardé par Musso, ce personnage idéologue et péremptoire a aussi la gâchette facile et il se charge sans état d'âme d'exécuter hâtivement le traître. « Un seul argument, la force », affirme-t-il à son chef qui lui rétorque : « Hitler aussi dit ça », tranchant à son avantage le débat sur les méthodes et les idéaux de la Résistance. Cette vision partiale des dissensions politiques au sein d'un maquis n'a pas l'heur de plaire au CLCF. Le 30 octobre 1944, Louis Daquin présente devant le bureau un résumé du scénario de Forest et Corval[41] ; ses camarades en concluent que le film est « violement anticommuniste[42] » et que son impact serait catastrophique s'il était présenté à l'étranger. Le scénario, assorti des plus vives préventions, est transmis à la CMN. Son avis, s'il fut donné, ne figure pas dans les archives d'André Michel qui éclairent en revanche les critères d'appréciation du service.

Les écluses de la Commission militaire nationale

Censure à la qualité

Aux dires de Pierre Alekan, l'essentiel des projets soumis à la CMN témoigne d'une volonté d'accommoder la Résis-

---

41. Lors de sa mise en route en décembre 1944, le projet de Musso fut soutenu par les journaux *L'Aube*, *Le Populaire* et *Le Figaro* ainsi que par le ministère de l'Information ; il bénéficia de la participation de deux bataillons FFI et des conseils d'un officier délégué par l'état-major (Suzanne Langlois, *La Résistance dans le cinéma français...*, *op. cit.*, p. 69 ; *Le Populaire*, 2 décembre 1944 ; *Le Film français*, n° 12, 23 février 1945).
42. Témoignage de Marc Maurette.

tance et les drames de l'Occupation à la sauce piquante du rocambolesque. Désespérant de voir percer dans ces récits farfelus les prémices d'un art nouveau, les censeurs se bornent à éliminer les plus indignes.

Les projets retenus sont élaborés par de vieux routiers qui ont sur les amateurs l'avantage de maîtriser les ficelles du métier. Raymond Bernard, Maurice de Canonge, André Berthomieu et leurs scénaristes sont des professionnels confirmés. Le prolixe Léon Mathot entre plutôt dans la catégorie des « tâcherons » : il vient d'être épinglé par la commission de contrôle qui menace d'interdire à l'exportation sa *Route du bagne*, dans le cadre de la « censure à la bêtise » promue par Henri Jeanson[43]. Le scénario des *Clandestins*, écrit par Pierre Lestringuez, constitue un autre cas limite. Les membres de la commission motivent ainsi leur avis : « Film autorisé du point de vue de la Résistance, demande d'amélioration dans la deuxième partie du point de vue [de la] valeur cinématographique[44]. » Tourné par André Chotin, qui a commis des films d'une grande pauvreté, l'indigent scénario ne fut guère enrichi, en dépit de l'injonction des censeurs[45].

Les lecteurs de la CMN, qui partagent les vœux de Claude Roy, doivent réviser leurs ambitions à la baisse : idéalement réservé au grand talent, le film sur la Résistance l'est, plus pragmatiquement, au savoir-faire des artisans d'avant-guerre. À l'heure où l'école italienne repense l'art cinématographique au prisme des bouleversements de la guerre, les Français gèrent leurs acquis en rentiers.

---

43. Voir Frédéric Hervé, *La Censure du cinéma en France à la Libération...*, *op. cit.*, p. 77-80, et Jeander, « Petite histoire de la censure », art. cité.

44. Archives privées d'André Michel.

45. Pierre Lestringuez, auteur très inégal et éclectique, scénarisa quelques navets (dont *Fils de France* et *La Route du bagne*) mais il travailla aussi, pour son ami Jean Renoir, sur le scénario de *Nana*.

Effets de mode : les sources d'un imaginaire 201

Parcours sans faute

La Commission militaire contrôle également la composition des équipes, comme l'indique la lettre qu'elle envoie au producteur de *Bataillon du ciel* :

> En ce qui concerne les acteurs et les techniciens, aucune critique n'a été formulée, sauf à l'égard de votre chef opérateur, M. Thirard. Il est certain que l'attitude de celui-ci pendant l'occupation ne le qualifie pas pour collaborer à un film tel que le vôtre[46].

L'examen des consciences n'est pas toujours simple : figure ainsi au générique de *Vive la liberté* le comédien Jean Darcante, qui fut le leader clandestin du Syndicat national des acteurs mais prêta aussi sa voix au doublage français du *Juif Süss*[47].

Les réalisateurs des fictions résistantes peuvent se prévaloir d'une conduite irréprochable. André Chotin, Raymond Bernard, Maurice de Canonge, Jeff Musso ont cessé leurs activités professionnelles sous l'Occupation et deux d'entre eux ont prêté main-forte à la Résistance[48]. Léon Mathot et André Berthomieu ont poursuivi leur carrière tout en donnant

---

46. Lettre d'André Michel à la Compagnie industrielle commerciale cinématographique datée du 26 juillet 1945 (archives d'André Michel). Armand Thirard fut condamné par le Comité régional d'épuration à une suspension sans traitement (arrêté du 3 juillet 1946). Voir Jean-Pierre Bertin-Maghit, *Le Cinéma sous l'Occupation…*, *op. cit.*, annexe XX. D, liste des techniciens inculpés.

47. Il comparut en mai 1946 devant le Comité national d'épuration des professions d'artistes dramatiques, lyriques et musiciens : aucune sanction ne fut retenue contre lui (AN, F 42 131, dossier « Commissions d'épuration »).

48. Raymond Bernard, réfugié en zone Sud, rejoignit le maquis du Vercors où son frère avait déjà pris les armes. Maurice de Canonge, lui aussi sous le coup des lois antijuives, interrompit son activité cinématographique ; *Le Film français* rapporte qu'il travailla à la préfecture de Police « où il rendit de grands services à ses confrères » (*Le Film français*, n° 1753, 19 janvier 1979, p. 25). « Sa conduite devait lui valoir la croix de guerre

de sérieux gages qui leur valent par la suite d'être membres des commissions d'épuration[49]. Les scénaristes des films autorisés par la CMN comptent en outre de nombreux résistants, parmi lesquels Pierre Nord, Yvan Noë, Pierre Corval[50].

Mais la légitimité à parler de la Résistance ne garantit pas l'exactitude et la rigueur des mises en scène, ces professionnels ne faisant pas toujours preuve d'un sens historique élémentaire.

Vérité et vraisemblance

Les membres de la CMN n'éprouvent aucun scrupule à éliminer les projets d'inspiration douteuse soumis par des auteurs qui n'ont pas participé à la lutte clandestine. Leur position est plus délicate dès lors que les récits fantaisistes sont présentés par d'anciens résistants. La question se pose avec acuité pour *Un ami viendra ce soir* dont l'intrigue est jugée peu réaliste. Yvan Noë et Jacques Companeez peuvent certes se prévaloir de faits authentiques : Paul Éluard ne s'est-il pas réfugié en Lozère, dans l'hôpital psychiatrique de Saint-Alban-sur-Limagnole ? Mais il y a loin du véridique au vraisemblable et le cinéma libéré doit se soumettre aux lois de l'édification mémorielle. En juin 1945, Georges Huisman est le premier à sonner la charge après une représentation de la pièce de Companeez et Noë : « Je sais fort bien que d'excellents résistants ont trouvé un abri momentané dans des maisons de santé, mais malgré tout, le point de départ de la

---

1939-1945 et le grade d'officier de la Légion d'honneur » (*Le Technicien du film*, n° 268, mars-avril 1979, p. 24-25).

49. Selon *Le Film français* (n° 32, 13 juillet 1945, p. 48) et *France libre* (27 septembre 1946), Léon Mathot aurait mené, parallèlement à ses activités cinématographiques, une carrière d'homme de l'ombre. Quant à André Berthomieu, président indéboulonnable du puissant syndicat des techniciens (CGT), il eut pendant l'Occupation une conduite très honorable et aida certains professionnels juifs à travailler clandestinement.

50. Le même constat peut être dressé pour *Jéricho* ou *Le Père tranquille* (voir chap. 7).

pièce est déplaisant et inadmissible[51]. » Son avis est partagé par Vercors. Après lecture du scénario, l'écrivain résistant demande à André Michel d'en interdire la réalisation :

> Telle qu'elle est, cette histoire de maquis dans une maison de fous me semble propre à rendre la Résistance ridicule. Dans quelques années, quand cette période sera devenue historique (aura pris sa figure définitive), toutes les élucubrations seront permises. Mais pas aujourd'hui[52].

En autorisant le tournage du film « sous réserve d'une modification importante », André Michel et Pierre Alekan prennent acte d'une difficulté à censurer la parole résistante. L'argument romanesque est jugé recevable pour peu qu'il s'accompagne d'une description plus réaliste de l'action clandestine.

Après avoir opéré un premier tri, la commission procède à une lecture plus fouillée, au terme de laquelle elle corrige les invraisemblances historiques les plus criantes. Elle apporte de nombreuses modifications au scénario de *Nuits d'alerte*. Pierre Lestringuez doit lui aussi revoir sa copie. La première mouture des *Clandestins*, intitulée *Armée secrète*, présentait des « anachronismes » susceptibles de frapper « tous les résistants » : « La dissolution de l'Armée est antérieure à la Relève et non postérieure, comme l'auteur l'indique, et, d'autre part, la Gestapo n'a jamais opéré de façon ouverte en zone dite libre[53]. » Le scénario remanié est présenté à la CMN qui donne son imprimatur.

---

51. Georges Huisman, in *La France au combat*, n° 69, 21 juin 1945.
52. Archives privées d'André Michel.
53. Note du ministère des Affaires étrangères du 17 janvier 1945 suite à une lettre de Louis Marin adressée à Georges Bidault (archives du MAE, Relations culturelles 1945-1947, œuvres diverses, boîte 243). Louis Marin avait soutenu ardemment ce projet et sollicité le MAE pour que le ministère de l'Information accorde à Léon Mathot son autorisation de tournage. Le ministère de l'Information et la Direction générale du cinéma se gardèrent

L'équilibre des forces

Les lecteurs de la commission se soucient de ce que la Résistance intérieure ne soit pas désavantagée au profit de la France libre. De *La Bataille du rail* à *Bataillon du ciel*, ils veillent à l'image et au patrimoine sacré de l'armée des ombres. Le service d'André Michel proscrit les films abordant trop ouvertement les dissensions et les trahisons au sein de la Résistance. Dès septembre 1944, le CLCF a refusé un scénario sur le maquis de l'Ardèche qui évoque les querelles entre l'armée secrète et les FTP[54]. La CMN suit la même ligne. Et lorsque lui est soumis le scénario du *Jugement dernier* qui retrace l'histoire d'un résistant ayant donné ses camarades sous la torture, elle conditionne son accord à « la réserve expresse qu'il ne puisse être pris pour un film de Résistance en France ». C'est dans un pays imaginaire d'Europe centrale, signalé par les noms et les costumes, que le cinéaste René Chanas transplante les décors de son film[55].

Dans l'ensemble, la vigilance de la CMN est proportionnelle au degré d'historicité des récits ; elle est d'autant plus sourcilleuse que les scénarios s'inspirent d'événements connus et identifiables. Les fictions cantonnées dans une nouvelle forme de « contemporain vague » échappent largement à son contrôle. Le flou artistique entretenu sur les filiations des organisations résistantes, l'équilibre prudent maintenu

---

de court-circuiter la procédure et ils se conformèrent scrupuleusement à l'avis de la CMN.

54. Témoignage de Marc Maurette, qui fut chargé de lire pour le CLCF, entre septembre et octobre 1944, les premiers projets de films sur la Résistance.

55. La victoire acquise sur les Allemands, les résistants décident de retrouver le délateur, responsable de l'exécution de leur chef. Jugé par ses anciens camarades, Bora choisit de se donner la mort. Cette intrigue pouvait attiser les braises sur les grandes affaires de trahison et court-circuiter l'édification d'une mémoire résistante. L'évocation d'une justice rendue dans les caves pouvait en outre paraître inopportune.

Effets de mode : les sources d'un imaginaire 205

entre les acteurs, la volonté de construire les récits sur des faits et des personnages imaginaires les placent à l'abri de la censure.

Mais cette déperdition du réel déçoit les espoirs de la presse professionnelle et du service cinématographique contraint d'opérer un tri douteux entre le mauvais et le pire. En accordant un satisfecit à *Jéricho*, la CMN fait valoir ses préférences[56]. Son choix est entériné par la critique et par le public qui réservent un accueil triomphal au film d'Henri Calef. C'est dans la marge étroite séparant *Jéricho* du gros bataillon des fictions commerciales que peuvent être circonscrites les attentes d'une époque.

---

56. Par courrier du 24 juillet 1945, le service cinématographique de la CMN propose en effet au producteur de *Jéricho* de publier dans son bulletin un article de promotion sur le film (archives d'André Michel). Cette préférence est également marquée par la commission de contrôle qui émet un avis *très* favorable alors qu'elle s'est contentée pour les autres d'un simple avis favorable.

Chapitre 7

Ajuster le mythe au réel

Jéricho, **radiographie d'un succès**

Jéricho est hanté dès l'origine par les genres du film d'action et de la chronique intimiste. À la Libération, Henri Calef a réalisé pour Sacha Gordine un premier long métrage, *L'Extravagante Mission*. Le producteur lui ayant proposé de financer son second film, il se met en quête d'un sujet avec le scénariste Claude Heymann[1].

En décembre 1944, le cinéaste découvre dans *Action* une photo des ruines de la prison d'Amiens. Heymann repère un cliché identique dans une exposition sur les Champs-Élysées où l'armée britannique présente des photos de guerre. Une légende succincte indique que la prison a été détruite par la RAF à la suite d'une audacieuse mission menée en coordination avec le maquis, dans le but de délivrer des détenus. Pour les deux hommes, il y a là « la substance d'un récit à dramatiser ». Claude Heymann écrit un synopsis que Sacha Gordine accepte. Un épisode héroïque de la guerre sert donc de déclencheur au projet.

Pour les aider à développer l'intrigue, Calef fait appel à Charles Spaak. Ignorant tout de la véritable « opération *Jéricho*[2] », les auteurs inventent. Ils doivent écrire le film

---

1. Sauf indication contraire, les informations sur la genèse du film proviennent des témoignages d'Henri Calef et Claude Heymann.
2. Ce raid spectaculaire effectué par la RAF le 18 février 1944 sous le nom de code *Ramrod 564* serait passé à la postérité sous celui d'opé-

à l'envers, définissant la personnalité des prisonniers, les raisons de leur incarcération, les motifs de l'intervention britannique. Or s'ils sont séduits par la dimension spectaculaire du raid aérien, Calef et Heymann ambitionnent de poser sur la France occupée un regard plus juste et plus critique que celui des autres fictions résistantes. Plutôt que des combattants, ils choisissent de mettre en scène des otages français situés dans leur environnement quotidien, pendant les heures qui précèdent leur arrestation.

Nouveau regard sur la France captive

En décembre 1945, quelques mois avant la sortie du film, Spaak offre aux lecteurs d'*Opéra* la primeur du scénario :

> L'action se joue dans une petite ville de la Somme et se dénoue en quarante-huit heures. La nuit – nuit qui s'annonce pareille à tant d'autres nuits passées sous l'Occupation – surprend la population occupée à ses petites difficultés habituelles. On mange mal, les vêtements sont usés, on est las d'une aventure qui dure depuis quatre ans et dont on ne voit pas la fin. Lecteur, ne protestez pas tout de suite ! Je vous imagine, déjà rouge d'indignation. Montrer des Français passifs sous l'Occupation quel scandale ! Certes, vous aviez transformé votre maison en arsenal ; vous cachiez des parachutistes dans toutes vos armoires et sous tous vos lits ; c'est un vrai miracle que la Gestapo qui a perquisitionné trois fois chez vous, de la cave au grenier, n'ait

---

ration *Jéricho* grâce au succès du film de Calef. Il aurait eu pour objet de libérer des agents secrets britanniques et des résistants français (voir notamment Jack Fishman, *And the Walls Came Tumbling Down*, New York, Macmillan, 1983). Cette version des faits est remise en cause par Jean-Pierre Ducellier dans son ouvrage *La Guerre aérienne dans le nord de la France. Les secrets du bombardement de la prison d'Amiens*, Abbeville, F. Paillart, 1994. L'auteur affirme que l'intervention de la RAF était un leurre inscrit dans le cadre de l'opération *Fortitude*. À cette manipulation s'en serait selon lui ajoutée une seconde, postérieure à la Libération : les Britanniques auraient usé du film de Calef pour cacher aux Français la vraie raison de ce bombardement, qui fit une centaine de victimes.

Ajuster le mythe au réel

> jamais rien trouvé de suspect, chacun le sait ! Mais nous avons osé montrer qu'il existait des Français moins ardents que vous, moins belliqueux, et qui, n'aimant pas les Allemands et souhaitant leur départ, aspiraient à ce que le débarquement et la bagarre qui allait en résulter se passent loin de chez eux et sans qu'il leur soit demandé d'y prendre une part active. Nous avons osé cela parce que nous croyons que c'est la vérité.
> Or cette nuit – cette nuit qui s'annonce pareille à tant d'autres – c'est celle du 5 juin 1944. Au réveil, les habitants de notre petite ville apprennent que les troupes anglo-saxonnes ont mis le pied sur la côte normande, à quelques kilomètres de chez eux. Ils s'en trouvent heureux, mais très inquiets. Ils ne se ruent pas vers les dépôts d'armes clandestins ; ils n'envoient pas de tartes à la crème dans la figure des officiers prussiens, d'abord parce qu'ils n'ont pas de tartes à la crème, ensuite parce qu'ils n'ont aucune envie de s'attirer des ennuis. Ils ont l'œil brillant, un peu humide, mais ils se tiennent tranquilles. Et tout d'un coup, un incident se produit qui les oblige à prendre position devant l'événement. Sans forfanterie et sans gaieté, ils chercheront à se conduire en honnêtes gens, désireux d'aider un peu sans trop se compromettre ; quand les choses tourneront mal, ils accepteront de mourir, sans enthousiasme, mais dignement. Car il n'est pas facile d'être un héros ; il n'est pas commun d'être un héros[3].

Pour prendre ses distances avec les fictions héroïques, Spaak a centré son synopsis sur la chronique de l'Occupation. *Jéricho* se distingue en effet par une représentation plus réaliste de la France occupée. Rues obscures du couvre-feu, évocations du marché noir et des files d'attente, pénurie de médicaments, coupures d'électricité, climat d'angoisse latente nourrie par la crainte des bombardements et le bruit des patrouilles, le film reconstruit par petites touches l'univers familier d'une majorité de citadins qui vécurent pendant quatre ans la peur au ventre, l'estomac creux, l'espoir en berne. Devant l'objectif du chef opérateur Claude Renoir, la grisaille du quotidien retrouve en *Jéricho* son entêtante réalité.

---

3. Charles Spaak, in *Opéra*, n° 30, 5 décembre 1945.

Le jeune cinéaste choisit de filmer certaines scènes sur un rythme lent, avec une grande économie de moyens. En témoigne la scène du transfert des prisonniers, tournée en un long plan-séquence : placée en contre-plongée, au pied d'un grand escalier, la caméra enregistre, immobile, la lente descente des quarante otages[4]. Ce défi aux lois de l'efficacité cinématographique est redoublé par une bande-son très épurée. Considérant que l'Occupation fut une période de chuchotements et de silences angoissés déchirés de temps à autre par des cris et des claquements de bottes, Calef renonce aux effets de la dramatisation musicale. Les seules notes de musique sont celles du *Tipperary* chanté par un chœur d'hommes sur les images finales de la libération des otages ; elles répondent au martial *Aili, ailo*[5] de la patrouille allemande entendue dans le générique d'ouverture. Le jour du gala de première, effrayé par cette audace, Sacha Gordine apporta des disques dans la cabine de projection pour pallier les silences d'une bande-son qu'il jugeait indigente[6].

Le producteur se félicita des choix du cinéaste après que son style dépouillé eut été loué par des critiques comme Georges Altman :

> Il faut avoir vécu, souffert et lutté dans une France changée en immense cachot pour comprendre que l'atmosphère d'un tel film a le poids, la couleur, le ton, le pathétique de la grande Nuit mondiale, avant le lever de l'aube[7].

Une seconde innovation consiste à présenter la France des années noires non comme un pays en guerre mais comme

---

4. La scène de l'enfant de chœur et du résistant déguisé en curé, portant une grenade sous sa soutane, fait écho à celle de *Rome ville ouverte*, qui fut présenté en septembre 1946 au Festival de Cannes.

5. Pour reprendre le refrain francisé du chant *Ein Heller und ein Batzen*. Le refrain allemand commence par les mots « Heidi, Heido ».

6. Calef parvint à l'en dissuader.

7. Georges Altman, in *L'Écran français*, n° 37, 13 mars 1946, p. 7.

Ajuster le mythe au réel

un territoire soumis à la loi du vainqueur, avec le concours des autorités françaises. La collaboration d'État est signalée par un jeu d'allusions visuelles : appel du gouvernement de Vichy au peuple français, annonce d'une causerie d'Henriot placardée sur une porte, calendrier de la Légion, dessin d'une potence portant l'inscription « Pour Hitler, Pétain et compagnie ». Calef met également en scène les relations des pouvoirs locaux avec l'autorité occupante. Convoqué à la Kommandantur au sujet des otages, le maire entre, la main tendue, dans le bureau du commandant qui lui rappelle la régularité et la correction de leur collaboration. Pourtant, dans la scène suivante, l'édile n'est plus le même : présentant au conseil municipal les termes de l'oukaze allemand, il s'oppose à la veulerie de quelques esprits vichyssois :

1ER CONSEILLER : D'abord est-ce bien à nous de dresser cette liste ?
LE MAIRE : En principe c'est du ressort du Préfet. J'ai voulu le joindre au téléphone. Quand on a su de quoi il retournait, on m'a répondu qu'il était parti pour Vichy…
2E CONSEILLER : Si nous refusons, la Kommandantur agira d'elle-même, Dieu sait comment ! Prenant peut-être tous les membres d'une même famille comme ça s'est produit dans la Manche et dans la Creuse.
3E CONSEILLER : En agissant par nous-mêmes, nous pouvons en quelque sorte limiter les dégâts… mais oui, en choisissant parmi les éléments les moins intéressants de la population.
4E CONSEILLER : Mais choisir… mais comment… dans quel groupe ?
5E CONSEILLER : Mais par exemple, parmi les condamnés pour vol ou délit politique […].
LE MAIRE : C'est impossible ! Un homme qui a volé une brouette ou qui ne pense pas comme nous ne mérite pas la mort pour ça.
5E CONSEILLER : Alors vous préférez condamner des médecins, des industriels, des architectes, autrement dit l'élite de notre population ?
LE MAIRE : Où est l'élite, mon cher collègue, je n'en sais rien, surtout devant la mort.

La dignité du maire vire au sublime lorsqu'il propose à ses collègues d'inscrire leurs seuls noms sur la liste. L'un des conseillers présente sa démission ; un autre s'éclipse timidement en s'excusant de ne pas être à la hauteur du sacrifice exigé. Les autres acceptent leur sort avec une admirable résignation. Le bras du balancier a oscillé pour se figer au final sur la position héroïque.

Ce subtil dosage plaît aux critiques. Jacques Natanson loue « l'étonnante gamme de sentiments civiques, dont les notes sont représentées par les conseillers municipaux, de la grave abnégation à la lâcheté suraiguë, avec des dièses sublimes[8] ». Seul Georges Sadoul fait la fine bouche : « Il n'est pas vraisemblable de montrer des autorités de Vichy se désigner elles-mêmes pour aller au poteau d'exécution, puisque nous n'avons pas eu d'exemple de tels faits[9]. »

Les auteurs ont aussi prévu d'épingler le rôle de la gendarmerie française dans l'exécution des basses œuvres de l'occupant. Mais cette séquence est traitée par Spaak avec une telle prudence que l'acte d'accusation risque de tourner au dédouanement. Jugeant la scène très ambiguë, Calef la supprime au tournage[10].

La dernière originalité de *Jéricho* tient au choix des personnages. Contrairement aux autres fictions, le récit du film n'est pas centré sur l'action de quelques héros résistants mais sur le destin d'un large groupe d'otages. Ces derniers proposent un tableau synoptique de la population citadine, balayant l'éventail des comportements français sous l'Occupation. Pour Claude Heymann, il s'agit surtout de redonner sa place, entre deux minorités agissantes, au marais des citoyens passifs :

Quand j'ai écrit *Jéricho*, j'ai voulu démontrer avec un élément tout à fait spectaculaire, que la veille du Débarquement, il y avait en

---

8. Jacques Natanson, in *L'Ordre*, 15 mars 1946.
9. Georges Sadoul, in *Les Lettres françaises*, n° 99, 15 mars 1946.
10. Entretien avec l'auteure. Cette scène figure dans le manuscrit original du scénario conservé à la Cinémathèque française sous la cote SPAAK 6-B1.

Ajuster le mythe au réel

France 5 % d'authentiques résistants, 5 % de collaborateurs réels et 90 % d'attentistes. Avec comme corollaire que ces derniers, lorsque les circonstances les mirent en face de leurs responsabilités, surent dans leur grande majorité prendre la bonne décision[11].

Les joueurs de cartes du café du Commerce forment le noyau dur de cette nébuleuse. Un mutilé de la Grande Guerre, un acteur désœuvré, un coiffeur et un patron de bistrot constituent le chœur antique des attentistes. Égrenant la complainte des petites contrariétés de l'Occupation, ils ont pour seule gloire d'avoir préservé, sous le joug allemand, l'espace de liberté d'une rituelle partie de belote.

À ces purs produits de l'attentisme, les auteurs ajoutent quelques figures de Français ayant pris leurs « responsabilités » : un cordonnier qui ouvre sa porte à un prisonnier de guerre évadé ; un médecin dénoncé par lettre anonyme pour avoir soigné un parachutiste[12] ; la fille du chef de gare qui introduit un résistant dans le périmètre interdit. Ces personnages rejoignent dans la prison d'autres otages pris au hasard ; tous répondront sur leur vie de la sécurité d'un convoi d'essence stationné en gare.

En redonnant droit de cité à la majorité silencieuse, en la présentant par ailleurs sous un jour bienveillant, les auteurs livrent un portrait plus réaliste de l'Occupation sans incommoder pour autant leur public. Michel Braspart leur en sait gré :

Si la guerre est toujours autre chose qu'une bataille rangée où deux camps s'affrontent, les Blancs et les Noirs, vous savez bien que cette guerre-ci fut la moins « bataille rangée » des guerres. Il n'y avait pas que le Maquis, la Milice et la Gestapo, il y avait tout autre chose, il y avait vous et moi, un entre-deux, un marais. Les films où le Maquis et la Gestapo occupent seuls la scène, comme deux entités géantes, peuvent être de bons films,

---

11. Entretien avec l'auteure.
12. Les allusions à la délation étaient beaucoup plus appuyées dans le scénario original.

bien menés, comme les vieux films américains de policiers et de gangsters. Ils peuvent faire trépigner les salles qui raffolent du mélodrame. L'air du temps, la vérité du temps n'y circulent pas[13].

Le cinéaste et ses scénaristes sont moins inspirés pour le portrait de Jean-César Morin, un trafiquant incarcéré par l'occupant pour lui avoir revendu au prix fort des biens extorqués aux juifs[14]. Interprété par Pierre Brasseur, ce sycophante est un concentré de collaboration : il vilipende le Front populaire, en appelle à l'esprit de Montoire et à l'Europe nouvelle, propose de vendre des réfractaires, des juifs et des communistes en échange de sa libération[15]. En dessinant leur personnage, les auteurs ont cédé à la caricature. Certains critiques ont beau jeu de se boucher le nez devant ce précipité nauséabond. D'autres remarquent que le personnage de Morin manque de réalisme. Jacques Natanson souligne les effets pervers de ces exagérations :

Les pourris moyens respireront : bien infortunés, vraiment, ceux qui ne pourront trouver aucun détail de dissemblance entre eux et ce parangon de pestilence ! Non qu'il soit faux ; j'en ai connu un tout aussi parfait. Si je me plains que la mariée soit trop belle, c'est que les crachats dont on couvre ce personnage tout au long du film n'atteindront que lui, et quelques immondices d'élection : c'est trop peu[16].

---

13. Michel Braspart, in *Réforme*, 6 avril 1946.
14. « L'idée de persécuter ces pauvres juifs, de s'emparer de tous leurs biens, lui explique le commandant allemand, c'est une idée à nous, une idée brevetée et nous voulons en garder pour nous l'exclusivité sans que des Français trop malins l'exploitent à leur profit. »
15. Au commandant allemand qui l'interroge sur l'avant-guerre, il répond : « On étouffait en France avec ces juifs et ce Front populaire ; maintenant que vous êtes là, on respire. » C'est cependant par opportunisme, plus que par conviction politique, que Morin adhère à l'idéologie de l'occupant. Dans le scénario original, Jean-César Morin était également porteur de la francisque.
16. Jacques Natanson, in *L'Ordre*, 15 mars 1946.

Ajuster le mythe au réel 215

Pour décrire la minorité active de la Résistance, Spaak, Heymann et Calef sont à l'unisson avec leurs confrères et n'évitent pas les clichés en vigueur. Les auteurs célèbrent avec œcuménisme la fraternité d'armes entre le typographe communiste, l'aristocrate nationaliste et le marginal libertaire réunis dans une cellule pour faits de Résistance[17]. La vision des maquisards qui prêtent main-forte à la RAF est conforme à l'esprit du temps. « À l'époque, rappelle Calef, on ne pouvait traiter avec réalisme du maquis sans prendre nécessairement position pour les communistes ou pour les gaullistes, ce que nous ne souhaitions pas faire[18]. » *Jéricho* maintient donc le flou sur les affiliations du groupe de résistants dirigé par le Parisien Batignolles et leur action est subordonnée aux instructions de Londres.

La lutte des maquisards relève du spectaculaire : minage d'un pont à l'explosif, attaque du convoi d'essence à la grenade, échanges de coups de feu avec les sentinelles allemandes. Pour tourner ces séquences, le cinéaste retrouve la couleur et le rythme des films d'action, usant d'un montage serré et d'une caméra plus mobile. Aux plans sous-exposés des otages et des troupes allemandes plongés dans un éclairage crépusculaire il oppose l'image de résistants auréolés de lumière. La mise en scène de *Jéricho* fait elle aussi coexister les genres ; les auteurs

---

17. Chaque personnage s'explique un peu didactiquement sur les causes de son engagement :

« SAINT-LEU : Une tradition de famille. Mes parents m'ont appris à me laver les mains avant de me mettre à table et à me battre quand le pays est envahi.

BÉQUILLE : Chez nous, on est mendiant de père en fils, et de père en fils on est pour la liberté.

MUSCAT [arrêté pour propagande communiste] : Moi, je reproche aux Fritz d'avoir apporté dans un monde déjà pas bien beau la méchanceté supplémentaire ; le peu que j'ai fait, c'est pour la gentillesse. »

18. Entretien avec l'auteure.

et la production tirent habilement profit de son hybridité narrative et formelle.

La piété sans le pathos

Si Spaak, dans son résumé à la presse, néglige les aspects spectaculaires du film, les annonces publicitaires et les comptes rendus de tournage leur font la part belle. La production vante la reconstitution du raid aérien grâce au concours de la RAF[19] ; les photos des Mosquito bombardant en piqué les maquettes du studio d'Épinay couvrent les pages des revues professionnelles. Des entrefilets alléchants s'attardent sur l'explosion du convoi d'essence, la romance entre le partisan et la fille du chef de gare – interprétée par Nadine Alari –, la dernière nuit des condamnés, l'exécution de l'héroïne sous les balles d'un peloton composé d'authentiques Allemands[20]. L'affiche du film reproduit en gros plan le visage de Pierre Brasseur sur un fond rougeoyant d'incendie d'où se détachent l'escadrille anglaise et les soldats du peloton.

Cette promotion mercantile ne rend pas justice à l'originalité de *Jéricho* qui prend astucieusement ses distances avec les archétypes de l'imagerie résistante. Les séquences tournées dans l'église où les otages sont réunis pour leur dernière nuit illustrent l'habileté du cinéaste et de ses scénaristes. Ils revisitent avec tact et sobriété les clichés de la cellule collective où les prisonniers attendent l'aube en écrivant leurs

---

19. La reconstitution très précise du raid aérien suit toute l'opération, depuis l'ordre de mission jusqu'au bombardement final, en passant par le briefing des pilotes et leur décollage. Les images alternent les vues aériennes prises au-dessus du décor, les vues au sol et celles tournées dans les cockpits des avions. *Jéricho* se clôt sur un carton final rendant hommage aux deux aviateurs tués au cours de l'opération : « Ce film est dédié à la mémoire du Group Captain Pickard et du Flying Lieutenant Broadley tombés sur le sol de France pour la cause de la liberté. »

20. Sous le titre « Fusillade-Party au mont Valérien », *L'Écran français* reproduit un entrefilet du journal *Opéra* et proteste contre le « mauvais goût écœurant » de ce texte (n° 13, 26 septembre 1945, p. 10).

dernières volontés. Le dialoguiste Spaak, qui fut incarcéré à Fresnes à la fin de l'Occupation, se refuse à transformer les prisonniers en porte-parole exaltés de la cause patriotique. Ses personnages en demi-teinte font le dur apprentissage de la résignation, non sans avoir cédé à des accès de panique ou de révolte. Par leur modestie même, les otages atteignent une forme de grandeur accessible au commun des spectateurs.

Partagés entre la volonté de se démarquer et la crainte de choquer, les auteurs calculent soigneusement leurs effets et soupèsent leurs répliques. Plusieurs critiques protestent néanmoins contre la remise en cause du poncif de l'hymne patriotique. Au cours de la nuit, les condamnés s'interrogent sur l'attitude à adopter devant le peloton d'exécution. L'aristocrate Saint-Leu propose alors une « *Marseillaise* bien unanime ». Mais le cordonnier juge plus digne de tomber en silence : « Ne rien dire, ne rien chanter. J'ai deux copains qu'ils ont assassinés [...]. J'ai vu le curé qui les accompagnait parce que je voulais savoir ce qu'ils avaient dit en dernier. Le premier a fait "ah !" et le second a fait "oh !". Évidemment, c'est pas assez joli pour faire figurer ça dans un journal, mais ça va loin[21]... » Plus tard dans la nuit, lorsque Saint-Leu suggère encore d'entonner le *Chant du départ*, il s'attire cette réponse cinglante : « Ta gueule ! Ceux qui vont mourir ont droit qu'on leur foute la paix avec ces histoires-là ! » Et le typographe d'ajouter : « D'ailleurs soyez tranquilles, après la guerre tous les planqués d'aujourd'hui les chanteront tous en chœur, vos chansons de marche ! » Cette ironie chagrine le critique de *18 juin* : « Le public comprend mal, pensons-nous, pourquoi les otages, différant de tant d'héroïques Français, refusent de chanter *La Marseillaise* avant de mourir[22]. » D'autres sont choqués par les

---

21. Cette tirade fut inspirée à Charles Spaak par le curé d'Amiens qu'il avait rencontré pour s'enquérir des dernières minutes des condamnés à mort (témoignage d'Henri Calef).

22. J. Rochefontaine, in *18 juin*, 29 mars 1946.

répliques du collaborateur monté en chaire, tel l'Antéchrist, pour invectiver ses compagnons d'infortune :

> Mais vous n'êtes pas des héros, et vous ne serez pas des héros, c'est pas la peine de vous raccrocher à cette idée vous savez…
> – Oui, oui, je sais bien, on installera un petit monument sur une place publique… Il y aura une fête, de la musique… Mais les morts seront toujours les morts et vos copains pendant ce temps-là iront boire au bistrot et ils boiront dans les verres que nous avons tenus et ils coucheront avec nos femmes et ils se vautreront dessus…

La séquence s'attire les foudres de Jean Fayard qui déplore que les mots « héros » et « héroïsme » n'apparaissent que « dans la bouche du "mouton" infâme qui les raille[23] ». Le critique d'*Opéra* proteste également contre la scène où l'aumônier allemand recueille les confessions des otages et donne l'absolution au docteur Noblet qui meurt dans la haine de l'occupant. En proposant ce personnage tout en nuances, « prêtre dans l'Église universelle », Heymann a pensé aux exilés allemands antinazis qu'il connut et aida en zone Sud. Jean Fayard regrette que « fort paradoxalement, dans ce film "d'esprit résistant", le plus beau rôle [soit] dévolu à "un Boche"[24] ». Le personnage de l'aumônier constitue pourtant la seule touche originale d'un portrait par ailleurs conforme à l'air du temps, où l'atavisme de l'ennemi héréditaire est rehaussé par les perversions du nazisme.

Les rares critiques formulées contre *Jéricho* émanent de la presse gaulliste et communiste. La mise en scène de la masse des attentistes heurte la vision du peuple en armes. Georges Sadoul oppose au film de Calef le chef-d'œuvre de Clément :

> *La Bataille du Rail* a su éviter le pathos sans proscrire l'héroïsme, reconnaître les défaites sans donner une place trop excessive à la

---

23. Jean Fayard, in *Opéra*, 20 mars 1946.
24. *Ibid.*

Ajuster le mythe au réel

lâcheté. C'est pourquoi ce documentaire exact et lyrique est un film de Résistance, tandis que *Jéricho*, où les héros s'estompent tandis que la lâcheté défend trop longuement ses raisons, où la victoire vient moins de la terre que du ciel, comme les miracles, est plutôt le film de tous ceux dont le mérite est d'avoir attendu, pleins d'espoir, la libération[25].

Ces notes discordantes ne peuvent altérer le concert de louanges qui accompagne la sortie du film. Nombreux sont les critiques qui placent *Jéricho* au niveau de *La Bataille du rail*, marquant parfois leur préférence pour la fiction de Calef. « Il y a longtemps qu'on attendait ce film », avoue Jean Néry :

> […] à la vérité, depuis septembre 1944. Car on savait que le cinéma s'emparerait de l'épopée de la Résistance française : c'était pour lui une nécessité et un devoir […]. Mais l'écran se prête mal aux poèmes épiques […]. Il fallait donc de toute évidence substituer la nouvelle au roman, le tableau à la fresque. René Clément, dans *La Bataille du rail*, choisit comme pivot de son action le cheminot […]. Au contraire, dans *Jéricho* […] les héros sont variés et divers […]. Claude Heymann et Charles Spaak ont bâti une histoire faite de toutes les souffrances endurées, de tous les héroïsmes cachés, de toutes les réactions humaines en face de la mort, et ont ainsi synthétisé l'attitude des Français pendant l'Occupation[26].

« Ce que *La Bataille du Rail*, emportée par le souffle épique, n'effleurait que par instants : le sort de l'individu dans la tourmente collective, *Jéricho* l'épouse étroitement d'un bout à l'autre[27] », affirme à son tour Henri Denèfle. Et Michel Braspart proclame le film de Calef plus vrai que celui de Clément :

> Malgré l'anecdote qui la soutient, comme une épine dorsale, *La Bataille du rail* reste un documentaire […]. Il est volontairement

---

25. Georges Sadoul, in *Les Lettres françaises*, n° 99, 15 mars 1946.
26. Jean Néry, in *Le Monde*, 14 mars 1946.
27. Henri Denèfle, in *Essor*, 21 mars 1946.

fragmentaire, épisodique. La vraie vie, les vraies conditions d'existence sous l'occupation allemande ne furent pas exactement telles qu'il les reconstitue. *Jéricho* est plus près que lui de toucher cette vérité[28].

Pour Bernard Zimmer, les films des deux jeunes cinéastes annoncent l'avènement d'un art nouveau, enraciné dans le réel[29]. Cette affirmation est sans doute excessive. Avec *La Bataille du rail*, Clément œuvrait pour un style syncrétique, conjuguant le symbolisme du cinéma soviétique et une nouvelle forme de libéralisme. Cet essai demeura sans grande postérité. *Jéricho* trahit les oscillations stylistiques de Calef entre désir d'innover et fidélité à la vieille école.

Soucieux d'authenticité dans la reconstitution de la vie quotidienne sous l'Occupation, Calef dédaigne les décors naturels au profit des artifices du studio. S'il confie les rôles de la soldatesque à des déserteurs de l'armée allemande, il s'appuie pour les personnages principaux sur des talents consacrés : Pierre Brasseur, Louis Seigner, Pierre Larquey. Au parler juste – et peu – des dialogues d'Audry, il oppose les tirades de Spaak, parfois habiles, souvent bavardes. Enfin, bien qu'il mette en scène des personnages simples dans un récit où l'intrigue se raréfie, le réalisateur de *Jéricho* succombe aux afféteries romanesques dont Clément s'est affranchi.

Cette dualité des formes n'est pas entièrement imputable à Calef qui n'a pas la totale maîtrise de ses choix. *Jéricho*, contrairement à *La Bataille du rail*, est réalisé dans le cadre d'une production commerciale classique. Le réalisateur bénéficie de moyens financiers importants mais il doit composer avec un producteur attentif aux attentes du marché. Jugeant que le choix d'une chronique intimiste présente à lui seul un pari risqué, Gordine cherche à limiter les audaces formelles de Calef. Outre la bande-son, il est déconcerté par le lent

---

28. Michel Braspart, in *Réforme*, 6 avril 1946.
29. Bernard Zimmer, in *La Bataille*, 20 mars 1946.

tempo de *Jéricho* et recourt aux conseils d'un monteur qui préconise des coupes drastiques, au service d'un montage plus nerveux. Le réalisateur doit se battre pour préserver l'intégrité de son film. Compte tenu de ces négociations tendues, on imagine qu'il eût été impossible à Calef, l'eût-il voulu, de renoncer aux têtes d'affiche et aux joliesses sentimentales.

Le cinéaste doit également ferrailler avec Spaak. Ce dernier prévoyait de pimenter les séquences de la prison par une scène de torture très réaliste. Calef ayant refusé d'exploiter ce filon, il reçut une lettre peu amène de son adaptateur. Tout en revendiquant la rupture avec l'imagerie édifiante, Spaak ne répugnait pas à en recycler quelques clichés ; le scénariste de Feyder, Duvivier et Renoir se faisait fort de les travailler plus habilement que ses confrères. Leur désaccord porte aussi sur la vision de la France occupée et de la collaboration d'État :

> Charles Spaak était à l'époque peu désireux de prendre ouvertement des positions politiques alors que Heymann et moi nous étions très engagés [...]. Nous avions réussi à survivre et à échapper à la répression, nous voulions témoigner[30].

Le dosage final entre les ardeurs du tandem Calef/Heymann et la circonspection de Spaak contribue sans doute à l'éclatant succès de *Jéricho*[31]. Le film permet à la presse et au public de retrouver la vérité familière d'une époque, mâtinée par une forme subtile de légendaire.

Après avoir vécu l'héroïsme par procuration, frémi dans leur fauteuil au rythme des exploits de la Résistance, les spectateurs sont conviés à revivre le passé sous une forme plus humble, mieux accordée à leurs expériences et à leurs

---

30. Henri Calef, entretien avec l'auteure.
31. À Paris, le film resta douze semaines à l'affiche des cinémas Le Balzac, Le Helder, Scala et Vivienne avant d'être repris au Royal. Dès la première semaine, il engrangea 61 299 entrées (*Le Film français*, n° 71, 12 avril 1946, p. 9). À ce jour, le film a totalisé 3 932 903 entrées (chiffres d'exploitation du CNC).

souvenirs. Le déficit de grandeur est compensé par l'anamorphose : les auteurs tendent au public le miroir légèrement flatteur dans lequel il lui plaira de se contempler. Ce portrait sublimé des Français occupés pouvait calmer les consciences de ceux qui attendirent passivement l'heure de la libération. Ce qui fit dire bien plus tard à Claude Heymann que *Jéricho* « était aussi, dans son genre, un film putain puisque les braves attentistes, qui constituaient après tout la majorité des spectateurs, y trouvaient une certaine forme, plus humble, de justification[32] ».

Cette apologie discrète d'une majorité silencieuse se renforce du consentement final au sacrifice collectif. Seul le traître Morin s'y soustrait : la peur panique du peloton le conduit au suicide par pendaison. L'individualisme forcené du personnage met en lumière, par contraste, ce qui rassemble les autres membres de la cité. Purifiés par la mort du délateur, les prisonniers acceptent la mort et le destin partagé. En faisant coïncider, à l'aube du 6 juin – et contre toute vraisemblance –, la libération miraculeuse des détenus avec celle de la patrie, les auteurs désignent le groupe d'otages de *Jéricho* comme une miniature de la communauté nationale.

L'empreinte du collectif se retrouve dans le générique qui privilégie la notion d'équipe. Rompant avec une tradition solidement établie, les noms des comédiens sont classés par ordre alphabétique[33], inscrits en caractères de même taille. Ceux du scénariste, du réalisateur et de l'adaptateur-dialoguiste figurent sur un même carton sans souci de hiérarchie ni de promotion personnelle. La volonté de privilégier, sur les individus, le travail d'un groupe pénétré par sa mission de témoignage est elle aussi appréciée des critiques.

Réalisé plus tardivement, *Le Père tranquille* est la seule

---

32. Entretien avec l'auteure.
33. À l'exception toutefois de Pierre Brasseur dont le nom figure seul dans un encadré en fin de générique.

fiction résistante qui sut concurrencer *Jéricho* dans le cœur du public. La comédie de Noël-Noël et René Clément, portée par le même désir de se distancier du tout-venant des fictions commerciales, propose une image nettement plus héroïque de la France occupée.

Le Père tranquille, synthèse « pétaino-gaulliste »

Tourné en février 1946 et sorti en octobre de la même année, *Le Père tranquille* clôture le premier cycle des films inspirés par la Résistance. Noël-Noël surfe habilement sur la dernière vague annonciatrice du reflux. Liquidateur de la veine épique, son film modèle la fable héroïque à l'usage du « Français moyen ».

La Résistance en charentaises

Interprété, coréalisé et écrit par Noël-Noël, inspiré par l'histoire d'un résistant botaniste qui fut son ami[34], *Le Père tranquille* est un récit en forme d'autoportrait, cousu main par le chansonnier qui lui insuffle son goût pour la comédie faussement naïve et le « bon sens populaire ».

En choisissant comme collaborateurs techniques René Clément et Claude Renoir, le scénariste inscrit le film dans l'inspiration réaliste de *La Bataille du rail* et de *Jéricho*. Le début du film emprunte à Calef l'idée d'une chronique des années noires. Mais Noël-Noël innove en adoptant le ton de la comédie pour décrire la vie quotidienne de son village à l'heure allemande. Le scénariste invite pour la première fois les Français à sourire de leurs misères passées, évoquant sur un ton enjoué les tickets des J3 et les points de confiture, le

---

34. Dans *Le Parisien libéré* (27 novembre 1965), Noël-Noël révéla tardivement l'identité de son modèle sous les traits d'Alphonse Vergeau, fondateur du réseau Foch et originaire de Confolens.

café à base de pois cassés et de marrons d'Inde, les « queues pour le pétrole » et les horaires du couvre-feu.

La mise en scène des activités résistantes d'Édouard Martin marque une rupture franche avec l'épopée. *Le Père tranquille* bannit les pelotons d'exécution, les scènes de prison et les coups de main spectaculaires des soldats de l'ombre. Son héros a troqué les armes contre une tasse de tisane, un compte-gouttes et une paire de charentaises. Les actions militaires de son réseau ne sont jamais montrées à l'écran : c'est hors champ que les résistants réceptionnent des parachutages, posent du plastic et lancent des grenades rebaptisées « roses pompons ».

Pour marquer son rejet des fictions épiques, Noël-Noël confie au personnage du traître le soin d'en manier les clichés. Le capitaine Jourdan utilise les stéréotypes sur la Résistance pour mieux berner ses victimes. Se faisant passer pour un envoyé de Londres auprès de jeunes patriotes naïfs qu'il pousse dans les rets de la Gestapo, le félon exhibe des armes, évoque ses sauts en parachute et ses interrogatoires dans les baignoires de la Gestapo.

Cette prise de distance se double d'une description minutieuse des activités d'un réseau de renseignement. Le travail routinier des agents de liaison et des « boîtes aux lettres », le glanage patient des informations, les astuces pour repérer les voitures gonio à l'heure des communications radio constituent autant de détails vrais qui confèrent au film son authenticité. Pour cet aspect du *Père tranquille*, Noël-Noël est redevable à Pierre Alekan. En effet, bien qu'il ait rendu des services à la Résistance, le chansonnier soumet à la CMN un scénario riche en invraisemblances. Alekan s'emploie à les corriger ; il figure au générique comme « conseiller technique de l'action clandestine ».

Noël-Noël se démarque encore en rompant le neutre équilibre entre les forces de la Résistance. Au professionnalisme et à la prudente efficacité du réseau gaulliste de M. Martin, il oppose la révolte brouillonne de jeunes agités et la fébrilité des maquisards. Pierre, le fils du héros – interprété par José Artur –, est un garçon exalté qui provoque puérilement l'occupant en faisant hurler les sonneries militaires. Jugeant son père complaisant à l'égard de l'ennemi, « monsieur Nerveux » décide de rejoindre le maquis pour qu'il y ait « tout de même un résistant dans la famille ». Là-bas, après un coup de main infructueux, ce volontaire inexpérimenté est enfermé dans une cabane à cochons. Quant aux maquisards, ils n'apparaissent qu'à la fin du film, armés jusqu'aux dents, paradant sur des tractions pavoisées de drapeaux. Si les dialogues suggèrent qu'ils sont sous les ordres de Martin, « chef de la Résistance pour toute la région », ces FFI se singularisent par des méthodes voyantes et inefficaces : partis en nombre pour délivrer un convoi de prisonniers, ils reviennent avec deux morts et un blessé. Cette opposition entre la Résistance professionnelle des pères de famille et la gesticulation des jeunes matamores tranche le débat sur les modalités de l'action clandestine.

La fibre gaullienne de Noël-Noël s'exprime dans l'épilogue du film situé en 1945. À son voisin qui lui demande pourquoi il refuse la mairie, Martin répond : « Je ne me suis pas battu pour avoir un bon point. » Parlant de son combat, il formule l'espoir que les épreuves passées permettront de rapprocher les Français. « Vous croyez ? rétorque son interlocuteur. À la dernière réunion de notre parti, on a failli se foutre sur la gueule [...] ça a provoqué une scission. – Ça commence bien », soupire Martin en haussant les épaules avant de retourner à la culture de ses orchidées dans la chaleur du foyer familial où l'attendent une fille aimante, un fils fier des exploits paternels et une brave ménagère aux injonctions maternelles.

Sur le ton gentillet du chroniqueur des Duraton, tout est dit sur la nécessité pour les résistants de rentrer dans le rang, le désir d'un retour à l'ordre et les premières désillusions d'un après-guerre terni par la revitalisation des partis et les clivages politiques. Certains critiques ne manquent pas de rapprocher le sage désabusé de Moissan et l'illustre Français qui a rejoint Colombey un mois avant le début du tournage. De fait, l'épilogue porte la marque des changements politiques de l'année 1946 : le premier synopsis du film écrit dans l'euphorie de la Libération évoque avec ravissement « l'aube de bonheur et d'espérance » levée sur la petite ville de Moissan[35]…

L'allégeance au général de Gaulle s'affirme encore à travers le mythe de la « vraie France ». À l'image de la bonne des Martin qui vitupère contre les « boches » et applaudit à chaque bombardement, toute la population de Moissan est soudée contre l'occupant. Du garagiste à l'employé de mairie, en passant par le coiffeur, le menuisier, le garçon et le patron de café, les villageois sont patriotes à tout crin et expriment sans retenue leur admiration pour la Résistance. Ce portrait idéalisé n'est pas même altéré par le personnage du traître, puisque Jourdan « n'est pas de Moissan ». Le mouchard du *Père tranquille* assume une fonction similaire à celui de *Jéricho*. Son exécution, présentée par Martin comme une « juste punition », peut être assimilée à celle du *pharmakos* de la cité athénienne : la mort du coupable émissaire, qui concentre tous les péchés, purifie la communauté.

L'engagement de Martin s'inscrit enfin dans le cadre de la « guerre de trente ans » : sergent en 1914, commandant en 1918 avec sept citations, il reprend le combat contre l'ennemi héréditaire au nom d'un patriotisme étroit, soucieux d'intégrité territoriale. « Mes camarades et moi, nous nous sommes battus pour les mettre dehors, ne plus les avoir sur le dos », confie le héros à son voisin. Et il précise à sa fille qui contemple le garage allemand ravagé par les flammes : « Oui, c'est affreux, mais les gars qui viennent de sauter là, ils n'avaient qu'à rester chez eux, on ne les avait pas invités. » Le dialoguiste préfère d'ailleurs au qualificatif de « résistant » ceux

---

35. Synopsis communiqué par Pierre Alekan.

Ajuster le mythe au réel

de « patriote » et de « bon Français »[36]. En 1950, Noël-Noël affine sa conception patrimoniale de la lutte clandestine :

> La seule guerre que j'admette […], c'est la guerre contre les cambrioleurs. Si vous rentrez chez vous et que vous trouvez un cambrioleur, vous lui flanquez votre poing dans la figure, c'est normal. À ce moment-là, il s'agissait de combattre des gens qui étaient chez nous. Tous les honnêtes gens ont été d'accord pour la faire, et c'est pour cela que la Résistance a réuni des gens de toutes les opinions[37].

Le choix des termes n'est pas anodin : c'est la France patriote mais aussi celle des petits possédants que flatte le chansonnier dans *Le Père tranquille*. En faisant de son héros un semi-clandestin, en le situant dans son environnement social et familial, Noël-Noël peut rompre avec l'imagerie romantique des jeunes aventuriers quittant leur foyer pour les pentes escarpées des maquis[38] ; il associe dans le même temps le combat des « honnêtes gens » aux valeurs de la petite bourgeoisie.

Travail, Famille, Patrie

« C'est une grande duperie de croire que l'homme moyen n'est capable que de passions moyennes[39] » : la sentence de Bernanos trouve dans *Le Père tranquille* une illustration exemplaire. Lassé des éternels cheminots et des aristocrates nationalistes, le chansonnier choisit ses héros dans la classe moyenne chère à son cœur. Bon époux et bon père, M. Martin

---

36. Le terme « gaulliste » lui est également substitué à plusieurs reprises.
37. Noël-Noël, in *L'Écran français*, n° 280, 22 novembre 1950, p. 6, cité par Joseph Daniel, *Guerre et cinéma*, *op. cit.*, p. 225.
38. Noël-Noël fait dire malicieusement à un garagiste : « Il paraît que les patriotes, c'est tous des jeunes. »
39. Georges Bernanos, « Les Grands Cimetières sous la lune » (1938), in *Essais et écrits de combat*, éd. Michel Estève, Paris, Gallimard, 1971, t. I, p. 464.

exerce la profession de courtier d'assurance. Ses deux fidèles lieutenants travaillent pour la même compagnie et leurs agents de liaison sont des petits commerçants. Noël-Noël rehausse pour la première fois l'image des boutiquiers, ternie par les profits des épiciers « du bon beurre ».

Les personnages du *Père tranquille* sont taillés sur mesure pour les spectateurs du samedi soir qui peuvent se reconnaître dans ces petits bourgeois « plan-plan » enrôlés sous la bannière du gaullisme. « Je suis comme tout le monde, je les supporte », explique Martin à son fils qui critique son immobilisme. La figure du Français moyen incurablement honnête, attentiste dehors et résistant dedans, accorde aux exigences de la vraisemblance les fantasmes d'un héroïsme rétrospectif. La lutte clandestine ne semblant pas nécessiter de vertus guerrières particulières, chacun peut s'identifier au paisible père de famille. À l'écran, ce dernier apparaît le plus souvent en spectateur de ses propres actions, contemplant les lueurs d'un incendie qu'il a lui-même allumé, s'intéressant en badaud au bombardement de l'usine qu'il a signalée à Londres. Le sous-titre du film – *La Vie d'une famille française sous l'Occupation* – revendique l'exemplarité du cas Martin. Ce qui fera dire plus tard à René Clément, collaborateur technique de Noël-Noël[40] :

> Si vous voulez, le succès de ce film est venu du fait qu'il accréditait la version, qui plus tard a été exploitée, du bon père tranquille qui faisait aussi de la Résistance. Au fond, si M. Dupont-Durand pouvait aussi avoir fait de la Résistance, c'était pas mal et […] du point de vue commercial, [c'était] une bonne situation[41].

---

40. Dans *L'Écran français*, n° 68, 16 octobre 1946, p. 7, René Clément déclarait : « *La Bataille du Rail* est vraiment mon enfant : j'en ai écrit le scénario et dirigé la mise en scène. Pour *Le Père tranquille* en revanche, ma collaboration n'a été que de l'ordre de la réalisation technique, au sens étroit du terme. »

41. Propos recueillis par Jean-Pierre Bertin-Maghit dans le film de Pierre Beuchot, *Cinéma de l'ombre* (1984).

Ajuster le mythe au réel

Le chansonnier ayant forcé le contraste entre les apparences et la réalité, *Le Père tranquille* peut ratisser large dans la « tribu des pétaino-gaullistes ». Martin ne présente pas seulement des signes extérieurs d'attentisme[42] : il tient à sa famille des propos maréchalistes sur les conséquences néfastes des « attentats terroristes ». Il entretient des relations courtoises avec l'occupant au point d'être traité de collaborateur par un camarade de son fils. Dans le synopsis original, Martin collaborait ouvertement avec les Allemands pour gagner leur confiance et mieux les berner. Dans le film, le thème du double jeu est illustré par une scène où la libraire reçoit les messages de la Résistance sous un portrait de Pétain. Tirant la leçon de ces ambivalences, Marc Ferro croit même reconnaître la figure du Maréchal sous les traits du père tranquille[43].

L'habileté du scénario consiste également à faire du public le dépositaire des secrets de la Résistance. Dans les premières séquences du film, les spectateurs ont pu souscrire aux jugements de Mme Martin sur la passivité d'Édouard ; mais ils entrent très vite dans la confidence. Elle leur permet d'apprécier les trésors de rhétorique qu'emploie le héros pour maintenir son entourage dans l'ignorance. Le langage codé fonctionne dès lors comme un ressort de la comédie : pour ordonner l'exécution du traître en présence d'une épouse qui s'est imposée dans son cabinet de travail, Édouard Martin use du jargon professionnel : « Nous lui dénonçons son assurance-vie. » Quand l'officier allemand joué par Howard Vernon se désole de voir les Français « amorphes »

---

42. Dans la séquence où Martin comptabilise les envois d'armes et de plastic, les répliques suivantes ont été supprimées :

« MARTIN : J'en attends… je passe mon temps à attendre, moi ! J'attends les ordres, j'attends les roses pompons, j'attends…

PELLETIER : Vous êtes un attentiste quoi !

MARTIN : Voilà ! »

(Scénario provisoire du *Père tranquille*, archives de Pierre Alekan.)

43. Marc Ferro, *Pétain*, Paris, Fayard, 1987, p. 700-701.

se désintéresser de l'Europe nouvelle, Édouard lui conseille de se « méfier de l'eau qui dort » : « Ne jugez pas trop vite les Français, il faut plus de temps que ça pour les comprendre. »

Le thème du double jeu multiplie les modes d'implication du public. Si tous les spectateurs ne s'identifient pas nécessairement à Édouard Martin, du moins entrent-ils en connivence avec ce héros malicieux, frère spirituel d'Adémaï, qui leur lance des œillades par-dessus l'épaule des Allemands. Interprétée par Nadine Alari, la fille Martin est plus perspicace que sa mère et son frère : complice active des héros masculins, elle offre aux spectatrices une figure féminine d'engagement dont la modestie est ajustée à l'univers misogyne du chansonnier.

L'habileté et les ambivalences de cette première comédie sur la Résistance s'ajoutent à la popularité de Noël-Noël pour assurer son succès[44]. Lors de la première présentation du film à Cannes, la critique est toutefois mitigée. Les journalistes condescendants jugent bien « mignonnet » ce parangon du « cinéma populaire ». « C'est du René Clément Vautel de la grande époque, estime Yvon Audouard, patriotique, familial, attendrissant et boulevardier. Un film où de Gaulle apparaît comme le fils spirituel du général Boulanger, de Chanteclair et d'Auguste Vermot[45]. »

Lors de la sortie parisienne, les critiques sont plus élogieuses tout en demeurant circonspectes. « La Résistance, ce n'était pas que cela. Mais c'était cela aussi et souvent », écrit Irène Allier dans *Franc-Tireur*[46]. « Si l'on imaginait un instant que Noël-Noël avait voulu dans *Le Père tranquille* symboliser la France et la Résistance entières, on pourrait adresser de nombreux reproches au film [...]. Mais l'on ne songe pas, je crois, à tromper sur la marchandise », précise Georges Sadoul[47].

---

44. *Le Film français* (n° 120, 28 mars 1947) annonce 521 703 entrées après seulement cinq semaines d'exploitation parisienne. À ce jour, le film totalise 6 139 262 entrées (chiffres d'exploitation du CNC).

45. Yvon Audouard, in *Libé-Soir*, 5 octobre 1946.

46. Irène Allier, in *Franc-Tireur*, 3 octobre 1946.

47. Georges Sadoul, in *Les Lettres françaises*, n° 131, 25 octobre 1946.

Ajuster le mythe au réel

Signe des temps, la presse approuve cette liquidation de la veine épique[48]. Se demandant si le film aurait pu être réalisé l'année précédente, Bernard Zimmer répond :

> Sans doute non. Il y avait encore trop de gens intéressés à souffler dans les beaux sentiments comme dans des baudruches tricolores, à jouer des coudes dans les rangs obscurs des vrais résistants, à se faire un tremplin du superbe mouvement populaire[49].

Pour Bernard Zimmer, le fait que Noël-Noël ait participé à la lutte clandestine l'autorise à aborder le sujet sur le ton de la comédie. Michel Braspart regrette pourtant que Noël-Noël n'ait pas mis sa verve populiste au service de la vraie majorité silencieuse :

> Sur vingt-cinq millions d'électeurs, combien y eut-il de héros à l'œil ouvert qui choisirent, en toute conscience, le risque ? Je ne pose cette grave question, ni pour amoindrir les quelques authentiques héros, ni pour discréditer la masse des petits héros d'occasion, mais seulement pour constater que personne n'a eu encore le calme courage de parler, au cinéma ou ailleurs, au nom de cette masse. Faut-il tant de courage pour reconnaître qu'on en manque ? Peut-être. Et puis, l'uniforme des héros, leurs dépouilles, faut-il dire, *car ils sont morts*, sont bien agréables et bien chaudes à passer après la bataille ! Telles sont les mélancoliques réflexions que me suggère *Le Père tranquille* qui raconte, malgré ses pantoufles et ses orchidées, l'histoire d'un vrai héros[50].

Guy Leclerc partage cet avis dans *L'Humanité* : le film adroit et sympathique de Noël-Noël lui semble trop « visiblement destiné à flatter l'idée que le "Français moyen" se

---

48. Dans *La Marseillaise* (24 octobre 1946), Gilbert Badia remarque cependant : « Je pense qu'il ne faut pas vouloir enlever à la Résistance ce qu'elle avait d'épique. »
49. Bernard Zimmer, in *La Bataille*, 23 octobre 1946.
50. Michel Braspart, in *Réforme*, 29 novembre 1946.

fait de lui-même[51] ». Quelques semaines après les législatives de novembre 1946, dans un contexte de désenchantement marqué par le retour des clivages partisans et la retraite du général de Gaulle, cette évocation de la Résistance prend pour certains une saveur nostalgique, pour d'autres le parfum d'une mystification.

C'est à l'intérieur de cette chronologie fine que peuvent être comparées les réceptions de *Jéricho* et du *Père tranquille*. Bien qu'il déplaise aux communistes et aux gaullistes attachés à l'épopée de la Résistance, le film d'Henri Calef, par son portrait sensible du pays occupé, fixe les attentes d'une presse déçue par les fictions mercantiles sur la lutte clandestine. Celui de Noël-Noël marque un premier palier dans le processus de décantation historique. À quelques mois du massacre d'Oradour, tandis que la France martyre comptait ses morts, cette comédie n'aurait sans doute pu s'imposer sans scandale. En novembre 1946, l'émotion et la piété sont plus maîtrisées et le rejet de l'épopée a désormais valeur d'argument publicitaire. Le regard sur l'armée des ombres subit aussi un premier effet d'oblique : le réalisateur marque ses préférences pour la résistance gaullienne au moment où le Général quitte le pouvoir ; l'épilogue du film la présente déjà comme un idéal trahi.

Jéricho et *Le Père tranquille* affichent aussi des traits communs qui contribuent à leurs succès. Comme *La Bataille du rail*, ils tirent profit d'un « effet de réel » et d'un discours sur le vrai ; l'image sublimée des Français s'enracine dans un terreau réaliste. Les deux films, bien que fondés sur des prémisses contraires quant à la proportion des Français résistants, contribuent également à la réconciliation nationale : chacun flatte à sa manière la majorité silencieuse à laquelle il offre une forme de justification. Il n'est donc pas surprenant que les rares cinéastes soucieux de rompre avec l'union sacrée se soient emparés de l'allégorie historique comme au temps de *Pontcarral*.

---

51. Guy Leclerc, in *L'Humanité*, 2 octobre 1946, p. 4.

Chapitre 8

Les usages de l'allégorie

Boule de suif (Christian-Jaque) et *Patrie* (Louis Daquin) ont respectivement pour cadre la guerre de 1870 et l'occupation espagnole des Pays-Bas. Mais leurs réalisateurs multiplient les clins d'œil à la Seconde Guerre mondiale. Sortie en octobre 1945, *Boule de suif* revisite les années noires au prisme de la lutte des classes ; un an plus tard, *Patrie* offre une vision très politisée de la Libération que l'on retrouve dans *Les Portes de la nuit*, film de Marcel Carné malmené par la critique. Mais c'est un film d'avant-guerre, *La Grande Illusion* de Jean Renoir, qui déchaîne les passions à l'été 1946.

Les saillies de Jeanson

En adaptant, en un même film, *Boule de suif* et *Mademoiselle Fifi*, Christian-Jaque, Henri Jeanson et Louis d'Hée jouent en virtuoses des résonances entre les occupations de 1870 et de 1940. La première nouvelle conte le voyage en diligence de trois notables fuyant Rouen occupé en compagnie de leur épouse, deux bonnes sœurs, un démocrate et une fille de joie. À l'auberge où ils font escale, un officier prussien décide de les retenir si « Boule de suif » ne cède à ses avances. Les notables hypocrites sauront convaincre la prostituée que son sacrifice est un geste patriotique ; l'acte consommé, ils lui manifesteront le plus parfait mépris. *Made-*

moiselle Fifi décrit les officiers désœuvrés d'un état-major prussien occupant le château d'Uville qu'ils détruisent pièce à pièce. Pour vaincre leur ennui, les reîtres font venir des prostituées ; au cours d'une soirée très arrosée, l'une d'elles, Rachel, tue l'officier Fifi qui a insulté la France et ironisé sur la lâcheté de ses habitants.

Dans le film de Christian-Jaque les deux prostituées ne font plus qu'une, à laquelle Micheline Presle prête ses traits délicats. La grosse Boule de suif et la petite Rachel instinctive cèdent la place à la digne héritière de Judith terrassant Holopherne.

Vision de classes

On a décrit le travail de Pierre Nord faisant rejouer ses espions dans les décors flambant neufs de la Seconde Guerre mondiale. Les auteurs de *Boule de suif* adoptent la démarche inverse : conservant le cadre du second Empire, ils prêtent à leurs personnages des propos plus contemporains. Jeanson s'abrite derrière l'adaptation littéraire pour dresser un portrait au vitriol des élites françaises aux jours sombres de la débâcle. Là où Maupassant ironise sur la grande peur des possédants – l'aristocrate orléaniste, l'industriel rallié à Badinguet, le négociant en vin « émasculé par le commerce[1] » –, le dialoguiste double la satire antibourgeoise d'un violent pamphlet contre la droite pétainiste et collaborationniste. En écho aux discours maréchalistes sur l'esprit de jouissance et l'héritage néfaste du Front populaire, les notables de 1870 dénoncent les méfaits des révolutions de 1789 et de 1848, en appellent à Jeanne d'Arc, stigmatisent « quarante ans de romantisme, une littérature malsaine, un théâtre décadent ».

Les possédants de Maupassant sont pleutres devant l'occupant et déplorent l'invasion à l'aune de leur compte

---

1. Guy de Maupassant, *Boule de suif*, Paris, Albin Michel, 1957, rééd. Le Livre de poche, 1962, p. 7.

Les usages de l'allégorie

en banque ; du moins célèbrent-ils, dans leur fuite, le courage de ceux qui combattent. Les notables de Jeanson sont d'emblée acquis à la cause de l'ennemi et enclins à la collaboration. Le comte de Bréville loue la correction du baron allemand qui occupe sa demeure : « L'aristocratie est une petite Patrie au-dessus des patries ordinaires. » « L'intérêt est un sentiment, renchérit l'industriel. Entre gens d'une même situation de fortune, on se comprend toujours fort bien. » En ajoutant au film une embuscade de partisans, Jeanson épingle la défiance des « élites » à l'encontre de la Résistance : « Quelle époque ! soupire le comte. Nous sommes à la merci du caprice des francs-tireurs et autres désœuvrés. » Et le négociant défaitiste d'ajouter : « Chacun fait sa petite guerre personnelle. Les Français ont perdu la partie, mais non, ils ne veulent pas s'avouer battus. »

À cette notabilité qui prend le parti de l'étranger, le dialoguiste oppose le courage du peuple en armes, héroïsant les figures en demi-teintes de Maupassant. Le républicain Cornudet est croqué avec malice par le nouvelliste qui ne lui épargne pas les coups de griffes, décrivant un personnage sournois, emphatique et doctrinaire. Il devient dans le film le chevalier servant de l'héroïne et le porte-drapeau d'un patriotisme flamboyant qui trahit le climat de l'époque. Au cours du dernier repas à l'auberge, Cornudet sort de sa poche l'appel aux Français de Victor Hugo. La caméra épouse sa lecture enflammée, en un travelling avant qui se termine en gros plan sur le visage de l'orateur ; en arrière-fond sonore se détachent alors les notes de *La Marseillaise*. Cornudet se fait encore le porte-parole des auteurs lorsqu'il exprime son mépris aux notables qui l'invitent à remonter en voiture : « Je n'irai jamais du même côté que vous », leur lance-t-il en claquant la porte de la diligence.

Maupassant éprouve enfin de la tendresse pour le petit peuple des campagnes ; mais il le décrit viscéralement pacifiste, affecté par les désastres de la guerre, fraternisant avec les prisonniers prussiens de basse extraction qui travaillent aux champs à leurs côtés. C'est une population levée en masse contre l'ennemi que campe Christian-Jaque à chaque carrefour. Elle trouve son meilleur symbole dans une Marianne drapée, tout droit sortie d'un tableau de Delacroix, qui guette l'arrivée des Prussiens depuis le haut d'une colline. Maupassant ne fait qu'une brève allusion aux francs-tireurs, décrits comme des « fanfarons » de grand chemin, « souvent braves à outrance, pillards et débauchés »[2]. Pour accentuer le parallèle entre les deux guerres et jouer sur la sensibilité d'une époque, les auteurs tempèrent le ton satirique de leur adaptation par l'ajout de scènes pathétiques : arrestations de patriotes par des soldats prussiens cyniques et sanguinaires, crépitements d'un peloton d'exécution, larmoyante supplique d'une villageoise dont le mari a été raflé comme otage.

Jeanson est plus circonspect dans son traitement des ecclésiastiques. Il conserve l'intervention de la religieuse qui prête main-forte aux notables en invitant Boule de suif à céder aux caresses du Prussien, égratignant au passage le « faux moralisme » de l'idéologie vichyssoise[3]. Mais il choisit aussi d'étoffer le rôle du curé patriote de *Mademoiselle Fifi*. Dans la nouvelle de Maupassant, ce personnage refuse de sonner les cloches mais il accepte de trinquer avec l'occupant. Il est à l'écran un prêtre héroïque qui se bat pour sauver les otages et cache la prostituée traquée par les Allemands. En dépit de cette concession qui fait sourire plus d'un confrère[4], Jeanson et Christian-Jaque rompent avec l'unanimisme du temps.

---

2. *Ibid.*, p. 5-6.

3. Joseph Daniel, *Guerre et cinéma, op. cit.*, p. 236. Les adaptateurs font toutefois de la religieuse Rantanplan un personnage pittoresque dont ils gomment les défauts les plus saillants.

4. Voir notamment Jean Néry, in *Le Monde*, 24 octobre 1945.

Clarifications...

Jeanson maintient avec *Boule de suif* une réputation de causticité acquise par ses écrits de scénariste et de chroniqueur au *Canard enchaîné*. D'esprit frondeur et anarchisant, il s'est illustré dans les années 1930 par des critiques souvent féroces envers ses contemporains. Son œuvre cinématographique témoigne d'un goût prononcé pour le petit peuple à l'esprit faubourien et d'un parfait mépris pour les notables et les possédants. Les nouvelles de Maupassant offrent aux deux compères l'occasion de décliner les figures du discours « jeansoniste »[5]. Ils ne peuvent ignorer cependant que le film valide le discours de classes des communistes au moment même où les cinéastes du parti privilégient le thème de l'union sacrée. À l'heure des grands débats sur l'épuration, le réalisateur et son scénariste hurlent avec les loups sans s'encombrer de nuances.

Christian-Jaque siège dans le premier comité d'épuration mis en place par le CLCF[6] ; quatre ans plus tard, il est à son tour jugé par ses pairs et reçoit un blâme pour avoir réalisé à la Continental *La Symphonie fantastique* et *L'Assassinat du Père Noël*[7]. Le cas de Jeanson est plus nettement ambigu. Son parcours illustre les contradictions dans lesquelles s'enfermèrent, au début de l'Occupation, certains intellectuels viscéralement pacifistes. Ayant milité contre la guerre jusqu'en 1939, il comparut devant la 2e chambre correctionnelle et fut condamné à cinq ans d'emprisonnement

---

5. Louis Wipf, directeur de production de *Boule de suif*, rapporte que Jeanson et Christian-Jaque furent tous deux à l'initiative du projet (entretien avec l'auteure).

6. Compte rendu de la réunion des réalisateurs du 5 octobre 1944 (archives privées de Marc Maurette).

7. Jean-Pierre Bertin-Maghit précise pourtant que Christian-Jaque utilisa au mieux les clauses restrictives de son contrat pour limiter son travail dans la maison de Greven (*Le Cinéma sous l'Occupation...*, *op. cit.*, p. 37).

pour délit de provocation de militaires à la désobéissance[8]. Sa levée d'écrou intervint en 1940, peu de temps après l'entrée des Allemands à Paris, grâce à l'intervention de Gaston Bergery dont il était le collaborateur à *La Flèche*. Jeanson aborda dans le même état d'esprit les premiers mois de l'Occupation :

> Comme tout citoyen raisonnable j'ai accueilli la signature de l'armistice avec soulagement, laissant aux héros du *Massilia* l'initiative de la résistance par la fuite [*sic*] […].
> Pendant plusieurs jours j'ai même cru à la loyauté du Maréchal et lorsqu'il prononça son fameux discours contre les trusts – discours où je retrouvai tous les slogans qui nous avaient réunis à *La Flèche* autour de Bergery –, j'étais persuadé – on a de ces aberrations ! – que cette vieille culotte de peau des autres allait en finir une bonne fois avec ce qu'on appelle pompeusement « les grandes congrégations économiques »[9].

Bercé par la même aberrante naïveté, Jeanson fonda en août 1940 le « journal d'opposition » *Aujourd'hui*. Il le saborda deux mois et demi plus tard, pour avoir reçu l'ordre d'« entreprendre une campagne antisémite et de chanter les bienfaits de Montoire »[10]. Ses candides illusions ne résistèrent pas à la politique cléricale du Maréchal et à la mise en sommeil de sa croisade anticapitaliste. Six semaines après sa démission, Jeanson fut arrêté par les Allemands qui lui reprochaient d'avoir défendu le « Juif Grynszpan », meurtrier du conseiller de l'ambassade d'Allemagne vom Rath, dans la revue *Solidarité internationale antifasciste*. Il fut libéré en octobre 1941 sur une nouvelle intervention de Bergery.

Ses démêlés avec l'occupant n'empêchèrent pas Jeanson de poursuivre sa carrière aux côtés de Marcel Lherbier.

---

8. Henri Jeanson, *Soixante-Dix ans d'adolescence*, préface de Pierre Serval, Paris, Stock, 1971.
9. *Ibid.*, p. 206.
10. *Ibid.*, p. 53.

Les usages de l'allégorie 239

Finalement proscrit du métier de scénariste, ce fut « sous le pseudonyme malicieux de M. Privey qu'il signa ses travaux de 1944[11] ». À la Libération, Jeanson écope d'un blâme avec affichage pour ses activités de dialoguiste et il est la cible d'une vigoureuse campagne de dénigrement dans la presse communiste qui lui reproche d'avoir fait le jeu des Allemands[12].

Ces attaques ayant fait mouche, certains critiques ironisent sur les couplets patriotiques du dialoguiste de *Boule de suif* :

> C'est un spectacle bien réconfortant de voir le cinéma français donner ainsi dans le pathétique glorieux […] et plus édifiant encore, ne trouvez-vous pas, lorsque l'auteur est ce M. Jeanson dont on a pu craindre un temps qu'il fût gagné à des idées nettement subversives. Je vous concède bien volontiers que ces manifestations d'un sentiment si hautement patriotique dissimulent mal une dyspepsie chronique pleine d'aigreurs, que ce parti pris d'outrance et de caricature sent un peu son *Canard enchaîné* et que ce parallèle constant des époques et des types a quelque chose de facile et d'un peu coco… – et même cocorico […]. La guerre a changé bien des choses, et tels qui chantent sur un air de *Marseillaise* « Marchons… Marchons… » n'ont pas toujours marché dans la bonne direction, qui est, comme chacun sait, la ligne bleutée des Vosges. Ces évolutions n'en sont pas moins très réconfortantes, n'est-il pas vrai[13] ?

On retrouve dans ces lignes les ambiguïtés et les confusions de l'épuration cinématographique.

---

11. Annotation de François Truffaut pour la compilation des articles d'André Bazin dans *Le Cinéma de l'Occupation et de la Résistance*, Paris, UGE, « 10/18 », 1975, p. 148.

12. Pierre Serval, préface à Henri Jeanson, *Soixante-Dix ans d'adolescence, op. cit.*, p. 66.

13. Bonzo, in *L'Enseignement*, 27 octobre 1945.

Entre morale et politique

Le film *Boule de suif*, tourné dans les premiers mois de la Libération, sort en octobre 1945, avant la grande vague des fictions résistantes, dans un climat d'exaltation patriotique. Les critiques se divisent sur un double registre politique et moral.

Dans *Gavroche*, Jacqueline Lenoir juge l'œuvre « haïssable » : « Guy de Maupassant méprisait également ses personnages. Il n'avait pas plus de tendresse pour le démocrate braillard que pour le bourgeois timoré, pas plus de goût pour la putain héroïque que pour l'aristocrate taré, tandis que l'œuvre de Christian-Jaque nous oblige à faire un tri douteux[14]. » « En fin de compte, ajoute Denis Marion, le patriotisme agissant s'incarne en Boule de suif elle-même. Là vraiment, quel que soit mon non-conformisme, je ne puis m'empêcher de trouver qu'il y a de l'abus […]. Ce ne sont pas, que je sache, les demoiselles de petite vertu qui ont tenu tête aux Allemands aussi bien en 1940 qu'en 1870. Sans affectation de pruderie, il me paraît déplacé de leur attribuer ce rôle, surtout dans un film qui affecte volontairement un ton symbolique[15]. » « Il se trouve que ce *Boule de suif*, – quoi qu'en dise Denis Marion – est le meilleur film que l'on pouvait faire sur la Résistance », réplique Nino Frank, non sans regretter qu'ait été adoucie la satire anticléricale : « Sans doute s'agit-il d'une œuvre de circonstance, au thème facile, aux traits simples. Mais il y a des œuvres de circonstance à grande portée […][16]. » « Peu importe que le rôle de la "Résistante" soit dévolu à une fille galante, estime encore *La Voix du peuple*, la bonne morale bourgeoise s'en effarouchera peut-être, mais le film y gagne,

---

14. Jacqueline Lenoir, in *Gavroche*, 1er novembre 1945.
15. Denis Marion, in *Paris-Cinéma*, n° 3, 24 octobre 1945, p. 4-5.
16. Nino Frank, in *Spectateur*, 7 novembre 1945.

Les usages de l'allégorie

précisément parce qu'il n'est pas tombé dans l'ornière du conformisme ennuyeux[17]. »

Le second point d'achoppement porte sur la lecture de classes de l'Occupation. Le critique de *Témoignage chrétien*, séduit par la reconstitution soignée et le thème fordien de la diligence[18], déplore néanmoins les simplifications grossières de *Boule de suif* : « [Les notables] sont peureux, vils et lâches et font des courbettes devant leurs "corrects vainqueurs", tandis que les gens du peuple, courageux et patriotes, résistent à l'oppresseur[19]. » La Centrale catholique du cinéma déconseille le film du point de vue moral (cote 4 *bis*) et le proscrit du point de vue social (cote 5), assortissant son avis d'un commentaire sans appel : « On sent trop le parti pris de l'auteur pour rendre sympathique la femme de mauvaise vie et charger de tous les péchés d'Israël bourgeois, fonctionnaires et commerçants[20]. »

Ce qui désole certains catholiques fait le bonheur de Jacques Natanson :

> On a vivement reproché [aux] auteurs du scénario et de l'adaptation d'avoir transformé deux ouvrages, dont l'un n'était qu'antibourgeois et l'autre antiallemand, en film anticollaborationniste. L'opération me paraît d'une logique irréfutable, même du point de vue chimique ; la combinaison occupation allemande + bassesse possédante donne ce précipité nauséabond qu'on a pu renifler pendant quatre ans[21].

---

17. *La Voix du peuple*, 24 novembre 1945.
18. La référence à *La Chevauchée fantastique* (*Stagecoach*) est pointée par plusieurs critiques ; la France de la Libération est largement nostalgique du cinéma américain dont elle a été privée depuis 1940 en zone nord, 1942 en zone sud.
19. G. Damas, in *Témoignage chrétien*, 2 novembre 1945.
20. Centrale catholique du cinéma et de la radio, *Répertoire général des films, 1946*, Lyon, Penser vrai, 1946, p. 17, cité par Joseph Daniel, *Guerre et cinéma, op. cit.*, p. 233. La cote 4 *bis* avertit le spectateur que le film est déconseillé ; la cote 5 demande au spectateur de s'abstenir de voir le film, « par discipline chrétienne ».
21. Jacques Natanson, in *L'Ordre*, 20 octobre 1945.

Le critique d'*Arts* est du même avis :

> Ces bourgeois qui croient en la bonne éducation des officiers allemands, ces francs-tireurs courageux et imprudents, ces patriotes conscients de leurs responsabilités, ces lâches et ces héros, ces Allemands pleins de morgue qui font exécuter d'innocents otages et que tourmente le mal du pays, ces nobles et ces riches qui ne peuvent pas réaliser que la défaite de la France est aussi leur défaite et qui seraient tout disposés à collaborer si ce terme avait déjà été inventé – nous avons connu tout cela, trop longtemps et trop douloureusement[22].

En octobre 1945, le thème de la trahison des élites et de l'héroïsme populaire trouve un indéniable crédit auprès des critiques. Si nul ne se leurre sur le sens de l'allégorie historique, le filtre de la guerre franco-prussienne n'est pas pour autant superflu. La représentation assassine des Français occupés, dépouillée du fard de l'adaptation littéraire, eût valu aux auteurs des attaques plus violentes. Christian-Jaque et Henri Jeanson attendront seize ans et *Le Repas des fauves* pour livrer au public, dans son vrai cadre historique, un portrait fielleux des Français occupés : ils mettent en scène des bourgeois lâches et obséquieux, trafiquants du marché noir troublés dans leurs libations par un attentat, qui offrent une de leurs femmes pour calmer le courroux du Moloch allemand.

Concluons sur un étrange paradoxe : cette première fiction sur le thème de la lutte des classes est écrite par un scénariste qui n'est pas en odeur de sainteté chez les communistes. Bien avant que *L'Humanité* dénonce son attitude sous l'Occupation, Jeanson s'est heurté aux cinéastes du parti auxquels il reproche notamment leur excès de puritanisme. La personnalité du dialoguiste et le thème de la putain res-

---

22. *Arts*, 2 novembre 1945.

Les usages de l'allégorie 243

pectueuse expliquent sans doute qu'une partie de la presse communiste ait quelque mal à juger sereinement *Boule de suif*. Si *L'Écran français* approuve la lecture de classes, il émet sur le film un avis mitigé :

> La cruauté ou l'héroïsme de 1870 nous paraissent malgré tout bien au-dessous et bien différents de ce que nous avons connu de 1940 à 1944 […]. [Les auteurs] font appel à nos fureurs sacrées, mais le plus souvent, ils ne réveillent que notre ironie frondeuse. Où il faudrait le burin vengeur d'un Daumier, le Guernica terrible de Picasso, je ne trouve qu'une satire. Elle est bien menée, mais le sang, le sang des nôtres, d'aujourd'hui, n'est pas encore assez sec[23].

Georges Aubert reconnaît dans *Front national* que l'argument du film offre « une très belle occasion » de conter l'histoire d'une convulsion sociale. Mais il déplore que Jeanson se contente de « très vagues affleurements » et propose « une anecdote dont les héros se trouvent soigneusement mis à l'abri des intempéries » :

> Cornudet, symbole de l'homme de cœur sans préjugés, que nous aurions aimé entendre dire autre chose que des monologues signés Victor Hugo et des mots fins signés Henri Jeanson, n'est rien qu'une jolie mèche à l'artiste, le plus souvent couverte d'un chapeau à grands bords[24].

En réservant à *Patrie* un accueil enthousiaste, la presse communiste prouve toutefois qu'elle ne dédaigne pas l'allégorie historique, pour peu que son auteur soit plus orthodoxe.

---

23. Gabriel Audisio, in *L'Écran français*, n° 17, 24 octobre 1945, p. 7.
24. Georges Aubert, in *Front national*, 18 octobre 1945.

Patrie : la Résistance en hauts-de-chausses et en pourpoints

Dans ses mémoires, Louis Daquin revient sur la naissance de *Patrie* :

> Un producteur me propose l'adaptation d'un mélo de Victorien Sardou [...]. J'accepte, attiré par les difficultés, les écueils d'un genre que je suis loin de mépriser et aussi parce que je vois dans le thème – le prince d'Orange se dressant contre l'occupant espagnol – la possibilité de donner au film une résonance actuelle[25].

Le mélodrame cocardier de Sardou relate la préparation de l'insurrection dans une ville de Flandre occupée par les troupes espagnoles du féroce duc d'Albe. Sous le commandement du comte de Rysoor, en liaison avec le prince d'Orange qui campe aux portes de la ville, la population se soulève contre l'oppresseur. Mais la femme du chef rebelle, qui trahit par amour, fait échouer le soulèvement et conduit les insurgés au bûcher.

Pour dépoussiérer la pièce, les adaptateurs Louis Daquin et Charles Spaak, aidés du dialoguiste Pierre Bost, éclairent le combat sous un jour très contemporain. En cette fin d'année 1945, le divorce est consommé entre de Gaulle et la Résistance intérieure. Pour le CLCF en perte de vitesse, l'échec d'une réorganisation radicale de la profession s'ajoute aux désillusions politiques. Les membres du comité sont légion dans l'équipe de *Patrie* : aux côtés de Daquin et Bost figurent le chef opérateur Hayer et surtout Blanchar, interprète du comte héroïque. En retravaillant les dialogues de Sardou et en ajoutant quelques scènes de leur cru, les

---

25. Louis Daquin, *On ne tait pas ses silences*, Paris, Éditeurs français réunis, 1980, p. 98-99.

Les usages de l'allégorie

auteurs profitent du travail de commande pour exprimer leurs amertumes. Deux séquences du film – l'une transformée, l'autre inventée – illustrent leurs intentions.

Jeux de masques

Les armées du prince d'Orange sont à quelques lieues de la ville qui prépare son insurrection. Le comte de Rysoor les rejoint pour s'entretenir avec Guillaume et son aide de camp, le très conservateur de Born :

ORANGE : Vos hommes sont prêts ?
RYSOOR : Nos portes s'ouvriront au seul nom du prince d'Orange.
ORANGE : Monsieur de Rysoor, je n'aime pas qu'on parle de moi... Il ne s'agit pas de moi.
DE BORN : Monseigneur, vous savez ce que je pense de ces scrupules... mais c'est avec des noms et des hommes qu'on soulève un peuple... Plus que des idées, il leur faut des chefs.
RYSOOR : Monsieur, le peuple aime le prince non parce qu'il est prince mais parce qu'il s'est révolté le premier. Parce qu'il a passé la frontière pour aller préparer plus loin cette guerre qui nous rendra libres
DE BORN : Non monsieur, c'est d'abord parce qu'il est prince et né pour commander.
ORANGE : Qui sait s'ils n'ont pas besoin d'aimer quelqu'un avant d'aimer quelque chose.
RYSOOR : Rassurez-vous, monseigneur, à travers vous c'est bien leur liberté qu'ils aiment, ils n'attendent rien d'autre et ils sauront très bien être ingrats plus tard [...].
DE BORN : Le combat une fois terminé, les notables de la ville ont-ils avisé au moyen d'y maintenir l'ordre ?
RYSOOR : Qu'entendez-vous par là ?
DE BORN : J'entends, monsieur, qu'un peuple victorieux doit être pris en main le soir même de sa victoire, surtout le soir même.
RYSOOR : Je ne sais pas, monsieur, quel ordre naîtra de cette victoire mais il en naîtra d'abord la liberté, avec votre permission, et pour le premier soir elle nous suffira. Quand on libère les gens monsieur, c'est bien pour leur apporter la liberté ?

DE BORN : Je me permets de marquer une légère nuance entre indépendance et liberté.
RYSOOR : Et vous avez bien raison, l'indépendance est un mot qui s'applique à un pays et c'est très bien, mais la liberté c'est fait pour chaque homme de ce pays, c'est encore mieux, et surtout nous ne pensons pas là-bas que l'un puisse aller sans l'autre.

En quelques répliques, tout est dit sur les espoirs de la Résistance et les rancœurs de l'après-guerre. Le dialogue originel de la pièce opposait Guillaume à Rysoor sur une question de pure tactique militaire[26]. Les adaptateurs donnent à la discussion un sens politique et ajoutent le personnage de l'aide de camp, dans lequel plusieurs critiques croient reconnaître Gaston Palewski, le chef de cabinet du général de Gaulle. Pour appuyer la charge, la femme du comte s'emporte contre « Guillaume le silence, ce grand chef qui fait tuer tout le monde et qu'on ne voit jamais », le prince d'Orange dont la manche est malicieusement brodée de deux étoiles[27]. On est loin des tirades empesées de Victorien Sardou par lesquelles Rysoor désigne le libérateur : « Le prince d'Orange !... Dites, monsieur le Marquis, le plus loyal, le plus noble, le plus sage et le plus valeureux citoyen de ce pays ! l'honneur des Pays-Bas !... et son salut peut-être ! [...] le prince d'Orange, notre sauveur, notre dieu [...][28] ! »

Les intentions des auteurs se précisent dans une autre séquence, inventée de toute pièce. Pour parachever la préparation de l'insurrection qui aura lieu le soir même, le comte réunit les commerçants bourgeois de la ville et les représentants du peuple (Klaes, le batteur) :

---

26. Victorien Sardou, *Théâtre complet*, t. II, Paris, Albin Michel, 1934, p. 91-99.
27. Dans le même esprit, le duc d'Albe porte un double « S » sur le revers de son col.
28. Victorien Sardou, *Théâtre complet*, t. II, *op. cit.*, p. 19 et p. 26.

Rysoor : Si je vous ai réunis c'est parce que vous représentez toutes les corporations de la ville et j'ai besoin de vous tous.
Le batteur : Nous ne demandons que des armes.
Rysoor : Vous en aurez. Grégoire n'attend qu'un ordre pour vous les distribuer.
Klaes : Alors nous sommes tous d'accord.
Le drapier : Les drapiers sont prêts à marcher eux aussi, mais il faut pas se lancer comme des fous.
Le brasseur : Le moment est-il bien choisi ?
Rysoor : Je l'ai dit et je demande qu'on me croie.
Klaes : Si on a toujours peur d'échouer...
Le drapier : Les Espagnols maintiennent ici une espèce d'ordre, demain en cas d'échec, ce sera pire. Pensons aux représailles...
Le brasseur : La liberté, nous l'aurons bien un jour, si on pouvait faire l'économie d'une insurrection.
Klaes : Ceux qui hésitent n'ont qu'à se retirer... On se passera d'eux...
Rysoor : Non. Nous avons besoin de tout le monde. Il y a quinze des nôtres qui partent à la rencontre du Prince, ils comptent sur nous et si ce peuple se dresse tout entier et obéit à ses chefs, demain il est libre.
Le drapier : Puisque vous parlez de chefs, vous voulez dire la noblesse, n'est-ce pas ?
Rysoor : Oui, et bien ?
Le drapier : Excusez-moi, mais les nobles...
Rysoor : La noblesse de ce pays s'est dressée la première... Et pour la liberté de tous.
Le drapier : Certainement... Il y a de très bons nobles, mais je ne suis pas sûr qu'il y ait une bonne noblesse.
Rysoor : Aujourd'hui, il s'agit du duc d'Albe qui piétine, qui égorge ce peuple... Aujourd'hui, au moins, nous avons quelque chose en commun : notre bourreau... Et ça suffit... Après, nous verrons... Quand la bataille sera gagnée, je veux qu'aucun de nous ne puisse éprouver la honte ou le regret de ne pas y avoir tenu sa place... Demain nos cloches sonneront. Il faut qu'elles sonnent pour tous. Il faut que tous les hommes et toutes les femmes de ce pays puissent se dire que c'est grâce à eux.

Les critiques rapprochent sans mal le soulèvement de la ville et l'insurrection parisienne. Le rôle moteur du parti communiste, soutenu par le petit peuple parisien contre l'atermoiement d'alliés peu sûrs et enclins à temporiser, émerge dans *Patrie*, sous forme d'allusions à peine voilées.

Cette rupture avec l'irénisme de l'année 1944 s'accompagne d'une imagerie épique de l'insurrection dont certains membres du CLCF ont déploré l'absence dans *La Libération de Paris*. Fidèle à son idéal de sobriété, Bost s'est employé à dégraisser la prose de Sardou. Mais Daquin, entre deux clins d'œil à *La Kermesse héroïque*, accommode à la sauce flamande le paradigme visuel des films sur la Résistance : soldatesque rudoyant les civils dans un clair-obscur à la Rembrandt, corps pendu à l'enseigne d'une maison en flammes, lent cortège des condamnés marchant au supplice... En ajoutant à la pièce une scène où les conjurés attendent la mort dans une cellule collective, en faisant psalmodier le chant de la rébellion par la foule réunie au pied du bûcher, le cinéaste marque sa fidélité à l'imagerie pieuse.

Pareille mise en scène peut-elle encore faire recette à l'heure où *Le Père tranquille* se démarque ostensiblement des clichés de l'épopée résistante ? Passée l'émotion des « premiers beaux jours », la réception de *Patrie* est contrastée et les clivages s'expriment en termes idéologiques.

Repolitisation des critiques

Neuf mois après le départ du Général, le scénario de *Patrie* et sa charge antigaulliste paraissent périmés à plus d'un critique. « Rien ne justifiait le choix de *Patrie*, affirme François Chalais, pas même le souci de faire un *Pontcarral* 46. Ses allusions au régime sont même dépassées par les hasards du tripartisme et le discours d'Épinal[29]. »

Les critiques illustrent parfaitement la marche vers l'iso-

---

29. François Chalais, in *Carrefour*, n° 115, 31 octobre 1946.

lement du PCF. L'ironie mordante de Michel Aubriant à l'encontre de Daquin s'en prend tout à la fois au parti et au CLCF :

> Qui n'a vu M. Louis Daquin, bourdonnant de plaisir, le geste avantageux, l'œil gourmand, s'ébrouer sous le prétexte de présenter à Strasbourg son dernier film, *Patrie*, aura manqué une de ces trop rares occasions où il est encore permis de s'amuser ingénument. C'est que M. Daquin, sans s'encombrer de cette fausse modestie qui est le propre des petits esprits, exprima bien clair l'estime qu'il porte à son œuvre et le prix à ses yeux d'un effort nonpareil, dont l'objet, semble-t-il, fut de prouver au monde civilisé que le cinéma français n'est point mort.
> Un cinéma tombé bien bas des *Anges du Paradis* en *L'Éternel Retour*, des *Enfants du paradis* en *La Belle et la Bête*, un cinéma moribond, un cinéma qu'il importe de nationaliser au plus tôt, sous l'éminente direction de M. Daquin pour les créateurs et de M. Blanchar pour les autres.
> Ainsi vous voilà prévenus. Il s'agit bien d'un chef-d'œuvre, historique et patriotique à la fois, avec ce je ne sais quoi de malgré soi populaire, privilège de tout artiste conscient de ses responsabilités au regard de la nation. M. Louis Daquin l'a écrit vingt fois dans les hebdomadaires à sa dévotion […]. Le préposé aux allusions, le dialoguiste […] M. Pierre Bost, n'a pas ménagé sa peine : Guillaume d'Orange, c'est tout naturellement le général de Gaulle […]. On l'a flanqué d'une sorte de Palewski, antidémocratique à souhait, et qui lui conseille à tout moment les solutions les plus radicales. Le film atteint là son point culminant. Trois ou quatre répliques bien senties sur les émigrés nous le font savoir hardiment[30].

On ne s'étonnera donc pas que le contenu du film déplaise au critique du *Figaro* qui le compare à un drapeau que l'on tenterait de faire flotter sans vent[31]. Françoise Parturier attaque de front :

---

30. Michel Aubriant, in *Essor*, 23 mai 1946.
31. Article non signé, in *Le Figaro*, 2 novembre 1946.

Le prince d'Orange devient le général de Gaulle et les bourgeois flamands se retrouvent en FTP. *Les Lettres françaises*, hebdomadaire communiste, s'en déclarent enchantées, ce qui suffit à faire comprendre qui a été le mieux servi [...][32].

L'article de Parturier vise surtout Georges Sadoul. Sous le titre « L'allusion est-elle légitime ? », le critique des *Lettres françaises* a pris vigoureusement parti pour Daquin contre les attaques d'une « certaine critique » :

> Les évidentes allusions au présent l'ont choquée. Et particulièrement cette rencontre de Pierre Blanchar et d'un libérateur plus soucieux de maintenir l'ordre établi que de chercher le bonheur du peuple [...]. Un metteur en scène a d'autant plus le droit de recourir à l'allusion, qu'il n'est pas le seul maître du choix de son sujet. Si Daquin avait eu, dans ce domaine, la même liberté qu'un romancier, par exemple, croit-on qu'il aurait été chercher son histoire chez Sardou ? Il eût certainement préféré un sujet contemporain et s'il accepta *Patrie*, c'est que cet ancien mélodrame, par sa situation, pouvait être considéré comme une grande métaphore s'appliquant à une époque que nous venons d'écrire. Veut-on interdire à un réalisateur de développer avec évidence une telle image, et l'on renforce consciemment ou non la super-censure, censure qui n'a rien à faire avec la censure officielle, et qui n'est peut-être pas sciemment voulue par les producteurs en choisissant leur sujet, ou par les scénaristes en les imaginant, mais qui tend à rejeter systématiquement du cinéma tous les sujets qui touchent à la vie exactement contemporaine. On l'a bien vu dans les films présentés à Cannes. On m'objectera *La Bataille du Rail* et *Le Père tranquille*. Mais la Résistance, c'est déjà de l'histoire.
> *Patrie*, film en costumes, se trouve être plus directement en contact, dans certains passages, avec l'actualité immédiate que *Le Père tranquille*, par exemple[33].

---

32. Françoise Parturier, in *L'Époque*, 13 novembre 1946.
33. Georges Sadoul, in *Les Lettres françaises*, n° 133, 8 novembre 1946.

Les usages de l'allégorie 251

Sadoul porte le deuil des espoirs nourris pendant la clandestinité : cet « exil hors du temps » que les résistants pensaient passager, lié aux contraintes liberticides de l'Occupation, devenait permanent dans un cinéma français retombé dans les ornières du capitalisme. Au retour du « contemporain vague », les « auteurs engagés » ne pouvaient déjà plus opposer, comme au temps de *Pontcarral*, que l'allégorie historique et la transposition littéraire. Ce qu'explique sans ambages Louis Daquin, interrogé dans *L'Humanité* sur le choix de la pièce de Sardou :

> Ce n'est pas l'idéal, je suis le premier à le savoir, mais parmi les sujets qu'on voulait bien me permettre de tourner, j'ai pris celui qui s'accordait le moins mal avec ce que je voulais faire. Le film reste d'ailleurs beaucoup trop actuel aux yeux de certains[34].

Avec *Patrie*, les débats se déplacent sur la période de Libération et les désillusions d'après-guerre. Ils s'expriment à nouveau, en décembre 1946, avec la sortie houleuse des *Portes de la nuit* de Marcel Carné.

L'hiver est venu...

En évoquant le « dur et triste hiver qui suivit le magnifique été de la libération de Paris », le scénariste Jacques Prévert aborde sans fard les reclassements politiques qui succédèrent aux espoirs de l'été 1944. Le propriétaire maréchaliste qui spécule sur le dos de ses locataires, l'ancien milicien reconverti en héros de l'ombre (Serge Reggiani), le grand bourgeois réfugié à Londres où il s'est enrichi

---

34. Louis Daquin, in *L'Humanité*, 2 octobre 1946, p. 4. Aux propos de Daquin, le critique du quotidien surenchérit : « Oui, ils n'aiment pas qu'on leur montre que l'esprit de la Résistance, la volonté farouche de liberté ont animé et animeront toujours les peuples. »

dans des affaires juteuses (Pierre Brasseur), le cheminot communiste, résistant magnanime, digne représentant d'un prolétariat héroïque et sacrifié (Raymond Bussières), constituent les pièces maîtresses d'une galerie de portraits illustrant la lutte des classes et plantée dans le quartier populaire de Barbès. La ligne de faille entre résistants et collaborateurs recoupe désormais celle des exploités et des exploiteurs. Le personnage du Destin, interprété par Jean Vilar sous les traits d'un clochard musicien, ne peut enrayer le moteur de l'Histoire qui prend sa source dans les luttes du Front populaire. Le réalisme cru de ce traité de décomposition est enchâssé dans la trame d'un conte poétique sur l'amour fatal tirant son argument d'un ballet monté quelques mois plus tôt par Roland Petit. La politisation de l'anodin livret du *Rendez-Vous* a été voulue par Prévert. L'ancien membre du Front national, très engagé dans les combats politiques du moment, l'a imposée à un Carné réticent, qui conserve l'amertume de ses démêlés avec le CLCF :

> À mon vif étonnement, [j'avais vu Prévert] mêlé, dès la Libération, à tout un monde ayant appartenu à la Résistance. Je n'aurais rien eu à dire si je n'avais senti que les conversations sur ce sujet accaparaient une grande partie de son temps, et avaient une influence certaine sur son travail. C'est ainsi que d'un ballet intemporel : *Le Rendez-Vous*, il avait imaginé une histoire d'une certaine actualité, où se heurtaient violemment collaborateurs et résistants.
> En vain avais-je tenté à plusieurs reprises de lui faire comprendre que, n'ayant pas combattu personnellement dans les rangs de la Résistance, je trouvais inconvenant de mettre en scène certains de ses protagonistes. Je n'osais pas ajouter : « Toi non plus », tant il prenait à cette époque des airs mystérieux afin de laisser supposer qu'il avait peut-être participé à des faits d'armes dont je n'avais rien su[35]...

---

35. Marcel Carné, *La Vie à belles dents*..., *op. cit.*, p. 187.

Les usages de l'allégorie

Le réalisateur des *Visiteurs du soir* et des *Enfants du paradis* entend poursuivre dans la voie du fantastique et du merveilleux qui lui a si bien réussi pendant les années noires ; son scénariste souhaite refermer la parenthèse de l'Occupation, acclimater aux temps nouveaux la matrice du populisme tragique, associer la poésie du fatum au réalisme social. La désunion politique et cinématographique du couple-phare des années 1930 tire le récit dans des directions opposées : le contraste entre « l'abstraction poétique du thème initial et l'actualité concrète et cruelle de ses développements » creuse un « fossé impossible à combler esthétiquement et dramatiquement »[36].

À cette hybridité narrative s'ajoutent la défection du couple vedette Gabin/Dietrich, remplacé par le pâle duo Montand/Nattier[37], et une mise en scène coûteuse, justifiée par la reconstitution en studio du décor de la station de métro Barbès[38]. Au moment où triomphent *Rome ville ouverte* et *La Bataille du rail* qui, chacun à sa manière, posent les jalons d'une nouvelle esthétique réaliste, l'œuvre de Carné paraît le chant du cygne d'un cinéaste dispendieux et démodé.

Les Portes de la nuit offre pourtant une belle allégorie du cinéma libéré, figé dans la quête d'un passé englouti, à l'image de Diego cherchant son Eurydice dans les bas-fonds de Barbès. La dimension orphique du film, signalée dès l'ouverture par la descente des marches de la station, est soutenue par un jeu de miroirs qui filtrent le regard du héros sur Malou. L'esthétique du chantier où les amants se retrouvent, l'espace d'une nuit, exprime la crise d'identité d'un cinéma français au sortir de « l'âge d'or ». Présenté

---

36. Pierre Billard, *L'Âge classique du cinéma français. Du cinéma parlant à la Nouvelle Vague*, Paris, Flammarion, 1995, p. 482.

37. Voir Marcel Carné, *La Vie à belles dents...*, *op. cit.* ; Edward Baron Turk, *Child of Paradise. Marcel Carné and the Golden Age of French Cinema*, Cambridge (Mass.), Harvard University Press, 1989.

38. Décor d'Alexandre Trauner. Le coût du film fut estimé par la presse à près de 120 millions de francs.

comme un *ersatz* de l'île de Pâques – ce désert hanté par d'étranges statues de pierre que les deux amants ont visité séparément avant guerre –, le chantier du père Sénéchal entrepose pêle-mêle les vestiges de bâtiments détruits : portails de fer forgé ouvrant sur le vide, statues détachées de leur socle, chaises de style dépareillées, meubles démantelés débités en bois de chauffage. Comme le montre subtilement l'historienne Jill Forbes[39], le réalisateur se réfère sciemment aux décors utopiques et exotiques du cinéma des années noires pour exprimer une tradition artistique démembrée, enfouie dans les décombres de la Libération. C'est dans ces vestiges affadis de la mythique île de Pâques que Diego et Malou tentent de remonter le temps. La caméra de Carné/Agostini épouse leur itinéraire en une série de longs travellings arrière, accompagnant l'avancée à rebours des amants entre les grilles de fer, les statues et les colonnes qui s'ordonnent soudain en une allée de lumière. Cette séquence se conclut sur la valse des feuilles mortes, composée par Kosma ; elle s'achève dans la nuit froide de l'hiver, éclairée par les phares d'une berline noire, conduite par le mari de Malou, qui préfigure sa mort imminente. Par-delà sa fonction immédiate dans le cours du récit, cette image droit sortie d'un film de gangsters américain se voulait-elle porteuse de plus funestes présages ? Au moment où Carné tourne *Les Portes de la nuit* sont signés aux États-Unis les accords Blum-Byrnes qui rouvrent, après quatre années de protectionnisme, les portes du marché français aux films hollywoodiens. Bientôt, la profession se mobilisera en masse contre ces libérateurs qui font désormais figure d'envahisseurs.

Pour l'heure, l'œuvre prophétique de Carné annonce sa propre descente aux enfers. Le cinéaste est éreinté sans nuances par une large partie de la presse qui lui reproche ses erreurs de casting, le coût du film et la poésie de pacotille

---

39. Jill Forbes, « The Liberation of the French Cinema », *French Cultural Studies*, n° 15, octobre 1994, p. 261.

Les usages de l'allégorie 255

de l'île de Pâques. Prenant prétexte de ces menus défauts, certains critiques, indisposés par la peinture de l'après-guerre, préfèrent le dédain à l'invective politique. C'est avec une mauvaise foi suspecte que Jean Fayard, qui n'a pas manqué d'indulgence pour quelques productions potagères, dénonce ce « navet » payé par le « contribuable »[40]. Parallèlement, des manifestations tapageuses sont organisées par un « bataillon d'enfants terribles » dans les salles du Marignan et du Marivaux qui deviennent les lieux d'une nouvelle bataille d'Hernani aussi « violente que dérisoire »[41]. Si l'on en croit Georges Sadoul, qui défend âprement le film[42], cette cabale servit de prétexte aux exploitants et aux distributeurs pour décréter que « leur public » était las de la guerre et soucieux d'en oublier les retombées[43].

Cette nouvelle donne explique sans doute que Jean Schapira, directeur de Ciné-France, la société de production du PCF, ait renoncé à produire *Le Massacre des innocents* de Jean Grémillon. Coécrit avec l'incontournable Charles Spaak, ce scénario en forme de triptyque s'ouvre sur l'année 1936 et couvre une décennie d'histoire[44]. Le récit retrace les destins croisés d'une famille de la grande bourgeoisie rouennaise et de deux amis ouvriers, François l'apolitique et Gérard l'homme engagé (les rôles furent écrits pour François Périer et Gérard Philipe). Le parcours de ce dernier, inscrit sous le signe de la lutte antifasciste, sert de fil rouge au scénario : après avoir combattu dans les Brigades interna-

---

40. Jean Fayard, in *Résistance-Paris-Matin*, 11 novembre 1946.

41. Jacques Potier, in *L'Étoile du soir*, 10 décembre 1946.

42. Bien qu'il achoppât sur le personnage du Destin (Georges Sadoul, « Défense des "Portes de la nuit" », *Les Lettres françaises*, n° 138, 13 décembre 1946).

43. Georges Sadoul, *Le Cinéma français, 1890-1962*, Paris, Flammarion, 1962, p. 104.

44. L'écriture du scénario fut achevée en mai 1946 ; ce document est consultable au département Arts et spectacles de la BNF (collection Grémillon).

tionales, Gérard entre précocement dans la Résistance et il combat dans ses rangs jusqu'à son arrestation. Aux côtés de ce héros taillé dans le marbre des statues communistes, les auteurs font vivre d'autres personnages qui couvrent toute la palette des comportements durant les années noires. Muets sur le pacte germano-soviétique, ils rendent compte de l'état d'esprit des Français dans les premiers mois de l'Occupation puis de la lente évolution de l'opinion jusqu'à la veille de la Libération. Le projet de film évoque aussi les camps d'internement français[45], la persécution des juifs et la déportation : la seconde époque est consacrée aux expériences concentrationnaires de Gérard et de la grande bourgeoise, tous deux internés à Bergen-Belsen. Une autre originalité du scénario réside dans sa description de la collaboration économique du patronat français. Elle débouche sur une vision désabusée de l'immédiat après-guerre : après avoir évoqué les espoirs de renouveau suscités par la Libération – arrestation du grand patron, collectivisation de l'usine par les ouvriers qui la remettent en état –, les auteurs décrivent les étapes du reflux. L'industriel ayant plaidé le double jeu est acquitté par une justice de classe acquise à la cause du capitalisme tandis que les prolétaires abandonnent leurs rêves de phalanstères et reprennent tristement le collier. Cette vision de la Libération et de l'épuration traduit le sentiment de dépossession éprouvé par Grémillon et ses camarades communistes. Dans une version intermédiaire du découpage, le procès du patron débouche sur la nationalisation de l'usine et l'image du premier avion sorti des ateliers coopératifs constitue le temps fort de l'épilogue.

Ainsi, loin de constituer un bloc monolithique, le cinéma

---

45. Grémillon s'était minutieusement documenté sur les camps d'internement français, celui de Gurs notamment, et avait conduit un travail d'enquête auprès de plusieurs survivants (voir Alain Weber, « Jean Grémillon et les "malédicteurs". Sur quatre scénarios non réalisés, 1944-1948 », *in* Geneviève Sellier (dir.), *Jean Grémillon*, numéro hors-série de *1895. Revue d'histoire du cinéma*, octobre 1997).

Les usages de l'allégorie

français des années 1944-1946 épouse les aléas et les évolutions de la conjoncture politique. À la fin de l'année 1945, certains membres du CLCF sont tentés d'exprimer leurs déceptions. La sortie de *Patrie*, un an plus tard, marque le retour des clivages partisans au sein de la critique. L'évocation de la Résistance suscitant désormais la rancœur ou l'ennui, le marché cinématographique prend acte de ce retournement. L'armée des ombres passe de mode au moment où Grémillon tente de sortir le cinéma communiste des ornières de l'allégorie. Mais si les clins d'œil partisans de Daquin irritent certains critiques, ils ne soulèvent pas de véritable tollé, *Patrie* perpétuant un système de valeurs qui fait encore l'objet d'un large consensus. La reprise de *La Grande Illusion* la même année suscite en revanche une polémique plus violente. C'est en effet un film de 1937 qui travaille à vif les blessures de l'Occupation, portant sur la place publique les débats que les cinéastes d'après-guerre ont pris soin d'éluder.

La Grande Illusion dans le rétroviseur de l'histoire

Réveil d'Anastasie

Dès le début de l'année 1945, tandis que les exploitants puisent dans le stock des films interdits sous l'Occupation, *La Grande Illusion* est soumise à la censure militaire[46]. Mais le service du capitaine Lhéritier s'oppose à la reprise du film de Renoir, jugé vichyssois, complaisant à l'égard des

---

46. Frank Rollmer, ancien administrateur des Réalisations d'art cinématographique (RAC), société productrice et distributrice de *La Grande Illusion*, crut bon de joindre à sa demande une série de lettres de résistants attestant sa conduite irréprochable pendant la guerre, sa traque par la Gestapo et l'aide qu'il apporta à un maquis de Corrèze (archives du CNC, commission de contrôle, dossier *La Grande Illusion*). *La Grande Illusion* avait été interdite par l'occupant dès le 1er octobre 1940 (AN, F 42 123).

Allemands et particulièrement inopportun à l'heure où les prisonniers français se trouvent encore sur le sol ennemi. En juillet 1945, la guerre achevée, le distributeur réitère sa demande auprès de la nouvelle commission :

> Nous espérons [...] que ces Messieurs auront un point de vue plus large et admettront qu'il ne peut y avoir de propagande pour la thèse du bon Allemand du fait que le commandant du camp (von Rauffenstein-von Stroheim) qui s'est découvert des affinités de caste et de sentiments plus grands avec son prisonnier (de Boëldieu-Pierre Fresnay) qu'il ne peut en avoir avec un simple *Feldgrau*, n'hésite cependant pas à tirer sur le premier et à le tuer. [...]
> Enfin, ce film nullement vichyssois, puisque datant de 1937, ne peut être jugé comme inédit étant donné que 75 % des Français l'ont déjà vu avant les hostilités ; il ne s'agit donc que d'une reprise et, sous aucun prétexte, on ne peut assimiler la conduite des Allemands au cours de la guerre 1939-1945 à celle des Allemands de 1914-1918, Guerre pendant laquelle il n'y a pas eu de camps de tortures semblables à ceux de Buchenwald et de Dachau[47].

Georges Huisman est peu sensible à ces arguments. En août 1945, il confie à la presse que si *La Grande Illusion* lui est soumise, il sera forcé « la mort dans l'âme, de l'interdire, car il serait indécent de montrer ce film à un public parmi lequel il peut y avoir des rapatriés de Buchenwald ou de Ravensbrück[48] ».

Six mois plus tard, la commission de contrôle fait pourtant preuve de clémence accordant le visa d'exploitation sous réserve de plusieurs coupes[49]. La première porte sur

---

47. Lettre de Henry Cayla (directeur des RAC) au capitaine Lhéritier, datée du 19 juillet 1945 (AN, F 42 123).
48. Déclaration du 24 août 1945 citée par *Paris-Matin*, 10 septembre 1946.
49. Ces coupes furent négociées avec Charles Spaak et Jean Dewalde, le fondé de pouvoir de Jean Renoir à Paris.

Les usages de l'allégorie 259

la séquence où le juif français, interprété par Marcel Dalio, réceptionne un colis de copieuses victuailles et offre à son geôlier une tablette de chocolat qui viendra améliorer le maigre ordinaire des gardiens[50]. La seconde coupe vise les manifestations d'allégresse et de déception suscitées dans le camp allemand par les communiqués annonçant la prise puis la perte de Douaumont. Est également censurée la scène où le lieutenant français (Jean Gabin) prend dans ses bras la paysanne allemande (Dita Parlo).

L'œuvre de Renoir, ainsi expurgée, est présentée au cinéma Le Normandie en août 1946. Elle est plébiscitée par le public qui lui réserve un triomphe mais suscite une violente polémique. Les partisans et les détracteurs du film s'affrontent dans la presse ; *Paris-Matin* lance une grande enquête auprès de personnalités des arts et du spectacle, invitées à s'exprimer sur l'opportunité de la reprise[51]. Le sous-secrétaire d'État à l'Information est par ailleurs assailli de lettres de protestation émanant de fédérations d'anciens déportés et internés[52]. En Alsace, comme en témoigne le directeur de l'Information de Strasbourg, un fort mouvement d'opinion s'oppose à l'exploitation du film :

> La reparution sur les écrans français du film *La Grande Illusion* a soulevé dans certains milieux de la cinématographie alsacienne une émotion assez vive. L'opportunité d'autoriser cette reparution a d'ailleurs été fortement discutée dans l'opinion publique. Elle paraît encore plus contestable dans une province comme l'Alsace qui a eu, pendant quatre ans d'annexion, une impression assez différente des Allemands que celle qui est suggérée aux spectateurs de *La Grande Illusion*.

---

50. Voir Roger Viry-Babel, « "La Grande Illusion" de Jean Renoir », *Les Cahiers de la cinémathèque*, n° 18-19, printemps 1976, p. 37-46.

51. *Paris-Matin* du 8 septembre 1946 et numéros suivants.

52. Lettre du sous-secrétaire d'État au P-DG des RAC, 10 septembre 1946, citée par *Paris-Matin*, et dossier *La Grande Illusion*, AN, F 41 2379.

Plusieurs directeurs de salles alsaciennes [...] m'ont fait connaître qu'ils sont nettement hostiles à la projection de cette bande dans les trois départements. Il n'est d'ailleurs pas improbable que cette projection, si elle avait lieu, fasse naître des incidents et des manifestations qu'il serait regrettable de voir se produire. Il me semble, pour cette raison, qu'il serait sage de ne pas conseiller la distribution de *La Grande Illusion* dans une province où le souvenir des camps de Schirmeck et du Struthof est resté tragiquement vivant dans l'esprit de la population[53].

Le secrétaire d'État fait savoir qu'il ne s'opposera pas à l'interdiction qui pourrait être prise par les préfets du Bas-Rhin, du Haut-Rhin et de la Moselle. Jugeant la commission trop indulgente, il écorne déjà les principes libéraux qui ont présidé à sa création.

Procès rétroactif d'une œuvre :
le film réinventé de Renoir

Les arguments des détracteurs du film révèlent les attentes et les interdits de la société française d'après-guerre. En 1937, lors de sa première présentation publique, *La Grande Illusion* avait recueilli les suffrages unanimes de la presse de gauche. Le film de Renoir œuvrait pour le rapprochement des peuples, démontrant « que la véritable réalité de l'Histoire ne résidait pas dans les conflits entre nations mais dans la lutte des classes, et que par conséquent, la guerre n'avait pas de raisons d'être[54] ».

Tandis que le président Roosevelt conseillait la vision du film à « tous les démocrates du monde », ce dernier était interdit dans l'Italie fasciste et dans l'Allemagne nazie. *La Grande Illusion* fut qualifiée par Goebbels d'« ennemi

---

53. Lettre du directeur de l'Information à Strasbourg au sous-secrétaire d'État à la présidence du Conseil et à l'Information, datée du 26 septembre 1946, citée par *Paris-Matin*.
54. Marc Ferro, *Cinéma et histoire...*, *op. cit.*, p. 71.

cinématographique n° 1 » : l'œuvre de Renoir « dissolvait l'élan national[55] », montrait une fermière allemande fautant avec un prisonnier français et présentait un juif sous un jour sympathique. Le personnage de Rosenthal pouvait alors apparaître comme une réponse aux calomnies antisémites de *Gringoire* et de la presse maurrassienne :

> Le Juif Rosenthal a fait la guerre comme tous les Français, il n'a pas cherché à s'embusquer ; il partage généreusement le contenu de ses colis avec ses camarades prisonniers : il partage aussi leur courage. La séquence de l'algarade avec Gabin est ressentie comme une scène d'exorcisme : instinctivement antisémite, le Français prend conscience de la nature de ses pulsions ; il les domine et comprend que son antisémitisme ne repose sur rien. Dans le climat de 1937, ce film satisfait pleinement les victimes du racisme[56].

Louis-Ferdinand Céline ne s'y trompe pas : il éructe contre le film dans *Bagatelles pour un massacre*, accusant la propagande juive d'avoir dévoilé « ses batteries »[57]. Pourtant, *La Grande Illusion* comble également les attentes de la droite nationaliste qui se reconnaît dans le personnage du capitaine français campé par Pierre Fresnay et vibre au son de *La Marseillaise* entonnée par le chœur des captifs. Dans *Candide*, Jean Fayard fait part de son admiration et de son enthousiasme, félicitant Renoir d'avoir glorifié « l'essence du nationalisme intelligent, le lien secret qui unit tous les

---

55. *Ibid.*, p. 71.
56. *Ibid.*, p. 74. Le 6 octobre 1940, le film fut interdit par Jean-Louis Tixier-Vignancourt, chef des services de la radiodiffusion et du cinéma (François Garçon, *De Blum à Pétain...*, *op. cit.*, p. 34).
57. Louis-Ferdinand Céline, *Bagatelles pour un massacre*, Paris, Denoël, 1938. Il s'attire une réponse de Jean Renoir, tout aussi cinglante, dans *Ce soir* (20 janvier 1938). Sur cette affaire, voir l'article de Jean-Paul Morel, « Réponse de Jean Renoir à Louis-Ferdinand Destouches dit Céline : Marcel Dalio dans la tourmente », *1895. Revue d'histoire du cinéma*, n° 63, printemps 2011, p. 91-102.

hommes d'un pays[58] ». Lucien Rebatet salue dans *L'Action française* le film du cinéaste honni, non sans ajouter son couplet sur le juif Rosenthal :

> Antisémite convaincu, d'instinct et, j'espère, de raison, je suis enchanté que M. Renoir ait donné à ce Juif un beau rôle. Je n'ignore pas que c'est là sans doute que l'auteur montre le bout de l'oreille. Mais je ne doute pas non plus que ce Rosenthal embarrasse force Juifs ! Rosenthal est un valeureux soldat. Oui, cela est arrivé à des Juifs [...] mais comptons les Rosenthal, les commandants Kauffmann [...]. Nous pouvons dormir tranquilles. Ce ne sont pas ces braves qu'Israël invoquera jamais ! Ils sont trop peu. Si bien que M. Renoir sert parfaitement la cause anti-juive, en amenant les spectateurs à réfléchir sur un petit problème qui leur est si souvent caché et qui appartient à la plus élémentaire arithmétique[59]. »

C'est donc avec raison que Maurice Bessy évoqua en 1937 l'« Union sacrée cinématographique[60] » autour de *La Grande Illusion*. Cette lecture plurielle s'autorisait d'un récit aux influences diverses qui sédimentait les visions successives des auteurs. Le point de départ pacifiste et internationaliste a été brouillé par les développements ultérieurs du scénario. L'engagement tardif de Erich von Stroheim et les relations privilégiées qu'il entretint avec le cinéaste français conduisirent à d'importants remaniements[61]. Dans la version initiale imaginée par Charles Spaak, le rôle du commandant allemand était réduit à sa plus simple expression. Le récit, tout entier centré sur les relations ambivalentes du couple

---

58. Jean Fayard, *Candide*, n° 692, 17 juin 1937, p. 17. Jean Fayard, comme Rebatet, s'étonne que Renoir, cinéaste vendu à « l'officine communiste », ait mis son talent au service d'une juste cause.

59. Lucien Rebatet, alias François Vinneuil, in *L'Action française*, 11 juin 1937, p. 4.

60. Maurice Bessy, in *Cinémonde*, n° 471, 28 octobre 1937, p. 956.

61. Comme le montre bien Roger Viry-Babel, « "La Grande Illusion" de Jean Renoir », art. cité, p. 45.

Les usages de l'allégorie 263

de Boëldieu/Maréchal, démontrait que les réflexes de classe primaient parfois sur l'appartenance nationale. En étoffant le personnage de Rauffenstein, en peignant les affinités électives et les solidarités de classe unissant le capitaine français au commandant allemand, Renoir et Stroheim illustraient encore la thèse de l'internationalisme. Mais, comme le note Marc Ferro, ce duo franco-allemand opacifiait le contenu idéologique du film : la complicité du cinéaste pour ses héros aristocrates introduisait un nouveau système de valeurs qui concurrençait le premier[62]. Les deux militaires de carrière expriment leur nostalgie pour un monde défunt, rythmé par les joutes des concours hippiques et les exploits d'une guerre en gants blancs. Dans *Quinze ans d'années trente*, Jean-Pierre Jeancolas souligne le dilemme du cinéaste tiraillé entre ses réflexes pacifistes d'ancien combattant et sa fascination pour les rites et le décorum d'une caste militaire qu'il côtoya pendant la Grande Guerre. « Le Renoir de 1936 qui prépare *La Grande Illusion* est fait de cette pâte complexe : pacifiste, populiste, engagé dans une gauche encore triomphante, nostalgique en même temps d'une tradition aristocratique et militaire qu'il n'a eu que le temps d'entrevoir[63]. » La droite pouvait donc faire son miel du film de Renoir, au nom d'un nationalisme dont Denis Marion s'amuse en 1946 :

> Les intentions pacifistes du scénariste et du metteur en scène en composant *La Grande Illusion* étaient assez évidentes à l'époque et pourtant, sans le vouloir, ils étaient arrivés en 1937 à ce que le public reprît en chœur le refrain de *La Marseillaise* – et Dieu sait pourtant si la France n'était pas militariste cette année-là. Je me souviens qu'un des grands directeurs de la Warner, de passage à Paris, qui était allé voir le film, revint en portant ce jugement devenu aujourd'hui incompréhensible : « Trop chauvin »[64].

---

62. Marc Ferro, *Cinéma et histoire...*, *op. cit.*, p. 73.
63. Jean-Pierre Jeancolas, *Le Cinéma des Français*, t. II, *op. cit.*, p. 217. Jean Renoir était officier de cavalerie.
64. Denis Marion, in *Combat*, 28 août 1946.

Incompréhensible en effet : sur le registre de l'exaltation patriotique, *La Grande Illusion* ne peut rivaliser avec les productions de l'immédiat après-guerre. Tandis que le chauvinisme devient vertu, d'autres valeurs du film apparaissent désormais suspectes.

Lors de la reprise parisienne, il ne se trouve nul critique pour évoquer la primauté de la lutte des classes sur le ciment patriotique. Aucun journaliste ne se hasarde non plus à vanter le pacifisme et l'internationalisme du film. Si l'armistice de 1918, passés les coups de clairons victorieux, a engendré une lame de fond pacifiste, le nouvel après-guerre s'annonce sous d'autres auspices. Pour de nombreux critiques, la « grande illusion » ne réside plus dans l'union sacrée patriotique mais dans le pacifisme et l'aveuglement munichois, primes à toutes les démissions, à toutes les trahisons. L'œuvre de Renoir est tout entière relue au prisme de l'Histoire récente.

Tout comme la censure, la presse achoppe sur la thèse du « bon Allemand ». Renoir dresse un portrait bienveillant de l'ennemi héréditaire qui déborde les seuls rôles du hobereau et de la tendre Wurtembergeoise. Si les geôliers sont tatillons avec le règlement, ils traitent leurs prisonniers avec prévenance, transmettent les colis avec une scrupuleuse honnêteté, dispensent une parole gentille, un geste de réconfort. En 1937, Dita Parlo s'était félicitée que Renoir ait fait « la part si belle » à ses compatriotes et se soit « évertué à les rendre gentils, fraternels, compréhensifs »[65].

Cette vision heurte de front la nouvelle imagerie des fictions résistantes. « Mes Allemands sont de bons Allemands », concède Jean Renoir depuis son exil hollywoodien ; il précise aussitôt : « Des Allemands d'avant une guerre où l'on s'est trop souvent misérablement conduit et où le IIIe Reich a violé

---

65. Dita Parlo interviewée par Odile Cambier, in *Cinémonde*, 10 juin 1937, p. 517.

Les usages de l'allégorie 265

les règles les plus élémentaires de l'humanité[66] ». Le cinéaste invite les spectateurs à ne pas tomber dans les pièges de l'anachronisme en confondant l'Allemagne de Guillaume II et celle de Adolf Hitler. Mais, pour ses compatriotes qui ont subi l'Occupation et connu les dernières atrocités de l'ennemi aux abois, Renoir n'est plus en phase avec son pays. En témoigne l'accueil très mitigé qu'ils réservent, un mois plus tôt, à *This Land Is Mine* (*Vivre libre*) qu'il réalisa à Hollywood en 1943, en hommage à la patrie lointaine[67]. Si *La Grande Illusion* rencontre à nouveau un vif succès auprès du public, le film avive l'incompréhension de certains critiques et suscite un télescopage des images et des souvenirs. Chacune de ses scènes en éveille une autre dans la mémoire de Georges Altman :

> Quand le vainqueur et le vaincu dînent ensemble, nous songeons à ces baignoires où de dignes officiers SS faisaient suffoquer nos camarades pour les faire avouer.
> Quand un des braves soldats allemands du film console Jean Gabin dans sa cellule, nous songeons aux assommades des détenus politiques dans les cellules de Pétain et d'Hitler pendant les années de ténèbres.
> Quand les deux prisonniers français évadés trouvent bon souper, bon gîte et le reste chez cette brave paysanne allemande de Dita Parlo, quand ils font sauter la fillette allemande dans leurs bras, je pense à mon ami Pierre, un héros, un martyr de

---

66. Extrait du texte de présentation rédigé à Hollywood par le cinéaste pour la sortie parisienne d'août 1946, cité par *Samedi-Soir*, 7 septembre 1946.
67. Certains compatriotes de Jean Renoir lui reprochent également son exil doré. Sorti en France en juillet 1946, *This Land Is Mine* est sévèrement sanctionné par le public et la critique. Cette vision fantasmée du pays natal sous la botte allemande paraît à plus d'un critique en décalage total avec l'expérience véritable de l'Occupation. La sortie du film américain de Renoir suit par ailleurs de peu la signature des accords Blum-Byrnes. Voir Laurent Le Forestier, « L'accueil en France des films américains de réalisateurs français à l'époque des accords Blum-Byrnes », *Revue d'histoire moderne et contemporaine*, n° 51, juillet-septembre 2004, p. 78-97.

la Résistance qui, évadé de Buchenwald, fut rendu aux SS par des paysans allemands[68].

« Le sang est trop proche, affirme encore l'ancien résistant. Ce n'est ni la haine, ni un étroit chauvinisme qui nous poussent à dire notre stupeur et notre indignation. C'est la mémoire[69]. » L'image de la « bonne Allemagne » est d'autant plus malvenue en 1946 qu'elle coïncide avec le revirement des Anglo-Saxons sur le sort du pays vaincu et la politique de dénazification : au nom des impératifs de la reconstruction, l'Allemagne repousse son examen de conscience, rejetant la faute sur une poignée de hauts dignitaires nazis.

Pour Henri Calef, la reprise de *La Grande Illusion* semble donc « faire partie d'une vaste campagne [...] tendant à laver l'Allemagne et les Allemands de leurs crimes » : « Il est choquant de voir sur un écran, moins de deux années après la fin de l'Occupation, des Allemands si différents de ceux que nous avons connus »[70]. Son compère Claude Heymann juge lui aussi la projection inopportune « au moment où le représentant de la France, frappant du poing sur de lourds dossiers, demande instamment aux Nations réunies au Luxembourg de ne pas oublier qu'il n'y a pas de bonne Allemagne[71] ».

Dans nombre d'articles s'exprime la volonté de placer l'Allemagne au ban des nations en réfutant tout distinguo entre le peuple allemand et les dirigeants nazis. « Croit-on que le poids des souvenirs atroces nous permette de supporter cette objectivité qui réunit dans la même humanité un peuple qui fut bourreau et les autres[72] ? » s'exclame Altman.

Cette croisade n'est pas dénuée de paradoxe chez ces anciens résistants de la gauche française, antinazis plutôt

---

68. Georges Altman, in *L'Écran français*, n° 62, 4 septembre 1946, p. 5.
69. *Id.*, in *Franc-Tireur*, 29 août 1946.
70. Henri Calef, in *Paris-Matin*, 14 septembre 1946.
71. Claude Heymann, in *Paris-Cinéma*, 27 août 1946, p. 7.
72. Georges Altman, in *Franc-Tireur*, 29 août 1946.

qu'« antiboches », qui en viennent à épouser la ligne officielle voyant dans l'hitlérisme « le fruit naturel » de l'histoire allemande et d'un expansionnisme atavique[73]. Les revendications territoriales des autorités françaises et leur volonté d'anéantir définitivement le pays vaincu nourrissent la vision d'une Allemagne éternelle, arrogante et conquérante : les tares de la race germanique l'emportent sur tout autre élément pour expliquer l'avènement et les crimes du nazisme.

La Grande Illusion pèche encore par la célébration d'une fraternité franco-allemande particulièrement malvenue après quatre années de collaboration. Pour certains critiques, le film apporte une justification rétrospective à tous ceux qui ont pactisé avec l'ennemi. « Cette histoire, écrit encore Altman, permettra à tous les collaborateurs mal repentis, à tous les imbéciles et à tous les lâches de dire en pleurnichant avec sensibilité : "Vous voyez bien ! Ils étaient si corrects..."[74]. » Et Paul Éluard d'ajouter : « Je suppose que les collaborateurs d'hier feront bloc, cette fois exceptionnellement, contre la censure[75]. » Certains critiques suggèrent perfidement que l'attitude de Pierre Fresnay sous l'Occupation éclaire rétrospectivement son emploi dans *La Grande Illusion*.

Plus que le dédouanement des collaborateurs, Henri Calef craint que le film ne porte atteinte à la cohésion nationale :

> Une certaine catégorie d'officiers s'est jetée avec joie dans la collaboration. La sortie de *La Grande Illusion* ramène l'attention sur ces faits. Ce faisant, elle contribue à aggraver les dissensions entre Français. En même temps qu'elle tend à aplanir les obstacles entre les Allemands et nous. C'est là une propagande doublement néfaste et c'est une position bizarre que prend, par l'entremise de la censure, le gouvernement français[76].

---

73. Jean-Pierre Rioux, *La France de la IVe République*, t. I, *op. cit.*, p. 124.

74. Georges Altman, in *Franc-Tireur*, 29 août 1946.

75. Paul Éluard, in *Paris-Matin*, 8 septembre 1946.

76. Henri Calef, in *Paris-Matin*, 14 septembre 1946.

Ainsi, les réactions suscitées par la reprise du film de Jean Renoir révèlent en creux l'union sacrée patriotique de la société française d'après-guerre. Elles pointent aussi les ambivalences des adversaires de *La Grande Illusion*, partagés entre la volonté de purger la France d'une idéologie et le désir inavoué d'épurer la mémoire collective.

En supprimant la scène d'amour entre le militaire français et la paysanne wurtembergeoise, les censeurs jettent un voile pudique sur certains épisodes humiliants du proche passé. Au souvenir des « collaboratrices horizontales » se mêle celui des prisonniers français affectés aux Kommandos qui ont pris la place des Allemands dans les campagnes et les ont parfois remplacés « dans les lits des fermières[77] » : certains rentrent de captivité au bras d'une compagne allemande, suscitant l'indignation de leurs compatriotes. L'évocation des prisonniers constitue par ailleurs une double gêne morale dans la France renaissante de la Libération : ils ravivent le souvenir cuisant de la défaite et souffrent d'avoir été placés si longtemps sous le patronage du maréchal Pétain[78].

Cette oscillation constante entre l'épuration idéologique et l'occultation du passé transparaît encore dans les accusations d'antisémitisme à l'encontre du film. En 1937, le portrait de Rosenthal pouvait être opposé aux caricatures haineuses de la droite xénophobe ; en 1946, il semble surtout contaminé par les poisons d'une propagande nazie qui a conduit au génocide. La figure du juif apatride, naturalisé de fraîche date mais déjà enrichi dans la finance et la couture, qui projette

---

77. Voir Fred Kupferman, *Les Premiers Beaux Jours…*, *op. cit.*, p. 194.
78. Voir Yves Durand, *La Vie quotidienne des prisonniers de guerre dans les stalags, les oflags et les kommandos, 1939-1945*, Paris, Hachette, 1987, p. 14-15 ; Gérard Namer, *Batailles pour la mémoire…*, *op. cit.*, p. 158. Ce malaise s'inscrit en creux dans les actualités françaises de la période septembre 1944-juin 1945 (Sylvie Lindeperg, *Clio de 5 à 7…*, *op. cit.*, p. 156-171).

Les usages de l'allégorie

de s'évader dans le seul but de protéger ses châteaux et ses terres, épouse la rhétorique antisémite. Dans la scène coupée par la commission de contrôle, Rosenthal se singularise de ses codétenus par son statut de privilégié et sa propension à pactiser avec l'ennemi ; les censeurs ont jugé qu'il serait indécent, après Auschwitz et Treblinka, d'autoriser cette image de fraternité entre un détenu juif et ses geôliers. Cet appel incantatoire au souvenir des victimes a quelque chose de paradoxal : la mémoire des camps d'extermination est une mémoire muette, ou plus exactement aveugle, le cinéma français s'en étant pudiquement détourné.

La presse de 1946 critique vertement la séquence de dispute entre Rosenthal et Maréchal, et tout particulièrement la célèbre harangue : « J'ai jamais pu blairer les juifs ! » L'algarade n'a plus rien d'un exorcisme ; elle rappelle fâcheusement l'antisémitisme qui travailla en profondeur la société française. Car l'enthousiasme des critiques de 1937 peut rétrospectivement poser problème : il témoigne d'une familiarité suspecte avec des stéréotypes que le cinéma a contribué à banaliser tout au long des années 1930.

Yves Allégret a donc beau jeu d'ironiser sur les réactions vertueuses des pourfendeurs du film. Rappelant que *La Grande Illusion* fut tournée quatre ans après l'avènement de Hitler, le cinéaste s'étonne que les critiques n'aient pas alors fait preuve de la même vigilance :

> Les arguments qui sont actuellement fournis par les gens qui sont contre la projection du merveilleux film de Renoir eussent été aussi valables en 1937. Je ne veux pas croire en effet que ceux-là qui criaient au chef-d'œuvre à cette époque étaient sans savoir ce qui se passait en même temps dans l'Allemagne nazie. À les entendre, il semblerait que la révélation des méthodes hitlériennes ne leur fut apportée qu'avec l'occupation de la France. Or, en 1937, il fallait se boucher les oreilles pour ignorer Dachau, les pogroms et l'interdiction de penser, et se boucher les yeux pour ne pas lire un de ces numéros du *Sturmer* dont

nous ne devions pas tarder à connaître les petits frères sous la forme du *Pilori* et de *Je suis partout*[79].

En soulignant la cécité de la société d'avant-guerre, Allégret relève l'ambivalent travail de mémoire des Français. La communauté nationale n'est pas prête à un examen de conscience approfondi et les réalisateurs de la Libération ne lui en offrent guère l'occasion. Que les blessures du passé aient été avivées par un film de 1937 en dit long sur le consensus historiciste du cinéma libéré.

---

79. Yves Allégret, in *Paris-Matin*, 13 septembre 1946.

Conclusion du livre premier

Le cinéma écran

> L'essence d'une nation est que tous les individus aient beaucoup de choses en commun, et aussi que tous aient oublié bien des choses[1].
> Ernest Renan

Sur les écrans de la Libération, les années de guerre et d'Occupation apparaissent comme un événement rétréci et diffracté. Dans le vaste réservoir de sujets offerts par la période, les cinéastes portent leur dévolu sur les faits d'armes de la Résistance.

Une Résistance à géométrie variable

« Dans deux ans, [*Au cœur de l'orage*] n'aura plus la même valeur » ; « dans les circonstances présentes, il est indispensable que nous ayons en main, sans plus attendre, cet important document sur la lutte clandestine » ; « dans quelques années, quand cette période sera devenue historique, toutes les élucubrations seront permises »[2]. Au fil des réunions et des correspondances du Comité de libération et de la Commission militaire s'esquissent les contours d'une période flottant encore entre l'actualité et l'Histoire. L'importance

---
1. Ernest Renan, *Qu'est-ce qu'une nation ?*, Paris, Pocket, 1992, p. 42.
2. Réunion du CLCF du 10 novembre 1944 ; lettre du service cinématographique de la CMN à Jean-Paul Le Chanois, 26 juin 1945, Bifi, LC 09B3 ; note de Vercors à la CMN, Bifi, LC 09B3.

accordée par la Résistance à sa propre image se fonde sur le double désir d'en fixer durablement la mémoire et d'en tirer un profit immédiat.

La concurrence entre le CLCF et le Service cinématographique de l'armée témoigne d'une volonté commune de percevoir les dividendes du combat. Par un effet de miroir, chacun distribue les rôles à son profit, révise l'Histoire à son avantage. Émancipé de toute contrainte financière et commerciale, le SCA est le plus efficace à ce jeu ; mais il sert moins systématiquement de Gaulle que l'armée française et ne trouve guère son public.

Plus étagée dans le temps, la production du CLCF reflète la dégradation des relations entre le général de Gaulle et la Résistance intérieure. De *La Libération de Paris* au scénario de *Pour que vive la France*, le cinéma d'inspiration communiste s'achemine vers une époque où l'union n'est « plus une illusion partagée mais déjà un combat[3] ». En 1946, dans la sphère commerciale réinvestie par d'anciens membres du CLCF, s'expriment les premières désillusions et les stratégies de rupture. Sous le masque de l'allégorie (*Patrie*), les atours du conte poétique (*Les Portes de la nuit*), les repentirs d'un épilogue (*Le Massacre des innocents*) apparaissent les lézardes qui briseront bientôt le miroir d'une Résistance unie. Mais le projet de Grémillon ne peut aboutir et cet échec sonne le glas d'une époque. Les distributeurs et les producteurs, qui ont exploité les drames de l'Occupation et la mode des maquis, décrètent que leur public est las de la Résistance et soucieux de tourner la page de la guerre. Par-delà leurs différences, les films de la Libération ont offert aux Français une histoire en trompe-l'œil, manichéenne et sanctificatrice, toute nimbée de légendaire.

---

3. Anne Simonin, *Les Éditions de Minuit...*, *op. cit.*, p. 156.

L'essence de la nation

Le mythe, selon Eliade, Barthes et Sorel, remplit une triple fonction : explicative, mystificatrice et mobilisatrice. On retrouve ces attributs dans le cinéma libéré qui ordonne le chaos des événements en une écriture sélective et simplificatrice, impose l'image d'une France massivement héroïque, ressoude la communauté nationale délitée. Le cinéma institutionnel cicatrise les blessures narcissiques de la nation. Il réinscrit la Seconde Guerre mondiale dans la grande tradition d'une France victorieuse sur l'ennemi d'outre-Rhin. Il érode les singularités du conflit et tente d'effacer des mémoires le régime de Vichy.

Les films réalisés sous l'égide du CLCF ou de la CMN ne se privent pas de brocarder la Révolution nationale et les traîtres de la collaboration. Mais ils nient les assises populaires du régime défunt. Face au peuple en armes, dressé, debout, Vichy se réduit à un gouvernement de fantoches, sans légitimité, conduit par un maréchal de France à l'« ambition sénile[4] ».

Les fictions commerciales ont pour principale visée de satisfaire les demandes du marché et de flatter les spectateurs. Elles cristallisent un imaginaire de la Résistance, né aux jours sombres de l'Occupation : « Les sabotages, les embuscades, les coups mortels portés à l'ennemi, la personnalité héroïque des chefs, transfigurés par la rumeur, donnent naissance à des récits épiques et à des stéréotypes qui vont rester dans les mémoires[5]. » Mais en jouant la carte du rocambolesque, ces films produisent du passé une fiction objectivement récusable. Les auteurs de *Jéricho* le comprennent, qui invitent leur public à s'interpeller sur le

---

4. Commentaire du film *Dix minutes sur les FFI* d'André Michel (CMN, 1944).
5. Pierre Laborie, *L'Opinion française sous Vichy*, Paris, Seuil, 1990, p. 300-301.

mode du vrai non sans lui faire entendre « la leçon de son propre héroïsme[6] ». *Jéricho* est aussi la seule fiction qui fait allusion à l'antisémitisme français, limité à un personnage repoussoir et caricatural ; il est jugé autrement dérangeant dans la bouche du sympathique Maréchal de *La Grande Illusion*... *Un ami viendra ce soir* réserve la haine des juifs aux seuls nazis. Jacques Companeez et Raymond Bernard valorisent l'aide apportée par ses compatriotes à la jeune Hélène qui clame son attachement à la patrie. Les cinéastes et scénaristes victimes des lois antisémites de Vichy sont ainsi nombreux à exprimer le désir d'une patrie fantasmée, solidaire et virginale, qui préserve le lien organique les unissant à la France[7].

La quête fusionnelle d'un « acteur collectif réconcilié[8] » constitue sans doute le trait marquant du cinéma libéré. Les récits privilégient des groupes de combattants unis dans la lutte pour le bien commun, sacrifiant leur vie pour la liberté de tous, reconquérant la patrie profanée. Cette écriture collective du grand roman national est portée par des pratiques collégiales et des groupes soudés autour d'une même communauté de valeurs. Les films réalisés pendant cette période reflètent l'imaginaire social de la Libération décrit par Pierre Laborie : les mots et les images privilé-

---

6. Pierre Nora, « Gaullistes et communistes », *in* Pierre Nora (dir.), *Les Lieux de mémoire*, vol. 3, t. I, *op. cit.*, p. 361.

7. Pour Nina Companeez, Raymond Bernard faisait partie de ces juifs français assimilés de très longue date qui furent stupéfaits de se trouver soudain désignés comme juifs alors qu'ils se sentaient si français (*Jacques Companeez scénariste*, bonus du DVD d'*Un ami viendra ce soir*, Studio Canal, 2006). On retrouve dans les récits d'anciens déportés écrits à la même époque cet attachement indéfectible à la patrie et cette volonté de taire les persécutions du régime de Vichy. Voir l'ouvrage de référence d'Annette Wieviorka, *Déportation et génocide. Entre la mémoire et l'oubli*, Paris, Plon, 1992.

8. Mona Ozouf, « L'hier et l'aujourd'hui », in IHTP, *La Mémoire des Français. Quarante ans de commémoration de la Seconde Guerre mondiale*, Paris, CNRS Éditions, 1986, p. 18.

Le cinéma écran 275

gient les vertus du refus et de la lutte, la symbolique de la verticalité et de la virilité, l'image d'une France « debout, droite, dressée » qui laisse peu de place aux victimes et aux vaincus[9]. Ce consensus historiciste maintient les déportés et les prisonniers dans l'ombre portée des héros résistants.

L'écran aveugle

Le cinéma de fiction se désintéresse des rapatriés des Stalags et des survivants des camps. Pour les producteurs d'après-guerre, le sujet n'est sans doute pas un tabou mais il ne constitue en aucune façon un enjeu.

Les prisonniers de guerre représentent cependant une force électorale que ne négligent ni le PCF, ni les pouvoirs publics. Entre décembre 1944 et avril 1945, les actualités filmées préparent l'opinion à leur retour; à compter du mois de mai, elles veulent les convaincre que tout a été mis en œuvre pour les accueillir dignement. Le ministère Frenay et les services américains d'information confient à Henri Cartier-Bresson la réalisation du film *Le Retour*[10]. Ce court métrage commenté par Claude Roy est un hymne à la France unie, ouvrant grand les bras à ses fils libérés. Sur l'arrière-fond sonore de *La Marseillaise*, le récitant évoque « les trains de la joie » arrivant en gare d'Orsay sous l'œil ému des familles qui n'ont jamais cessé d'attendre. Le rapatriement des vaincus de 1940 associés aux victimes du système concentrationnaire se trouve reconverti en victoire :

---

9. Pierre Laborie, *Les Français des années troubles. De la guerre d'Espagne à la Libération*, Paris, Seuil, « Points Histoire », 2003, p. 63. Pour une analyse en terme de « genre » du cinéma occupé et libéré, voir Noël Burch et Geneviève Sellier, *La Drôle de guerre des sexes du cinéma français, 1930-1956*, Paris, Nathan Université, 1996.

10. Henri Cartier-Bresson figure au générique comme conseiller technique. Les prisonniers se chargèrent eux-mêmes d'évoquer la vie quotidienne derrière les barbelés. Les anciens de l'Oflag XVII A en firent le récit dans *Sous le manteau*, réalisé à partir d'images qu'ils avaient tournées clandestinement pendant leur captivité.

« Hommes des peuples libres, combattants, c'est pour cette minute que vous vous êtes battus, que vous avez saigné, que vous avez vaincu, votre victoire la voici. » En mêlant les images de la libération des camps à celles des prisonniers et des requis du STO, les auteurs suivent à la lettre le discours unifiant du ministre Frenay[11]. Si *Le Retour* ménage une place infime aux déportés, il élude le sort des juifs exterminés.

Les Actualités françaises font de même au printemps 1945 en dévoilant les images de l'ouverture des camps tournées par les Alliés occidentaux. Survivants décharnés et hébétés, amoncellements de cadavres, gigantesques fosses communes, ces premières visions de la mort de masse prises à Bergen-Belsen, Buchenwald, Dachau marquent durablement l'imaginaire collectif. Mais le choix des camps et l'orientation des commentaires centrés sur la figure du déporté résistant maintient le génocide des juifs dans l'inexprimé[12]. Les reportages de la presse filmée – où se mêlent les voix des communistes et des pouvoirs publics – circonscrivent la déportation dans le cadre étroit de la Résistance. Comme les deux faces d'une même médaille, la tragédie doit être le pendant de l'héroïsme, la conséquence d'un choix et d'un engagement.

Ce grand récit national célébrant une France dressée, virile et victorieuse, qui enrôle les victimes sous sa bannière héroïque, ne résiste pas à l'agenda sociopolitique de la IVe République.

---

11. Voir Annette Wieviorka, *Déportation et génocide...*, *op. cit.*, p. 31-77.
12. Voir Sylvie Lindeperg, *Clio de 5 à 7...*, *op. cit.*, p. 155-209.

LIVRE SECOND

REPRISES ET REFONDATIONS

> Le propre des mythes [...] n'est-il pas d'évoquer un passé aboli, et de l'appliquer, comme une grille, sur la dimension du présent, afin d'y déchiffrer un sens où coïncident les deux faces – l'historique et la structurelle – qu'oppose à l'homme sa propre réalité[1] ?
>
> Claude Lévi-Strauss

Dès 1947, les combattants de l'ombre désertent les écrans. Cette éclipse dure jusqu'au retour du général de Gaulle qui marque la renaissance du « film de Résistance ». Par ses usages du passé, le cinéma, sensible aux scansions politiques, suit les jalons de l'histoire institutionnelle.

À la Libération, les milieux politique et cinématographique s'étaient tout entiers structurés autour de l'axe de la Résistance : les prises de bénéfices et les excommunications se fondaient sur l'examen des comportements durant l'Occupation ; la guerre projetait sur la France son ombre immense. Ce lien organique se distend à la faveur de la guerre froide et des conflits coloniaux : les tensions internationales et les crispations nationales redistribuent les cartes, dénoncent les

---

1. Claude Lévi-Strauss, « Leçon inaugurale au Collège de France », 5 janvier 1960, cité par Jean Pivasset, *Essai sur la signification politique du cinéma. L'exemple français de la Libération aux événements de Mai 68*, Paris, Cujas, 1971, p. 282, note 37.

anciennes alliances, brouillent le legs de la Résistance. Dans les années 1960 enfin, le règne du général de Gaulle sait réenchanter l'Histoire et redonner vie à la « reine morte » ; le cinéma est à nouveau sensible à ses charmes.

Mais l'écoulement du temps modifie en profondeur l'image d'une guerre qui s'éloigne des rives du présent. Entre retour du refoulé et rêverie nostalgique, le passage des années favorise des effets de décantation dont les films des années 1947-1969 portent la trace. À l'orée des années 1960 s'amorce aussi un renouvellement de génération qui voit les rejetons de la guerre s'emparer à leur tour des années noires et les revisiter au prisme de leurs souvenirs d'enfance.

Pour rendre compte de ces variables et de ces évolutions, les chapitres qui suivent diversifieront les focales et les angles d'observation : des plans d'ensemble du paysage cinématographique alterneront avec des zooms sur les œuvres les plus emblématiques de chaque période.

QUATRIÈME PARTIE

La grande désillusion

Entre 1947 et 1957, la Seconde Guerre mondiale n'inspire plus qu'une trentaine de films et les héros résistants n'y sont pas légion[1]. Ce reflux épargne les combattants de la France libre qui n'ont guère eu jusqu'ici les faveurs de la fiction.

Le cinéma de la IVe République s'inscrit sous le signe d'un désenchantement aggravé par les tensions de guerre froide. Après le renvoi des ministres communistes du gouvernement Ramadier et la création du RPF au printemps 1947, les deux grands héritiers de la Résistance se trouvent exclus du pouvoir. Le monde politique se restructure autour de l'anticommunisme et la croix de Lorraine devient le symbole d'une nouvelle rébellion. L'image et la mémoire de l'armée des ombres se dégradent sous le coup de violentes attaques : des procès sont intentés contre d'anciens FTP parmi lesquels l'emblématique Guingouin ; le colonel Rémy lance sa croisade pour la réhabilitation du vieux Maréchal, suscitant l'émergence d'un néovichysme[2]. La référence à la

---

1. Le champ littéraire connaît le même reflux : « À partir du printemps 1946, on enregistre un net désintérêt du public concernant toutes les publications ayant trait à la guerre. » (Anne Simonin, *Les Éditions de Minuit...*, *op. cit.*, p. 282.)

2. Fred Kupferman, *Les Premiers Beaux Jours...*, *op. cit.* ; Henry Rousso, *Le Syndrome de Vichy...*, *op. cit.* ; Paul-Marie de La Gorce,

lutte clandestine devient une pomme de discorde, jusque dans les rangs du PCF. Les communistes venus de la Résistance, comme André Marty et Charles Tillon, affrontent la haute direction du parti formée par des hommes d'appareil soudés autour de Maurice Thorez[3]. La lutte interne se précise pendant l'année 1948 et tourne au désavantage de la « mouvance résistante » qui subit une série de revers.

L'onde de choc de la guerre froide n'épargne pas le champ cinématographique. En 1950, la Fédération Force ouvrière des spectacles affirme que l'IDHEC est une « pépinière » de staliniens[4] ; les journaux *Objectif* et *Carrefour* orchestrent une campagne contre l'infiltration du Centre national de la cinématographie par des « agents communistes ». Au CNC, Raymond Le Bourre, « le Joseph McCarthy du cinéma français[5] », est à la manœuvre. Quelques semaines plus tard, le secrétaire d'État Raymond Marcellin révoque Pierre Bloch-Delahaie et Claude Jaeger[6]. La même année, Pierre-Henri Teitgen passe à l'offensive contre la commission de contrôle ; prenant prétexte d'une affaire anodine, il révoque Georges Huisman, trop proche du PCF depuis la Libération et président

---

Naissance de la France moderne, t. I, *L'Après-Guerre, 1944-1952*, Paris, Grasset, 1978. Sur la série de procès qui firent les gros titres de la presse dans les années 1948-1950, voir AN, 72 AJ 1895.

3. Stéphane Courtois, « Luttes politiques et élaboration d'une histoire : le PCF historien du PCF dans la Seconde Guerre mondiale », *Communisme. Revue d'études pluridisciplinaires*, n° 4, décembre 1983, p. 5-25 ; *id.*, *Le PCF dans la guerre. De Gaulle, la Résistance, Staline*, Paris, Ramsay, 1980, p. 475-478 ; Annie Kriegel, *Les Communistes français dans leur premier demi-siècle*, Paris, Seuil, 1985, p. 134 *sq.* ; Annette Wieviorka, *Maurice et Jeannette. Biographie du couple Thorez*, Paris, Fayard, 2010, p. 468-471.

4. Frédéric Hervé, *La Censure du cinéma en France à la Libération...*, *op. cit.*, p. 84, et Patricia Hubert-Lacombe, *Le Cinéma français dans la guerre froide*, Paris, L'Harmattan, 1996, p. 105.

5. Selon l'expression de Patricia Hubert-Lacombe, *ibid.*

6. L'ancien FTP Claude Jaeger occupait la fonction de sous-directeur de la production.

de l'association France-URSS[7]. Le démocrate-chrétien Michel Fourré-Cormeray est lui aussi suspecté de complaisance à l'égard des communistes : en juillet 1952, cet ancien résistant est limogé de la direction du CNC[8]. Quelques mois plus tard, le ministre de l'Information confie une enquête à ses services dans le but d'écarter Roger Mercanton de la direction des *Actualités françaises* ; mais sa manœuvre fait long feu et le militant communiste demeure à la tête de la presse filmée[9].

Tandis que l'administration publique du cinéma est secouée par les purges, le milieu professionnel assiste au retour d'anciens épurés. Certains, comme Clouzot, se penchent à leur tour sur la guerre et la Libération. De leur côté, les groupes qui ont forgé les premiers récits héroïques du passé se détournent peu à peu du sujet. Le Service cinématographique des armées explore les nouvelles frontières de l'actualité et se recentre sur les conflits coloniaux[10]. L'armée prête encore son concours aux réalisateurs d'épopées militaires sur la France libre qui font opportunément l'éloge de la grande muette. La Coopérative générale du cinéma français, soucieuse

---

7. Sa femme Danielle Huisman se trouvait à la direction de l'Union des femmes françaises. Le piège est déclenché lorsque la commission accorde un visa tout public à une comédie anodine, *Plus de vacances pour le bon Dieu*. Teitgen exige de Huisman qu'il revienne sur cette décision ; ce dernier ayant refusé, il est démis de ses fonctions et remplacé par le conseiller Jean Savin. Voir Laurent Garreau, *Archives secrètes du cinéma français, 1945-1975*, Paris, PUF, 2009, et Frédéric Hervé, « Les enfants du cinématographe… », thèse citée, p. 69.

8. Michel Fourré-Cormeray est remplacé par Jacques Flaud (secrétaire du MRP) jusqu'en octobre 1959, date à laquelle il retrouve son poste (Jean Pivasset, *Essai sur la signification politique du cinéma…*, *op. cit.*, p. 109-110).

9. Voir Sylvie Lindeperg, *Clio de 5 à 7…*, *op. cit.*, p. 64-66.

10. Le SCA (devenu Service cinématographique des armées depuis juillet 1946) produit encore en 1947 un documentaire sur Leclerc, réalisé par les anciens de la 2e DB. Commencé du vivant du général – qui ouvre le film en grand uniforme pour rendre hommage « aux camarades tombés pour la Libération » – le documentaire, intitulé *Leclerc*, est achevé peu après la mort accidentelle du héros de Koufra. Le film retrace toutes les étapes du parcours glorieux.

de diversifier ses sujets, amorce une difficile reconversion obscurcie par les préoccupations financières. Souffrant d'une faiblesse structurelle qui la rend dépendante des distributeurs, elle devient particulièrement fragile dans un contexte qui ne joue plus en faveur des anciens membres du CLCF. À partir de 1949, elle se voit « couper progressivement les crédits bancaires[11] ». Les derniers avatars du documentaire *Au cœur de l'orage* illustrent ses déboires et le climat d'affrontement qui se fait jour dès l'année 1947.

---

11. Louis Daquin, *On ne tait pas ses silences*, *op. cit.*, p. 69.

Chapitre 9

Le cinéma entre en guerre froide

La nouvelle bataille du Vercors

Remis sur les rails après plusieurs mois d'enlisement, *Au cœur de l'orage* est à nouveau la proie de vents contraires : tandis que le réalisateur raidit ses propos pour complaire aux communistes, l'Amicale des pionniers du Vercors fait entendre sa voix.

Le ton du partisan

Pendant l'été 1947, Jean-Paul Le Chanois, aidé de sa femme Emma, procède à un nouveau montage qui retrace l'ensemble du conflit sur tous les théâtres d'opération. Il le fait d'une manière très partiale. Pour évoquer la naissance de la France libre, le réalisateur se contente d'une carte d'Angleterre, du plan d'un soldat français et de la silhouette du général de Gaulle passant ses troupes en revue. Le commentaire est elliptique : « Hors des frontières métropolitaines, à l'étranger, dès le premier jour, des Français aussi faisaient leur devoir. » Cette parcimonie est maintenue tout au long du film : quelques images de Bir Hakeim, de la campagne d'Italie, du débarquement de Provence rappellent les combats des « soldats français » ; jamais le récitant ne prononce l'expression « France libre », ne nomme les généraux de Gaulle, Leclerc, Kœnig, de Lattre, ni ne mentionne leurs armées et leurs divisions. La séquence sur la libération de

Paris témoigne du chemin parcouru depuis le film du CLCF auquel elle emprunte ses images : la journée triomphale du 26 août est illustrée par les seuls plans de la foule en liesse qui acclame un libérateur invisible. Le Chanois fait preuve du même ostracisme à l'encontre des Alliés occidentaux. La balance du film penche ostensiblement en faveur de l'URSS : les nombreuses images du front russe, sublimées par les chœurs de l'armée Rouge, illustrent la lutte opiniâtre du peuple soviétique ; le rôle des troupes anglo-américaines est réduit à sa plus simple expression. Le film se termine sur un couplet de circonstance contre le réarmement de l'Allemagne : la France, « envahie trois fois en soixante-dix ans […], ne veut plus revoir la Ruhr et la Sarre redevenir l'arsenal du pangermanisme ». Cette nouvelle version est présentée en août 1947 aux membres de la Coopérative et à d'anciens FTP.

Les communistes réservent au film un accueil chaleureux. Certains regrettent toutefois qu'il demeure insuffisamment partisan. Yves Moreau, rédacteur en chef de *France d'abord*, l'organe des FTP, assure Le Chanois d'un compte rendu élogieux mais il formule quelques réserves « à titre individuel et confidentiel » :

> Je crois qu'il aurait été bien tout au moins de suggérer au spectateur, que la tactique et la stratégie des dirigeants du Vercors étaient fausses, qu'elles procédaient de l'attentisme prêché à la radio de Londres et que, pour agir avec plus de sécurité, et surtout *plus efficacement*, il fallait faire la guérilla, comme les FTP. Certaines images, comme celles où l'on voit les gars du Vercors étaler des cartes sur une couverture et faire une « patience », se prêtent à de telles réflexions ; mais j'aurais souhaité qu'elles soient davantage mises en relief.
> Peut-être aussi le film met-il trop en vedette la BBC et *Les Français parlent aux Français*, alors qu'il ne montre que très peu – sauf les images muettes de Rol et de Fabien – les dirigeants de l'action sur le sol national. Quelques photographies de tracts et de journaux clandestins, avec deux ou trois passages bien choisis, auraient pu remédier à cela.

Après ce qui a été révélé à l'occasion du complot contre la République, les photos flatteuses de Kœnig, en Afrique, me semblent inopportunes.
Par contre, il aurait été bien, je crois, de parler de la 1re Armée Française sans citer De Lattre – mais en soulignant l'apport des FFI et leur rôle au sein de la 1re Armée. Ce sont les hommes de Fabien qui, les premiers, ont franchi le Rhin (si j'ai bien fait attention, les mots : « 1re Armée Française » ne figurent pas dans le commentaire et cette omission est de nature à choquer inutilement des Anciens Combattants de cette Armée).
Enfin, peut-être vous aurait-il été possible d'insister un peu plus sur l'Insurrection Nationale et son importance pour la stratégie générale des Alliés[1].

On imagine la réaction de l'Amicale si le cinéaste avait suivi ces conseils… En décembre, les anciens du Vercors prennent connaissance du documentaire qu'ils ont visionné jusqu'ici par fragments, en version muette. Henri Ullmann proteste aussitôt contre la présentation tendancieuse du maquis :

Nous avons tous été émus de la tendance politique qui a été indiscutablement donnée au film que vous avez produit ; elle contredit ce qu'était la Résistance en Vercors, et donne, en conséquence, une impression inexacte de cette partie de la Résistance Française. Un observateur impartial qui nous a accompagnés a eu la même impression et a été, en ce qui le concerne, particulièrement choqué de la présentation de notre activité sous l'enseigne *Francs-tireurs et partisans*, auxquels notre formation du Vercors n'a jamais appartenu.
Nous ne pouvons, en conséquence, tolérer tant au nom de ceux qui ont sacrifié leur vie dans ces combats, que des survivants qui se réunissent pour rappeler leurs camarades au cours des années d'oppression, que notre film soit projeté sous cette forme partisane[2].

---

1. Lettre d'Yves Moreau à Jean-Paul Le Chanois, sur papier à en-tête de *France d'abord*, 2 août 1947, Bifi, LC 09B3.
2. Les mots en italiques sont en lettres capitales dans le texte original. Lettre d'Henri Ullmann à la Coopérative, 4 décembre 1947, Bifi, LC 09B3.

On se souvient que Le Chanois, pour satisfaire le CLCF, a ajouté un développement sur les FTP qui précède l'évocation des maquis. Cette articulation peut certes créer une confusion ; *Au cœur de l'orage* n'annexe pas pour autant le Vercors sous la bannière communiste. Mais Ullmann n'en démord pas, menaçant d'employer « tous les moyens, y compris légaux », pour bloquer la sortie du film si de substantielles modifications ne sont pas apportées.

Le Chanois réplique sur le terrain de la vérité historique. Il y mêle des allusions personnelles qui enveniment une relation déjà hautement conflictuelle :

> Je pense que vous êtes abusé ou obnubilé par des influences que j'ignore et qui me paraissent inexplicables, et que vous faites vous-même ainsi cette politique que vous reprochez aux autres. Ce film n'a pas d'autre but que de servir la France. L'attaquer c'est attaquer la France, attaquer la Résistance, son esprit, son unanimité forgée dans le sang, la souffrance et les larmes. Cette unanimité on la retrouve tout au long du film. C'est objectivement et impartialement qu'on y trouve réunis et rassemblés le maquis du Vercors et les Glières, la résistance civile et militaire, les villes et les campagnes, les actions des Francs Tireurs et le rôle de l'AS, les intellectuels et les ouvriers, les civils et les soldats, les hommes et les femmes […].
> Alors ? Alors, M. Ullmann, je ne comprends pas.
> Vous savez que ce film n'est pas pour moi une « affaire ». Bien au contraire. Et que je ne défends pas là une « œuvre personnelle ». Je suis sûr qu'il ne peut non plus être question chez vous d'une jalousie professionnelle.
> Ce film a été pour moi le moyen d'exprimer un hommage ému et sincère à mon pays, à la Résistance, à ceux de mes parents et amis morts dans cette guerre. Je suis sûr qu'il ne peut en être autrement pour vous. Ou alors vous ne seriez pas le Commandant Philippe dont parlent vos citations ?
> […] On me dit que vous êtes intervenu auprès de la Présidence de la République, auprès d'organisations de résistance […] accusant le film de « tendances politiques », prêchant la guerre

Le cinéma entre en guerre froide 289

sainte contre lui. On me dit que vous avez proféré des menaces allant même jusqu'à parler de « coups de revolver dans l'écran ». Je veux croire que tout cela est faux […].
C'est en pleine tranquillité d'esprit que je soumets le film au jugement de l'histoire, au jugement des résistants sincères et honnêtes, aux patriotes désintéressés pour qui la politique n'est pas une deuxième patrie[3].

Piqué au vif, Henri Ullmann se place sur le même registre :

J'ai lu avec le plus vif plaisir votre lettre du 9 décembre ; je vous félicite de ce joli morceau de « bravoure » enlevé dans la plus belle manière de Déroulède et de Gustave Hervé […]. Mes camarades du Vercors ont préféré cependant à la plus merveilleuse littérature le « choix » aux époques périlleuses et l'« action » avec tous ses risques ; le plus bel hommage que vous puissiez leur rendre, c'est d'écouter leurs voix et leurs conseils.
J'avais proposé, lorsque *Au cœur de l'orage* nous fut présenté chez Pathé en pièces détachées, que le texte et la continuité des images nous soient communiqués avant l'enregistrement et l'établissement du négatif définitif. Si cette promesse avait été tenue, nous ne nous trouverions pas actuellement dans une position regrettable […].
Comme suite à la conversation que j'ai eue avant-hier soir avec Monsieur le Colonel Huet, je puis vous confirmer que militaires et civils (pour longtemps j'espère, encore) sont strictement d'accord :
    a) sur la salade russe de la présentation de la partie Vercors (aucune vérité historique respectée) ;
    b) sur la partie histoire de la guerre : présentation tendancieuse et partisane.
Vous avez bien voulu dans la dernière page de votre lettre parler du Commandant Ullmann avec ses citations, double attitude, double visage […]. Permettez-moi de passer, comme la caravane. Les jugements de l'histoire... que de beaux mots.
Je suis de ceux qui, de la Marne en passant par Verdun, la Somme, Dunkerque, et jusqu'au Vercors, ont préféré écrire modestement quelques lignes d'histoire plutôt que de faire de grands discours.

---

3. Lettre de Jean-Paul Le Chanois à Henri Ullmann, 9 décembre 1947, Bifi, LC 09B3.

> Comme beaucoup de combattants, nous avons horreur de la littérature patriotique, mais nos corps sont paraphés par des cicatrices. Pour écrire l'histoire, vous n'avez pas usé de ma méthode, mais bravo quand même ; vous avez réussi ce coup splendide que les chasseurs appellent : un « doublé ».
> Pendant des mois, vous avez touché de l'argent allemand à la Continental et cette même « main du diable[4] » touche à un film sur la Résistance [...]. Formidable, d'avoir, avec votre très frappante personnalité, pu tromper les Allemands, Monsieur, dit Le Chanois. Toutes mes félicitations[5].

La boîte de Pandore est ouverte, libérant les démons de l'épuration. Le président de l'Amicale, Eugène Chavant, et le représentant de la Coopérative, Pierre Lévy, doivent prendre le relais ; renouant les fils du dialogue, ils parviennent à un compromis. Le 11 janvier 1948, l'ancien chef civil du Vercors en résume les termes, notifiant les engagements pris par Lévy et Le Chanois :

> 1° Ils ajouteront des vues de la bataille de Londres dans des proportions suffisantes pour faire le pendant de ce qui paraît dans le film sur la bataille de Stalingrad.
> 2° Ils citeront Monsieur Roosevelt et Monsieur Churchill puisque Monsieur Staline est cité.
> 3° Par une phrase appropriée et placée après les sabotages FTPF projetés à la suite de la phrase disant à peu près ceci : « Voici la progression des [...] FTPF au cours », etc., etc., ils feront très nettement ressortir que le Vercors n'était pas FTPF, pour cela ils ajouteront une photo du Général Vidal[6].

---

4. Allusion au scénario de *La Main du diable*, écrit par Le Chanois pour le compte de la Continental.

5. Le producteur termine sa lettre par la longue liste de ses citations et décorations (lettre d'Henri Ullmann à Jean-Paul Le Chanois, 19 décembre 1947, Bifi, LC 09B3).

6. Lettre d'Eugène Chavant à Pierre Lévy, 11 janvier 1948, Bifi, LC 09B3. Au cours de cette réunion, l'Amicale exige également de la CGCF le versement immédiat d'une somme de 1,5 million de francs pour l'achèvement de ses cimetières et pour ses œuvres sociales. Ce dernier point ne peut être

Une fois de plus, le cinéaste doit retourner en salle de montage. Il rend hommage au flegme héroïque des Britanniques sur les images des bombardements de Londres. Il réalise un montage photo réunissant dans un même plan Roosevelt, Churchill et Staline. À la suite du graphique sur les FTP, il insère un développement sur l'Armée secrète et compose un long portrait du général Delestraint dont il reconstitue l'arrestation dans le quartier de la Muette[7].

L'Amicale, intéressée aux bénéfices, donne son imprimatur bien qu'elle juge le film encore tendancieux[8]. La Coopérative peut enfin envisager l'exploitation d'*Au cœur de l'orage*, qui a essuyé entre-temps quelques camouflets inquiétants.

Le Vercors, pomme de discorde

Michel Fourré-Cormeray a proposé que le documentaire figure dans la sélection officielle du Festival de Cannes, en septembre 1947. La commission de sélection s'y oppose, prétextant qu'il n'entre dans aucune catégorie de la compétition. Elle redoute en fait que soit présenté dans la vitrine internationale cannoise un film de sensibilité communiste qui ne manquera pas de heurter certains pays participants.

La Coopérative décide de le projeter en marge du festival, dans le cadre d'une soirée de gala au profit des FTP locaux. Pour préparer l'événement, Pierre Lévy donne à Jean-Paul Le Chanois des conseils de prudence :

---

satisfait et les relations entre les deux organismes s'enveniment encore, donnant lieu à une correspondance aigre-douce.

7. Voir Sylvie Lindeperg, *La Voie des images...*, *op. cit.* Dans un premier brouillon, le cinéaste parlait de « M. Vidal [pseudonyme de Delestraint], trahi, vendu par le traître Hardy le 10 juin 1943 ». La version définitive est plus évasive : « Hélas, il est trahi le 10 juin 1943 à Paris. » Le Chanois n'alla pas jusqu'à intégrer le graphique des FTPF dans un schéma d'ensemble présentant les activités des FFL et de l'AS, comme Ullmann le demanda en vain à Pierre Lévy.

8. Lettre d'Henri Ullmann à Pierre Lévy, 17 février 1948, Bifi, LC 09B3.

Le film est déjà taxé de « communiste », et vis-à-vis des exploitants, que tu connais bien, et qui sont indécrottables, il faut faire attention de ne pas augmenter encore ce qualificatif par quelque campagne, dans laquelle nous n'aurions pour nous soutenir que des journaux d'Extrême Gauche.
Il est important politiquement que le film passe partout ; même si nous devons mettre un peu d'eau dans notre vin, il faut voir le but à atteindre et ne pas se donner des satisfactions qui peuvent par la suite nous coûter cher.
Il ne faut pas non plus que nous effrayions trop la maison Pathé, car je compte quand même sur elle pour avoir une exclusivité. Il y a actuellement plus de trente films qui dorment dans leurs boîtes sans avoir pu trouver d'exclusivité, et il faut éviter que le nôtre les rejoigne[9].

Projeté le 24 septembre 1947 en présence de Michel Fourré-Cormeray et du maire de Cannes, *Au cœur de l'orage* reçoit un accueil enthousiaste. Mais cette victoire est aussitôt assombrie par l'annonce de la société Pathé qui renonce à son exploitation. Sa décision marque l'ultime étape d'un processus de désengagement : dans l'euphorie de l'année 1944, la maison distributrice pensait tirer profit d'un des rares films sur la Résistance composés d'images authentiques ; en 1946, l'enlisement du projet et le retournement du marché ont rendu ce calcul incertain et elle ne songe plus qu'à en réduire la longueur ; en septembre 1947, elle se débarrasse du film qui est en passe de devenir un brûlot politique[10].

Cet abandon renforce Pierre Lévy dans sa conviction qu'il faut éviter toute campagne de promotion partisane pour la sortie du film. Le Chanois est du même avis : il rêve d'une critique unanime qui lui assurerait le succès et ranimerait la flamme d'une Résistance unie. Il est aussi désireux de

---

9. Lettre du 27 août 1947, Bifi, LC 09B3.
10. *Au cœur de l'orage* fut finalement distribué par l'Alliance générale de distribution cinématographique.

promouvoir les activités clandestines du CLCF dont le rappel affermirait son image de résistant injustement flétrie. Dans ses déclarations à la presse, Le Chanois célèbre donc les mânes de la Résistance et met l'accent sur les vues clandestines dont il exagère outrageusement le nombre :

> Grâce aux photographes et opérateurs clandestins, *Au cœur de l'orage* montre tous les aspects de l'occupation allemande à Paris et en France, le travail des réseaux clandestins et la Radio de Londres, les manifestations les plus humbles de la Résistance, la répression, les sabotages, l'action des Francs Tireurs et Partisans (FTPF) et de l'Armée Secrète (AS), le Service du Travail Obligatoire (STO), l'humour illégal[11].

Énumération trompeuse, comme nous l'avons vu : bien peu d'images proviennent des tournages clandestins, la plupart ayant été tournées par Le Chanois en 1945[12]. Mais les critiques se laissent abuser et reprennent en chœur l'antienne de l'authenticité[13].

La presse centriste et les journaux de droite sont cependant peu diserts sur le documentaire auquel ils consacrent de maigres entrefilets. « Émouvante évocation » pour *L'Aurore*, film comptant « parmi les documents les plus authentiques et les plus réalistes de cette épopée » pour *Dimanche-Soir*[14], *Au cœur de l'orage* arrache au critique de *France-Soir* un bâillement poli : si les images présentées par Le Chanois conservent de leur grandeur, le temps les a quelque peu desséchées[15].

---

11. Entretien de Jean-Paul Le Chanois dans *Ce soir*, 29 avril 1948.
12. Voir Sylvie Lindeperg, *La Voie des images...*, *op. cit.*, p. 65-66.
13. La première officielle du film a lieu salle Pleyel, le 27 février 1948, sous la présidence de Vincent Auriol, en présence du ministre des Anciens Combattants, François Mitterrand.
14. *L'Aurore*, 28 avril 1948 ; *Dimanche-Soir*, 16 mai 1948.
15. André Lang, in *France-Soir*, 8 mai 1948. Voir également *Cinémonde*, n° 719, 11 mai 1948, p. 14.

L'accueil est plus chaleureux dans la presse de gauche et les journaux issus de la Résistance. Mais ces articles sont empreints d'amertume face aux résurgences du néovichysme et aux procès contre d'anciens FTP. *Le Canard enchaîné* juge *Au cœur de l'orage* salvateur « à l'heure où tant de gens nous recommandent d'oublier, à l'heure où tant d'efforts sont faits pour honorer le déshonneur et transformer Pétain en Jeanne d'Arc, à l'heure où l'on veut mettre dans le même sac les martyrs et les assassins[16] ». *Droit et liberté* estime le film bienvenu « au moment où trop de journaux et une certaine littérature attaquent perfidement la Résistance, et à l'instant même où on a l'audace de pousser devant les tribunaux de magnifiques patriotes[17] ».

La presse communiste se distingue par une stratégie belliqueuse qui déborde de très loin les intentions du commentaire et contrecarre le propos consensuel de son réalisateur. La sortie d'*Au cœur de l'orage* coïncide en effet avec la nouvelle bataille du Vercors que Fernand Grenier a engagée quelques mois plus tôt dans *Les Lettres françaises* : le film arrive à point nommé pour instruire le procès de la France libre. Les spectateurs « s'indignent, écrit Guy Leclerc dans *L'Humanité*, car ils savent ce que le film ne dit pas » :

> Que de Gaulle et l'état-major anglo-américain ont laissé, ont *fait* massacrer des centaines de héros en les concentrant inutilement au milieu des troupes nazies, en leur faisant préparer un vaste terrain d'atterrissage qui devait servir à une division SS aéroportée, *en leur refusant une semaine durant, lorsqu'ils furent attaqués à mort, en juin 1944, les secours que réclamait en vain pour eux la délégation du Comité Central du Parti Communiste Français à Alger.* « Dans quelques heures tout sera fini. Vous êtes des

---

16. *Le Canard enchaîné*, 6 mai 1948.
17. M. Daniel, in *Droit et liberté*, n° 7, 1er juin 1948. On retrouve la même argumentation dans *La Résistance savoisienne* du 1er juillet 1948 et *Le Travailleur* (Orléans) du 2 juillet 1948.

lâches et des criminels », câblaient les hommes du Vercors à l'agonie, à de Gaulle et à sa clique [...][18].

« La seule faiblesse de ce grand film, ajoute Jean Danic, est qu'il n'ose pas aller vraiment au fond des problèmes essentiels » :

Certes, le récitant s'écrie, tandis que tombent un à un les FFI du Vercors : « Ah ! si le Vercors avait eu des armes ! » Pourquoi ne pas mieux préciser les responsabilités ? Néanmoins, devant ces cadavres torturés, chacun se voit amené à traduire : « Comment de Gaulle pourra-t-il jamais faire oublier que par haine du peuple, par peur de la démocratie, il s'est refusé à envoyer aux FTP et FFI du Vercors les armes que Fernand Grenier suppliait qu'on leur donnât ? »[19].

La boucle est bouclée : l'évocation du maquis change radicalement d'usage pour devenir un champ d'affrontement entre les anciens alliés de la Résistance. De l'union sacrée aux déchirements de l'année 1948, *Au cœur de l'orage* porte dans ses plis tous les renversements d'alliance des années d'après-guerre. Sacrifié sur l'autel du Parti, victime d'une conjoncture défavorable, le documentaire ne rencontre pas le succès escompté. Après deux semaines d'exploitation parisienne à l'Eldorado et au Lynx, *Au cœur de l'orage* rejoint, pour un temps, les réseaux de distribution militante[20].

Pour les cinéastes communistes, désormais ostracisés par les producteurs et les distributeurs, s'ouvre une période de fortes turbulences. Le Chanois, lassé de jouer les petits soldats, se reconvertit dans un cinéma populaire et familial

---

18. Les mots en italiques le sont dans le texte original. Guy Leclerc, in *L'Humanité*, 14 mai 1948.

19. Jean Danic, in *Liberté Nord et Pas-de-Calais*, 28 mai 1948.

20. Il fut notamment distribué à l'occasion de galas au profit de la FNDIRP avant d'entamer une nouvelle carrière.

qui lui vaut quelques beaux succès commerciaux[21]. Daquin, qui refuse de ranger son drapeau, est vite marginalisé. Après avoir sanctifié le monde de la mine dans *Le Point du jour*[22] (1949), il retrace dans *Maître après Dieu* (1950) le destin d'un groupe d'exilés juifs allemands refoulés d'Égypte en 1938. Mais le film se solde par un nouvel échec qui grève les comptes de la Coopérative et ternit encore la réputation du cinéaste auprès des producteurs. Après quatre années de « vaches maigres », Daquin se résout à tourner *Bel Ami* dans un studio autrichien de la zone soviétique, grâce à des subsides venus de l'Est. Cette adaptation du roman anticolonialiste de Maupassant lui vaut de violents démêlés avec la censure qui l'excluent plus durablement des studios français[23]…

Dans les années 1950, le PCF se recentre sur les contre-actualités et la production de guerre froide de sa société Procinex, confiée à Claude Jaeger[24]. Par l'intermédiaire de la puissante Fédération du spectacle-CGT, il sait toutefois maintenir son *leadership* sur le cinéma français et prend

---

21. Non sans s'être essayé, aux côtés de la Coopérative, à un cinéma de la « troisième voie » : en 1949, il consacre *L'École buissonnière* aux méthodes pédagogiques de Célestin Freinet. Voir Sylvie Lindeperg, « Engagement et création cinématographique : les trajectoires de Louis Daquin, Jean Grémillon et Jean-Paul Le Chanois », *in* Jean-Pierre Bertin-Maghit (dir.), *Les Cinémas européens des années cinquante*, Paris, AFRHC, 2000, p. 55-98.

22. Par le truchement de la société Ciné-France, bientôt remplacée par Procinex. Le film bénéficie également du soutien des Charbonnages de France, des Houillères du Bassin du Nord et du Pas-de-Calais, et de la direction des ingénieurs du Groupe de Liévin. Sur ce film, voir Jean-Pierre Bertin-Maghit, « "Le Point du jour" ou le cinéma de la vie », *Cinémaction*, n° 70, 1994, p. 199-206, et Sylvie Lindeperg, « Engagement et création cinématographique… », *in* Jean-Pierre Bertin-Maghit (dir.), *Les Cinémas européens des années cinquante*, *op. cit.*

23. Sylvie Lindeperg, *ibid.*

24. En mai 1950. Quelques années plus tard, Jaeger amorce un changement de cap en tentant de « larguer les amarres communistes » (voir Pauline Gallinari, « Cinéma et communisme en France… », thèse citée, p. 352-375 et p. 477-480).

la tête d'une croisade antiaméricaine dont le succès élargit son audience.

De l'écran à la tribune

Marshall, nous voilà[25] *!*

Le premier acte en est la lutte contre les « accords Blum-Byrnes » qui instaurent un contingentement des films français et rouvrent le marché à la concurrence américaine. Dès leur signature en mai 1946, ils suscitent l'inquiétude d'une profession convalescente, jetée bas du cocon protectionniste de l'Occupation. Les effets de l'accord de Washington sur le cinéma français continuent de diviser les historiens – menace mortelle pour les uns, parapluie pour les autres – ; ils s'accordent en revanche sur la chronologie d'une protestation en deux temps[26].

---

25. Titre d'un article de Louis Montange sur *Le Grand Rendez-Vous* paru dans *L'Écran français*, n° 283, 13 février 1950, p. 11.

26. Voir notamment Michel Margairaz, « Autour des accords Blum-Byrnes : Jean Monnet entre le consensus national et le consensus atlantique », *Histoire, économie et société*, n° 3, juillet-septembre 1982, p. 439-470 ; Annie Lacroix-Riz, « Négociation et signature des accords Blum-Byrnes (octobre 1945-mai 1946), d'après les archives du ministère des Affaires étrangères », *Revue d'histoire moderne et contemporaine*, n° 31, juillet-septembre 1984, p. 417-447 ; Jacques Portes, « Les origines de la légende noire des accords Blum-Byrnes sur le cinéma », *Revue d'histoire moderne et contemporaine*, n° 33, avril-mai 1986, p. 314-329 ; Jean-Pierre Jeancolas, « Le cadre », *in* Jean-Loup Passek (dir.), *D'un cinéma l'autre. Notes sur le cinéma français des années cinquante*, Paris, Éd. du Centre Pompidou, 1988, p. 22 sq. ; Jean-Pierre Jeancolas (dir.), *Blum-Byrnes : l'arrangement, 1945-1948*, *1895. Revue d'histoire du cinéma*, n° 13, décembre 1993, p. 3-49 ; Pascal Ory, « Mister Blum goes to Hollywood », *in* Michel Boujut (dir.), *Europe-Hollywood et retour. Cinémas sous influence*, Paris, Autrement, 1992, p. 107 ; Patricia Hubert-Lacombe, *Le Cinéma français dans la guerre froide*, *op. cit.*, p. 183 sq. ; Laurent Le Forestier, « L'accueil en France des films américains de réalisateurs français... », art. cité ; Laurent Marie, *Le cinéma est à nous. Le PCF et le cinéma français de la Libération à nos jours*, Paris, L'Harmattan, 2005, p. 74-75 ; François Garçon, « Activisme

La campagne de 1946, pilotée par le Syndicat des producteurs et la Fédération du spectacle, se cantonne dans un registre technique. Elle demeure confinée au monde du cinéma sans recevoir la pleine adhésion des distributeurs et des exploitants. Les syndicats demandent la révision des accords sans espérer l'obtenir, mais ils en escomptent quelques contreparties avantageuses pour la production française[27]. Si les communistes accompagnent le mouvement de 1946, ils le font sur un mode ambivalent. Pauline Gallinari évoque le « dédoublement » d'un parti oscillant entre le soutien à la protestation et l'alignement contraint sur une décision engageant la solidarité gouvernementale[28]. Ce *double bind* prend fin au printemps 1947, qui voit la contestation reprendre après une année d'accalmie.

La publication des premiers chiffres d'exploitation, qui révèlent une forte pénétration du cinéma hollywoodien, relance la crainte d'une fragilisation du cinéma français[29]. L'inquiétude des syndicats n'est pas feinte : s'appuyant sur le bilan chiffré de la production après un an d'application des accords, le président de la Fédération du spectacle exprime ses alarmes auprès de ses camarades, dénonçant un « plan d'asservissement économique » doublé d'un « plan d'asservissement de l'esprit français ». Et Charles Chézeau de conclure : la méthode d'« abêtissement systématique

---

stalinien du PCF et antiaméricanisme corporatif, 1945-1948 », *Théorème*, n° 8, mai 2005, p. 193-204 ; Pauline Gallinari, « Cinéma et communisme en France… », thèse citée, p. 106-111 et p. 226-232.

27. Cette ligne tactique est expliquée à ses camarades par Charles Chézeau le 26 juin 1946 (procès-verbal de la réunion de la branche cinéma de la Fédération du spectacle, archives départementales de Saint-Denis, AD, 65 J 238 ; voir Sylvie Lindeperg, « Engagement et création cinématographique… », *in* Jean-Pierre Bertin-Maghit (dir.), *Les Cinémas européens des années cinquante*, *op. cit.*

28. Pauline Gallinari, « Cinéma et communisme en France… », thèse citée, p. 111.

29. *Ibid.*, p. 227 ; Laurent Le Forestier, « L'accueil en France des films américains de réalisateurs français… », art. cité, p. 92.

de notre peuple » n'est pas nouvelle, « elle a été en son temps utilisée par le nazisme »[30]. Cette seconde phase de la mobilisation, plus politique, est immédiatement relayée par la presse communiste[31]. Le PCF, devenu parti d'opposition, porte le combat sur la place publique et lui offre une caisse de résonance. Après la grande manifestation du 4 janvier 1948, le mouvement sert de tremplin aux communistes pour lancer un vaste débat de société et dénoncer l'« impérialisme yankee ». Le 18 avril 1948, Maurice Thorez s'en fait le porte-voix lors d'un meeting au stade Buffalo :

> Le film américain qui envahit nos écrans grâce à Léon Blum ne prive pas seulement de leur gagne-pain nos artistes, nos musiciens, nos ouvriers et techniciens des studios. Il empoisonne littéralement l'âme de nos enfants, de nos jeunes gens, de nos jeunes filles dont on veut faire des esclaves dociles des milliardaires américains, et non des Français et des Françaises attachés aux valeurs morales et intellectuelles qui firent la grandeur et la gloire de notre Patrie[32].

En septembre 1948, les communistes exploitent la victoire de cette mobilisation massive qui débouche sur les accords de Paris et la première loi d'aide au cinéma[33]. En canalisant le mouvement de protestation contre les « Blum-Byrnes brothers[34] », le PCF a consolidé son audience au sein de la profession, mobilisé très au-delà de son cercle d'influence, bénéficié d'alliances nouvelles qui ne doivent plus rien à l'héritage des années noires. Ainsi voit-on

---

30. Rapport de Charles Chézeau, correspondances de la branche cinéma de la Fédération du spectacle (1945-1947), AD, 65 J 238.
31. En 1948, Le Chanois réalisa *Le Cinéma en lutte contre les accords Blum-Byrnes* (Pauline Gallinari, « Cinéma et communisme en France... », thèse citée, p. 229).
32. Cité par Pauline Gallinari, *ibid.*, p. 230.
33. Laurent Marie, *Le cinéma est à nous...*, *op. cit.*, p. 74-75.
34. L'expression est d'Henri Jeanson dans *Soixante-Dix ans d'adolescence*, *op. cit.*

Henri Jeanson, Henri-Georges Clouzot, Claude Autant-Lara militer aux côtés de Louis Daquin, Jean-Paul Le Chanois, Jacques Becker ou Jean Grémillon au sein des Comités de défense du cinéma.

Le combat contre la guerre, orchestré par les communistes, remplit la même fonction d'agrégation. En avril 1950, lors du XIIe Congrès du PCF, Maurice Thorez a fait de la préservation de la paix un objectif prioritaire. Le pacifisme – naguère entaché par Munich – devient un thème mobilisateur et une ardente obligation. Le monde du cinéma s'associe amplement aux manifestations du Mouvement de la paix qui fédèrent de nombreux artistes ; tous, loin s'en faut, ne sont pas communistes[35]. Au même moment, Charles Chézeau affirme la nécessité de lier la « défense du cinéma français » à la lutte pour la paix[36]. Cette dernière s'articule d'autant mieux à la dénonciation du « cinéma yankee » que le Département d'État américain a lancé un vaste programme cinématographique magnifiant la lutte contre les « rouges » et dénonçant le « péril jaune » dans la perspective de la guerre de Corée[37]. Les films américains dédiés à la Seconde Guerre mondiale arrivent toujours en nombre sur le marché français ; ils exaltent opportunément « la puissance de la nation américaine, de son armée et le bien-fondé de ses interventions militaires[38] ».

L'Écran français, épaulé par *L'Humanité*, *Ce soir* et *Action*,

---

35. François Périer, signataire du Mouvement de la paix, répond ainsi au *Figaro* : « Vous me dites que ce texte est une émanation du communisme. Je ne me suis pas posé la question. Je l'ai lu, il m'a paru extrêmement intelligent et intéressant. Moi qui suis chrétien, j'aurais préféré qu'il émanât du Vatican. Mais ce n'est pas le Vatican qui m'a proposé de le signer. » (Cité par Simone Signoret, *La nostalgie n'est plus ce qu'elle était, op. cit.*, p. 102.)

36. Charles Chézeau, procès-verbal du 11 avril 1950, AD, 65 J 22.

37. Voir Roland Lacourbe, *La Guerre froide dans le cinéma d'espionnage*, Saint-Ouen, Veyrier, 1985.

38. Patricia Hubert-Lacombe, « La guerre froide et le cinéma français, 1946-1953 », thèse de doctorat d'histoire sous la dir. de Pierre Milza, IEP de Paris, 1981, p. 162.

s'engage donc dans une lutte sans merci contre les « films de guerre ». L'évolution de cet hebdomadaire fondé dans la clandestinité, porteur des idéaux de la Résistance et soucieux de pluralisme, est symptomatique de la nouvelle donne des années de guerre froide. En 1950, il est repris en main par Roger Boussinot, membre du Comité central du PCF ; sous sa direction, *L'Écran français* se transforme en officine de propagande jusqu'à sa disparition trois ans plus tard[39]. Le changement de cap entraîne le départ des collaborateurs de la revue *Esprit*, comme André Bazin, et des pères fondateurs, souvent résistants de la première heure. Georges Altman est ainsi traité de « coca-collabo[40] » par les dirigeants de *L'Écran français* qui ne lui pardonnent ni sa distance envers le communisme ni la ligne atlantiste de son journal *Franc-Tireur*. La perte de la sève résistante coïncide fâcheusement avec l'arrivée de nouvelles plumes ayant parfois trempé dans la collaboration[41].

C'est dans ce contexte de glaciation stalinienne qu'est lancée une campagne en faveur de la paix, spécifique au septième art. Raymond Barkan ouvre le ban en avril 1949 par un article titré : « Le cinéma peut-il lutter contre la guerre ? » Le critique répond par l'affirmative, à la condition que les réalisateurs éradiquent de leurs films toute trace de fatalisme et d'« immoralité morbide » :

Le fatalisme des peuples devant l'Histoire n'est point sans se nourrir de ce scepticisme que des quantités de gens manifestent

---

39. En mars 1952, à la suite de difficultés financières, *L'Écran français* est à nouveau accueilli par *Les Lettres françaises* ; l'opération conduit à l'absorption puis à la disparition du titre en 1953.

40. Expression employée par *L'Écran français* dans un article diffamatoire contre *Franc-Tireur* et Georges Altman (Olivier Barrot, *« L'Écran français »...*, *op. cit.*, p. 351).

41. Claude Elsen, pseudonyme de Gaston Derycke, très compromis dans la collaboration en Belgique ; Yves Marmande, maréchaliste convaincu, scénariste du film *L'An quarante* réalisé à la gloire du régime vichyste (Olivier Barrot, *ibid.*, p. 241)

au sujet du perfectionnement de la nature humaine [...]. Or, les écrans comme les librairies sont submergés d'œuvres artistiques s'ingéniant à affirmer que l'homme est incurablement pourri [...][42].

Ce positivisme réducteur renoue avec la cabale du *Corbeau* : Barkan appelle de ses vœux des « films sains » qui mettent au jour les véritables antagonismes sociaux, incitent « les masses » à agir sur leur propre destin, compensent « l'égoïsme, la haine, la lâcheté et la putréfaction morale » par la générosité, la solidarité et la tendresse... Le critique doute pourtant que ce « contre-cinéma » puisse voir le jour dans un pays où les sujets politiques et sociaux sont tenus pour indésirables :

> Comment les tourner en France où, aux limites intellectuelles imposées aux créateurs, s'ajoute une véritable asphyxie économique de notre industrie du film ? Ne nous berçons pas d'illusions. Les ennemis de la liberté du cinéma sont aussi, en grande partie, les destructeurs d'indépendance nationale, les ennemis de la paix.

À défaut de réaliser des « films progressistes », le milieu du cinéma doit donc se mobiliser pour interdire la propagande ennemie. *L'Écran français* invite les spectateurs à faire pression sur les exploitants pour qu'ils bannissent de leurs salles la production de guerre américaine[43]. En janvier 1951, Roger Boussinot lance auprès des lecteurs une grande enquête intitulée : « Qu'est-ce qu'un film de guerre ? Qu'est-ce qu'un film de paix ? » Elle doit permettre de mieux connaître « cet ennemi – le-film-qui-pousse-à-la-guerre »[44]. L'exposé des motifs rejoint le moralisme

---

42. Raymond Barkan, in *L'Écran français*, n° 199, 19 avril 1949, p. 8-9 et p. 13.

43. *L'Écran français*, n° 276, 23 octobre 1950, p. 3.

44. Roger Boussinot, in *L'Écran français*, n° 288, 17 janvier 1951, p. 3.

de Raymond Barkan : « Il y a des films qui exaltent les bons sentiments, qui servent des causes justes, et il en est d'autres qui flattent les bas sentiments, qui corrompent, qui véhiculent des microbes nocifs... » Pendant plus de trois mois, les lecteurs sont invités à s'exprimer sur ce thème ; chaque semaine, *L'Écran français* publie leur avis sur deux ou trois pages serrées. En avril 1951, Boussinot fait la synthèse de cette longue enquête. Est considéré comme « film de préparation à la guerre » celui qui bafoue les principes démocratiques, calomnie « les masses populaires principales forces de paix », entretient les haines raciales, glorifie « l'agression d'un pays contre un autre, l'oppression d'un peuple par un autre », présente la guerre comme un sport, porte atteinte « à la confiance que chaque être humain sain possède en l'avenir pacifique de l'humanité »[45]. Cette énumération laborieuse montre que l'étiquette pacifiste sert de cache-sexe à une culture de guerre froide, imprégnée de jdanovisme, qui raffermit les penchants du PCF pour le puritanisme et le conservatisme moral. Le distinguo subtil entre les « films de guerre » et les « films de préparation à la guerre » permet de concilier le rejet systématique de la production hollywoodienne et l'engouement non moins systématique pour les films soviétiques exaltant le combat antifasciste du peuple russe et de l'héroïque armée Rouge. Comme le souligne enfin Joseph Daniel, le couplet sur l'impérialisme et le colonialisme vaut « pour le IIIe Reich, pour les États-Unis en Corée ou en Amérique latine, pour la France aux colonies, mais pas pour l'URSS dans les démocraties populaires[46] ». Cette grille de lecture sert également à rendre compte des films français dédiés à la France libre.

---

45. *Id.*, in *L'Écran français*, n° 299, 4 avril 1951, p. 14-15.
46. Joseph Daniel, *Guerre et cinéma*, *op. cit.*, p. 265.

Éloges contestés des militaires et de la France libre

Entre 1949 et 1953, Georges Péclet consacre trois fictions aux combats des FFL. Cet ancien pilote, acteur prolixe des années 1930, nourrit pour l'armée une indéfectible tendresse. À la Libération, il a soumis sans succès au service d'André Michel un scénario intitulé *Soldats sans uniforme*[47]. En 1949, il adapte le best-seller de Pierre Clostermann, *Le Grand Cirque*. Puis il s'inspire du récit du commandant L'Herminier pour conter l'odyssée du sous-marin *Casabianca*. Trois ans plus tard, le réalisateur porte son dévolu sur le livre de Jacques Augarde à la gloire des goumiers marocains (*Tabor*)[48]. Sa carrière d'hagiographe de l'armée s'achève en 1958 par un vaudeville militaire : *Les Gaietés de l'escadrille*.

Les fictions de Péclet entretiennent le culte de l'élite militaire et la mystique du chef. Aidé par son dialoguiste Joseph Kessel, le cinéaste transcrit fidèlement la prose de Clostermann, décrivant le mélange de respect et de crainte, d'estime et de dévotion qu'inspire aux aviateurs leur supérieur : « Un regard perçant, une voix sèche qui n'admet pas la réplique – puis un sourire amical qui réchauffe. Le genre d'homme avec qui on se fait tuer sans discussion, presque avec plaisir [*sic*][49]... » Le commandant du *Casabianca* est fait d'un même alliage d'autoritarisme sourcilleux et d'affection bourrue qui force l'admiration de ses hommes. Quant aux chefs métropolitains de *Tabor*, ils suscitent chez leurs goumiers obéissance, dévotion et attachement filial. Dans une scène édifiante, un soldat marocain agonise dans les

---

47. Archives d'André Michel.
48. Jean L'Herminier, *L'Odyssée du Casabianca, 27 novembre 1942-13 septembre 1943*, publié en 1949 sous le titre *Casabianca* (Paris, France-Empire). *Casabianca* et *Tabor* furent scénarisés et dialogués par Georges Péclet et Jane-Édith Saintenoy, également productrice de *Tabor*.
49. Pierre Clostermann, *Le Grand Cirque*..., *op. cit.*, p. 31.

bras de son officier en murmurant : « Tu avais raison mon lieutenant, c'était une vraie fantasia […]. »

La guerre vue par Péclet est en effet haute en couleurs : elle tient de la parade rituelle et de la joute chevaleresque. Privilégiant les formations les plus prestigieuses, le cinéaste en restitue amoureusement les codes et les rites, les techniques et le jargon. Avec l'aide des ministères de l'Air français et britannique[50], il filme longuement les chasses des Spitfire contre les Focke Wulf et les Messerschmitt. Il reconstitue avec le même soin les manœuvres de plongée du sous-marin *Casabianca*. Il exalte le panache et la puissance des cavaliers du Tabor chargeant un blockhaus aux côtés des blindés américains. Ces images enflamment les sentiments colonialistes du critique Pierre de Ferussac :

> « [*Tabor*] ne peut laisser insensibles tous ceux qui aiment l'armée et plus particulièrement ces splendides guerriers marocains, si fidèles, si courageux, si simples […] un film à recommander, ne serait-ce que pour rappeler que ces Marocains – que l'on veut séparer de la France – ont été parmi les artisans de sa délivrance[51].

Les fictions militaires de Péclet sont moins uniformes pour mettre en scène l'ennemi. Par son portrait élogieux des aviateurs allemands, *Le Grand Cirque* est conforme à l'esprit du livre de Clostermann qui choque plus d'un lecteur en 1948. La scène la plus emblématique est celle où les pilotes français honorent la mémoire d'un as de la Luftwaffe abattu en plein ciel et concluent par ces mots : « Dommage que ce type n'ait pas porté notre uniforme, ça aurait fait un bon copain[52]… »

---

50. Le film reçoit aussi le concours des officiers et sous-officiers pilotes des groupes de chasse Nice et Provence.

51. Pierre de Ferussac, in *Climats*, 8 avril 1954.

52. Dans la préface pour la réédition de l'ouvrage en 1990, Clostermann persiste et signe : « On nous a fait nous entre-tuer avec ces admirables pilotes de chasse allemands, si proches de nous par l'âge et la mentalité,

Elle rappelle le prologue de *La Grande Illusion* dans lequel Rauffenstein fait déposer une gerbe sur la tombe des pilotes français abattus par son escadrille. « La mort doit effacer tout sentiment de haine », explique encore l'officier de *Tabor* à ses goumiers qui enterrent des soldats allemands et récupèrent leurs papiers pour les confier à la Croix-Rouge. Ce respect pour l'adversaire n'est pas de mise dans *Casabianca*. L'ennemi n'est pas un guerrier allemand mais un occupant italien ; selon les clichés en vigueur, il a tout du soldat d'opérette. *Casabianca* se distingue aussi par la place de choix accordée à la Résistance intérieure ; renouant avec l'imagerie épique, Péclet met en scène les maquisards corses descendant de la montagne sur l'air du *Chant des partisans*.

En 1953, la France libre inspire à Maurice Labro son premier vaudeville militaire. *Deux de l'escadrille* conte les mésaventures burlesques d'un aspirant malchanceux interprété par Pierre Richard. Ses facéties et ses gaffes incessantes – il détient le triste record du plus grand casseur de matériel allié – font la joie de ses camarades de chambrée et la fureur de ses supérieurs. Conformément aux lois du genre, les clichés militaires sont subvertis pour mieux préserver l'institution et servir la morale : à l'aube du jour glorieux, l'aspirant Dourdan quitte la base de Sardaigne, sous l'œil attendri de son général, pour participer vaillamment au débarquement dans le sud de la France.

Ces films de guerre, qui coïncident avec la croisade pacifiste de *L'Écran français*, sont la cible de la presse communiste. Elle réserve ses salves les plus nourries au *Grand Cirque* dont l'auteur, député RPF, ne fait point mystère de son hostilité envers le PCF[53]. Clostermann est accusé dans

---

l'amour de la vie, la passion du ciel que seules la couleur de l'uniforme et les cocardes sous les ailes différenciaient de nous. Tout cela, je l'écrivais déjà aussitôt après la guerre et j'avais de bonnes raisons malgré les injures et les incompréhensions. » (*Le Grand Cirque...*, *op. cit.*, p. 9-10.)

53. Clostermann s'était beaucoup investi dans le film qu'il dédia à ses camarades ; il choisit lui-même le comédien Pierre Cressoy chargé d'inter-

Action d'accréditer « la légende de l'aviation arme d'élite, un corps de jeunes héros combattant en champ clos, comme dans les tournois du Moyen Âge[54] ». Avec un sens confondant du raccourci, Sadoul affirme que le cinéaste prêche « la réconciliation avec les aviateurs nazis pour une croisade occidentale[55] ». Suzanne Rodrigue lui fait écho dans *L'Écran français*, sous le titre « La guerre ? Un joli sport » :

> Le pilote français ne semble [...] pas combattre l'armée allemande pour le régime de terreur qu'elle fait régner sur les pays qu'elle tient sous son joug, mais pour la couleur d'un uniforme qu'on lui a commandé de prendre pour cible [...]. Il aime la guerre et il trouverait très normal de se retrouver au côté d'un aviateur nazi pour une nouvelle tuerie au cours de laquelle ils pourraient faire en chœur de si jolis « cartons ». On voit trop bien où veulent en venir les auteurs du *Grand Cirque* : réhabiliter la guerre, préparer la prochaine[56].

L'auteure s'offusque enfin de ce que le film écarte toute référence à la Résistance intérieure[57].

Casabianca, produit par André Zwobada, avec Jean Vilar dans le rôle de L'Herminier, bénéficie de cautions politiques moins suspectes. Dans *L'Humanité-Dimanche*, Francis Cohen regrette tout juste qu'il « subsiste dans le film des traces de la conception fasciste de la guerre, selon laquelle le soldat se bat sans réfléchir, et qui faisait le fond des précédents

---

prêter son rôle. L'ancien pilote présenta le film, en grand uniforme, à l'occasion de la soirée de gala organisée à Chaillot par la RAF et l'Association des Français libres, en présence du ministre de la Défense, René Pleven.

54. *Action*, n° 285, 20 mars 1950.

55. Georges Sadoul, in *Les Lettres françaises*, n° 366, 7 juin 1951, à l'occasion de la sortie de *Casabianca*.

56. Suzanne Rodrigue, in *L'Écran français*, n° 246, 20 mars 1950, p. 12.

57. Deux aviateurs abattus en France sont recueillis et soignés par des paysans et un curé patriote mais aucune mention n'est faite à la Résistance active dans *Le Grand Cirque*.

films de G. Péclet[58] ». *France d'abord* est certes très sévère à l'encontre du film, accusé de travestir l'histoire de la résistance corse[59]. Mais en signalant le refus de l'état-major anglo-américain de prêter main-forte aux insulaires[60], *Casabianca* offre à la presse communiste une occasion rare de décliner ses thèmes favoris. Elle en oublie ses attaques contre Péclet, naguère traité de fourrier de l'anticommunisme. Dans *Ce Soir*, Janine Bouissounouse prend appui sur le film pour administrer aux lecteurs une leçon d'histoire en tout point conforme à la ligne du parti :

> C'est donc avec le peu de force dont il disposait que Giraud dut entreprendre l'expédition. C'est grâce au Casabianca qu'elle put se faire. C'est grâce au maquis qu'elle réussit. C'est en l'apprenant que de Gaulle – tenu à l'écart de l'opération – eut ce mot qui en dit long : « On m'a volé ma Corse ! »[61].

Pour Georges Sadoul, le film a le mérite de « rappeler que le commandement anglo-américain, prétextant les nécessités des opérations de Sicile, refusa tout secours militaire à l'insurrection : Ridgway et autres Murphy l'auraient volontiers laissé écraser puisqu'elle était conduite par les communistes[62] ».

Maurice Labro ne bénéficie pas des mêmes indulgences. « Plaisanterie déplacée », écrit Jean Thévenot dans *Les Lettres françaises* :

> Cette comédie « dans la guerre » et non « contre la guerre », où l'on voit des jeunes gens gais et contents faire les quatre cents coups et rire d'un si bon rire sous l'œil indulgent de leurs

---

58. Francis Cohen, in *L'Humanité-Dimanche*, 27 mai 1951.
59. *France d'abord*, n° 410, 7 juin 1951, p. 8, cité par Suzanne Langlois, *La Résistance dans le cinéma français...*, *op. cit.*, p. 151.
60. Lors d'une réunion d'état-major à Alger, un amiral français annonce que les Alliés, engagés dans d'autres combats, n'apporteront pas de renfort à l'opération de libération de la Corse.
61. Janine Bouissounouse, in *Ce soir*, 26 mai 1951.
62. Georges Sadoul, in *Les Lettres françaises*, n° 366, 7 juin 1951.

chefs, tend à regonfler l'affreux slogan de « la guerre fraîche et joyeuse » […][63].

Les communistes se déchaînent, pour des motifs différents, contre *Le Grand Rendez-Vous* de Jean Dréville. Cette reconstitution romancée du débarquement en Afrique du Nord chante les louanges du « comité des cinq[64] », ces résistants français qui préparèrent depuis Alger l'arrivée des Américains[65]. Sous le titre « 8 novembre ou 6 février ? », Sadoul ne s'embarrasse pas de nuances. Il taxe le film d'œuvre de propagande mensongère au service des « 200 familles » et des cagoulards[66]. Dans la liste de ses griefs figurent l'hagiographie de Jacques Lemaigre-Dubreuil (membre du « groupe de cinq » et ancien du CSAR), la vision personnaliste de l'Histoire qui élude la Résistance populaire au profit d'une poignée de conjurés, la complaisance à l'égard des Américains, la falsification historique consistant à attribuer à des balles allemandes les morts français abattus par les troupes « loyalistes ». Sadoul s'offusque enfin de ce que le film de Dréville édulcore les réalités du vichysme soutenu par les riches colons algériens et que l'usage des portraits de Pétain serve à valider la thèse du double jeu[67].

La presse communiste est plus violente encore envers le documentaire *La Tour de Babel* réalisé et produit par Georges Rony, distributeur en France de films américains « anti-

---

63. Jean Thévenot, in *Les Lettres françaises*, n° 451, 5 février 1953.

64. Jacques Lemaigre-Dubreuil, Henri d'Astier de la Vigerie, José Aboulker, Jacques Tarbé de Saint-Hardouin, Jean Rigault. Le film est dédié à la mémoire de Fernand Bonnier de La Chapelle, fusillé à Alger après avoir assassiné l'amiral Darlan.

65. Sur ce film, voir l'analyse détaillée de Suzanne Langlois, *La Résistance dans le cinéma français...*, *op. cit.*, p. 153 *sq.*

66. Georges Sadoul, in *Les Lettres françaises*, n° 299, 16 février 1950, p. 6.

67. Le responsable des Chantiers de jeunesse joue le double jeu sous un immense portrait du maréchal Pétain ; un autre portrait sert à dissimuler un poste de radio.

rouges ». Son montage d'archives, commenté par l'ancien ministre et président du Conseil Joseph Paul-Boncour, couvre une vaste période allant de la Grande Guerre à la fin des années 1940. Le film dénonce « l'horrible guerre civile » qui suivit la prise du pouvoir par les bolcheviks ; il évoque la famine et la terreur sous le régime stalinien, le culte de la personnalité, les purges et les exactions de la Tcheka. Rony ramène aussi à la lumière des souvenirs honnis par les communistes : le pacte germano-soviétique permet aux « deux loups Staline et Molotov » de se prémunir contre l'Allemagne et de dépecer la Pologne. Cette lecture partisane suggère *in fine* au spectateur que l'URSS constitue la plus sérieuse menace pour la paix mondiale.

Sans surprise, la presse communiste tire à boulets... rouges sur *La Tour de Babel*. Elle égratigne au passage Paul-Boncour, « vieil oiseau » de la IIIe République[68] et accuse le cinéaste de prendre sur les écrans, pour le compte du « nouvel occupant », la « relève de la cinquième colonne hitlérienne »[69]. Georges Rony n'en est pas, il est vrai, à son coup d'essai : le cinéaste d'origine russe a commis en 1939, sous l'égide du commissariat général à l'Information, un montage au titre éloquent – *De Lénine à Hitler* – qui revisitait l'histoire du XXe siècle « à la lumière d'une "collusion de fait" soviéto-nazie[70] ».

La chasse aux films soviétiques

Contrairement aux Américains, les autorités françaises ne suscitent ni n'encouragent de films anticommunistes. Elles sont en revanche très soucieuses de contrer la propagande soviétique. La commission de contrôle est aux avant-postes de ce combat dès l'année 1947. Le 6 décembre 1948, un arrêté institue un visa de censure pour les films non-commerciaux ; ce contrôle permet de juguler les films

---

68. Marc Beigbeder, in *L'Écran français*, n° 338, 2 janvier 1952, p. 9.
69. Francis Cohen, in *L'Humanité*, 27 décembre 1951.
70. Joseph Daniel, *Guerre et cinéma*, *op. cit.*, p. 181.

projetés par le PCF dans le cadre de ses meetings. La même année, le gouvernement écorne la parité en introduisant au sein de la commission un huitième représentant des pouvoirs publics. Les professionnels ayant protesté, la présidence du Conseil autorise un représentant des exportateurs à siéger officieusement. Cet arrangement constitue un « dangereux précédent » : « la parité se trouve préservée *en fait* mais supprimée *en droit* »[71]. En 1950, après la destitution de Georges Huisman, Pierre-Henri Teitgen passe à l'offensive. Sa manœuvre s'apparente à la tactique du cheval de Troie. Par décret du 13 avril 1950, le ministre de l'Information fait entrer dans la commission un représentant du ministère de la Justice. En échange, il prétend porter à neuf le collège des professionnels. Il s'agit là d'un jeu de dupes : s'il légalise la présence des exportateurs, Teitgen introduit comme neuvième membre un représentant de l'Union nationale des associations familiales qui servira les intérêts du gouvernement. Dès 1945, l'UNAF avait demandé à siéger dans la commission de contrôle, soutenue par le même Teitgen ; mais sa démarche avait échoué dans un climat hostile à toute forme de résurgence du maréchalisme[72]. La provocation du ministre suscite cette fois un tollé au sein des professionnels qui présentent leur démission collective, le 3 mai 1950.

Le jour même, la commission s'est déchirée sur le sort de *La Chute de Berlin*, de Mikhaïl Tchaoureli ; Frédéric Hervé voit même dans cette affaire le motif caché de la démission de ses membres. Les cinq derniers mois ont, en tous les cas, marqué une recrudescence des coupes et des interdictions à l'encontre des films soviétiques ; les fictions sur la Seconde Guerre mondiale ne sont plus épargnées. En décembre 1949, *La Bataille de Stalingrad*, de Vladimir Petrov, a divisé la commission : les représentants des pouvoirs publics sont

---

71. Frédéric Hervé, « Les enfants du cinématographe… », thèse citée, p. 68.
72. *Ibid.*, p. 71.

favorables à une interdiction totale du film « en raison de son idéologie politique patente » ; les professionnels s'y opposent. Le président s'en remet à l'arbitrage du ministère de l'Information. En janvier 1950, l'attribution du visa est soumise à une série de coupes auxquelles Sovexportfilm refuse de se soumettre[73] ; le dossier est bloqué jusqu'en septembre 1951.

C'est dans ce contexte tendu qu'est visionnée *La Chute de Berlin*. Cette fresque épique sur la « Grande Guerre patriotique » est toute à la gloire du maréchal Staline. Le film se termine en apothéose sur le tarmac de l'aéroport de Berlin : le « Père des peuples », interprété par Mikhaïl Gelovani, descend de son avion, sanglé dans un uniforme blanc ; acclamé par une foule enthousiaste composée de soldats victorieux et de déportés joufflus en pyjamas rayés, il assiste aux retrouvailles de l'institutrice et du héros prolétarien. Tchaoureli ne se contente pas de glorifier le génial Staline et le vaillant peuple russe. Il brocarde le camp occidental, accusant les milieux d'affaire américains d'avoir soutenu les nazis, mettant en doute la sincérité de Churchill, accusant les diplomates britanniques d'avoir pratiqué le double jeu. La première partie de *La Chute de Berlin* est examinée le 26 avril 1950 ; la commission exige que soient coupées les tirades contre les alliés occidentaux. Le 3 mai 1950, elle décide d'interdire totalement la seconde partie de la fresque.

Pour justifier cette décision, le président Jean Savin ne s'encombre pas de fausse pudeur :

> Le film n'est point « contraire aux bonnes mœurs ni susceptible de troubler l'ordre public ». Cependant les représentants de toutes les administrations désirent que soit indiqué au ministre que ce très beau film à caractère tendancieux constitue un puissant instrument de propagande en faveur du soviétisme[74].

---

73. Pauline Gallinari, « Cinéma et communisme en France... », thèse citée, p. 356.
74. Dossier de la commission de contrôle, séance du 3 mai 1950, archives du CNC.

Cette interdiction achève d'exaspérer les communistes qui lancent une campagne contre les *diktats* de la commission de contrôle. À partir de mai 1950, il ne se passe guère de semaine sans que Georges Sadoul, qui en fut membre, ne vitupère contre la « censure-croupion » et la « machine à décerveler ». La même année, *L'Écran français* crée une rubrique intitulée « Faits et méfaits d'Anastasie ».

En 1951, l'octroi d'un nouveau siège, attribué à un « représentant [de] la Pensée française », apaise quelque peu les esprits et permet, l'année suivante, le retour des professionnels. Mais la commission, aiguillonnée par l'infatigable Romieu, n'en poursuit pas moins son activisme anticommuniste durant quelques années.

Recomposé en 1944 et 1945 sous les auspices de la Résistance, le champ cinématographique s'est donc peu à peu restructuré en suivant la ligne de faille de la guerre froide. Ce bouleversement des repères met fin au consensus historiciste qui a dominé le cinéma pendant près de deux ans. Il favorise l'émergence d'événements et d'acteurs jusque-là négligés.

Chapitre 10

Les lauriers sont coupés

« Il en est du passé comme du laurier, c'est en le remâchant que l'on en découvre l'amertume… » Cet apophtegme de Talleyrand s'applique aux réalisateurs des fictions héroïques – Allégret, Berthomieu, Clément, Noël-Noël – qui, dans les années 1950, portent sur la guerre un regard neuf et désenchanté. Leurs productions coexistent avec celles d'autres cinéastes – Clouzot, Cayatte, Autant-Lara –, malmenés à la Libération, qui se penchent à leur tour sur les années noires, en offrant une vision particulièrement sombre. Dénonçant le système de valeurs et le manichéisme hérités de l'immédiat après-guerre, leurs œuvres oscillent entre le sarcasme et la plus noire désespérance.

Tous ces réalisateurs, les anciens comme les nouveaux venus, renouvellent en profondeur les genres, les thématiques et les personnages. Les films d'action font place aux chroniques familiales et aux récits intimistes ; la majorité silencieuse se trouve élevée à la dignité de sujet. Les interdits de la Libération sont peu à peu dépassés. Le cinéma français donne voix aux victimes et aux vaincus, livre un portrait tout en nuances de l'ennemi allemand, fait du prisonnier de guerre le porte-parole d'une philosophie désabusée, témoin d'un monde qui vacille dans ses valeurs et ses certitudes. La période est aussi marquée par les œuvres de plus jeunes cinéastes – Melville, Resnais – pour lesquels la Seconde Guerre mondiale fonde l'acte de naissance du cinéma moderne : porteuse d'une réflexion éthique et politique, elle inaugure le temps des refondations esthétiques.

Le Silence de la mer, tourné en 1947, en marque le premier jalon. Alimenté par les derniers feux de la Résistance, le film assure la transition entre deux époques. Il est aussi l'occasion pour Melville de bousculer les règles de la profession.

De l'ombre au Silence : Melville franc-tireur

Coup de force

Le cinéphile Jean-Pierre Melville, né Grumbach dans une famille de juifs alsaciens, a lu *Le Silence de la mer* en août 1943 à Londres où il a rejoint les Forces françaises libres[1]. Il éprouve aussitôt le désir ardent d'adapter ce fleuron de la « littérature de guerre[2] » et entrevoit le parti pris esthétique qu'il pourra en tirer : « Je voulais essayer un langage constitué uniquement d'images et de sons, d'où le mouvement et l'action seraient pratiquement bannis[3]. »

À la sortie du film, en 1949, le désir de Melville devient profession de foi. « Il n'y a plus à chercher, il faut oser », affirme-t-il :

> Il semble que, dans tous les pays du monde, le cinéma a maintenant atteint sa forme définitive mais imparfaite de monument où l'action et le mouvement servent de clé de voûte.

---

1. Jean-Pierre Grumbach-Cartier signa son acte d'engagement dans les FFL le 12 août 1943. Il avait passé la frontière pyrénéenne en novembre 1942. Arrêté à Barcelone, emprisonné entre décembre 1942 et mai 1943, il fut ensuite placé en résidence surveillée à Madrid jusqu'en juin. Melville embarqua à Gibraltar et arriva à Liverpool le 24 juillet 1943. Affecté dans l'artillerie, il fut envoyé à Alger en octobre 1943 (dossier de résistance de Jean-Pierre Grumbach, SHD, GR 16P 272877).
2. Anne Simonin, *Les Éditions de Minuit...*, *op. cit.*, p. 87.
3. Rui Nogueira, *Le Cinéma selon Melville*, Paris, Seghers, 1973, p. 39.

Les lauriers sont coupés

> Alors, devons-nous, pour toujours, nous en tenir aux règles mille fois respectées qui ont, bon an mal an, fourni cinq bons films ?
> Ne peut-on encore tenter quelque chose ?
> Ne doit-on, riche des enseignements reçus, essayer de renouveler un art ?
> Le public ne peut, paraît-il, être éduqué. Et pourtant il accepte maintenant de se rendre au cinéma pour voir un film sans vedette (*Dernière chance*, *Sciuscia*, *Rome ville ouverte*, *Quelque part en Europe*, etc.).
> Qui, parmi les exploitants, aurait osé afficher de pareils films avant cette guerre ?
> Et il se trouve que c'est justement cette guerre qui nous permet, en nous fournissant des sujets, de tenter cette évolution.
> Aucun des films que je viens de citer n'est un film de guerre. Pourtant, ils en sortent tous.
> C'est encore la guerre qui, derrière les trois personnages du *Silence de la mer*, se manifeste comme meneuse de jeu. Est-ce donc elle qui va tuer le baiser sur la bouche ? Non. Mais c'est grâce à elle que l'on entrevoit le chemin qu'il va falloir suivre pour que les calicots aux devantures des cinémas nous montrent quelque chose d'autre que des jambes, des croupes ou des seins [...][4].

Sur le ton du moraliste, Melville se place sous le patronage des néo-réalistes. La guerre n'est plus envisagée comme genre, mais comme empreinte et pierre angulaire. Le renouvellement artistique souhaité par Melville n'est guère éloigné de celui de Clément, appelant de ses vœux, en 1945, un art marqué au sceau de l'expérience des camps. Mais *La Bataille du rail* ne figure pas dans les références de Melville. Contrairement à son aîné qui avait déjà fait ses preuves lorsqu'il tourna son premier long métrage, Melville est un débutant[5], placé devant les portes closes du métier. Il va les ouvrir par un coup de force. Pour tourner son film, Melville

---

4. Jean-Pierre Melville, in *L'Écran français*, n° 201, 3 mai 1949, p. 3.
5. Il avait réalisé un seul court métrage, financé sur fonds propres : *Vingt-Quatre heures de la vie d'un clown*.

ne possède pas de carte de réalisateur car il n'a pas suivi le *cursus honorum* et refuse en outre de se syndiquer. Il décide d'entrer dans la forteresse en ébranlant les « structures syndicales, omniprésentes et dictatoriales, du système de production français… »[6].

En juillet 1946, Melville fonde sa maison de production et obtient une carte de producteur spécialisé[7]. Mais, n'ayant pas les droits du livre de Vercors, il ne peut obtenir du CNC une autorisation de tournage. *Le Silence de la mer* est donc commencé dans la semi-clandestinité, grâce à une pellicule achetée au marché noir, avec la participation largement bénévole d'une équipe réduite d'artistes et de techniciens. Ils tournent dans la maison de Villiers-sur-Morin où Vercors a écrit son récit pendant l'été 1941. Melville confie le rôle de la nièce à une actrice encore inconnue, Nicole Stéphane, celui de l'oncle à un artiste peintre, Jean-Marie Robain[8]. Faute d'argent, le tournage s'étire, entre août et décembre 1947, sur vingt-sept journées espacées. Privés de salle de montage, Melville et son chef opérateur Henri Decae visionnent leurs rushes dans une chambre d'hôtel ; le film est monté avec du matériel de récupération[9]. Pour vaincre les préventions de Vercors[10], Melville a accepté de soumettre son film à un

---

6. Rui Nogueira, *Le Cinéma selon Melville*, op. cit., p. 49. Le cinéaste ajoute : « La CGT avait même eu l'audace de nous accuser de faire un film avec l'argent des Rothschild parce que j'avais choisi, pour le rôle de la nièce, Nicole Stéphane, qui est une Rothschild ! »

7. Lettre de Melville au directeur du CNC, 4 janvier 1949, AN, F 41 2383 8B.

8. Par manque d'argent, ils n'ont pas été payés mais intéressés aux éventuels bénéfices (témoignage de Nicole Stéphane, entretien avec l'auteure).

9. Rui Nogueira, *Le Cinéma selon Melville*, op. cit.

10. La correspondance échangée entre Melville et Vercors est publiée un an plus tard par *Les Lettres françaises* (n° 205, 22 avril 1948, p. 5, et n° 206, 29 avril 1948, p. 5). Vercors écrit : « Voici ce qu'il vous faut comprendre : *Le Silence de la mer* n'est pas un livre comme un autre, entendez que je ne m'en considère plus comme entièrement maître. Il n'appartient plus à moi seul […], il m'échappe autant que l'effigie d'un

Les lauriers sont coupés

jury de résistants qui décidera de son sort. Il s'engage à le détruire s'il ne leur donne pas satisfaction.

Comme il le confie à Michel Fourré-Cormeray en janvier 1949, Melville a donc « pris tous les risques pour réaliser un film à partir d'un sujet littéraire, anti-public et anti-commercial dans son essence, qui a voulu être un film d'avant-garde, une tentative, un essai ». Et d'ajouter :

> Si j'ai délibérément sacrifié un an et demi de travail acharné, si j'ai volontairement engagé la totalité de mon patrimoine dans cette affaire et si j'ai dû vendre tout ce qui m'appartenait en tant que meubles et même quelques costumes ainsi qu'une bibliothèque importante, c'est parce que j'avais l'espoir de trouver auprès de vous, le film terminé, la compréhension et l'appui qui m'étaient indispensables[11].

Pour sa demande de régularisation auprès du CNC, le réalisateur peut désormais se prévaloir du haut patronage de la Résistance. Le 29 novembre 1948, Vercors a réuni les vingt-quatre membres du jury, qui comprend notamment Jean-Pierre Bloch, Emmanuel d'Astier de la Vigerie, Paul Éluard, Louis Aragon, Yves Farge, Claude Bourdet, Gilberte Brossolette, Jacques Debû-Bridel. À l'unanimité moins une voix, ces anciens résistants estiment que l'esprit du livre n'est point trahi. Parmi les fées penchées sur le film de Melville se trouvent de proches amis de son frère Jacques Grumbach – fondateur du *Populaire* et collaborateur de Léon Blum. Entré précocement dans

---

dieu devant qui la foule se prosterne échappe au sculpteur qui l'a taillée. » Melville lui répond : « Vous avez sans le savoir sculpté un dieu ; moi, je veux maintenant peindre ce dieu. Ni le sculpteur, ni les fidèles ne peuvent s'irriter, si ma peinture est bonne. »

11. Lettre de Melville au directeur du CNC, 4 janvier 1949, AN, F 41 2383 8B. Dans ce même courrier, Melville précise que Claude Jaeger lui a fait miroiter la possibilité d'une régularisation après coup, si le film s'imposait par sa qualité.

la Résistance, il fut tué par un passeur en rejoignant la frontière pyrénéenne[12].

Tout au long de cette difficile gestation, Melville a travaillé sous le contrôle de Vercors qui suivit pas à pas son adaptation : il « entendait que son roman fût suivi ligne par ligne et il conserva jusqu'au bout cette attitude intransigeante[13] ». L'écrivain valida aussi les retouches apportées par le cinéaste ; sa surveillance vigilante s'explique sans doute par les mésinterprétations dont son œuvre fut l'objet.

Affinités électives

« *Le Silence de la mer*, manuel de savoir-vivre à l'usage des occupés ou littérature d'insoumission ? » Évoquant la famille « ultra-Révolution nationale » de Robbe-Grillet qui n'en adopta pas moins le mutisme à l'égard de l'occupant, Anne Simonin rappelle que la nouvelle de Vercors fut soumise à des exégèses contraires dès sa parution sous le manteau en février 1942[14]. Le résistant Jean Bruller acheva en octobre 1941 le récit de ce vieil homme et de sa nièce, contraints d'héberger un officier allemand : ils opposent un silence digne et meurtri à cet esthète délicat qui soliloque sur la grandeur de la culture française et prône une union sensuelle avec l'Allemagne d'où luira le soleil sur l'Europe. Sitôt paru, le livre pâtissait du décalage avec les réalités de la guerre et d'une occupation qui s'était peu à peu durcie : pour nombre de résistants, l'heure n'était plus au silence mais à la lutte active. En 1943, certains estimèrent que le récit de Vercors était dépassé et inopportun. Récupéré par la France libre qui ne cessa jamais de l'encenser, *Le Silence de la mer* devint la cible des communistes ; Ilya Ehrenbourg accusa

---

12. Voir le témoignage de son fils, neveu de Melville, dans le film d'Oliver Bohler, *Sous le nom de Melville* (2009).
13. *Combat*, 16 avril 1949.
14. Anne Simonin, *Les Éditions de Minuit...*, *op. cit.*, p. 86.

Les lauriers sont coupés

même l'écrivain de faire le jeu de l'ennemi. « Tour à tour exalté et honni », l'ouvrage menait « une vie entièrement hors de ses gonds »[15].

L'adaptation du *Silence de la mer* pouvait engendrer de nouvelles incompréhensions. Le cinéma français a emprunté à rebours le cheminement du livre : sur les écrans, la lutte armée a précédé la désobéissance civile[16] ; les héros silencieux de Melville succèdent aux résistants en armes de la Libération. Certes, le film rend honneur à la Résistance, mais il la réduit à une réprobation muette.

En lisant le texte, Nicole Stéphane, elle aussi engagée dans la France libre[17], a éprouvé un léger agacement pour le personnage de la nièce. Elle ressent peu d'empathie pour cette jeune fille passive, murée dans le silence, dont le seul héroïsme est de résister à la tentation d'un appel raffiné à la collaboration. Le malaise de l'ancienne résistante trahit son incompréhension à l'égard d'un pays quitté en 1942 : « J'avais du mal à admettre que la France ait pu être majoritairement peuplée de pères tranquilles[18]. » Mais ses préventions se dissipent au fil du tournage. Le temps passant, Nicole Stéphane finit par éprouver plus d'indulgence pour ceux de ces compatriotes « fiers et nobles, qui n'avaient pas agi mais surent garder, dans l'épreuve, une grande dignité[19] ».

---

15. André Breton, *Arcane 17. Enté d'ajours*, Paris, UGE, « 10/18 », 1965, cité par Anne Simonin, *ibid.*

16. Voir Jacques Semelin, *Sans armes face à Hitler. La Résistance civile en Europe, 1939-1943*, Paris, Payot, 1989.

17. Nicole de Rothschild signa son engagement dans le corps féminin des FFL en avril 1943. Arrivée en Espagne par la frontière pyrénéenne en décembre 1942, elle fut emprisonnée à Barcelone puis se rendit à Lisbonne en février 1943, d'où elle rejoignit l'Angleterre deux mois plus tard (dossier de résistance de Nicole de Rothschild, SHD, GR 16P 177197).

18. Entretien de Nicole Stéphane avec l'auteure.

19. *Idem.*

Melville tente de désamorcer les effets d'oblique d'une lecture à contretemps, misant sur l'aura de cette œuvre symbole de la littérature clandestine. Dans les premiers plans du *Silence de la mer*, un homme s'avance sur un quai, portant une valise bientôt déposée aux pieds d'un comparse. Ce dernier fouille son contenu : sous les liasses des journaux *Combat* et *Libération* apparaît le livre de Vercors, qu'il ouvre sur sa dédicace à « Saint-Pol-Roux, poète assassiné ». Par un passage de relais de l'écrit vers l'écran, les pages feuilletées présentent alors le générique du film. *Le Silence de la mer* se termine par le recadrage des deux dernières pages de l'ouvrage : l'une porte la date d'octobre 1941 ; la seconde celle de son impression clandestine en février 1942. La nouvelle de Vercors est ainsi présentée dans ses deux dimensions : texte sacré du patrimoine de la Résistance en même temps que document historique sur les vingt premiers mois de l'Occupation.

Melville juge cependant nécessaire d'amender la nouvelle pour réduire les ambivalences d'une fable écrite avant les pires déchaînements de la fureur nazie. Il compose une scène où l'oncle sort *in fine* de sa passivité : l'officier allemand, sur le point de partir pour le front, découvre sur le secrétaire un ouvrage d'Anatole France[20] ; son hôte – qui l'observe fixement – y a glissé un appel à l'insoumission. Le second ajout porte une condamnation explicite de l'obéissance passive d'Ebrennac :

> Ainsi, il se soumettait lui aussi comme les autres, comme tous les autres, comme tout ce malheureux peuple [...] cette révolte que même cet homme-là n'avait pas eu le courage de maintenir contre les ordres de son maître.

---

20. Dans la première version du scénario, Jules Vallès (*L'Insurgé*) a été préféré à Anatole France (découpage ronéo avec annotations manuscrites, Cinémathèque française/Bifi, CJ1360 B176).

Les lauriers sont coupés

Cette sentence, à peine retouchée, est reprise par Vercors dans la réédition de l'ouvrage en 1951[21]. Le va-et-vient constant entre l'époque de l'écriture du livre et celle de son adaptation filmée se retrouve dans un autre apport de Melville. Dans les séquences consacrées à la visite d'Ebrennac à Paris, au cours de laquelle des SS lui décillent les yeux sur le sens véritable de la collaboration, Melville, au prix d'un anachronisme, invente une scène qui impose à l'officier une révélation plus terrible encore. Sur le bureau de son camarade, Ebrennac découvre un rapport sur le fonctionnement du camp d'extermination de Treblinka[22] qui décrit les capacités meurtrières des chambres à gaz : « Le rythme quotidien actuel est de 500 personnes [...] mais des améliorations sont en cours [...]. Avant deux mois fonctionnera une chambre à gaz de deux milles personnes. » Si Melville ne signale pas l'identité juive des victimes, son film offre pour la première fois une description clinique de la mise à mort dans les camps d'extermination[23]. L'aménagement d'un texte écrit avant la mise en œuvre de la « solution finale » contredit le soin que Melville a mis par ailleurs à dater la nouvelle. Cette oscillation trahit bien les difficultés de ce périlleux exercice d'adaptation.

Le Silence de la mer innove enfin par son portrait de l'officier allemand. La logique de la nouvelle de Vercors voulait que Werner von Ebrennac fût un personnage séduisant et francophile destiné à mettre en garde « les Français

---

21. « Ainsi il se soumet. Voilà donc tout ce qu'ils savent faire. Ils se soumettent tous, même cet homme-là », dans la réédition chez Albin Michel.

22. Le camp d'extermination de Treblinka commença à fonctionner en juillet 1942. Contrairement à ce que laisse entendre Melville (qui reproduit une confusion fréquente à l'époque), les fours crématoires n'étaient pas utilisés à des fins homicides et Treblinka n'en était d'ailleurs pas équipé. Les cadavres y furent brûlés dans des bûchers à ciel ouvert.

23. Le choix du camp de Treblinka pourrait s'expliquer par la publication en 1945 du livre-témoignage de Vassili Grossmann, *L'Enfer de Treblinka*, que Melville avait probablement lu.

encore hésitants – encore illusionnés[24] » contre les pièges mortels de la collaboration :

> Je mettrais en scène cet officier allemand, mais j'en ferais [...] un amoureux, un homme séduit par elle comme l'avait été Ernst Jünger, croyant sincèrement au mariage des anciens adversaires dans une Europe heureuse, et que la révélation brusque des véritables desseins nazis plongerait dans la stupeur. Ainsi il aurait pu, pendant des mois, et de bonne foi, tenter de persuader ses amis français des nobles intentions allemandes, pour découvrir en fin de compte qu'il les avait mortellement trompés[25].

Cette vision humaniste correspondait à la ligne des Éditions de Minuit qui n'entendaient pas combattre les Allemands mais « Hitler et les forces du mal qui ont partie liée avec lui[26] ». En 1949 cependant, la question allemande divise profondément l'opinion et la classe politique. Melville ouvre *Le Silence de la mer* sur cet avertissement :

> Ce film n'a pas la prétention d'apporter une solution au problème des relations entre la France et l'Allemagne, problème qui se posera aussi longtemps que les crimes de la Barbarie nazie, perpétrés avec la complicité du peuple allemand, resteront dans la mémoire des hommes [...].

L'invocation de la coresponsabilité du peuple allemand, qui n'était pas présente chez Vercors, rejoint la condamnation par Melville de la soumission d'Ebrennac. Reste que son personnage d'officier s'émancipe radicalement des clichés

---

24. Vercors, *La Bataille du silence. Souvenirs de Minuit*, Paris, Presses de la Cité, 1967, p. 182. L'écrivain explique notamment que l'idée du récit lui vint après la lecture de *Routes et jardins*, d'Ernst Jünger, « panégyrique de la France vaincue par l'un de ses vainqueurs » (p. 180).

25. *Ibid.*, p. 182.

26. Jean-Louis Crémieux-Brilhac, *Les Français de l'an quarante*, t. I, *La Guerre oui ou non ?*, Paris, Gallimard, 1990, cité par Anne Simonin, *Les Éditions de Minuit...*, *op. cit.*, p. 176.

Les lauriers sont coupés

du cinéma libéré. Cette rupture est encore renforcée par le choix de son interprète, le comédien Howard Vernon, qui s'est spécialisé à la Libération dans les rôles d'officiers sanguinaires. Sa première apparition dans *Le Silence de la mer* joue avec les réminiscences des spectateurs. L'arrivée de l'officier, dramatisée par un *crescendo* musical, est filmée en contre-plongée : lorsque la nièce ouvre la porte, sa silhouette engoncée dans l'uniforme et son visage blafard se découpent en clair-obscur sur l'embrasure sombre. Cette apparition, à la fois menaçante et familière, donne plus de force aux métamorphoses du personnage. Ebrennac apparaît par la suite en civil pour entonner chaque soir devant ses hôtes muets « la longue rhapsodie de son amour pour la France ».

Le second point de bascule du récit intervient après la visite de l'officier à Paris. Le livre de Vercors, écrit du seul point de vue de l'oncle, traite en ellipse le voyage d'Ebrennac dans la capitale : le lecteur n'en n'apprend que ce que l'officier raconte ultérieurement à ses hôtes. *Le Silence de la mer* de Melville sort ces entretiens du huis clos pour mettre en scène la visite d'Ebrennac, au cours de laquelle lui est révélée l'existence de Treblinka et expliqué ce que signifie pour les nazis le concept de collaboration. La perte de ses chères illusions se lit dans le regard en deux temps qu'il pose sur la capitale. À son arrivée, l'officier a visité en fiacre la Ville lumière, s'attardant avec émotion devant le Carrousel du Louvre, la statue équestre de Jeanne d'Arc, le portail de Notre-Dame. Lorsqu'il ressort de la Kommandantur de l'Opéra, Ebrennac découvre une capitale sous la botte, enlaidie par les panneaux indicateurs allemands, quadrillée par les patrouilles, souillée, de la Concorde aux Invalides, par les guérites et les drapeaux nazis. Lors de son départ pour Paris, Ebrennac tournait le dos à un avis placardé sur le mur de la petite gare ; à son retour, il s'attarde devant cette affiche portant la signature de Stülpnagel, qui annonce l'exécution de douze otages en représailles à un attentat.

Les scènes parisiennes maintiennent la distinction entre nazis et allemands : c'est un officier SS qui se vante de transformer la France en « une chienne rampante » ; c'est encore un SS, son ancien camarade perverti par l'endoctrinement nazi, qui partage avec lui le secret de Treblinka. Et tandis qu'Ebrennac lit le rapport à haute voix, la caméra se resserre sur un portrait du Führer qui finit par occuper seul tout le champ, en un face-à-face implacable avec le spectateur.

Avant *Le Silence de la mer*, seul un film d'espionnage, *Mission spéciale*, avait opposé si nettement les personnages de SS fanatiques aux militaires de la Wehrmacht, patriotes trompés et désabusés. En 1947, René Clément marque ce distinguo sur le mode mineur dans *Les Maudits* : il met en scène la confrontation entre un officier SS et un général de la Wehrmacht qui fuient la défaite avec une poignée de collaborateurs et s'embarquent à Oslo dans un sous-marin faisant route vers l'Amérique latine. Mais les personnages de Canonge et de Clément ne présentent en aucune façon la séduction du « bon Allemand » de Melville qui, en 1944, se fût attiré les foudres du capitaine Lhéritier. Dans le courant des années 1950, la distinction entre Allemands et nazis est acquise.

Dans la France de la IVe République, le scandale de *La Grande Illusion* n'a plus guère de sens ni d'écho. Le réalisateur Max Joly multiplie les clins d'œil à l'œuvre de Renoir dans *L'Éternel Espoir* (1952), chronique d'une famille française dans les années noires. L'espoir immémorial qu'invoquent ses personnages est celui, toujours renouvelé et toujours déçu, de l'entente entre les peuples. Et le cinéaste peut placer sans risque dans le cadre de la Seconde Guerre mondiale quelques scènes controversées de *La Grande Illusion*. Les deux petits-fils de la famille Vallon sont prisonniers en Allemagne : affectés à des Kommandos, ils songent à s'évader. Le premier trouve refuge chez une paysanne allemande compréhensive à laquelle il explique que le pacifique peuple allemand est trompé par ses dirigeants. Le second petit-fils s'enfuit avec la nièce de son fermier dont le père a été tué par les nazis. L'ayant confiée à la Croix-Rouge, Antoine rentre au village pour préparer sa venue et il se heurte à l'hostilité de ses concitoyens. Le grand-père magnanime saura pourtant ouvrir les bras à l'orpheline qui porte déjà l'enfant du couple franco-allemand. Le discours du vieillard, empreint de mièvrerie, marque l'heureux épilogue de *L'Éternel Espoir* :

> La haine entre les peuples durera-t-elle donc toujours et pourtant quelle folie… Antoine mon enfant, viens près de ton vieux grand-père […]. Notre pays meurtri a besoin de tous ses enfants mais il ne faut plus qu'ils se déchirent et qu'ils s'unissent comme nous le sommes aujourd'hui […]. Vois-tu, l'amour est comme le malheur il n'a pas de frontières […]. Tu aimes cette femme tu iras la chercher ainsi que cet enfant qui après tout est de ton sang et tu leur feras aimer la France.

Les critiques déplorent la médiocrité de *L'Éternel Espoir* mais ils louent les nobles intentions de ce message de paix et de concorde, conçu dans une phase d'intense maturation de l'idée européenne[27].

Dans *Le Retour de Louis*, Jean Dréville met lui aussi en scène un prisonnier qui revient au pays aux bras d'une Allemande orpheline de guerre[28]. Les réticences de la population

---

27. *Le Figaro* (3 juillet 1952) parle de la « noblesse du propos » et de la réelle grandeur du thème ; *Libération* (8 juillet 1952) évoque les « nobles intentions » du film ; dans *Les Lettres françaises* (n° 365, 11 juillet 1952, p. 9), Josette Daix se félicite que *L'Éternel Espoir* présente la guerre « comme une chose néfaste ». Ce mouvement ne fut certes pas isochrone. En 1954, le débat sur la ratification de la Communauté européenne de défense se charge de rouvrir les blessures anciennes. Et lorsque, deux ans plus tard, *Nuit et brouillard* est retiré de la compétition cannoise suite aux démarches de la RFA, l'affaire ravive les braises de cette querelle qui divisa violemment le pays (voir *infra*, p. 389 *sq.*).
28. Le thème du *Retour de Louis* fut inspiré à Dréville par l'histoire de sa femme de ménage, une Allemande arrivée en France à la Libération dans les bagages d'un prisonnier de guerre (entretien avec l'auteure). L'intrigue du film se retrouve dans *Frieda* (1947), film britannique de Basil Dearden (voir Sylvie Lindeperg, *Clio de 5 à 7…*, *op. cit.*, p. 261-263).

sont plus vives encore : sommations du maire, discours moralisateur du garde champêtre, mesquineries des commerçants, invectives et jets de pierres contre la « fridoline »... « Quand le patriotisme autorise les mauvais sentiments [...] on en profite [...], on se surpasse », soupire l'ancien prisonnier. Mais le *happy-end* est là encore édifiant : après la tentative de suicide d'Elsa, la communauté villageoise, contrite, saura exprimer sa solidarité au jeune couple.

Le désenchantement du monde

Vaincus et victimes

En cette fin des années 1940, le prisonnier de guerre est à la mode. On le retrouve dans *Les Louves* (Luis Saslavsky), *Les Évadés* (Jean-Paul Le Chanois), *Gibier de potence* (Roger Richebé), *Le Défroqué* (Léo Joannon), *Les miracles n'ont lieu qu'une fois* (Yves Allégret), *Le Bal des pompiers* (André Berthomieu) et dans quatre épisodes du film à sketches *Retour à la vie*[29], tout entier dédié au rapatriement.

Plus qu'un simple personnage, le prisonnier est un porte-parole qui exprime le désenchantement d'une époque. Figure d'un héros-spectateur, il est porteur d'une philosophie de l'Histoire qui s'accorde aux temps nouveaux. *Retour à la vie* met en scène des prisonniers libérés qui jettent sur la guerre et leurs compatriotes un regard désabusé. « Je me suis ankylosé à ne rien foutre, affirme Jean, il n'y a plus qu'une chose qui m'amuse, c'est essayer de comprendre. On m'a fait une âme de spectateur et je suis d'ailleurs mauvais public. » René mesure lui aussi l'inadéquation entre le monde rêvé et le pays

---

29. Ce film produit en 1949 par Jacques Roitfeld est composé de cinq sketches : *Le Retour d'Emma* (André Cayatte), *Le Retour d'Antoine* (Georges Lampin), *Le Retour de Jean* (Henri-Georges Clouzot), *Le Retour de René* et *Le Retour de Louis* (Jean Dréville). Tous les sketches furent scénarisés par Spaak, à l'exception du *Retour de Jean*, coécrit par Clouzot et Jean Ferry.

Les lauriers sont coupés

réel qu'il retrouve à la Libération : « On devrait écrire un livre sur mon retour, on appellerait ça la grande désillusion. »

Dans le cinquième épisode de *Retour à la vie*, André Cayatte choisit d'évoquer le rapatriement d'une rescapée des camps. Rentrée de Dachau en état de cachexie[30], Emma apprend que sa famille a imité sa signature pour percevoir un héritage. Ses neveux et nièces viennent la visiter pour régulariser la succession, sans grand égard pour ses souffrances. En marquant le décalage entre leurs préoccupations mesquines et la dignité muette de cette femme meurtrie, interprétée par une ancienne déportée[31], Cayatte pointe les fautes d'une société restée indifférente aux survivants des camps. Mais en transférant cette surdité collective sur le mutisme de la rescapée, il n'offre aucune place au récit de ses souffrances et maintient Emma hors de la communauté des vivants : son film se termine sur un fondu au noir après que sa famille a refermé sur elle le rideau de la chambre[32].

C'est précisément à l'initiative d'anciens déportés que la tragédie des camps sort de l'oubli, en 1956, avec *Nuit et brouillard* d'Alain Resnais. Ce court métrage sur le système concentrationnaire est initié par le Réseau du souvenir, association d'anciens résistants déportés qui entendent promouvoir la mémoire de leur combat et de leur tragédie. L'une des originalités du film tient au tournage dans les camps d'Auschwitz et de Maïdanek, dix ans après leur libération. Le paysage dévasté de Birkenau, ses bâtiments envahis d'herbes hautes, les chicots de ses cheminées de

---

30. Dachau est pourtant l'un des seuls camps dont la population fut exclusivement masculine jusqu'en septembre 1944, date à laquelle y fut ouvert un petit camp de femmes.
31. Voir Guy Braucourt, *André Cayatte*, Paris, Seghers, 1969, p. 68.
32. Son seul mot, à la fin de la visite, sera pour s'enquérir des causes du décès de son chien ; l'animal, plus fidèle que les hommes, est mort de chagrin après son arrestation. On retrouve le même thème dans *Le Retour de René* : l'ancien prisonnier ne retrouve pas sa femme infidèle mais ses chiens ne l'ont pas oublié et lui font fête.

brique, ses objets rouillés et abandonnés comme après un naufrage constituent une puissante métaphore de l'oubli. Les travellings en couleurs alternent, en un montage virtuose, avec un ensemble composite d'images d'archives[33]. Si le commentaire du poète Jean Cayrol les déclare impuissantes à rendre compte de l'événement, elles n'en fixent pas moins durablement un imaginaire des camps : des générations de spectateurs n'oublieront plus les scènes tournées par les Britanniques à Bergen-Belsen où un bulldozer pousse vers les fosses des monceaux de cadavres décharnés. Resnais et Cayrol inscrivent dans leur film la trace des absents et offrent aux morts un lieu de sépulture ; mais ils ménagent aussi la place des rescapés et de ceux, si rares encore, qui cherchent à les regarder et à les entendre.

Le judéocide est cependant absent du commentaire de l'ancien résistant interné à Mauthausen. Resnais tente de lever un coin du voile : le montage de *Nuit et brouillard* accueille des plans et des photographies de l'internement et de la déportation des juifs et un paragraphe du scénario, écrit avec l'historienne Olga Wormser-Migot, évoque la « solution finale »[34]. Mais ces timides avancées sont contrariées par l'écriture du commentaire de Cayrol qui les fait disparaître, limitant la portée des images de la déportation des juifs : ces photographies et ces plans demeurent muets, en attente des regards qui sauront les reconnaître et les interpréter.

Ainsi le cinéma français des années 1950 s'ouvre-t-il progressivement à ceux qu'il avait ignorés dans le grand élan d'édification du roman national. La reconversion des cinéastes de la première vague héroïque permet de prendre la mesure de ces mutations.

---

33. Comprenant des photographies et des plans de la période nazie et de la Libération ainsi que des images en noir et blanc filmées par Resnais dans le musée d'Auschwitz (voir Sylvie Lindeperg, *« Nuit et brouillard ». Un film dans l'histoire*, Paris, O. Jacob, 2007).

34. *Ibid.*, p. 71-80.

« Une âme de spectateur »

En 1951, Yves Allégret a réalisé coup sur coup *Dédée d'Anvers*, *Une si jolie petite plage* et *Manèges*, signant, avec son scénariste Jacques Sigurd, le manifeste cinématographique d'un « réalisme noir » à la française[35]. *Les miracles n'ont lieu qu'une fois* (1951) s'inscrit dans la même veine. Le film évoque le parcours d'un étudiant en médecine, interprété par Jean Marais, ballotté comme un fétu dans la bourrasque de la guerre. Pendant l'été 1939, Jérôme s'éprend de Claudia (Alida Valli), une condisciple italienne qu'il suit dans son pays. Mais la France mobilise et le jeune homme est appelé sous les drapeaux. Jérôme piétine alors dans la drôle de guerre, symbolisée par un baraquement de soldats désœuvrés. Puis, sans qu'il ait été montré au combat, le film évoque sa captivité en Allemagne. Le Stalag est figuré par une nouvelle chambrée, en tout point semblable à la première ; la seule différence tient à l'inscription « KG » (*Kriegsgefangener*) peinte au dos des uniformes. « L'évasion sans histoire » de Jérôme est signalée laconiquement par le commentaire *off* et l'on retrouve le jeune homme en 1941, dans un Paris gris, morne et souillé, qui l'emprisonne autant que les murs du Stalag. Jérôme assiste en badaud aux persécutions raciales (une femme juive arrêtée par deux civils), aux misères du quotidien (une ménagère à bout de force qui s'évanouit dans une file d'attente), à quelques actes de bravoure (un homme déchirant une affiche de la LVF). « Certains ont réagi, pas moi, je l'avoue », concède le jeune homme qui ajoute : « Je n'ai pas été le seul, n'est-ce pas ? » Et c'est sur le balcon d'un luxueux appartement qu'il entend les coups de feu tirés depuis la Concorde annonçant la libération de Paris. Jérôme aura traversé en spectateur apathique les fureurs collectives

---

35. Raymond Borde, Étienne Chaumeton, *Panorama du film noir américain, 1941-1953*, Paris, Flammarion, 1955.

qui scellent son destin. Lorsque, après de longues recherches, il retrouve enfin Claudia dans une Italie en ruines, les amants ne parviennent pas à renouer les fils d'un amour sacrifié.

La comparaison avec *Les Démons de l'aube*, du même Allégret, illustre la réorientation du regard porté sur le conflit militaire. Le premier film glorifiait l'engagement collectif et le dépassement de soi : la Résistance offrait au héros le rachat et l'oubli. Legrand était arrivé en Afrique du Nord meurtri par ses déboires sentimentaux ; intégré dans la communauté des combattants, il trouve dans le devoir patriotique la résolution de ses conflits intérieurs. La guerre est présentée comme une transcendance, le sacrifice comme une résolution ; la mort de Legrand permet aux Alliés de prendre pied sur la côte toulonnaise.

Les miracles n'ont lieu qu'une fois offre le récit d'un amour contrarié par le conflit militaire, d'un bonheur individuel bafoué par une société belliciste qu'incarnent, en France comme en Italie, des personnages de boutefeux : groupes de fascistes fêtant le déclenchement des hostilités ; officier français reprochant à Jérôme sa correspondance avec l'Italie, sous une affiche contre la cinquième colonne. Sur le modèle de la tragédie antique, la fable des *Miracles...* oppose le désir individuel aux lois de la cité ; elle se conclut par la défaite du héros sacrifié.

En témoigne la vision en deux temps qu'offre Allégret de la libération de Paris. Dans le premier tableau, Jérôme fête la victoire dans un café bondé et, tout à son enthousiasme, il déchire ses tickets de rationnement. Les images d'archives sont à l'unisson de ce moment sacré, qui montrent les chars victorieux entrant dans la capitale et les soldats échangeant des baisers avec les Parisiennes. Le deuxième tableau met en scène des trafiquants parisiens qui spéculent sur les paquets de Chesterfield et une longue queue pour le ravitaillement formée devant un magasin. Allégret exhume alors d'autres images d'archives, puisées dans les rushes de *La Libération de Paris* : une femme tondue sanglote, assise sur des sacs

Les lauriers sont coupés

de sable ; un homme lui tire le bras sans ménagement et dévoile son visage à la foule enthousiaste.

La victoire n'a rien résolu et la guerre a « tué le baiser sur la bouche » ; ses séquelles poursuivent souterrainement son œuvre de destruction. Simone de Beauvoir écrira plus tard : « La guerre était finie, elle nous restait sur les bras comme un grand cadavre encombrant, et il n'y avait nulle place au monde où l'enterrer[36]. »

Avec *Jeux interdits*, René Clément amorce lui aussi sa reconversion.

Guerres interdites

En 1947, François Boyer n'a pas trouvé de producteur pour son scénario *Croix en bois, croix en fer*, conte cruel sur deux enfants pris dans la tourmente de l'exode : avec des croix volées, ils construisent un cimetière d'animaux que le petit Michel tue de ses mains pour pouvoir leur offrir une sépulture. Faute de débouché cinématographique, le jeune écrivain reconvertit son texte en roman, publié par les Éditions de Minuit sous le titre *Jeux inconnus*[37]. Quatre ans plus tard, René Clément intéresse au projet le patron de Silver Films, Robert Dorfmann. Il signe un contrat pour une trilogie de courts métrages sur l'enfance, *Jeux interdits* : *Croix en bois, croix en fer*, adapté par Jean Aurenche et Pierre Bost, doit en constituer le premier épisode[38].

Le tournage commence en septembre 1951, à La Foux, un village des Basses-Alpes encore privé d'eau et d'électricité ; il est interrompu par la faillite du producteur. Robert Dorfmann demande alors à Clément de monter les rushes

---

36. Simone de Beauvoir, *La Force des choses*, Paris, Gallimard, « Folio », 1992, p. 50-51.

37. Le scénario est notamment soumis le 16 mai 1947 au producteur de Ciné-Sélection qui le refuse (archives de René Clément, Fondation René-Clément).

38. Archives de René Clément. Les deux autres films s'intitulaient *Histoire de l'aigle* et *Le Bon Dieu sans confession*.

qu'il a tournés ; grâce à l'immense qualité de ce travail, le producteur réussit à convaincre ses créanciers d'apporter leur aide financière pour poursuivre le film. L'idée d'une trilogie est abandonnée et *Jeux interdits* devient un long métrage. Le tournage reprend en mars 1952 avec les jeunes comédiens Georges Poujouly et Brigitte Fossey, que ces mois d'interruption ont transformés physiquement.

Si la réalisation chaotique de *Jeux interdits* rappelle celle de *La Bataille du rail*, il y a peu de points communs entre les deux films. Le premier glorifiait la lutte armée et exprimait le profond consensus de la France libérée autour de l'imagerie héroïque. Le second dénonce la guerre comme fauteuse de troubles et d'abjections.

Dans le roman de François Boyer, la guerre n'est qu'« un décor facile » ; l'auteur remarque qu'elle « est devenue plus importante dans le film de René Clément pour justifier le dérèglement des enfants »[39]. On pourrait inverser le constat de Boyer en suggérant que l'inconduite des enfants permet au cinéaste de pointer les perversités du conflit militaire. Le caractère cruellement novateur de *Jeux inconnus* vient de ce que son auteur ne tient nullement « pour acquise la pureté sacrée des enfants »[40]. Les jurés de la Mostra de Venise, qui décernent le Lion d'Or à *Jeux interdits*, veulent y voir une façon d'élever « l'innocence de l'enfance au-dessus de la tragédie et de la désolation de la guerre ». Cette interprétation paraît certes abusive[41] ; mais la guerre constitue bel et bien un enjeu central du film que le comportement des enfants, qu'ils soient intrinsèquement purs ou impurs, met en relief.

Les différents synopsis de *Jeux interdits* en témoignent : la guerre est présentée comme un sujet et non comme un

---

39. Entretien de François Boyer avec Anne Simonin dans *Les Éditions de Minuit...*, *op. cit.*, p. 267.
40. Pierre Billard, *L'Âge classique du cinéma français...*, *op. cit.*, p. 606.
41. Voir l'analyse circonstanciée de ce film par Denitza Bantcheva, *René Clément*, Paris, Éd. du Revif, 2008, p. 71-84.

Les lauriers sont coupés

simple cadre. « La guerre a établi la mort comme le maître du monde », écrivent Aurenche et Bost qui présentent le film comme le « procès des morts inutiles » gisant « sur les bas-côtés des routes de la guerre ». Le dernier synopsis est plus explicite encore : « C'est un film d'enfants autour desquels gravitent les grandes personnes symbolisant la société responsable de cette absurdité : la guerre. » Et les auteurs de revendiquer un « film pacifiste, constructif », « appel à ceux qui veulent encore croire que la vie des autres est un bien sacré ».

L'idée des petites âmes dénaturées par les jeux barbares du conflit militaire s'exprime exemplairement dans une scène ajoutée au texte de Boyer. On y voit Michel tuer un cafard à l'aide d'un porte-plume : après avoir dessiné des spirales au-dessus de l'animal en imitant le bruit d'un moteur d'avion, l'enfant le transperce brutalement. À Paulette qui proteste, Michel réplique indigné : « C'est pas moi, c'est une bombe ! »

Cette lecture pacifiste est reprise par Clément lors de la sortie de son film :

> Devant l'atrocité de la guerre et des massacres, mes héros (les deux enfants) ont réagi de la façon la plus pure. Ils vivent une très belle histoire d'amour jusqu'au moment d'une séparation déchirante : la société est à nouveau intervenue dans leurs jeux pour jeter la fillette dans un anonyme orphelinat[42].

Et le cinéaste de conclure : « Le premier jeu interdit, c'est pour moi la guerre. » Sous le titre « Orgue de la nouvelle barbarie[43] », Georges Sadoul s'empresse de pointer l'actualité du sujet en invoquant « les routes de Corée » et la « bombe atomique tactique ». Il loue la longue séquence d'ouverture sur l'exode de 1940, qu'il place au rang des poèmes du *Crève-Cœur* et des pages des *Communistes* d'Aragon.

---

42. René Clément, in *Les Lettres françaises*, 16 mai 1952, p. 1 et p. 10.
43. Georges Sadoul, in *Les Lettres françaises*, 23 mai 1952, p. 9.

Avec un réalisme implacable, René Clément filme les routes de l'exode encombrées de Français fuyant les combats sur des charrettes de fortune et des voitures hoquetantes. Impitoyablement mitraillés par des Messerschmitt à croix noires, ils cèdent à la panique, à l'égoïsme, à la mesquinerie. À ce tableau lamentable et saisissant, Clément ajoute quelques allusions à la débâcle militaire. De retour au village, le fils Gouard raconte à son père sa pitoyable odyssée : « Y a plus de chefs... 'y a plus d'Anglais... 'y a plus rien... "Quoi ?" que j'me suis dit. "C'est pas la peine de marcher comme ça jusqu'à perpète". Alors j'ai foutu le camp. Pis me v'là[44]. » Ces paysans apathiques, absorbés dans leurs querelles picrocholines, sont aussi indifférents à la défaite qu'à la tragédie de l'exode qui se joue à leurs portes.

Les critiques sont nombreux à pointer le message pacifiste et l'actualité de *Jeux interdits*, prise au miroir de la guerre de Corée. Ils se divisent en revanche sur la satire du monde paysan et certains voient dans ce film à l'inspiration bunuélienne[45] une atteinte aux sentiments religieux. Cet anticonformisme explique sans doute que le comité de sélection du Festival de Cannes n'ait pas retenu *Jeux Interdits* ; toutefois, après une projection très remarquée en marge de la compétition, le film est couronné par le Grand

---

44. François, le 2ᵉ classe des *Évadés*, ne cache pas non plus son mépris pour les officiers français qu'il juge responsables de la défaite : « Si on en est là c'est de leur faute, je les ai vus sur les routes, vous comprenez... » Les premières séquences du *Défroqué* décrivent avec causticité le quotidien de l'Oflag XIII 4 où des officiers conservateurs perpétuent en vase clos une tradition militaire d'un autre âge et pratiquent leur religion sans la moindre charité chrétienne. Leur comportement étriqué suscite la colère d'un sous-lieutenant de la 2ᵉ DB, tout juste arrivé au camp : « Alors ça c'est parfait. Tomber ici sur des bonhommes qui depuis cinq ans jouent aux petits soldats, derrière des barbelés, comme si de rien n'était. Garde à vous à six pas et la messe, jugulaire au menton, vous me ferez trois jours, rompez, ça vaut le voyage je vous jure. »

45. Denitza Bantcheva, *René Clément, op. cit.*, p. 78.

Les lauriers sont coupés

prix indépendant de la critique internationale[46]. Après son triomphe à la Mostra, *Jeux interdits* remporte un immense succès auprès du public, en France comme à l'étranger[47] ; sa célèbre musique, composée par Narciso Yepes, servira d'initiation à des générations de guitaristes...

La gloire des dupes ou le patriotisme désuet de la petite bourgeoisie

C'est un pacifisme plus fataliste et moutonnier qui s'exprime dans *Le Bal des pompiers*. Quatre ans après *Peloton d'exécution*, André Berthomieu compose une chronique familiale sur les années de guerre, à la gloire des « Français moyens »[48]. Adapté d'une pièce de Jean Nohain, qui écrit les dialogues du film, *Le Bal des pompiers* est bâti sur mesure pour son frère, l'acteur Claude Dauphin, qui interprète trois rôles à lui seul. Celui-ci jouit encore de son prestige de résistant : membre du réseau Carte, il a rejoint l'Angleterre en 1942, sitôt achevé le tournage de *La Belle Aventure* de Marc Allégret. Tout en combattant dans les rangs de la France libre, Dauphin tourna avec Renoir à Hollywood dans le film *Salute to France*, hommage du célèbre exilé à son pays lointain. Quant à Jean Nohain, il travailla jusqu'en 1942 pour la radio nationale de Vichy et fut décoré de la francisque[49] ; il rejoignit cependant Londres

---

46. Lors de sa première présentation parisienne, le film est sorti dans une certaine indifférence. Il essuie cependant les violentes attaques de Maurice Ciantar dans *Combat* (10-11 mai 1952) : l'auteur critique « l'écœurant et inhumain sadisme » d'un cinéaste à « l'imagination émasculée [*sic*] » et conclut par cette question : « Jeux interdits... ou film à interdire ? »

47. À ce jour, *Jeux interdits* totalise 4 917 026 entrées (chiffres d'exploitation du CNC).

48. Dans le *press-book* du film, Jean Nohain définit la famille Grégeois comme « une famille de braves gens, bien française, prototype de ce qu'il est convenu d'appeler "le Français moyen" ».

49. Voir René Chateau, *Le Cinéma français sous l'Occupation*, *op. cit.*, p. 471.

en 1943, combattit dans la 2e DB et fut blessé au combat en novembre 1944.

Dans *Le Bal des pompiers*, sa vision de la patrie en guerre apparaît comme une synthèse des valeurs pétainistes et gaullistes ; elle annonce la France de Pierre Poujade et d'Antoine Pinay. La famille Grégeois est présentée dans le prologue du film comme l'archétype des « petites gens bien de chez nous » :

> Il était une fois [...] dans un charmant village [...] pas bien loin de Paris, dans une modeste maison au fond d'une cour, une famille toute pareille à beaucoup d'autres familles, vous les avez peut-être connus, les Grégeois. Ce n'était pas des saints bien sûr et ils avaient beaucoup de petits défauts, beaucoup de petites manies mais ils vivaient simplement, sans faire de mal à personne et les gens qui se croient malins se moquaient d'eux en disant : Ah, ceux-là, les pauvres gens, quelles poires !

Car les générations Grégeois ont payé leur tribut à la patrie en lui faisant don de leur personne :

> On les trouve toujours toutes les fois qu'on a besoin d'eux ! [...] Tenez, le colonel Péronin, le grand-père maternel [...] évidemment il a eu la Légion d'honneur : il s'est fait tuer en 1870 ! Et celui-ci, le caporal Camille Grégeois, deux obus dans les jambes en 14 [...] on lui a flanqué la Médaille militaire et la Croix de guerre. Et en 18 bien entendu, ils ont tous couru porter leur or en échange d'un joli petit morceau de papier. Qu'est-ce que vous voulez [...] la France, c'était leur idée [...] !

La Seconde Guerre mondiale perpétue cet ordre immuable qui conduit les Grégeois à tomber dans « les panneaux du sacrifice, de l'abnégation et du patriotisme[50] ». Lorsque commence le récit, en mai 1944, le grand-père Camille

---

50. Extrait du *press-book* du film, archives de la Cinémathèque de Toulouse.

et sa femme ont survécu péniblement à l'Occupation en s'adonnant à quelques menus travaux de secrétariat. Leur fils Henri est captif en Allemagne et leur petit-fils Michel s'est engagé dans la 2e DB. Après avoir libéré la capitale dans les avant-gardes de l'armée Leclerc, il vient embrasser son vieux grand-père et reçoit la médaille militaire. Quelques semaines plus tard, Michel trouve la mort lors du passage du Rhin, complétant « l'interminable tableau d'honneur de la pauvre famille Grégeois »[51]. Son père Henri, de retour de captivité, tire la morale de l'histoire :

> [La France est faite] de tout un petit peuple de bonnes gens sans complications qui demandent qu'on leur foute la paix et qui font sans histoire les petites choses quotidiennes et même quelquefois les grandes choses.

En mettant sur le même plan du sacrifice patriotique l'attente fiévreuse du grand-père, la captivité du fils et l'engagement du petit-fils combattant, Nohain et Berthomieu rejoignent Paul Claudel dans son ode à la France tout juste libérée. Dès septembre 1944, l'écrivain disait sa tendresse pour les paysans de son village dauphinois dont la seule gloire sous l'Occupation fut de se cramponner à la vie et d'épargner leurs sous. Claudel prétendait ne faire aucune différence entre le « jeune insurgé à brassard tricolore » et « le vieux paysan qui garde dans sa paillasse une liasse héroïquement économisée »[52].

À ces trois générations de Grégeois, archétypes des « bons Français », *Le Bal des pompiers* oppose la catégorie des « malins » et des cyniques, représentés par Tonnoir, un trafiquant du marché noir, et par Olivier, le neveu de Camille,

---

51. Les Vallon de *L'Éternel Espoir* (dont Nohain écrivit les textes additionnels) connaissent un destin similaire. Après avoir perdu ses deux fils à la Grande Guerre, le patriarche se fait « prendre » son petit-fils, combattant de l'Armée secrète tué à la Libération lors d'une attaque du maquis.

52. Paul Claudel, in *Le Figaro*, 25 septembre 1944.

auteur dramatique à succès qui se compromet avec l'occupant. Inspiré par Sacha Guitry, ce personnage est un esthète mondain mû par une quête vaniteuse de la notoriété. Peu lui importe la composition du parterre, pourvu que la salle soit pleine et les comptes rendus élogieux. Si Olivier ne manque ni d'esprit, ni de lucidité, il les met au service d'un égotisme inébranlable. Sa casuistique rappelle celle de son illustre modèle :

> Tu ne me vois pas, je suppose, courant à l'aide des armées alliées avec un pistolet à la main. Je me bats avec ma plume, c'est ma façon de servir mon pays [...]. *L'Amour des îles* sera une bombe, une bombe française et qui en vaut bien une autre.

Cette opposition entre les « poires » et les « malins » recoupe la fracture sociale entre la branche petite bourgeoise de l'instituteur Camille et la grande bourgeoisie parisienne, représentée par Olivier et sa compagne, la frivole et arriviste Paméla[53].

La fable de Nohain, toute empreinte de conservatisme social, prône la bienheureuse résignation des petits. Après la mort de Michel, Henri essaie de se convertir au cynisme : « La saison des poires est terminée », clame-t-il à qui veut l'entendre. Grâce à l'entregent d'Olivier, il entame une tournée internationale de chef d'orchestre au bras de la sémillante Paméla. Mais sa tentative d'ascension sociale se conclut sur un cuisant échec. Henri se console de ses déboires en épousant sa brave cousine Germaine qui lui « donnera » un nouveau fils : « Ma bonne Germaine, avec toi au moins on sait où on va. »

Si l'Occupation a exacerbé les écarts de comportement, la Libération perpétue les injustices et consacre le triomphe des

---

53. Voir l'analyse de Francis Desbarats, « Le cinéma et la question de la petite bourgeoisie : quelles distances, quels consensus ? », *Les Cahiers de la cinémathèque*, n° 50, décembre 1988, p. 29-47.

Les lauriers sont coupés

« malins ». Pendant que Michel meurt en héros, un résistant de la dernière heure qui fit le coup de feu rue de la Pompe pavoise dans les salons dans un uniforme flambant neuf, des rubans accrochés à la boutonnière. Tonnoir, un brassard au bras, accroît sa fortune en vendant des petits drapeaux alliés et se rachète une conscience en affirmant avoir sauvé « son juif ». Il n'hésite pas à réclamer justice contre les traîtres, s'attirant cette remarque amusée d'Henri : « C'est curieux... Les personnes les plus acharnées à réclamer l'épuration sont précisément celles qui auraient toutes sortes de raisons de parler d'autre chose. » Olivier échappe à la justice grâce à ses relations et à l'héroïsme de son neveu. Il continuera à jouer ses pièces devant des salles pleines d'un nouveau public peu regardant sur son passé.

On retrouve cette vision désabusée dans *Le Retour de René* de Jean Dréville, interprété par Noël-Noël qui en est l'instigateur[54]. La « grande désillusion » de l'ancien prisonnier est alimentée par un retour décevant et une libération qui ne tient pas ses promesses : tandis que les vrais héros retournent à la clandestinité, des Français attentistes se couvrent la tête de lauriers et siègent dans des comités d'épuration qui chargent lourdement les lampistes et amnistient les vrais collaborateurs ayant plaidé le double jeu[55]. Et l'on retrouve

---

54. Le générique du film attribue le scénario du *Retour de René* à Charles Spaak. Selon Jean Dréville, il doit toutefois beaucoup à Noël-Noël qui en propose l'argument et en écrit la première mouture (entretien avec l'auteure). Le premier synopsis porte sa signature et le scénario lui est attribué dans la fiche de renseignement déposée par le producteur Jacques Roitfeld à la commission de contrôle.

55. Au début du film, un gradé discute avec le délégué du gouvernement ; ce dernier l'informe qu'il part siéger à son comité d'épuration. Apprenant que le comité va juger des « femmes de journées qui faisaient le ménage à la *Propagandastaffel* et au Majestic », l'officier hausse les épaules pour signifier qu'il s'agit là d'un bien maigre forfait. « Ah, c'est que c'était bien payé », rétorque le délégué. Le militaire poursuit :

« L'OFFICIER : Je crois que la fameuse Charlie Grandval a été épurée avant-hier.

l'esprit de l'épilogue du *Père tranquille* dans l'image de ces politiciens batteurs d'estrade, renouant avec les pratiques et les dérives de la IIIe République.

À travers les personnages d'Olivier et de Tonnoir, bénéficiaires arrogants de la Libération, à travers les femmes de ménage du Majestic punies à la place des vrais collaborateurs tandis que les héros sont rendus au tombeau de l'ingratitude, les auteurs des deux films ont en ligne de mire les incohérences de l'épuration cinématographique : leur profession assiste au retour de célébrités compromises et le capital symbolique de la Résistance se dilue peu à peu.

Mais ce triste bilan engendre moins la révolte ou l'indignation qu'une acceptation résignée et satisfaite. « Roulés par la vie », floués par l'Histoire pour avoir interprété à la lettre les couplets de *La Marseillaise*, Henri et son père Camille n'en demeurent pas moins les vrais héros du film :

> Ce sont eux qui ont raison, raison contre l'argent, raison contre l'égoïsme, raison souvent contre la raison même, illustrant ainsi le mot cruel mais si vrai : « Comme au Bal des pompiers, c'est toujours les mêmes qui dansent »[56].

Dans *Le Bal des pompiers* et *Le Retour de René*, sur un ton à la fois désabusé et enjoué, s'exprime un sentiment d'injustice doublé d'une acceptation fataliste de cette injustice. La Libération a bafoué la loi du talion en laquelle Roland Barthes voit la figure type de l'univers petit bourgeois, reniant l'idée selon laquelle « rien ne s'accomplit sans une conséquence égale, où tout acte humain est rigoureusement contré, récupéré »[57]. Dans les deux films se retrouve

---

Le délégué : Oui, elle a été acquittée.
L'officier : Non, sans blague, mais je la connais, elle a terriblement collaboré.
Le délégué : Oui, mais non, il paraît qu'elle était de la Résistance. »
56. Extrait du *press-book*.
57. Roland Barthes, « Quelques paroles de M. Poujade », in *Mythologies*, *op. cit.*, p. 85.

l'image d'un monde immobile où la règle sociale et la « hiérarchie des possessions[58] » sont définitivement fixées. Mais l'honnêteté bafouée trouve sa compensation contre la roublardise triomphante : *Le Retour de René* se conclut sur une joyeuse promesse de bonheur ; *Le Bal des pompiers* – comme *L'Éternel Espoir* – se termine par la célébration d'une naissance dont le prisonnier de guerre est le géniteur. Certes, la France est une mère abusive qui se nourrit du sang de ses « meilleurs enfants » contre une médaille et un « joli petit bout de papier » ; mais ce patriotisme désuet, présenté comme une duperie, est aussi la gloire et le seul luxe des petites gens.

Tandis que le désenchantement réel de la fin des années 1940 s'apaise dans une morale souriante, rétrécie à l'horizon du clocher et du foyer familial, d'autres cinéastes contestent ouvertement ce système de valeurs, livrant, sur un ton sarcastique ou désespéré, l'image d'une société gangrenée par la guerre et exposée aux toxines de la violence.

---

58. *Ibid.*, p. 243.

Chapitre 11

La crise sacrificielle

En 1947, le cinéma français voit le retour de deux de ses plus célèbres épurés : Henri-Georges Clouzot et Sacha Guitry. En mai 1946, le premier a demandé la révision de la sanction qui lui interdit d'exercer son métier, mais la section professionnelle la proroge de six mois, le Comité régional d'épuration de deux années[1]. Pour pouvoir réaliser son premier film d'après-guerre, Clouzot doit promettre un sujet vierge de tout contenu idéologique : ce sera *Quai des orfèvres*[2]. En 1949, libéré de toute contrainte, le cinéaste se confronte à la Seconde Guerre mondiale dans *Le Retour de Jean* et dans *Manon*, transposition du roman de l'abbé Prévost dans la France de la Libération.

Il a fallu à Sacha Guitry soixante jours de prison et trois ans d'instruction devant la section professionnelle et la cour de justice de la Seine – où comparurent aussi Tino Rossi, Robert Le Vigan, Mary Marquet – pour que son dossier soit classé sans suite, le 8 août 1947. L'ironie se mêle à l'amertume chez ce roi déchu de Paris dont les concitoyens ont massivement approuvé l'arrestation en septembre 1944[3] et qui

---

1. Voir Jean-Pierre Bertin-Maghit, *Le Cinéma sous l'Occupation...*, op. cit., p. 224-228.
2. Jean Pivasset, *Essai sur la signification politique du cinéma...*, op. cit., p. 75.
3. *Bulletin d'information de l'Institut français d'opinion publique*, n° 2, 16 octobre 1944 (sondage effectué entre les 11 et 16 septembre 1944), cité par Herbert Lottman, *L'Épuration, 1943-1953*, Paris, Fayard,

fut qualifié de « collaborateur notoire » sur les ondes de la BBC, dans l'émission *Les Français parlent aux Français*.

Guitry peut considérer, non sans raison, qu'il doit ses déboires à son immense notoriété. Perçu comme le symbole de la « collaboration sociale des artistes[4] », sa chute est à la mesure de sa réussite sous l'Occupation et de son rayonnement dans l'intelligentsia parisienne. Mais les accusateurs ne peuvent guère retenir contre lui que son livre *De Jeanne d'Arc à Philippe Pétain*, remis au Maréchal le 8 mai 1944, lors d'une cérémonie à Vichy suivie par la projection d'un film dédié à l'ouvrage. Tout à son culte de l'art et de l'intelligence, Guitry a certes milité pour que le Goncourt soit attribué à Brasillach mais il sauva de la déportation une quinzaine de personnes dont Tristan Bernard et sa femme.

C'est à Drancy, où l'acteur dramaturge succède à quelques-uns de ses protégés, qu'il revient sur les conditions de son arrestation :

> Quand je demande ce dont je suis accusé, on me répond d'être un « collaborateur notoire ».
> Quand je demande qui m'en accuse, on me répond : Tout le monde.
> Mais quand je demande qui m'a dénoncé, on me répond : Personne […].
> Il ressort que je suis accusé par la rumeur publique.

Et Guitry d'ajouter ces lignes que n'eût pas reniées le dramaturge du *Bal des pompiers* :

> Est-ce « collaborer » que d'exercer sa profession sous l'œil de l'occupant, pendant un armistice ?
> Non, car c'est résister précisément d'une manière active à

1986, p. 148. L'arrestation de Guitry en pyjama inspira François Truffaut pour *Le Dernier Métro*.

4. Jean-Pierre Bertin-Maghit, *Le Cinéma sous l'Occupation...*, *op. cit.*, p. 233.

l'emprise étrangère. C'est montrer, c'est démontrer que la culture française se suffit grandement à elle-même, qu'elle n'a besoin de personne alors que tous ont besoin d'elle.

Dans le rapport conclusif de son procès, le commissaire du gouvernement ne retint que le péché d'orgueil, qui ne relevait pas de sa compétence juridique :

> Sacha Guitry est possédé par le don de se mettre en scène. Il n'est pas un auteur qui joue ses pièces ; il est un acteur qui écrit ses rôles. D'où son besoin, comme d'oxygène, de public ; et hors de scène, de l'adulation et des faveurs du monde et de ses relations avec l'occupant [...]. Sacha Guitry pâtit de son désir d'avoir un public et d'être reconnu[5].

À l'heure de la relaxe, le vent de l'opinion tourne déjà en sa faveur. En 1947, le dramaturge publie ses mémoires ironiques et désabusés, sous le titre provocateur de *Quatre ans d'occupations*. Il veut y ajouter aussitôt un volet cinématographique pour marquer son grand retour à l'écran. En août 1947, Guitry dépose donc au CNC une demande de tournage pour *Le Diable boiteux*, éloge du prince de Talleyrand en forme d'autoportrait. En réhabilitant le grand homme décrié par ses contemporains, le cinéaste pointe l'injustice qui lui fut faite. Comme Talleyrand au soir de sa vie, il peut soupirer : « On a toujours dit de moi ou trop de bien ou trop de mal et j'ai joui des honneurs de l'exagération [...]. »

En écrivant et interprétant le rôle du prince de Bénévent, Guitry rend un hommage appuyé à l'habileté d'un diplomate qui survécut à tous les régimes – de la Révolution à la Restauration – et servit successivement Napoléon, Louis XVIII, Charles X, Louis-Philippe ; à moins que ce ne fussent eux qui l'aient servi, comme le suggère la distribution du film qui fait interpréter par les mêmes comédiens les quatre

---

5. *Ibid.*, p. 235.

hommes d'État et les quatre valets de Talleyrand. Le brillant diplomate n'hésitait pas à flatter les gouvernants pour assurer la continuité de la diplomatie française : « La monarchie ne m'a pas entraîné dans sa chute et, franchement, je ne vois pas l'intérêt qu'il y aurait à priver mon pays des qualités que je puis avoir et dont je lui suis redevable en toutes circonstances. » Guitry, quant à lui, n'a pu se résoudre à priver les scènes et les soirées parisiennes de l'éclat de son esprit et du lustre de ses conversations. Les tirades apocryphes de Guitry, mêlées aux authentiques mots d'esprit d'un diplomate qui n'en manquait pas, concourent à ce rapprochement. « Ni traître, ni lâche : intelligent c'est tout, oui, et c'est cela qui vous exaspère », réplique Talleyrand à Bonaparte. Érigeant en modèle cette figure de l'opportunisme politique, l'acteur réalisateur s'amuse d'un peuple prompt à brûler le jour même ce qu'il adorait la veille : « Talleyrand avait observé combien il était malaisé d'être fidèle à un pays qui pouvait changer d'opinion avec une si merveilleuse désinvolture. » L'itinéraire du prince de Bénévent sert enfin de prétexte à des réflexions politiques plus contemporaines. Paris occupé par les Prussiens, les « émigrés » partis 800 et revenus 50 000, les lettres anonymes et les excès de l'épuration[6], Guitry joue en virtuose des échos avec l'histoire récente. À la lecture de ce scénario diabolique, la commission de contrôle se divise et l'affaire s'étire en longueur. Guitry est contraint de faire son retour avec *Le Comédien*, film à la gloire de son père Lucien, pour lequel il a obtenu l'autorisation de tournage.

Les carrières de Claude Autant-Lara et d'André Cayatte ne furent pas interrompues par l'épuration. Le premier a été relaxé à l'automne 1946 par la section professionnelle et le Comité régional d'épuration. Mais il reste sous le coup d'un

---

6. « Nous n'avons pas trop de grands hommes, que diable, tâchons de les retenir. Il ne faut plus couper les têtes qui dépassent », dit Louis XVIII à Talleyrand à propos du peintre David, dont le roi a préalablement demandé l'exil.

boycott du Groupe israélite de renseignements et d'action fondé par Pierre Braunberger et Claude Heymann ; il réunit des gens de cinéma ayant souffert des lois antisémites qui se sont engagés « à ne pas travailler avec tout professionnel jugé coupable de mauvaise conduite[7] ». La mise à l'index d'Autant-Lara dure trois ans. En 1947, après le succès de *Sylvie et le fantôme*, le cinéaste suscite un beau scandale en adaptant *Le Diable au corps* de Radiguet, où il donne libre cours à son pacifisme viscéral. Puis, passant de la Première à la Seconde Guerre mondiale, il réalise *Le Bon Dieu sans confession* (1953) et *La Traversée de Paris* (1956) qui livrent un portrait peu flatteur des Français occupés.

André Cayatte a commencé sa carrière cinématographique à la faveur de l'Occupation ; le CLCF le suspend en septembre 1944 pour avoir travaillé comme scénariste et metteur en scène à la Continental. Le 17 octobre, il comparait devant André Berthomieu qui conduit son interrogatoire[8]. L'ancien avocat plaide sa cause : il met en avant son statut de prisonnier évadé qui ne lui permettait pas de trouver d'emploi, ses difficultés matérielles et les pressions que Greven aurait exercées sur lui après qu'il eut découvert sa situation irrégulière[9]. Sensible à ces arguments, la commission de Berthomieu reconnaît à Cayatte les circonstances atténuantes et le Comité régional lui impose un simple blâme avec affichage[10].

En dépit de cette sanction toute symbolique, le cinéaste conservera un souvenir très mitigé de cet épisode parajudiciaire. On retrouve le thème de l'épuration dans plusieurs de ses films d'après-guerre : *Les Amants de Vérone* (1949), transposition de la pièce de Shakespeare dans l'Italie postfasciste ; *Nous sommes tous des assassins* (1952), qui livre

---

7. Jean-Pierre Bertin-Maghit, *Le Cinéma sous l'Occupation...*, *op. cit.*, p. 209.

8. Et une autre vieille connaissance : Léon Mathot (*ibid.*, p. 194).

9. Cayatte invoqua aussi des services rendus à la Résistance.

10. Jean-Pierre Bertin-Maghit, *Le Cinéma sous l'Occupation...*, *op. cit.*, p. 194-196.

une image peu glorieuse de la Libération ; *Avant le déluge* (1954), description clinique de la France en guerre froide et de ses psychoses, qui lui vaut des démêlés avec la censure.

Dans les films de Cayatte et de Clouzot émergent les figures de résistants douteux et de collaborateurs pitoyables tandis que la guerre contamine de sa violence la France libérée.

Entre chien et loup

Pour adapter *Manon*, Clouzot choisit pour cadre la France de l'été 1944 et il peint Des Grieux sous les traits d'un piètre FFI. Dans une petite ville normande, peu après le débarquement, le jeune homme est chargé de surveiller Manon, suspectée de « collaboration horizontale » ; mais il s'éprend de la belle captive et déserte son poste pour s'enfuir avec elle. Dans Paris libéré, Robert Des Grieux s'adonne au commerce de la pénicilline pour assouvir les désirs de son insatiable maîtresse. Il finit dans la peau d'un tueur, en étranglant le frère de Manon, responsable de son avilissement. L'ancien résistant commet son meurtre dans un cinéma d'où s'élèvent, en fond sonore, le *Chant du départ* et *Les Actualités françaises* annonçant la chute de Berlin. Pour Cayatte, la violence de guerre engendre le crime et la violence sociale. « C'est tout de même quelque chose de tuer un homme », sermonne le capitaine du navire sur lequel les deux amants se sont réfugiés ; Des Grieux rétorque : « On n'a pas toujours dit ça... J'ai fait la guerre vous savez. »

Ce héros équivoque déclenche la fureur de Roger Vailland :

> Voilà un maquisard qu'applaudiront tous ceux qui en 1944 avaient de bonnes raisons de redouter l'armée populaire. Avec des gars comme ça au moins, on peut s'arranger [...]. Il y a chez Clouzot une volonté délibérée de montrer qu'en 1944, tous les Français sans exception étaient des veules. D'où à conclure que ceux qui passent maintenant pour des héros ne le furent que

La crise sacrificielle

par hasard, par erreur, il n'y a qu'un pas. On entend souvent ce raisonnement aujourd'hui. Il est bien commode pour ceux qui furent effectivement des veules[11].

Après avoir rappelé la collaboration du cinéaste avec la Continental allemande, Vailland conclut :

Mais que M. Clouzot se tranquillise. Son film sera applaudi. La classe qui s'accroche encore aujourd'hui au pouvoir a le goût de la veulerie. Elle aime la pourriture, parce qu'il n'y a plus que la pourriture sur quoi elle ait prise.

L'écrivain André Chamson affirme quant à lui que ce FFI déserteur mérite « douze balles dans la peau ». Ce à quoi Claude Mauriac réplique : « M. Chamson nous aurait offert un fusillé de plus. Ceux que nous montre Clouzot nous suffisent[12]. »

Avant même la parution du pamphlet de Jean Paulhan, *Lettre aux directeurs de la Résistance*, le film de Clouzot divise les anciens résistants sur la question de l'épuration. Il en montre certains aspects jusqu'ici occultés. Manon est brutalisée par un groupe de villageois qui lui reprochent d'avoir fréquenté les Allemands dans le bistrot de sa mère. Conduite *manu militari* chez le coiffeur, elle échappe à la tonte grâce à l'intervention du chef FFI. D'autres accusées ont moins de chance : deux femmes tondues, déshabillées, des croix gammées peintes sur le ventre et le front, sont promenées et malmenées dans les rues par un groupe de femmes et d'hommes en armes, portant des brassards ; des enfants ouvrent la marche, s'égaillant autour des malheureuses comme une volée de moineaux. Clouzot a pris soin de placer ce « carnaval moche[13] » en regard avec un autre

---

11. Roger Vailland, in *Action*, n° 233, 17 mars 1949, p. 4.
12. Claude Mauriac, in *Le Figaro littéraire*, 19 mars 1949.
13. Alain Brossat, *Les Tondues : un carnaval moche*, Paris, Hachette, « Pluriel », 1994. Voir également Fabrice Virgili, *La France « virile ». Des femmes tondues à la Libération*, Paris, Payot, 2000.

triste défilé : celui des civières qui transportent les cadavres des derniers otages fusillés par les Allemands. S'il trouve un motif à la fureur populaire[14], le cinéaste est le premier à mettre en scène ces rites dégradants dont bien peu s'offusquèrent alors, hormis Sartre et Éluard qui chanta cette « fille faite pour un bouquet/Et couverte/Du noir crachat des ténèbres »[15].

Mais la guerre, dont Manon remarque tristement qu'elle « rend les hommes mauvais », se prolonge en un nouveau cortège de misères et d'atrocités ; la fin du conflit n'a pas mis un terme à la barbarie. Clouzot associe au drame des amants la tragédie des juifs persécutés, condamnés à une errance sans fin. Le capitaine du bateau sur lequel Manon et Robert font route vers l'Égypte a accepté, contre émoluments, de prendre à son bord des réfugiés juifs qui abordent à la nuit tombée sur de frêles chaloupes. Ces exilés, rejetés de toutes parts, tentent de rejoindre la Palestine. Pour interpréter le groupe des migrants, Clouzot a choisi les acteurs yiddish du théâtre parisien de Lancry. Ces hommes en chapeaux noirs, ces femmes apeurées et ces enfants en pleurs, qui tous s'expriment en yiddish, sont incapables de communiquer avec les marins ; montrés dans leur irréductible étrangeté, ils semblent former un corps inassimilable. Regroupés dans les soutes, les exilés transforment les bas-fonds du navire en un espace de lamentations avant d'entonner en chœur la *Hatikva*, l'hymne de la Terre promise qui leur redonne un semblant d'espoir. Le film se termine sur les scènes bibliques de la traversée du désert. Les réfugiés ont accosté en Palestine en compagnie des deux amants. La panne de leur camion les contraint à

---

14. Ce contexte rappelle celui de la ville de Chatou où une vingtaine de femmes, accusées de collaboration, subirent la tonte sur le perron du château, là même où les Allemands, quelques jours plus tôt, avaient fusillé vingt-sept résistants. Voir Fabrice Virgili, « Les tondues de Chatou », dans le DVD-ROM *La Résistance en Île-de-France*, AERI, 2004, et *La France « virile »…, op. cit.*

15. Paul Éluard, « Comprenne qui voudra » (1944), in *Au rendez-vous allemand*, Paris, Minuit, 1946 ; Jean-Paul Sartre, *Combat*, 2 septembre 1944.

La crise sacrificielle

poursuivre le chemin à pied, affamés et harassés. Au milieu du désert, les exilés juifs sont attaqués par une troupe de bédouins, armés de fusils et montés sur des dromadaires, qui les massacrent férocement, un à un, jusqu'au dernier.

Tout en louant la « grandiose réussite » de Clouzot, Bazin lui fait grief de mêler cette tragédie collective à la mort romantique des deux amants :

> Aurons-nous pitié de ces amoureux ou de ces pauvres gens qui vont mourir au bord de la Terre promise ? Clouzot voudrait sans doute que notre sympathie allât à ses héros *malgré* leur indifférence à la tragédie sociale dont ils font accidentellement partie. Mais […] après Buchenwald, après *La Dernière Chance*, après la Résistance, le film ne peut être à la fois celui des juifs et celui de Manon Lescaut. Le spectateur souffre de pleurer sur la mort de cette petite putain, quand le massacre atroce de 100 juifs devrait aussi lui arracher des larmes[16].

La vision noire et désespérée d'un après-guerre contaminé par la violence se retrouve dans *Le Retour de Jean*, du même Clouzot. Cet ancien prisonnier rapatrié est confronté à un nazi qui s'est caché dans sa chambre pour échapper à une rafle de la police. En interrogeant son captif, Jean découvre l'itinéraire de cet instituteur, devenu tortionnaire à la faveur du conflit :

> Sans la guerre il aurait continué à vivre tranquillement entre ses bons petits élèves et sa charmante famille en rêvant toutes les nuits qu'il découpait une femme en morceaux ; mais il y a eu la

---

16. André Bazin, in *Le Parisien libéré*, 16 mars 1949. Jean Marienval formule le même reproche dans *L'Aube* (15 mars 1949) : « Clouzot nous trouble et nous déconcerte en associant la Résistance et l'exode israélite à l'histoire d'une pitoyable fille. Il est difficile que nous unissions dans un même mouvement notre pitié pour les errants d'Israël retrouvant leur terre ancestrale et pour cette Manon victime de ses instincts et de ses goûts de luxe » (*L'Aube*, 15 mars 1949). Roger Vailland suspecta également Clouzot d'un soupçon d'antisémitisme (*Action*, n° 233, 17 mars 1949, p. 4).

guerre avec tous ses perfectionnements et il a découvert de quoi il était capable, il a pu travailler dans le vrai, dans le saignant.

Sinistre laboratoire, champ d'expérience des instincts les plus vils, la Seconde Guerre mondiale a contaminé le monde de ses atrocités :

> Là-bas au camp tout était simple – quand on s'est battu avec un gars et qu'on s'est fait torcher, on lui tend la main et on n'en parle plus […] ; seulement tout d'un coup, en arrivant ici, j'ai appris le reste : les déportations, les camps, les fusillades, les tortures… Alors là, j'ai chaviré, c'est comme un vertige qui m'a pris et qui me lâche plus, ça me réveille la nuit, je suis hanté […]. Parce que, ce qu'ils ont inventé, enfin réinventé, ce qu'ils ont sorti de la nuit, ça dure toujours, ça n'a pas arrêté […] maintenant l'habitude est prise […]. En ce moment je suis sûr qu'il y a quelque part dans le monde des hommes qui crient sous le fouet d'un autre homme, des nerfs qu'on tenaille, des vies qui se brisent dans les hurlements et ça c'est insensé, c'est impensable, pour moi en tout cas. S'il y a une explication je veux la connaître et il est le seul à pouvoir me la donner.

Jean en vient à frapper son prisonnier blessé et il soupire, soudain prostré : « Ah la sale bête, c'est contagieux ! »

En 1952, dans *Nous sommes tous des assassins*, Cayatte fait écho à cette amère parabole. Le cinéaste et le scénariste Charles Spaak entendent démontrer que l'exécution capitale transforme la justice en vengeance et fait du citoyen le complice d'un assassinat légal, administré froidement en son nom. Pour illustrer ce réquisitoire contre la peine de mort, ils imaginent le personnage de René Le Guen, un pauvre type alcoolique et illettré enrôlé par hasard dans un réseau de résistance. Sous les ordres d'un chef cassant et manipulateur, Le Guen, interprété par Mouloudji, devient l'exécuteur des basses œuvres ; il est notamment chargé de liquider un traître. Après la Libération, cet animal instinctif continue d'assassiner, par habitude et par désœuvrement. Il est arrêté et condamné

La crise sacrificielle

à mort. Cayatte illustre ainsi le cycle d'une violence sans fin : aux attentats contre l'occupant succèdent les assassinats de la Libération puis le crime légal de l'exécution capitale.

La violence de Le Guen puise donc dans la période de l'Occupation. Pour mettre en scène les activités de René, Cayatte propose un montage didactique de courtes scènes non-dialoguées : l'action de Le Guen est effacée au profit de son seul résultat – la tête ensanglantée d'un Feldgendarme – et de sa « conséquence » – un avis annonçant l'exécution de dix otages. Répétée à deux reprises, cette association attentats/représailles, qui dépouille l'action clandestine de toute aura, illustre fâcheusement la propagande germano-vichyste contre les « terroristes ». Présentée en 1945 comme la voie de l'héroïsme, la Résistance devient l'école du crime. En cette même année 1952 paraît, aux Éditions de Minuit, *Plaisir de Dieu*, l'histoire d'un résistant communiste à la réadaptation difficile qui commet un « acte gratuit » en tuant une jeune inconnue ; l'auteur, Roger Bridier, est un ancien combattant de l'ombre passé du PCF au RPF[17].

Dans le film de Cayatte, il revient à l'avocat de Le Guen de mettre en lumière la responsabilité d'une société guerrière qui brouille, chez les âmes simples, les frontières entre le Bien et le Mal :

> Le Guen a tué un homme, un Français, par ordre. À cette époque des gens instruits respectables et respectés avaient d'excellentes raisons d'abattre un autre Français. Et brusquement, au jour J, la chose est interdite, les gens respectables déposent les armes. Mais Le Guen lui, qui n'a rien compris avant, pendant, après, continue de tuer comme on lui a appris. C'est d'ailleurs la seule chose qu'on lui ait jamais apprise. Vous ne croyez pas que dans les crimes qu'il a commis, la responsabilité de tous est engagée. La mienne et la vôtre aussi[18] ?

---

17. Anne Simonin, *Les Éditions de Minuit...*, *op. cit.*, p. 407-408.
18. On retrouve dans le film de Cayatte le jeune Poujouly de *Jeux interdits* qui interprète le petit frère de René. Les horreurs de l'Occupa-

Les critiques communistes, qui éreintèrent *Manon*, sont plus embarrassés par *Nous sommes tous des assassins*. S'ils approuvent sa charge contre le système judiciaire, ils redoutent que le film de Cayatte, à son corps défendant, assimile la Résistance à une « école de tueurs » et contribue ainsi « à la pire propagande vichyssoise »[19]. Pour le critique de *L'Homme libre* en revanche, c'est « tout un aspect de la Résistance et de ses "exploits" » qui se trouve « jugé en quelques images définitives, convaincantes, d'une lucidité impitoyable »[20].

Dans *Avant le déluge* (1954), Cayatte poursuit son réquisitoire implacable contre les violences de guerre. Le film raconte le destin d'un groupe d'adolescents qui projettent de se réfugier dans une île du Pacifique pour fuir le spectre d'une troisième guerre mondiale et la menace de la bombe atomique. Pour financer leur voyage, ils commettent un cambriolage qui tourne au drame : un veilleur de nuit est tué ; sa mort entraîne celle du jeune Daniel Epstein, noyé dans sa baignoire par deux camarades craignant qu'il les dénonce. Le film s'ouvre sur le procès des jeunes gens. Il donne l'occasion à Cayatte, par une série de *flash-backs*, de mettre en relief les véritables responsables du drame : le comportement de parents égoïstes ; l'influence néfaste de la littérature noire et de la culture de Saint-Germain-des-Prés ; les séquelles de l'épuration et le climat de guerre froide.

Avec une précision rare pour l'époque, Cayatte et Spaak retracent l'atmosphère de panique de l'été 1950, qui suivit le déclenchement de la guerre de Corée : stockage de denrées ; fuite de capitaux ; demandes de visas pour l'étranger. Ils évoquent les divisions politiques du moment à travers les disputes d'un fils communiste et de son père, « citoyen du monde » à la

---

tion et les troubles de la Libération ont bousculé les repères et les valeurs morales de cet enfant perdu.

19. Jean-Pierre Chabrol, in *L'Humanité-Dimanche*, 2 mars 1952 ; Janine Bouissounouse, in *Ce soir*, 25 mai 1952 ; Nat Lilen, in *L'Écran français*, n° 348, 12 mars 1952, p. 12-13.

20. Saint-Orse, in *L'Homme libre*, 30 mai 1952.

La crise sacrificielle

Garry Davis. Si la peur d'un nouveau conflit hante les Français, c'est parce qu'ils demeurent traumatisés et meurtris par la dernière guerre. Le destin des adolescents s'enracine de façon déterministe dans les comportements familiaux sous l'Occupation : continuité de l'affairisme pour le père Boissard qui, après s'être enrichi avec les Allemands, spécule sur les matières premières ; continuité tragique pour le jeune juif Daniel Epstein dont la famille a péri dans les camps ; continuité de la paranoïa antisémite dans la famille Dutoit dont le père a subi les rigueurs de l'épuration. À sa sortie de prison, en proie à un délire de persécution, ce musicien wagnérien condamné pour son voyage en Allemagne et sa tournée dans les camps de prisonniers donne libre cours à sa haine des juifs.

« Heureusement, couler du béton c'était moins grave que de jouer Wagner », ironise le fils Boissard pour expliquer que son père ait échappé à la justice. Cayatte n'a pas choisi au hasard cette figure d'artiste épuré dont le parcours rappelle celui de quelques vedettes célèbres du cinéma et ses propres démêlés avec la justice. Si le personnage du collaborateur antisémite paraît légitimement odieux à de nombreux critiques, d'autres voient en lui une victime expiatoire, tel Lucien Rebatet qui s'apitoie sur le châtiment du « vieux musicien shakespearien, battu par l'iniquité et les folies du temps[21] ». Rebatet-Vinneuil est aussi l'un des critiques les plus clairvoyants du film, pointant la thèse de Cayatte sur l'illégitimité des conflits armés qui conduit à réfuter le concept de « guerre juste ». Mais *Les Lettres françaises* et *Libération*, qui défendent le film contre les attaques de *Carrefour*, ne veulent y voir qu'une dénonciation de la guerre froide et du bellicisme yankee.

Ainsi, les films de Cayatte, comme ceux de Clouzot, marquent une nette rupture avec le cinéma libéré en établissant un continuum de violence entre l'Occupation et la Libération. Loin d'être une catharsis, l'épuration forme une nouvelle boucle dans la spirale d'une violence illégitime. Les

---

21. François Vinneuil, in *Dimanche-Matin*, 7 mars 1954.

fictions résistantes (*Jéricho*, *Le Père tranquille*) accordaient à l'exécution du *pharmakos* une fonction purificatrice. *Manon, Le Retour de René, Avant le déluge, Nous sommes tous des assassins* expriment le paroxysme de la « crise sacrificielle », définie par René Girard comme « la perte de la différence entre violence impure et violence purificatrice. Quand cette différence est perdue, il n'y a plus de purification possible et la violence impure, contagieuse, c'est-à-dire réciproque, se répand dans la communauté[22] ».

La gloire des malins

Autant-Lara n'attendit pas la guerre froide pour exprimer des sentiments pacifistes et antimilitaristes acquis dès l'enfance. Pendant la Grande Guerre, sa mère, sociétaire de la Comédie Française, avait adhéré au mouvement de Zimmerwald et exprimé publiquement son hostilité au conflit. Dans une ambiance de patriotisme échevelé, elle suscita le scandale et dut quitter la maison de Molière. De ce cruel épisode, son fils conserva une rancœur toute particulière contre l'hypocrisie, la férocité et la « jobardise patriotarde[23] » des gens de l'arrière. Le souvenir d'une dispute entre son père et l'écrivain Gaston Devore, farouchement engagé dans la croisade belliciste, paracheva l'éducation du jeune garçon. Et, lorsque fut déclenchée la Seconde Guerre mondiale, l'enseignement parental lui revint à l'esprit :

> Je n'ai pas, lorsque l'*autre* massacre « patriotique » – 39-45 – pour « le Droit de la Liberté » a recommencé, été dupe un seul instant. Toutes les tirades, articles, propagande ne m'ont pas abusé.
> La précédente – 14-18 – m'avait instruit.

---

22. René Girard, *La Violence et le Sacré*, Paris, Grasset, 1972, p. 77.
23. Claude Autant-Lara, *La Rage dans le cœur. Chronique cinématographique du XXe siècle*, Saint-Ouen, Veyrier, 1984, p. 109.

La crise sacrificielle 359

J'étais prêt pour celle-là.
Toutes les déclarations « racisme »- « antiracisme » m'ont laissé absolument de glace. Car celle-là aussi, de guerre, était un « génocide commercial » – non moins parfaitement *organisé*.
Nécessaire aussi, cette guerre, pour l'Amérique, afin de résoudre sa formidable crise économique de 1929 […].
Merci papa de m'avoir fait comprendre tout cela très tôt[24].

En 1946, pour honorer un contrat avec le producteur Paul Graetz, Autant-Lara a l'idée d'adapter le roman de Raymond Radiguet, confiant les rôles principaux à Micheline Presle et à Gérard Philipe. En conservant le cadre historique de la Grande Guerre, il espère déjouer les ardeurs de la censure qu'une évocation des années 1939-1945 aurait inévitablement braquée contre le film[25]. En 1923, *Le Diable au corps* avait suscité de vifs émois dans la société française qui vivait encore dans le culte du poilu et de la morale patriotique. « Que ceux déjà qui m'en veulent se représentent ce que fut la guerre pour tant de très jeunes garçons : quatre ans de grandes vacances[26] », écrivait Radiguet ; l'audace du jeune écrivain se trouve presque entièrement contenue dans la page introductive du roman, qui témoigne d'une insouciante liberté de ton et d'une lucidité cruelle sur les arcanes du désir amoureux. Mais le cocufiage d'un soldat par un adolescent et la charge contre la morale de la petite bourgeoisie suscitèrent l'indignation des patriotes bleu-horizon et l'effroi des âmes vertueuses. L'Association des écrivains anciens combattants s'emporta contre le livre qui présentait « la famille française et la France en guerre sous des aspects faux et odieux[27] ».

---

24. Souligné dans le texte. *Ibid.*, p. 110.
25. Entretien d'Autant-Lara avec Joseph Daniel dans *Guerre et cinéma*, *op. cit.*, p. 250.
26. Raymond Radiguet, *Le Diable au corps*, préface de Daniel Leuwers, Paris, Grasset, 1923, rééd. Le Livre de poche, 1987, p. 13.
27. Cité par Daniel Leuwers dans la préface à l'édition de poche du *Diable au corps*, *ibid.*, p. 174.

Ce roman, qui brocardait la morale chère à Jean Nohain et à Noël-Noël, ne pouvait qu'attirer le réalisateur de l'anticonformiste *Douce* (1943), « chef-d'œuvre d'une élégance amère » imposant « sous les dentelles, son acidité corrosive »[28]. Avec Jean Aurenche et Pierre Bost, Autant-Lara transforme le drame psychologique sur fond de guerre en un film antibelliciste, comme Clément le fera plus tard avec *Jeux interdits*. Si le conflit de 1914-1918 constitue le cadre historique du roman, la guerre s'en trouve absente. L'originalité de l'adaptation cinématographique consiste à la réintroduire comme acteur.

Les scénaristes et le réalisateur imaginent ainsi les scènes de l'hôpital militaire où s'exprime, dans sa tragique réalité, le poids humain du conflit. Ils font de Marthe une infirmière maladroite, révulsée par le spectacle de la boucherie humaine : impuissante à soutenir l'incessante noria de blessés déchargés des ambulances, elle essuie le mépris d'un personnel médical revêche et bien-pensant. En brocardant le couple Marin, prototype de la « jobardise patriotarde », Autant-Lara règle ses comptes avec une société française qu'il juge totalitairement belliciste. Il construit son récit autour des séquences de l'armistice qui ouvrent et clôturent le film, leur conférant une importance qu'elles n'avaient pas dans le roman. Radiguet expédiait en quelques lignes l'euphorie collective du 11 Novembre :

> Je cherchais le patriotisme. Mon injustice, peut-être, ne me montrait que l'allégresse d'un congé inattendu : les cafés ouverts plus tard, le droit pour les militaires d'embrasser les midinettes. Ce spectacle, dont j'avais pensé qu'il m'affligerait, qu'il me rendrait jaloux, ou même qu'il me distrairait par la contagion d'un sentiment sublime, m'ennuya comme une Sainte-Catherine[29].

---

28. Pierre Billard, *L'Âge classique du cinéma français...*, *op. cit.*, p. 402.
29. Raymond Radiguet, *Le Diable au corps*, *op. cit.*, p. 142.

La crise sacrificielle 361

En faisant coïncider l'armistice avec l'enterrement de Marthe, Autant-Lara oppose radicalement les lois de l'amour à celles de la cité. « Maintenant c'est les femmes qui vont mourir, chacun son tour ! », ironise le bedeau. François remonte la marée humaine des midinettes et des pioupious euphoriques qui freinent sa progression. Le contraste entre la prostration du naufragé de l'amour et l'enthousiasme exubérant des « bons patriotes » était plus affirmé dans le scénario initial. À sa lecture, Paul Graetz se serait exclamé : « Il n'y a rien là-dedans pour plaire ou émouvoir un public et tout y est qui peut le choquer. Aucune censure au monde ne laissera passer de telles scènes[30]. » S'ensuivit un bras de fer entre le cinéaste et le producteur, qui fut porté sur la place publique au cœur du combat contre les accords Blum-Byrnes. Autant-Lara reçut le plein soutien des syndicats des techniciens et des auteurs, représentés par Louis Daquin, Raymond Bernard et Henri Jeanson. Sous la menace d'une grève, le patron de la Transcontinental renonça à supprimer les séquences de l'enterrement. « Accepter les fantaisies de M. Graetz, c'eût été introduire chez nous les mœurs d'Hollywood et condamner notre cinéma à la mort sans phrase[31] », affirma Jeanson. Le producteur obtint toutefois d'Autant-Lara qu'il raccourcisse les scènes d'armistice et supprime une scène sur le bateau-mouche où François lit à Marthe un passage du *Dormeur du val*[32].

Dans le roman, Raymond n'est ni pour ni contre la guerre : il l'ignore, simplement. Dans le film, François proclame son pacifisme et invite Marthe à y adhérer. L'antibellicisme est un élément moteur de son comportement, tout autant que son amour pour la jeune femme. Mais la guerre est aussi une

---

30. Cité par Raymond Chirat, *La IVe République et ses films*, Paris, Hatier, 1985, p. 140.
31. *L'Intransigeant*, 23 septembre 1947. Le film fut distribué par Universal Film.
32. Voir le scénario original du *Diable au corps* publié par les éditions Lherminier en 1984.

aubaine qui s'offre à l'adolescent pour assouvir ses désirs ; l'amant en jouit sans état d'âme jusqu'à l'heure fatale de l'armistice. En cas de conflit, l'individu lucide doit rester à l'écart ; rien ne l'empêche toutefois d'en tirer profit. Telle pourrait être la morale du *Diable au corps* d'Autant-Lara, en écho avec son propre itinéraire sous l'Occupation.

Cette philosophie se retrouve dans *Le Bon Dieu sans confession*, adaptation d'un roman de Paul Vialar[33]. Le film prend pour héros un patron d'entreprise dont le commerce d'import-export devient florissant à la faveur des années noires. L'originalité du film tient à ce que M. Dupont est un brave homme qui profite de ses relations pour aider ses compatriotes malmenés par l'Occupation. Grâce à ses contacts avec l'Oberlieutnant du service des marchés, l'industriel fait libérer son associé juif, arrêté sur dénonciation : Varesco est caché à Cahors où il reçoit les subsides de Dupont. Tout aussi discrètement, le généreux patron verse de l'argent à un réseau de résistance. Par la grâce du film se trouve ainsi illustrée la thèse du double jeu plaidée par des collaborateurs économiques devant les tribunaux d'épuration. Nul doute que l'atmosphère de guerre froide et les procès de la fin des années 1940 ont joué leur rôle dans cette remise en cause de l'imagerie héroïque. « Tout se brouille », constate Paul-Marie de La Gorce à propos de « l'affaire Joanovici », ce mystérieux homme d'affaires répondant au surnom de M. Joseph, collaborateur dehors et résistant dedans :

> Plus de ligne de partage entre le bien et le mal, le double jeu et la franchise, la corruption et le combat, l'argent et l'honneur, la trahison et la résistance […]. En cette après-guerre, l'affaire Joanovici symbolise la fin des illusions, le démenti aux images d'Épinal. Un rideau tombe sur une époque et sa mythologie[34].

---

33. Paul Vialar, *Monsieur Dupont est mort*, Paris, Ferenczi, 1952.
34. Paul-Marie de La Gorce, *Naissance de la France moderne*, t. I, *op. cit.*, p. 205-206.

Le rachat du profiteur de guerre est d'autant moins innocent qu'il va de pair avec un portrait venimeux de l'associé juif, ingrat et calculateur[35]. La Libération venue, Varesco dénonce Dupont pour reprendre la société ; il spécule sur la misère en vendant des couvertures à prix fort aux régions sinistrées.

Dans son tableau de la Libération, Autant-Lara glisse des allusions à sa propre histoire. Le monde industriel du *Bon Dieu sans confession* rappelle celui du cinéma et l'on peut entrevoir Autant-Lara sous les traits de Dupont, Braunberger sous ceux de Varesco.

Une longue inimitié opposait les deux hommes depuis les années 1930, le producteur n'ayant pas donné sa chance de metteur en scène à l'ancien décorateur-maquettiste[36]. Ce contentieux fut considérablement alourdi par l'Occupation. Tandis qu'Autant-Lara profitait sans complexe de « l'âge d'or » du cinéma, Braunberger se réfugiait sur la Côte d'Azur après un séjour à Drancy, et voyait ses biens « aryanisés » par le commissariat aux Questions juives. À la Libération, le producteur fut un des initiateurs du boycott lancé par le Groupe israélite de renseignements et d'action ; il fit aussi valoir ses griefs devant le Comité d'épuration. Braunberger s'en expliqua quelques décennies plus tard :

> J'ai [...] soupçonné Claude Autant-Lara, connu pour son antisémitisme [...] de ne pas être étranger à ces mesures contre moi. J'avais acquis juste avant la guerre, en nos noms communs et pour lui être agréable, les droits de *Mon associé Monsieur Davis* [...] Par l'intermédiaire de mon ami Maurice Lehmann, il me poussait à revendre ces droits à Pathé. J'ai refusé de vendre durant la guerre, car à cette époque je ne voulais traiter avec personne. Coïncidence ? C'est à ce moment-là qu'a été nommé un commissaire aux Affaires juives pour mes biens personnels[37].

---

35. Le livre de Paul Vialar abonde en clichés antisémites.
36. Entretien de Pierre Braunberger avec l'auteure.
37. Pierre Braunberger, *Pierre Braunberger producteur...*, *op. cit.*, p. 129.

Dans le premier tome de ses mémoires où alternent souvenirs attendris et attaques fielleuses, Autant-Lara prête à Braunberger des intentions plus mercantiles :

> [Braunberger] n'hésita pas un instant à me dénoncer à la Libération [...].
> Un comble. Et pour quoi ? Pour récupérer un scénario – acheté sur mon conseil –, *Mon associé Monsieur Davis* [...], sur lequel il avait déjà effectué quelques jolies petites malversations, caractérisées [...] et dont il espérait, par cette manœuvre, voir effacées les traces gênantes[38].

Le 25 novembre 1944, la commission d'épuration provisoire convoque une première fois Autant-Lara ; le surlendemain, le cinéaste se plaint au ministre de l'Information d'une « dénonciation fausse » de Braunberger et s'étonne que le rapporteur juridique de son affaire, qui a fini par se récuser, soit un ami du producteur[39].

Ces accusations réciproques, cristallisées sur les droits du roman de Prieto Jenaro, trouvent un écho dans l'intrigue du *Bon Dieu sans confession*. Varesco accuse son associé de l'avoir trahi et le dénonce aux comités d'épuration pour récupérer l'entreprise. Autant-Lara réglait ainsi ses comptes avec son plus farouche ennemi. Sur les écrans comme dans le milieu littéraire, l'heure était aux accusations, aux dénégations, aux justifications[40].

Trois ans plus tard, dans *La Traversée de Paris*, Autant-Lara laisse s'épanouir sa vision sarcastique de l'Occupation.

---

38. Claude Autant-Lara, *La Rage dans le cœur...*, op. cit., p. 365.
39. AN, F 42 131, dossier « Commissions d'épuration ».
40. Dans *Les Années souterraines*, Daniel Lindenberg analyse le travail de justification et de dénégation entrepris par des intellectuels maréchalistes ou collaborationnistes à partir des années 1947-1948 et il conclut : « Toutes les stratégies de relégitimation ont été employées avec un succès magistral. » (*Les Années souterraines, 1937-1947*, Paris, La Découverte, 1990, p. 260.)

S'inspirant de la décapante course au cochon imaginée par Marcel Aymé, il réalise le premier film entièrement centré sur le marché noir. Au Paris des barricades et de la lutte clandestine se substitue l'image terne d'une capitale sous la botte, plongée dans l'obscurité du couvre-feu et des coupures d'électricité, avec ses tristes bistrots aux jours sans alcool et ses habitants hagards, préoccupés à régler, entre deux alertes, la question primordiale du ravitaillement. « Il ne faut pas oublier, rappelle Jean-Paul Sartre, que l'occupation a été *quotidienne*[41]. » Tout en redonnant vie au Paris familier de l'Occupation, Autant-Lara livre un regard caustique et libertaire sur les années noires. Du Jardin des Plantes au pied de la butte Montmartre, le périple des deux porteurs de valise est prétexte à une galerie de portraits brossés sur un ton mordant. La population parisienne se répartit entre deux catégories : celle des profiteurs et celle des lâches, les gens honnêtes ne l'étant que par pleutrerie. Autant-Lara épingle les envieux du restaurant, attablés devant leur plat de topinambours, qui regardent méchamment Grandgil (Gabin) et Martin (Bourvil) déguster leurs rognons. Il dénonce la veulerie des joueurs de cartes et ironise sur ces « salauds de pauvres », vertement apostrophés par Grandgil. Le faux moralisme des patriotes se trouve incarné par Dédé, le prisonnier libéré qui vitupère grotesquement contre un marché noir dont il refuse les savonnettes : « Je ne me lave pas, Madame, depuis que la France a été vaincue. Et si personne ne se lavait, la France serait plus propre… » Cette France sale, vilipendée par le prisonnier, est celle des trafiquants et des profiteurs de guerre. Mais le royaume de la débrouillardise possède sa propre hiérarchie : au bas de l'échelle se trouve le minable Martin, prototype du lampiste exploité ; puis vient l'épicier Jambier (de Funès), intermédiaire grassement rémunéré ; enfin le couple de bouchers opulents qui, la nuit venue, débite veaux et porcs dans sa cave. Ces

---

41. Jean-Paul Sartre, *Situations*, t. III, *op. cit.*, p. 18.

personnages sont tous éreintés par le cinéaste, non point en fonction de critères moraux, mais parce qu'ils se soumettent à la loi du plus fort. Jambier cède servilement aux menaces de Grandgil et le ménage Marchandot assiste en tremblant à la dispute des deux commissionnaires. Car le vrai héros du film est Grandgil, l'artiste peintre interprété par Jean Gabin. Vivant dans l'aisance grâce à ses propriétés et à la vente de ses tableaux prisés en Allemagne, Grandgil est un esprit curieux qui scrute les tréfonds de l'âme humaine avec une précision d'anthropologiste. Il s'acoquine avec Martin, non pour s'enrichir, mais pour « voir jusqu'où on peut aller en temps d'Occupation » :

> T'as vu comment on peut aller loin ? [...] T'as vu tout ce qu'on peut se permettre avec ces foireux-là ? Aussi bien avec les riches comme Jambier qui se déculottent pour qu'on ne les dénonce pas, qu'avec les pauvres qui se déculottent eux aussi, alors eux on se demande bien pourquoi ! C'est probablement que c'est la mode, en ce moment, de se déculotter.

Le peintre livre ainsi la morale de la fable : il exprime la jubilation d'un esprit supérieur qui regarde ses contemporains patauger dans la fange de la médiocrité envieuse ou de la sordide compromission. Dans le film d'Autant-Lara, l'individu est cette « autre et symétrique figure de l'immanence : le pour-soi absolument détaché, pris comme origine et comme certitude[42] » que nul lien ne rattache à la communauté nationale.

La Traversée de Paris est plébiscitée par le public, dépassant la barre des 360 000 entrées parisiennes, pour figurer au quatrième rang du *box-office* de l'année 1956[43]. Au retour de la comédie sur l'Occupation s'ajoutent la popularité de

---

42. Jean-Luc Nancy, *La Communauté désœuvrée*, 3ᵉ éd., Paris, Bourgois, 1999, p. 16.
43. *La Traversée de Paris* totalise à ce jour 4 896 868 entrées (chiffres d'exploitation du CNC).

La crise sacrificielle 367

Gabin et Bourvil et la maîtrise du cinéaste qui signe l'un de ses films d'après-guerre les plus aboutis. Les critiques sont élogieuses. Dans le concert de louanges, seul Hubert Engelhard fait entendre une note discordante contre cette « dérisoire caricature d'une héroïque épopée[44] ». Michel Mohrt estime au contraire, dans *Carrefour*, qu'un « peu de dérision ne fait pas de mal, après tant de littérature héroïque sur une époque qui, dans l'ensemble, le fut peu[45] ».

Mais cette unanimité de façade cache mal des interprétations fort peu compatibles[46]. Pour quelques analystes perspicaces se manifestent des exégètes douteux. Les critiques communistes louent le film d'Autant-Lara au prix d'une interprétation discutable. Georges Sadoul cherche à convaincre ses lecteurs que le cinéaste condamne sans appel le personnage de Grandgil :

> Je n'ai pas lu la nouvelle originelle, et j'ignore si les sympathies de son auteur allaient au rapin. Dans le film [...] le personnage incarné par Gabin est un ignoble saligaud, qui soulève le cœur. Il évoque ces artistes anarchisants, que leur goût de la « liberté absolue » finit par entraîner en 1942 à Weimar (aux portes de Buchenwald) tandis que leurs tableaux se vendaient, fort bien, aux messieurs du marché noir, et aux esthètes en vert-de-gris[47].

Au prix d'une cécité suspecte, Sadoul veut ignorer les accointances entre l'anarchisme de droite de Marcel Aymé, auteur honni par le PCF, et le nihilisme féroce d'Autant-Lara, alors compagnon de route des communistes aux côtés desquels il lutte contre l'impérialisme américain, le bellicisme et les *diktats* de la censure.

---

44. *Réforme*, 3 novembre 1956.
45. Michel Mohrt, in *Carrefour*, n° 633, 31 octobre 1956.
46. Comme le remarque justement Joseph Daniel, *Guerre et cinéma*, *op. cit.*, p. 278.
47. Georges Sadoul, in *Les Lettres françaises*, n° 643, 1ᵉʳ novembre 1956, p. 10.

André Bazin est plus perspicace :

> Le monde se divise non en deux mais en trois : les exploités (Bourvil), les exploitants (de Funès) et celui qui les domine tous : l'intelligent, le lucide, le poète du mépris. Loin de le condamner, les auteurs soignent, au contraire, son personnage avec un amour tout particulier [...][48].

Quant au jeune François Truffaut, il salue lui aussi le film d'Autant-Lara, en conseillant toutefois aux spectateurs de ne pas rire trop fort, car « Martin et Grandgil, c'est comme qui dirait, vous ou moi » : « Peu de films nous ont comme celui-là donné à réfléchir sur le "Français moyen" que l'on flatte d'ordinaire d'autant plus que c'est lui qui amortit les films »[49].

En 1947, avec *Le Diable au corps*, Autant-Lara eut conscience d'atteindre une limite : « Il eût été absolument impossible de placer en 1940 une aventure analogue à celle de ces deux adolescents[50]. » En 1956, il recueille tous les suffrages pour ce portrait au vitriol des Français sous l'Occupation. Est-ce à dire que la société française et le monde du cinéma devenaient plus permissifs ? L'examen des dossiers de censure et les réactions qu'ils suscitèrent invitent à nuancer ce constat : ces disputes autour du passé révèlent tout à la fois la fin du consensus historiciste de l'immédiat après-guerre et l'émergence de nouveaux interdits. La commission de contrôle, reprise en main par les pouvoirs publics, s'éloigne des idéaux de la Résistance et s'arc-boute sur la défense des institutions françaises. L'accueil réservé aux deux diables d'Autant-Lara et de Guitry donne la mesure du tournant de l'année 1947.

---

48. André Bazin, in *France-Observateur*, n° 339, 8 novembre 1956, p. 23.
49. *Arts*, 31 octobre 1956, p. 3.
50. Cité par Henry Magnan, in *Une semaine dans le monde*, 20 septembre 1947.

Censure et scandale

Quand le diable s'en mêle

Le Diable au corps est examiné par la commission le 21 mai 1947. Par six voix contre deux, les censeurs proposent l'interdiction aux mineurs de moins de 16 ans en raison de scènes licencieuses. Quatre membres de la commission demandent la suppression de la séquence du Harry's Bar, où les amants apprennent avec consternation la fausse nouvelle de l'armistice.

Avant que le ministre de tutelle ait statué, *Le Diable au corps* est présenté en avant-première à Bordeaux. Il suscite les protestations de pères la Pudeur et de patriotes courroucés :

> Cette production ajoute le cynisme le plus révoltant à l'exaltation de l'adultère en ridiculisant la famille, la Croix-Rouge et même l'Armée [...]. Nous demandons que ce film ignoble [...], cette production lamentable [...], soit retiré de l'écran. Et tout de suite[51].

Faisant fi de ces remous et des restrictions émises par la commission, le ministre des Arts et des Lettres autorise le film à tous publics, sous réserve « que soit inséré dans le générique un carton où serait expliqué que l'histoire du *Diable au corps* ne correspond qu'aux sentiments de quelques jeunes Français des années de la guerre de 1914-1918[52] ».

En juillet 1947[53], le producteur soumet le texte demandé au ministre :

---

51. *Courrier français du Sud-Ouest*, 31 mai 1947, article signé du pseudonyme « Le Veilleur ».

52. Lettre du ministre de la Jeunesse, des Arts et des Lettres à la direction du CNC, 16 juin 1947 (archives du CNC).

53. Après une nouvelle projection houleuse au Festival international de Bruxelles où l'ambassadeur de France créa l'événement en quittant la salle au milieu de la projection. Des journalistes français ayant protesté,

Les personnages qui animent cette œuvre cinématographique de leur impétueuse et parfois cynique jeunesse, expriment seulement les sentiments de quelques jeunes gens, dont les esprits se trouvent emportés dans le bouleversement qui, de 1914 à 1918, ébranla le Monde.

Ce carton d'avertissement n'est pas inutile : il permet à certains critiques de réduire la portée du *Diable au corps* à un « film historique » sur la Grande Guerre. André Bazin rappelle que le livre de Radiguet portait la marque de la « démoralisation patriotique » qui s'était emparé de la jeunesse après 1919 et il conclut : « Beaucoup de héros de la Résistance furent des Radiguet de 1920 »[54]. Roger Vailland oppose vigoureusement le conflit impérialiste de 1914-1918 à la guerre juste contre le fascisme :

> La Seconde Guerre mondiale nous a appris que *l'évasion* était inutile et impossible. Les héros des romans de cet après-guerre-ci ne sont plus des adolescents, ce sont des hommes mûrs, des combattants qui ont compris que quoi qu'on veuille ou qu'on fasse, on est « engagé » […]. C'est parce que *Le Diable au corps* est un film historique qu'il serait injuste de lui faire des griefs d'ordre moral[55].

Mais les détracteurs du film ne s'en laissent pas compter. Jacques Enfer met en regard les deux conflits, pour mieux vilipender l'individualisme des héros :

> Trente ans plus tard, d'autres, aussi, ne voudront pas « être dans le coup ». Au nom de la supériorité-des-sentiments-humains-sur-la-guerre et du droit-de-l'individu-à-l'Amour (avec un grand A),

---

le diplomate maladroit se justifia en expliquant qu'il était allé se coucher comme tous les soirs, à 22 h 30…

54. André Bazin, in *Le Parisien libéré*, 24 septembre 1947.
55. Roger Vailland, in *L'Écran français*, n° 116, 16 septembre 1947, p. 3.

le père avait cocufié le poilu de 14-18 : le fils cocufiera le prisonnier de 40.
On sait où nous menèrent ces sophismes : les objecteurs de conscience rejoignirent ceux « qui ne voulaient pas mourir pour Dantzig »[56].

D'autres critiques font grief à Autant-Lara de démoraliser l'armée et la nation et d'entraver l'effort de reconstruction de la France. Maurice Montans regrette que le film justifie la « lâcheté qui est un des grands risques pour l'avenir du pays car elle prend une forme hypocrite, cynique, désinvolte[57] ». Pour Claude Lazurick, la France s'est fait une bien mauvaise publicité en autorisant la sortie du film :

> Il est des thèmes moraux qu'il n'est pas nécessaire d'étaler en des temps déjà suffisamment troublés.
> Et tandis que nos amis américains, anglais et russes mettent leur cinéma au service de leur redressement [...] ; il est regrettable que nous, Français, employions nos forces intellectuelles à saper ce qui nous reste de droit et de probe[58].

Jean Morienval juge le thème du film odieux et affirme sans ciller que le salut de la nation repose sur la fidélité des femmes de soldats[59] ! Cette croisade, mêlant moralisme et patriotisme, est relayée par les groupes de pression : associations familiales, parents d'élèves de l'école libre, groupements de jeunes catholiques s'associent aux anciens combattants des deux guerres[60] pour exiger que le film soit retiré des écrans. Ils obtiennent quelques victoires locales, à

---

56. Jacques Enfer, in *Cités*, 28 décembre 1947.
57. Maurice Montans, in *Concorde*, 19 septembre 1947.
58. Claude Lazurick, in *L'Aurore*, 14 septembre 1947.
59. Jean Morienval, in *L'Aube*, 19 septembre 1947. « L'amour des femmes sans pudeur ne saurait m'intéresser. C'est exactement ce que j'appelle une chiennerie », écrit Jean Fayard dans *Opéra* (1er octobre 1947).
60. Les groupements d'anciens combattants font savoir qu'ils jugent le film inacceptable, « tant au point de vue moral qu'au point de vue patriotique » (*Ce matin*, 24 octobre 1947).

Rennes notamment, où la municipalité interdit la projection du *Diable au corps*.

Mais les défenseurs d'Autant-Lara donnent eux aussi de la voix contre les « cafards » de « la presse ensoutanée »[61] et les tartuffes de la cause patriotique ; des critiques très élogieuses paraissent dans *Franc-Tireur*, *Le Monde*, *L'Époque*, *Gavroche*, *Paris-Presse*[62]. Jean Néry, perspicace, relève le message pacifiste d'un cinéaste qui abhorre pareillement les deux conflits :

> À vrai dire, *Le Diable au corps* (et c'est là, vous le devinez, que le bât blesse certains) est un film contre la guerre, contre la société qui l'auréole et l'honore, contre ceux qui la veulent, la cherchent ou l'acceptent. Contre le dérèglement qu'elle apporte dans nos âmes et le renversement tout gratuit des valeurs qu'elle favorise. Contre les slogans, les « mouvements du menton » et la résignation camouflée en héroïsme. *Le Diable au corps* est un film-pamphlet. C'est cela qu'on ne lui pardonne pas[63].

« La France peut se prétendre républicaine, socialiste, progressiste, humaniste, que sais-je ! elle est bel et bien nationaliste, affirme Michel Braspart. Elle l'est farouchement, totalitairement. Et il ne faut plus dire que la guerre est une chose ignoble[64]. »

Par-delà le scandale, l'immense succès public du *Diable au corps* restitue la cabale des dévots et des boutefeux à sa juste place : celle d'un combat d'arrière-garde. *Le Diable au corps* est couronné au Festival de Bruxelles par le Grand prix de la critique internationale et celui de l'interprétation masculine décerné à Gérard Philipe ; il reçoit la Victoire du meilleur film français octroyée par *Cinémonde*.

---

61. Pierre Laroche, in *Franc-Tireur*, n° 898, 21 juin 1947, p. 2.
62. *Franc-Tireur*, n° 898, 21 juin 1947 ; *Le Monde*, 14 septembre 1947 ; *L'Époque*, 14 septembre 1947 ; *Gavroche*, 25 septembre 1947 ; *Paris-Presse*, 15 septembre 1947.
63. Jean Néry, in *Franc-Tireur*, n° 968, 12 septembre 1947, p. 2.
64. Michel Braspart, in *Réforme*, 19 juillet 1947 ; Braspart répondait aux lettres de protestation de lecteurs qui firent suite à un premier article élogieux paru le 31 mai 1947.

La crise sacrificielle 373

Au même moment, le scénario du *Diable boiteux* met en émoi la commission de censure. Sacha Guitry a réussi à convaincre l'Union cinématographique lyonnaise de produire ce film, avec lequel il désire faire son retour à l'écran. Soucieux des réactions du monde professionnel, le directeur de production, Jean Mugeli, a sollicité l'avis de Louis Daquin[65]. La réponse du secrétaire général du Syndicat des techniciens est toute en nuances. Il souligne que son organisation n'a pas à se prononcer sur les questions d'épuration : le dossier de Guitry étant classé, ce dernier est légalement en droit de travailler. Daquin précise toutefois que, si le temps de justice a passé, la morale exige encore la quarantaine :

> Nous croyons savoir que les professionnels déplorent que l'on fasse appel ces temps-ci d'une manière générale à ceux qui, par vanité et pour ne pas rester dans l'ombre à une époque malheureuse, ont entretenu de bonnes relations avec les autorités hitlériennes, alors que de nombreux camarades payaient de leur vie la défense de la liberté[66].

Mugeli choisit de donner suite au projet et dépose le synopsis du *Diable boiteux* au CNC, pour l'autorisation de tournage. En septembre 1947, à l'instigation de Claude Jaeger, la commission d'étude des scénarios fait savoir qu'en raison de la personnalité de Guitry elle ne peut statuer avant que la précensure examine le découpage[67]. Cette procédure est en fait facultative, laissée à la discrétion des réalisateurs et des producteurs ; il s'agit donc là d'un abus de pouvoir auquel Mugeli juge prudent de céder. Entre-temps, Michel Fourré-Cormeray et Georges Huisman lui ont vivement conseillé de financer un autre film de Guitry, moins polémique, avec

---

65. Pneumatique du 4 août 1947 (dossier de censure du *Diable boiteux*, archives du CNC).

66. Lettre de Louis Daquin à Jean Mugeli, 25 août 1947.

67. Lettre du 10 septembre 1947 à l'Union cinématographique lyonnaise et dossier du *Diable boiteux*, AN, F 41 2379.

lequel il fera un retour plus discret[68] ; l'UCL met donc en route *Le Comédien*. Le 15 septembre, la commission de contrôle se divise sur le scénario de Guitry. La ligne de fracture ne recoupe pas l'affrontement classique entre les représentants de l'État et ceux de la profession. Le producteur Alexandre Kamenka, ancien membre du CLCF, s'oppose vigoureusement au projet :

> Ce sujet ne devrait pas être tourné en raison de rapprochements voulus qui s'établissent avec des événements trop proches de nous et trop douloureux. Les allusions, sur un ton de badinage, à des faits qui ont coûté beaucoup de sang et de larmes donnent à ce film un caractère de provocation à l'égard de ceux qui ont combattu et souffert[69].

Du côté des pouvoirs publics, André Romieu (ministère de l'Intérieur) et le capitaine Proteau (Défense nationale) ne trouvent rien à redire au texte de Guitry ; le représentant du ministère des Colonies prend fait et cause pour le scénario. Leur collègue de la Justice y voit en revanche une « apologie de la trahison, aggravée du fait de la personnalité de l'auteur ». Georges Huisman est du même avis. Dans un rapport circonstancié sur le scénario qu'il qualifie de « panégyrique de la trahison et de la lâcheté », le président de la commission reproche à Guitry de se dédouaner à bon compte :

> *Le Diable boiteux* se présente comme un grand film d'inspiration historique. En réalité [...] l'essentiel des séquences et du dialogue n'a d'autre raison d'être que de justifier M. Sacha Guitry. Le film est fait pour montrer, grâce au mépris systématique de Talleyrand pour la Révolution Française et pour la Démocratie,

---

68. Note de l'Union cinématographique lyonnaise à Léon Mathot, dossier du *Diable boiteux*, AN, F 41 2379.

69. Les citations qui suivent, concernant le film de Guitry, sont tirées des fiches de précensure (manuscrites pour la plupart) du *Diable boiteux* (archives du CNC).

La crise sacrificielle

que l'intelligence consiste à ne pas prendre position, à ne jamais rien risquer, à être du côté des « tondeurs » plutôt que de celui des « tondus ».
Ainsi obtient-on la gloire, les honneurs et l'attention de la postérité […]. Tel est le généreux enseignement de ce film qui constitue littéralement un pamphlet contre l'idéal des Révolutionnaires de 1789 et de 1793[70].

L'irritation de Huisman s'exprime dans son exégèse sourcilleuse des répliques de Guitry :

Tout le dialogue entre David et Greuze : « Êtes-vous surpris qu'un peintre ait des opinions ? – Le citoyen Greuze ne croit pas à la sincérité absolue des artistes surtout quand ils ont du talent ! […] » est uniquement là pour justifier les artistes et les écrivains qui n'ont pas pris position pendant l'occupation et défendre cette indifférence totale de certains créateurs à l'égard de la chose publique.
Si David est un monstre parce qu'il a voté la mort du roi, M. Sacha Guitry est parfait puisqu'il a regardé les malheurs de son pays en se préoccupant uniquement de continuer à faire ses pièces et à les jouer.
Il est normal que la position courageuse de David, qui a pris ses risques, soit parfaitement antipathique à M. Sacha Guitry.

Le président de la commission s'offusque aussi d'un dialogue entre Talleyrand et le comte d'Artois, futur Charles X :

« CHARLES X : C'est affreux de voir Paris occupé ainsi par nos ennemis !
TALLEYRAND : Que votre altesse les voie mais ne les regarde pas.
CHARLES X : Tous ils sont là, jusqu'aux Prussiens.
TALLEYRAND : Laissez-les se déshonorer. »
Nous avons entendu des propos analogues pendant l'Occupation de la part de ceux qui n'avaient pas le courage de prendre position.

---

70. Document de neuf pages adressé au ministère de l'Information, archives du CNC.

Huisman dénonce encore la philosophie contre-révolutionnaire et antirépublicaine, puisée aux sources de Bainville et de Maurras, qui rappelle tristement l'idéologie du régime défunt :

> À une heure où dans un climat politique de discorde les passions demeurent brûlantes, ce serait prendre position contre la République, contre la tradition même de la Révolution Française, rayée de l'Histoire contemporaine par Vichy, que de laisser M. Sacha Guitry, sous le masque de Talleyrand, répandre pendant tout un film ses éloges de la monarchie et ses sarcasmes sur la démocratie.

Il exprime enfin des « réserves expresses » sur une scène du Congrès de Vienne où le prince de Bénévent affirme :

> « Aucune paix n'est véritablement durable que si les conditions en sont dictées par le vaincu. » Il est peu probable que Talleyrand, si prudent, si précautionneux, ait jamais rien dit de tel. En outre, faire entendre cette déclaration aux spectateurs de 1947, c'est exactement leur montrer qu'il appartient à l'Allemagne de dicter la paix au monde.

En conclusion de sa longue liste de griefs, Huisman suggère au ministre de l'Information de choisir entre l'interdiction totale et les coupes drastiques[71]. Le président de la commission milite pour la première option ; il aurait même déclaré : « Si on veut faire un film de Sacha Guitry, je préfère qu'on me passe sur le corps[72]. » Mais la seconde solution a la faveur du CNC et d'une majorité des censeurs. Ils ont été alertés par le comité d'entreprise du studio des Buttes-Chaumont sur le risque de chômage qu'entraînerait l'inter-

---

71. Note pour le cabinet du ministre, 5 décembre 1947, archives du CNC.
72. Propos rapporté dans la note de l'Union cinématographique lyonnaise à Léon Mathot (dossier du *Diable boiteux*, AN, F 41 2379).

La crise sacrificielle

diction de tournage. Le ministre se rallie à cette mesure de compromis. La société productrice accepte toutes les coupes demandées, à l'exception du dialogue sur Paris occupé ; non sans perfidie, Mugeli fait valoir que la commission cherche, par cette requête, à ménager « la susceptibilité de nos anciens occupants[73] ». L'affaire est réglée en décembre et le tournage commence deux mois plus tard.

Entre-temps, désespérant d'obtenir un accord, Guitry a adapté son scénario pour la scène. La pièce du *Diable boiteux* est présentée au Théâtre Édouard-VII : elle trouve son public, en dépit de sifflets le soir de la générale et d'une presse boudeuse et sarcastique où s'illustrent les journaux issus de la Résistance. En octobre 1948, le film déclenche les mêmes quolibets mais le scandale n'a pas lieu. « M. Sacha Guitry se sent donc si coupable qu'il éprouve à chaque manifestation le besoin de se justifier[74] ? » s'enquiert le critique du *Populaire*. Et *L'Écran français* titre son article sur un jeu de mots lapidaire : « Sacha a vidé le bas de soie » – allusion délicate à une insulte de Bonaparte qui aurait lancé à Talleyrand : « Vous êtes de la merde dans un bas de soie »[75].

Le scandale vient, en 1953, par le film d'un cinéaste argentin, Luis Saslavsky, qui s'est réfugié en France pour fuir le péronisme.

La neige était trop sale

La neige était sale, adaptation d'un roman de Georges Simenon, conte l'histoire d'un jeune voyou, fils d'une tenancière de maison close, dans une petite ville alsacienne. Humilié par le commerce de sa mère, Frank s'avilit dans les trafics du marché noir ; par l'intermédiaire d'un truand sans scrupule,

---

73. Lettre de l'Union cinématographique lyonnaise au directeur du CNC, 12 décembre 1947.
74. *Le Populaire*, 4 octobre 1948.
75. *L'Écran français*, 5 octobre 1948.

il revend à l'occupant le produit de ses rapines. Malgré ses turpitudes, le jeune homme est un être attachant, écorché vif, qui s'abîme dans une ascèse à rebours et s'éprend de la fille d'un patriote. Le brouillage des repères atteint son paroxysme lorsque Frank tue un sous-officier de la Wehrmacht et meurt sous les balles d'un peloton allemand, après avoir reçu la bénédiction de sa bien-aimée.

Le récit de *La neige était sale* se focalise sur deux lieux de collaboration : la maison close de Mme Irma, assidûment fréquentée par les troupes d'occupation, et le restaurant-dancing de Timo, officine du marché noir où des trafiquants et des élégantes en manteau de fourrure côtoient les officiers allemands. « Par les temps qui courent, qui n'a pas tué quelqu'un à la guerre ou autrement, par dénonciation ? » remarque le voyou Kromer, compère du jeune Frank. Une conversation de badauds, témoins de l'arrestation d'un résistant, parachève ce tableau peu glorieux de l'Alsace occupée :

> UNE FEMME : Il paraît qu'il a tué un sous-officier près du terminus, à qui se fier !
> UN HOMME : Ils sont fous ces petits gars !
> UN AUTRE HOMME, ANCIEN COMBATTANT : Nous sommes tombés bien bas, nous méritons la défaite. Fini, plus de valeurs morales !

Les censeurs examinent le film en séance plénière, le 18 mars 1953. Par douze voix contre huit, ils refusent le visa d'exploitation. L'œuvre est « contraire aux bonnes mœurs » et propose une image inacceptable de la France occupée. Les voix des représentants de l'UNAF, de la Pensée française, des producteurs et des réalisateurs de courts métrages se sont jointes à celles de l'administration pour en demander l'interdiction[76]. Le 22 avril, le ministre de tutelle suit leur recommandation.

---

76. Le représentant du ministère de l'Industrie et du Commerce est le seul fonctionnaire qui s'y oppose, craignant sans doute de mettre la société productrice en grande difficulté.

La crise sacrificielle

Le préjudice financier de la société productrice Tellus étant considérable, elle engage une longue négociation avec les pouvoirs publics. Sur les conseils du ministère de l'Information, le producteur déplace l'action du film dans un pays étranger[77] et le cinéaste rédige un carton d'avertissement :

La neige était sale ne vise qu'à approfondir un cas strictement individuel d'anomalie et d'angoisse. Tous les personnages sont purement imaginaires. L'action se déroule dans une ville d'Europe centrale.

Pour valider cette délocalisation, Saslavsky coupe et maquille plusieurs plans du film. Une monnaie fictive est substituée aux billets de banque français ; les noms des rues et le fronton des édifices publics sont noyés dans un épais brouillard. D'autres coupes réduisent les scènes de violence et épurent les dialogues les plus licencieux. Mais cette nouvelle version, soumise à la censure le 30 octobre, reçoit un nouvel avis d'interdiction. Menacée de faillite, la société productrice fait à nouveau remanier le film. Le cinéaste coupe toutes les scènes « contraires aux bonnes mœurs » et développe son avertissement :

La neige était sale ne vise qu'à approfondir un cas strictement individuel d'anomalie et d'angoisse. Dans le désarroi d'un pays envahi par l'ennemi, les êtres peuvent atteindre les plus hauts sommets du sacrifice et de l'héroïsme. Ils peuvent aussi tomber dans les pires déchéances de l'avilissement. Mais il n'y a point de sentier détourné qui ne parvienne à rejoindre les voies du seigneur. C'est le cas du pitoyable héros de cette histoire, qui trouve à la fin sa rédemption et ses instants de lumière. D'ailleurs tous les personnages sont purement imaginaires. L'action se déroule dans une ville d'Europe centrale.

---

77. Lettre de la société Tellus au président Henry de Ségogne, 6 octobre 1953, archives du CNC ; AN, F 41 2371 et F 41 2372 8A. Les deux citations qui suivent sont extraites de la lettre de Tellus à Henry de Ségogne.

Le film est à nouveau visionné le 6 janvier 1954 et obtient un visa d'exploitation, limité aux spectateurs de plus de 16 ans. Cette autorisation partielle est acquise contre l'avis d'un carré d'irréductibles représentant l'UNAF et les ministères de la Défense nationale, de l'Intérieur, de la Justice. Enfin, par dix voix contre quatre et six abstentions, les censeurs refusent le visa d'exportation[78]. Pendant deux ans, la société Tellus et les distributeurs étrangers devront batailler ferme pour obtenir, pays par pays, la levée de l'interdiction.

Les mésaventures du film de Saslavsky s'expliquent par la conjonction fâcheuse entre les questions de mœurs et les atteintes portées à l'image de la France. Sur ce point, ils sont en phase avec une large partie de la presse. La délocalisation de l'intrigue n'abuse guère les critiques, qui reconnaissent la France derrière le pays fictif d'Europe centrale et protestent contre l'atteinte portée au prestige national. Dans *Témoignage chrétien*, Michel de Saint-Pierre apostrophe vertement Saslavsky : « Si la France a besoin qu'on lui fasse un minimum de propagande à l'étranger, vous vous êtes chargé de ce soin, n'est-ce pas[79] ? » La nationalité du réalisateur argentin ajoute au courroux du critique : si le film est français, c'est un « étranger » qui « nous » fait la leçon. *Les Lettres françaises* se déchaînent contre le héros ambigu de Saslavsky. Sous le titre « La neige était sale. Crasseuse ! », Martine Monod écrit :

> Le seul être que nous voyons se dresser effectivement contre les occupants, dire qu'ils le dégoûtent et en descendre un, c'est Frank, le voyou, le gangster, l'assassin de vieille femme, le suborneur de filles […].

---

78. Dans un courrier adressé au ministre de l'Industrie et du Commerce (André Morice), la société Tellus évaluait le préjudice financier à un minimum de 35 millions de francs (somme calculée sur la base des dix-neuf pays qui s'étaient engagés à acheter le film).
79. Michel de Saint-Pierre, in *Témoignage chrétien*, 5 mars 1954.

La crise sacrificielle

> [Le réalisateur] vise à déconsidérer les patriotes, à les identifier à la crapule et à tenter d'opérer une confusion subtile dans l'esprit du spectateur entre ceux qui se battaient contre les envahisseurs de leur Patrie et la pègre [...]. La conclusion nous est implicitement proposée : elle rejoint singulièrement les procédés de ceux qui poursuivent aujourd'hui les résistants et veulent en faire des criminels de droit commun[80].

Le rejet du film souligne les contraintes propres au cinéma. Le roman de Simenon fut un succès de librairie en France à la fin des années 1940 ; il fut monté au théâtre sans susciter de grands émois. « L'aventure qui arrive à *La neige était sale* est assez semblable à celle qui advint à *La P... respectueuse* », écrit André Bazin :

> Une pièce de théâtre, assez noire et réaliste, il est vrai, mais qui ne scandalisa personne, devient à l'écran une œuvre gênante et parfois pénible. C'est que l'optique du théâtre est décidément bien différente. Le « réalisme » n'y est encore qu'une combinaison de conventions. L'actualité du décor et des personnages est transposée, réduite à un complexe de symboles par le jeu théâtral. Nous n'en avons point conscience. Mais quand la même action et les mêmes personnages passent au cinéma, alors, nous découvrons par comparaison combien grande est la stylisation théâtrale et efficace le réalisme de l'écran. L'exposition de vérités morales abstraites y devient la reconstitution d'une réalité concrète dont l'évidence soudain nous offense[81].

L'adaptation d'André Tabet, par son moralisme final, sa psychologie sommaire et édifiante, est pourtant très en deçà de l'audace du livre de Simenon que Pierre Assouline tient pour l'un des plus sordides et des plus noirs du romancier[82]. « Je

---

80. Martine Monod, in *Les Lettres françaises*, n° 505, 25 février 1954.
81. André Bazin, in *Le Parisien libéré*, 8 mars 1954. Georges Charensol est du même avis dans *Les Nouvelles littéraires*, 25 février 1954.
82. Pierre Assouline, *Simenon*, Paris, Julliard, 1992, p. 394. L'auteur revient notamment sur le parcours controversé de Georges Simenon pendant

veux faire un film rose avec cette pièce noire[83] », a déclaré Luis Saslavsky. Sans tenir sa promesse, le réalisateur s'est démarqué d'un texte plus hardi sur le double plan moral et politique. Georges Simenon avait écrit son roman peu après la mort de son frère Christian, ancien membre de Rex, l'organisation prohitlérienne de Léon Degrelle. Recherché par la justice pour le meurtre de résistants, Christian Simenon s'était engagé dans la légion et venait de trouver la mort au Tonkin. L'écrivain interprète cette fin tragique comme une rédemption, à laquelle fait écho celle de son personnage ; ce triste héros de papier annonce le Lucien Lacombe de Malle et Modiano[84]. La même année, *Avant le déluge* divise la commission de contrôle, bloc contre bloc.

D'un déluge à l'autre

En mai 1953, les représentants des pouvoirs publics ont exprimé leurs « plus expresses réserves » sur le découpage que leur a soumis le producteur dans le cadre de la précensure. Après avoir visionné en octobre le film terminé, les censeurs s'accordent pour exiger une quinzaine de coupes[85]. Une première série porte sur les allusions à l'actualité politique et internationale. Dans une séquence où la police disperse la

---

les années noires.

83. Cité par Robert Chazal, in *Paris-Presse-Intransigeant*, 16 octobre 1952.

84. Le héros de Simenon présente en effet des points communs avec le personnage de Modiano : goût du pouvoir et désir naïf de marquer son « ascension sociale » en exhibant sa carte verte ; absence du père, aggravée par l'infidélité maternelle ; hésitation entre le camp de la Résistance et celui de la collaboration, que vient trancher le rejet brutal d'un soldat de l'ombre ; mort sous les balles d'un peloton d'exécution…

85. À l'issue de l'examen du 28 octobre 1953 (dossier de censure de *Avant le déluge*, archives du CNC ; AN, F 41 2371 et F 41 2372 8A). Pour une analyse plus complète de ce dossier, voir Sylvie Lindeperg, « The Children of the Absurd : André Cayatte and Film-Making of the Cold War », *French Cultural Studies*, n° 8, février-mai 1997, p. 67-93, et Frédéric Hervé, « Les enfants du cinématographe… », thèse citée, p. 91 *sq.*

foule, à l'issue d'un meeting de Garry Davis, le plan d'un Arabe criant « Libérez Ben Aïm » est supprimé et les cris d'un autre manifestant, appelant ses concitoyens à déchirer leur passeport et leurs papiers militaires, sont noyés dans le vacarme. Jugeant par ailleurs que Cayatte exagère la peur de l'été 1950, les censeurs font couper une scène où les adolescents évoquent la panique des adultes entretenue par les journaux, la radio et les actualités.

D'autres modifications portent sur les séquelles de l'Occupation. La commission exige que soient allégées les répliques antisémites du père Dutoit vitupérant contre le « complot juif » ; elle fait réduire d'un tiers la scène de la baignoire dans laquelle son fils interroge puis noie Daniel Epstein ; elle demande la suppression de plusieurs scènes évoquant la brutalité de la police française, qui a perfectionné ses méthodes à l'école de la dernière guerre.

Le film, ainsi remanié, est présenté en séance plénière le 7 janvier 1954 : il obtient son visa par dix voix contre neuf mais est interdit aux mineurs et à l'exportation. Les membres de la profession ont voté en bloc contre l'interdiction totale et ont reçu la procuration du représentant de l'UNAF : ce dernier, exceptionnellement, s'est désolidarisé de ses collègues des ministères pour prendre la défense d'un film dont il approuve la critique contre la démission des parents[86]. Les membres de l'administration, tout aussi soudés, sont ce jour-là en minorité, suite à l'absence du représentant du ministère de la Santé publique.

Furieux du résultat, le ministre de la Défense nationale, René Pleven, demande que la commission se réunisse à nouveau, en prétextant un vice de forme. Henry de Ségogne lui répond qu'il regrette vivement que le visa ait été accordé ; il ne peut cependant accéder à sa demande, sous peine de provoquer à nouveau la démission des membres de la pro-

---

86. Pierre Roustang réitère son avis favorable dans un courrier à Henry de Ségogne (AN, F 41 2371).

fession[87]. Ces derniers sont moins solidaires dans l'affaire *Nuit et brouillard*.

L'honneur d'un gendarme

Le court métrage d'Alain Resnais se présente pourtant sous les meilleurs auspices : patronné par le Comité d'histoire de la Deuxième Guerre mondiale, porté par son secrétaire général Henri Michel, il a bénéficié du financement des ministères des Anciens Combattants et de l'Éducation nationale. Examiné en sous-commission le 30 décembre 1955, *Nuit et brouillard* est pourtant renvoyé en séance plénière pour statuer sur l'interdiction aux mineurs et sur la requête du représentant de la Défense nationale qui exige « la suppression de la silhouette du gendarme gardant le camp de Pithiviers »[88]. Cette photographie, prise en mai 1941 depuis un poste de guet, est devenue une image symbole de la collaboration d'État. Le cliché montre, en arrière-plan, des internés sur une placette qui jouxte les baraques du camp ; au premier plan, sur le bord gauche, se détache la silhouette à mi-corps d'un gendarme, coiffé d'un képi. Contrairement à ce qu'affirme le représentant des armées, ce cliché fut pris dans le camp de Beaune-la-Rolande, et non à Pithiviers comme on l'a longtemps cru[89]. Le changement de lieu ne modifie en rien le fond de l'affaire.

Le 22 février 1955, la commission plénière ajourne une nouvelle fois sa décision. Souhaitant autoriser le film à tous les publics, les censeurs proposent qu'un avertissement leur soit soumis qui attirera l'attention sur la nature « éprouvante » de certains passages. Le représentant des Affaires

---

87. AN, F 41 2371 ; dossier de censure de *Avant le déluge*, archives du CNC.

88. Dossier de censure de *Nuit et brouillard*, archives du CNC.

89. Cette découverte a été faite en 2010 par Catherine Thion, chargée de recherche au CERCIL d'Orléans, grâce à un fonds de photographies communiqué par Jacques Sigot. Ces informations m'ont été communiquées par Nathalie Grenon et Catherine Thion que je remercie.

La crise sacrificielle 385

étrangères désire en outre que le ministre Christian Pineau puisse visionner le film. Ce délai supplémentaire permet surtout de négocier avec le cinéaste et la société Argos Films sur l'épineuse question du gendarme. La réponse d'Alain Resnais est sans appel, comme le fait savoir son producteur, Anatole Dauman :

> Nous avons demandé au réalisateur, Monsieur Alain Resnais, s'il acceptait de modifier le plan du camp de Pithiviers. Monsieur Resnais nous a répondu qu'avant d'envisager cette modification, il souhaite que nous soyons saisis d'une demande de la Commission de Contrôle à ce sujet[90].

En refusant de s'autocensurer, le jeune cinéaste renvoie courageusement la commission devant ses responsabilités. Henri Michel adopte une démarche plus conciliante. Dans une longue lettre, le conseiller historique de *Nuit et brouillard* donne son sentiment aux censeurs sur « le maintien ou la suppression de la photographie en litige » :

> Il est évident que nous ne l'avons choisie qu'en fonction de son intérêt historique ; la participation des gardes mobiles et des gendarmes aux arrestations d'Israélites est, hélas, un fait d'histoire ; elle a été relatée dans de multiples ouvrages et évoquée dans de nombreux procès ; elle témoigne d'ailleurs moins contre les malheureux gendarmes contraints à ces besognes que contre les autorités occupantes coupables d'envisager et d'exécuter de pareils procédés.
> C'est dire que, du point de vue de l'histoire et de la fidélité à la vérité historique, qui est de règle dans tout notre travail, nous tenons au maintien de cette photographie. Il n'en reste pas moins que nous ne pouvons pas ne pas être sensibles aux difficultés que son maintien peut provoquer, dans un domaine où nous n'avons pas à intervenir. Je tiens donc à vous faire savoir que nous tenons en réserve une photographie d'un intérêt historique,

---
90. Lettre d'Anatole Dauman à la commission, 28 février 1956, archives du CNC.

sensiblement équivalent ; elle pourrait, sans dommage pour le film, être insérée à la place de celle qui a provoqué le litige[91].

Tout en proclamant l'intangibilité de la vérité historique, Henri Michel prend acte des avancées non isochrones de sa transmission : si la collaboration d'État a été évoquée lors du procès des gendarmes de Drancy, des jugements de Laval et Pétain devant la Haute Cour et dans l'ouvrage de Joseph Weill à faible tirage[92], elles peuvent demeurer inopportunes dans un film destiné à un plus vaste public.

Par un prudent court-circuit, l'historien reporte la faute sur les seules « autorités occupantes ». Les arrestations de juifs étrangers, internés dans les camps du Loiret à partir du 14 mai 1941, sont certes impulsées par le commandement militaire allemand ; elles n'en sont pas moins opérées par la police et la gendarmerie françaises, en application de la loi de Vichy du 4 octobre 1940.

Si l'on admet enfin qu'un document ne dit pas la vérité mais de la vérité, « l'intérêt historique » d'une photographie ne constitue pas une qualité propre qui lui serait intrinsèquement liée ; il constitue une propriété variable dont la valeur est indexée à la question posée et à l'intrigue générale qui la sous-tend. De fait, ce qui compte alors pour Alain Resnais, Henri Michel et Olga Wormser n'est pas tant la stigmatisation de la gendarmerie française que la volonté de signaler la présence de camps d'internement dans l'Hexagone et de marquer sur le sol national les premières étapes d'un itinéraire tragique. Dans le cadre de ce récit, l'historien peut donc considérer d'un intérêt « sensiblement équivalent » une autre photographie des

---

91. Lettre d'Henri Michel à M. Basdevant, représentant de la Jeunesse et des Sports, 27 février 1956. Pour une analyse détaillée du courrier d'Henri Michel et de l'ensemble de ce dossier de censure, voir Sylvie Lindeperg, « *Nuit et brouillard* »..., *op. cit.*, chap. IX.

92. Joseph Weill, *Contribution à l'histoire des camps d'internement dans l'Anti-France*, Paris, Éd. du Centre, 1946.

camps du Loiret sur laquelle ne seraient visibles que les internés... Mais il contribue par là même à taire l'une des pages les plus honteuses de la collaboration d'État. Ce tour de passe-passe sauve l'honneur de la maréchaussée ; il ne peut que satisfaire les censeurs.

À nouveau réunis en plénière le 29 février, ils demandent par quatorze voix contre cinq et une abstention le remplacement du « plan de Pithiviers » par « une photographie d'intérêt équivalent [sic] et non susceptible de provoquer un litige ». Avec la complicité de quatre membres de la profession, les représentants des pouvoirs publics placent sous le boisseau la collaboration d'État. Cet interdit est relativement nouveau : en novembre 1947, la commission a accordé son visa à *Au cœur de l'orage* qui stigmatise pourtant le régime de Pétain et la police de Vichy. Entre-temps, les « événements » en Algérie ont sans doute accru la susceptibilité des défenseurs de l'armée et de la police. Or, à cet égard, Alain Resnais a déjà un lourd passif avec la censure : à la date de présentation de *Nuit et brouillard*, son court métrage *Les statues meurent aussi*, coréalisé avec Chris Marker, demeure interdit, les représentants des pouvoirs publics s'étant enflammés contre ce documentaire sur « l'art nègre », « pamphlet anticolonialiste » qui dénigre « l'œuvre de la France en Afrique noire »[93]. *Nuit et brouillard* risque de connaître le même sort pour un seul de ses plans.

Contraint de s'incliner, Resnais choisit d'inscrire facétieusement dans son film la marque de la censure d'État. Plutôt qu'une substitution, il préfère maquiller la photographie litigieuse : dans l'angle du cliché est dessinée une barre sombre, semblable à un faire-part de deuil, qui dissimule le képi du gendarme.

Le *diktat* de la censure suscite l'indignation d'un spectateur

---

93. Lettre du ministre de la France d'outre-mer, 14 avril 1953, AN, F 41 2371 8A, signée pour le ministre (Louis Jacquinot) par son directeur de cabinet J.-N. Adenot.

d'Alençon, Gérard Brunschwig, qui s'en ouvre au président de la commission :

> J'ai assisté hier à la projection du film d'A. Resnais, *Nuit et brouillard* [...]. C'est sur un petit détail que je me permets de vous écrire. Un petit détail que j'appellerai familièrement « le coup du gendarme ».
> Un court plan montrait l'embarquement de déportés [*sic*], avec, en gros plan, la tête d'un beau gendarme, également bien de chez nous. Votre sang, Monsieur le Président, n'a fait qu'un tour : on ne pouvait pas laisser passer cela. Et vous décidâtes de gommer le gendarme, certain, par là, de sauver l'honneur de la maréchaussée. Comme si l'honneur de l'humanité, de la Civilisation, flics et censeurs compris, n'était pas légèrement atteint par la lèpre que nous a montrée Alain Resnais, avec une si douloureuse sobriété.
> Mais ce n'est pas tout. Vous auriez pu faire supprimer simplement le plan incriminé. C'était compter sans votre astuce, Monsieur le Président. Celui qu'on a chargé de gommer le gendarme – je me plais à penser que vous n'avez laissé ce soin à personne d'autre que vous-même – a créé avec habileté un petit nuage qui n'a l'air de rien ; et pourtant, si on le regarde bien, on voit le fameux gendarme montrer le bout, non de l'oreille, mais du képi. Voilà, j'imagine, l'idéal inaccessible de tout censeur : censurer sans en avoir l'air, censurer avec un clin d'œil infiniment malicieux vers le spectateur averti.
> J'ai honte, Monsieur le Président, d'appartenir au même pays que vous. Mais non je me trompe : vous appartenez au pays des gendarmes, et je suis de celui des victimes. Chacun de ces pays a, de par le monde, d'innombrables filiales et succursales. Mais aucune, et c'est une petite consolation, ne coïncide, ne coïncidera jamais avec l'autre.

Cette lettre, tout à la fois bien et mal informée, puisqu'elle laisse libre cours aux fantasmes sur le fonctionnement de la censure, n'est pas représentative du discours dominant de l'époque. L'amertume de ce spectateur, cousin de l'historien

Pierre Vidal-Naquet, ne se retrouve guère en effet dans la presse.

Le maquillage du « plan de Pithiviers » est certes révélé par Jacques Doniol-Valcroze dans *France-Observateur*, assorti d'un commentaire ironique : « Il est bien connu que pendant quatre ans, pas un gendarme français n'a été mêlé de loin ni de près à une quelconque opération à l'issue de laquelle des gens auraient été déportés[94]. » Simone Dubreuil en fait également état dans *Les Lettres françaises*[95]. Mais si l'affaire du gendarme mobilise une frange de l'opinion hostile à la censure, son objet ne suscite pas d'émotion considérable. La presse hexagonale se déchaîne en revanche sur l'affaire du Festival de Cannes.

Nuit et brouillard a été choisi par la commission de sélection pour représenter la France dans la catégorie des courts métrages documentaires : le 7 avril 1956, il est retiré de la sélection officielle par le secrétaire d'État à l'Industrie et au Commerce, Maurice Lemaire. Cette décision est prise sur les conseils des organisateurs de la manifestation, à la suite d'intenses tractations et d'une démarche pressante de l'ambassade d'Allemagne de l'Ouest[96]. Elle est à l'origine d'un vaste scandale politico-médiatique qui dépasse de très loin le monde du cinéma. Les associations d'anciens déportés montent au créneau, soutenues par de grandes figures de la Résistance et de la Déportation, comme Edmond Michelet qui porte l'affaire devant le Conseil de la République. La polémique éclabousse le gouvernement et met sur la sellette la RFA, accusée d'entretenir l'oubli sur le passé nazi ; elle réveille les braises encore tièdes de la querelle sur la Communauté européenne de défense. « Si

---

94. Jacques Doniol-Valcroze, in *France-Observateur*, n° 309, 12 avril 1956.
95. Simone Dubreuil, in *Les Lettres françaises*, n° 605, 2 février 1956.
96. Pour le détail de toute cette affaire, voir Sylvie Lindeperg, *« Nuit et brouillard »...*, *op. cit.*, chap. x.

l'Allemagne de Bonn se sent visée par un film si noble et si peu polémique, écrit André Bazin, il est à craindre que sa prudence ne ressemble plus à un aveu qu'à de la susceptibilité[97]. » Alain Resnais déclare avec humour qu'il ignorait que le gouvernement nazi serait représenté au prochain Festival de Cannes[98]... L'attitude de l'Allemagne de l'Ouest paraît d'autant moins légitime que le commentaire de Cayrol ne confond jamais « le peuple allemand dans son ensemble avec les criminels hitlériens[99] » et rappelle que les premiers camps furent ouverts pour les opposants allemands au régime nazi. Le scandale ne s'apaise qu'à l'annonce du compromis final : *Nuit et brouillard* sera présenté au Festival de Cannes, hors compétition, à l'occasion de la Journée nationale de la déportation.

Le décalage entre la discrétion sur « le coup du gendarme » et les protestations outragées contre l'oukase allemand témoigne des ambivalences de l'opinion française. En prenant fait et cause pour *Nuit et brouillard*, les journalistes, les professionnels du cinéma, les personnalités du monde politique et littéraire, défendent la mémoire des déportés et militent pour que l'histoire des camps de concentration sorte de l'oubli. Mais les protestations contre l'amnésie en Allemagne de l'Ouest ne s'accompagnent d'aucun examen critique sur la collaboration française.

Les journalistes ne relèvent pas non plus les allusions de *Nuit et brouillard* aux conflits coloniaux. Plutôt qu'un mémorial ou un reliquaire refroidi, Resnais et Cayrol ont

---

97. André Bazin, in *Le Parisien libéré*, 9 avril 1956, p. 6.
98. Cité par *Libération*, 9 avril 1956, p. 6. L'affaire suscita également de vives réactions outre-Rhin. De nombreux journaux désapprouvèrent la démarche de l'ambassade d'Allemagne ; un débat animé eut lieu au Bundestag le 18 avril 1956 (voir Sylvie Lindeperg, *« Nuit et brouillard »...*, *op. cit.*, p. 171-173).
99. Samuel Lachize, in *L'Humanité*, 9 avril 1956, p. 2.

La crise sacrificielle

conçu leur œuvre comme un dispositif d'alerte[100]. Sur les images de Birkenau, ils tentent d'éveiller les consciences de leurs concitoyens :

> Et il y a nous qui regardons sincèrement ces ruines, comme si le vieux monstre concentrationnaire était mort sous les décombres […] nous qui feignons de croire que tout cela est d'un seul temps et d'un seul pays, et qui ne pensons pas à regarder autour de nous, et qui ne voyons pas qu'on crie sans fin.

Dans *Les Lettres françaises*, Jean Cayrol est plus explicite encore :

> Si les crématoires ne sont plus que des squelettes dérisoires, si le silence tombe comme un suaire sur les terrains mangés d'herbe des anciens camps, n'oublions pas que notre pays n'est pas exempt du scandale raciste[101].

Au nom de ce même engagement qui l'a fait combattre le nazisme, l'ancien déporté dresse une homologie instrumentale entre les deux conflits. Il entend culpabiliser une République, forgée dans la Résistance, qui renie ses principes dans les Aurès :

> Le visage de la France s'[était] durci en silence, au fil d'actions lointaines et sans éclat, au terme d'une incapacité à penser la situation de l'autre dans la sienne propre : de n'avoir pas su comprendre l'universel dans le combat de la résistance, la France [était] passée de l'autre côté du miroir[102].

---

100. Dans un entretien avec Richard Raskin, Alain Resnais s'explique longuement sur cette question (Richard Raskin, *« Nuit et brouillard » by Alain Resnais. On the Making, Reception and Functions of a Major Documentary Film*, Aarhus, Aarhus University Press, 1987, p. 51).

101. Jean Cayrol, in *Les Lettres françaises*, n° 606, 9 février 1956, p. 5.

102. Pierre Bouretz, « Les intellectuels et l'anticolonialisme, 1944-1954. Situation des "Temps modernes" », mémoire sous la dir. de Marc Sadoun, IEP de Paris, 1983, p. 83.

Et il revient à un autre ancien déporté à Mauthausen, le communiste Pierre Daix, ulcéré par l'affaire cannoise, d'en appeler à la vigilance et au réveil des consciences :

> Nous connaissons déjà le regard des Vietnamiens lorsqu'il croisait le nôtre, celui des hommes de Madagascar, celui des Tunisiens, des Marocains. Aujourd'hui, celui des Algériens [...].
> « Dix ans après » aurait pu être le titre de ce film. Dix ans après, avec ce que le monde a fait des camps, des bourreaux, des déportés. Dix ans après, avec ce que nous, les rescapés, avons fait de nous-mêmes. Avec ce que nous avons laissé faire. Subi et laissé subir [...].
> Les choses vont-elles déjà si loin qu'après que Claude Bourdet, ancien de Buchenwald, a repris, menottes aux mains, le chemin de Fresnes, après que le professeur Marrou se voit inculpé de démoralisation de la nation pour avoir justement voulu défendre l'honneur français, la mesure discriminatoire contre le film de Resnais doive tomber dans l'indifférence qu'on voudrait entretenir devant le sang qui coule à flots[103] ?

Ces appels ne sont guère entendus : la « dictature du silence », contre laquelle Claude Bourdet a pris les armes trois ans auparavant[104], demeure puissante en 1955.

À travers ces silences, ces scandales et ces tabous se dessinent les évolutions qui marquent la décennie 1947-1957. Les censeurs et les pouvoirs publics ont fait preuve de libéralisme à l'égard du *Diable au corps*, dont la sortie, au même titre que *La Grande Illusion*, déchaîne les passions. Mais la commission défend encore les valeurs de la Résistance : soutenu par d'anciens membres du CLCF, contre l'avis de certains collègues comme Romieu, Huisman a fait preuve de sévérité à l'encontre de Guitry ; sous sa houlette,

---

103. Pierre Daix, in *Les Lettres françaises*, n° 615, 12 avril 1956.
104. Claude Bourdet, in *L'Observateur*, n° 93, 21 février 1952.

la censure demeure, pour quelque temps encore, une censure d'épuration. Mais les bouleversements de la guerre froide, la chasse aux communistes et les recompositions de la commission vont peu à peu modifier la donne : la censure d'État s'occupera désormais de chasser le communisme des écrans et de défendre la France et ses institutions.

L'année 1947 apparaît aussi comme une bissectrice en matière de représentations ; elle annonce la remise en cause radicale de l'imagerie héroïque et la dominance d'une vision désabusée de l'histoire, marquée par le poids du fatum. Cette levée du charme conduit à une redéfinition profonde des rapports entre l'individu et la nation et elle ouvre la voie à une dénonciation protéiforme de la guerre. « Lieu géométrique de tous les contraires[105] », le pacifisme connaît trois formulations conjointes et contradictoires : cocardier et panurgien chez Berthomieu-Nohain ; antimilitariste et sarcastique chez Autant-Lara ; amer et désespéré chez Allégret, Clouzot, Cayatte.

Par-delà les univers dissemblables de leurs auteurs, ces films prennent acte de la fin des rêves prométhéens nés de l'engagement résistant qui a instauré « le primat de la volonté sur l'impérialisme du destin[106] ». Dans *La nuit finira*, Henry Frenay rend compte du sentiment d'anomie qui succède aux espoirs nés dans la clandestinité :

> Nous sommes retombés dans un régime de démocratie formelle et glacée où l'homme, perdu dans la masse anonyme, est désespérément seul. Rien ni personne ne l'appelle à une grande tâche où il pourra se dépasser. Il vit en tant qu'individu, mais non en tant que cellule sociale participant à l'œuvre commune. En fait, il est amputé d'une partie de son être. Il est insatisfait, replié dans l'égoïsme étroit où la société le contraint à vivre[107].

---

105. Pierre Laborie, *L'Opinion française sous Vichy*, op. cit., p. 91.
106. Olivier Wieviorka, *Histoire de la Résistance, 1940-1945*, Paris, Perrin, 2013, p. 133.
107. Henry Frenay, *La nuit finira. Mémoires de la Résistance, 1940-1945*, Paris, R. Laffont, 1973, p. 560.

Si la perte du sens et de « l'œuvre commune » trouve dans *Le Bal des pompiers* et *L'Éternel Espoir* d'heureuses consolations familiales, les films de Clément, Allégret et Cayatte dénoncent une société oppressive, contaminée par le Mal, qui plonge l'individu dans une solitude sans remède. Guitry et Autant-Lara célèbrent, quant à eux, « l'affirmation sans limites de l'individu[108] ». Pour mettre à bas l'imagerie héroïque, certains cinéastes font enfin le lit de la légende noire, revisitant la geste de la Résistance et exhumant les souvenirs mauvais de l'épuration. La Libération est replacée dans un continuum de la violence et de l'injustice.

La dilution de l'identité nationale, « cette représentation d'une appartenance partagée, confusément ressentie mais intérieurement présente[109] », opacifie enfin le combat contre l'occupant. Tandis que le portrait de l'ennemi héréditaire gagne en nuances, les Français se déchirent surtout en luttes intestines : les profiteurs de guerre contre les exploités, les épurateurs contre les épurés, les poires contre les malins...

Pendant cette période, seul Robert Bresson s'inspire encore d'un fait de résistance pour mettre en scène la célèbre évasion du commandant Devigny[110]. Dans *Un condamné à mort s'est échappé* (1956), le cinéaste prend toutefois le contre-pied des films de la Libération. Il désamorce les ressorts épiques et dramatiques de son sujet qu'il extrait de sa gangue historique. Pulvérisant les lois du découpage temporel, fragmentant l'espace de la cellule, portant attention aux détails et aux objets, Bresson élabore « une conscience purement spirituelle ou morale de l'événe-

---

108. Définition du nihilisme proposée par Daryush Shayegan, *Qu'est-ce qu'une révolution religieuse ?*, Paris, Albin Michel, 1991, cité par Daniel Lindenberg, *Les Années souterraines...*, *op. cit.*, 1990, p. 57.

109. Maurice Agulhon, *Histoire vagabonde*, Paris, Gallimard, 1988, cité par Pierre Laborie, *L'Opinion française sous Vichy*, *op. cit.*, p. 58.

110. André Devigny avait raconté son évasion du fort Montluc dans *Le Figaro littéraire*, n° 488, 20 novembre 1954.

La crise sacrificielle

ment[111] ». Les seules traces de sa matière historique sont la voix *off* de Fontaine dressant un constat clinique sur sa situation, les salves du peloton qui claquent au loin dans la cour de Montluc, les sobres confidences sur les interrogatoires échangées furtivement par les détenus à l'heure de la promenade. Dans ce film d'une pureté ascétique, la Résistance, dépouillée de son historicité, est élevée au rang d'expérience mentale et spirituelle[112].

Deux ans plus tard, en même temps que le général de Gaulle, les résistants font leur grand retour à l'écran ; le cinéma français réenchante le passé glorieux.

---

111. André Bazin, in *France-Observateur*, n° 340, 15 novembre 1956, p. 22.

112. Unanimement loué par la critique, de François Truffaut (*Arts*, 27 juin 1956) à Lucien Rebatet (*Dimanche-Matin*, 18 novembre 1956), *Un condamné à mort s'est échappé* n'en fait pas moins figure d'exception. L'air du temps s'y retrouve cependant dans le personnage de Jost, compagnon de cellule de Fontaine : ce pauvre garçon fourvoyé dans la collaboration inspira Louis Malle qui fut l'assistant de Bresson sur ce film.

CINQUIÈME PARTIE

Le retour de l'enchantement

Quand se referment sur lui « toutes les portes du palais », le 8 janvier 1959, Charles de Gaulle, nouveau chef de l'État, se dit « captif de [sa] charge ». Mais si obsédé qu'il soit par la « médiocrité » du temps, il n'en est pas moins conscient de la « grandeur de l'entreprise » qui se dessine [...]. Monarque viager comme ceux du Saint-Empire, il revendique une double légitimité. L'une est enracinée dans l'histoire, une histoire datée du 18 juin 1940 et proprement réinventée par l'homme qui l'a tour à tour suscitée, vécue et rédigée de sa main, pour sa gloire et l'édification des Français ; l'autre se fonde sur l'assentiment de la « France profonde »[1].

Dans *Le Souverain*, Jean Lacouture rappelle la légitimité première de celui qui revient au pouvoir à la faveur de la crise algérienne. Un monarque républicain succède au régime moribond et il justifie son accession au palais par « l'appel impératif mais muet[2] » de la France. Charles de

---

1. Jean Lacouture, *De Gaulle*, t. III, *Le Souverain, 1959-1970*, Paris, Seuil, 1986, p. 11.
2. Charles de Gaulle, *Mémoires d'espoir*, t. I, *Le Renouveau, 1958-1962*, Paris, Plon, 1970, rééd. Pocket, 1980, p. 283-284.

Gaulle entend ressusciter l'idéal de grandeur en incarnant le pouvoir et en remobilisant le passé glorieux.

L'histoire et la légende du septième art ont également retenu la date de 1959 comme celle de l'avènement d'un cinéma français ressourcé, rajeuni, renouvelé. Depuis l'automne 1957, *L'Express* s'affiche comme le journal de la « nouvelle vague » ; l'expression née sous la plume de Françoise Giroud ne désigne encore qu'une classe d'âge marquée politiquement par les conflits coloniaux[3]. Au Festival de Cannes de 1959, les gazettes annoncent à grand bruit la naissance d'une « nouvelle vague » cinématographique. La coïncidence avec le retour aux affaires du général de Gaulle est largement exploitée. « Si la grande presse a tant parlé de nous, affirme Claude Chabrol, c'est qu'on voulait imposer l'équation : de Gaulle = renouveau. »

> Dans le cinéma comme ailleurs, le Général arrive, la République change, la France renaît. Regardez cette floraison de talents. Les intellectuels s'épanouissent à l'ombre de la croix de Lorraine... Nous avons été promus comme une marque de savonnettes[4].

Cette éclosion médiatisée annonce une mutation plus profonde du septième art. Le dernier grand renouvellement de la profession s'est effectué à la faveur de l'Occupation, le cinéma de la IVe République ayant surtout fixé les positions acquises et rouvert ses rangs aux exilés volontaires et aux victimes de la législation antisémite. En 1958, les réalisateurs sont peu nombreux et pour la plupart âgés[5]. Depuis une décennie, la production française finance une moyenne

---

3. Interrogés par *L'Express* à l'automne 1957, les jeunes de la « nouvelle vague » placent la guerre d'Algérie au premier rang de leurs préoccupations.

4. Cité par Jean-Michel Frodon, *L'Âge moderne du cinéma français...*, *op. cit.*, p. 40. En 1958, la « nouvelle vague » s'annonce déjà avec *Le Beau Serge* de Claude Chabrol et *Ascenseur pour l'échafaud* de Louis Malle.

5. Jean-Pierre Jeancolas, *Le Cinéma des Français*, t. II, *op. cit.*, p. 115.

annuelle de seize premiers films ; en 1959, ce chiffre s'élève soudain à trente-cinq[6].

La relève des générations dépasse le cadre de la seule « nouvelle vague », mais celle-ci confère au rajeunissement mécanique de la profession les dimensions tragi-comiques d'un drame de famille. Bousculant les voies classiques du *cursus honorum*, quelques jeunes turcs accèdent au métier sans expérience professionnelle, après s'être assuré une position dominante dans le champ de la critique. En janvier 1954, Truffaut a publié aux *Cahiers du cinéma* son fameux manifeste contre la « qualité française », pourfendant l'académisme des aînés et les « équivalences-trahisons » de leurs adaptations littéraires[7]. Cette rébellion lui ouvre les colonnes de l'hebdomadaire *Arts*, « fleuron de la droite hussarde », où Truffaut transforme son coup de force en « prise de pouvoir » méthodique[8]. Car le jeune critique a soigneusement choisi sa cible : en réunissant dans l'anathème les réalisateurs Autant-Lara, Christian-Jaque, Clément, Delannoy et les scénaristes Aurenche, Bost, Jeanson, Spaak, il attaque « le sommet de la production française[9] ». Pour les critiques de la « nouvelle vague », la recherche de lointaines filiations hitchcocko-hawksiennes, le culte de Jean Vigo, grand-frère mythique précocement disparu, l'allégeance à quelques oncles comme Renoir, Melville ou Cocteau se combinent bel et bien avec le meurtre des pères.

Cette violente remise en cause, à la fois sincère et instrumentale, passionne le processus de renouvellement des générations. Et l'on abuse des deux côtés de métaphores guerrières. « Je ne puis croire à la coexistence pacifique de la Tradition de la qualité et d'un cinéma d'auteurs », prophétise

---

6. Jean-Michel Frodon, *L'Âge moderne du cinéma français...*, *op. cit.*, p. 20.

7. Voir Antoine de Baecque, « "Contre la Qualité française" : autour de l'article de François Truffaut », *Cinémathèque*, n° 4, automne 1993, p. 44-67.

8. *Ibid.*

9. *Ibid.*

Truffaut. Cinq ans plus tard, saluant le couronnement des *Quatre cents coups* par le jury du festival, Godard écrit : « Nous avons remporté la victoire. Ce sont nos films qui vont à Cannes. Si nous avons gagné une bataille, la guerre n'est pas finie[10]. »

Dans le camp adverse, on brocarde les « tueurs » de la « nouvelle vague ». Autant-Lara est le plus virulent : « Place aux jeunes ? Mais... tout à fait d'accord. Mais ce n'est pas cela que glapissait ce Truffaut. C'est "Mort aux vieux" qu'il braillait, l'avorton[11]. » En termes plus policés, Clément se plaint de ce que les jeunes turcs des *Cahiers* pratiquent une « "politique de la terre brûlée", manœuvre qui consiste à assassiner tout le monde pour rester seul[12] ».

Quant à Jean-Pierre Melville, mi-flatté mi-revendicatif, il rappelle qu'il fut en 1947 le véritable inventeur de cette école cinématographique qui fait l'objet d'un soudain engouement journalistique[13]. Après avoir joué son rôle de parrain et interprété, dans *À bout de souffle*, l'écrivain Parvulesco, Melville change de position et fera bientôt preuve d'une ironie caustique à l'égard de la « nouvelle vague ».

Cette dispute passionnée et ce choc des générations doivent être gardés à l'esprit pour aborder les films des années 1960 sur la Seconde Guerre mondiale. Certains sont réalisés par des victimes de Truffaut : Clément, Autant-Lara, Christian-Jaque. D'autres par des représentants du « cinéma de la jeunesse », cette nébuleuse sociologique au sein de laquelle Jean-Michel Frodon isole le « nouveau cinéma » porté par

---

10. Jean-Luc Godard, in *Arts*, n° 719, 22 avril 1959.
11. Les mots entre guillemets sont en lettres capitales dans le texte original. Claude Autant-Lara, *La Rage dans le cœur...*, *op. cit.*, p. 314.
12. René Clément, in *Lui*, n° 29, mai 1966.
13. « La nouvelle vague, c'est une invention de journalistes [...]. Ce que font les nouveaux cinéastes, je voulais le faire en 1937. Hélas, je n'ai pu le réaliser qu'en 1947, avec *Le Silence de la mer* », déclare Jean-Pierre Melville dans *Arts* (25 avril 1962).

Le retour de l'enchantement

Resnais, Marker, Kast, Colpi, Gatti[14]… Contrairement à leurs homologues de la « nouvelle vague », qui répugnent à quitter les berges du contemporain, les tenants de ce « nouveau cinéma » entretiennent un rapport sensible au passé et sont attentifs à son empreinte sur le présent.

Les débuts de la Ve République coïncident également avec une réforme en profondeur des structures cinématographiques et un regain de la censure d'État :

> La crise politique de mai 1958 vit le rétablissement en France d'un système de censure préalable généralisé, hors de toutes procédures, sur toutes les informations et tous les documents, écrits et images, au profit du Ministre de l'Information[15].

Si le régime d'exception est rapidement levé, il annonce la réforme de la commission de contrôle. En décembre 1959, sous l'effet d'une vaste campagne d'opinion contre les films « immoraux » et pour la « protection de la jeunesse », le gouvernement institue « une commission d'enquête et d'études sur la réforme de la réglementation du contrôle des films »[16]. Ses travaux aboutissent au décret du 18 janvier 1961. Celui-ci rend la précensure obligatoire. Il met également fin à la parité par la création d'un collège d'experts au sein d'une commission désormais tripartite et accroît le pouvoir du ministre de tutelle[17]. Depuis 1945 en effet, le ministre ne

---

14. Jean-Michel Frodon, *L'Âge moderne du cinéma français…*, *op. cit.*
15. Jean Pivasset, *Essai sur la signification politique du cinéma…*, *op. cit.*, p. 143.
16. *Ibid.*, p. 136.
17. La nouvelle commission est composée ainsi : un président ; huit membres titulaires proposés par les ministères de l'Information, de la Justice, des Affaires étrangères, de l'Intérieur, des Armées, de l'Éducation nationale, des Affaires sociales, de la Jeunesse et des Sports ; huit membres titulaires nommés par le ministre de l'Information sur proposition de la profession ; cinq membres titulaires, proposés par les ministres chargés de la Justice, de l'Éducation nationale, des Affaires sociales parmi les sociologues, psychologues, éducateurs, magistrats, médecins et pédagogues ainsi

pouvait être plus rigoureux que les censeurs à l'encontre des films de production française ; à partir de 1961, il recouvre son pouvoir décisionnel, à la simple condition de demander un nouvel examen du film. Autre modification d'importance : le président de la commission de contrôle lit les synopsis déposés dans le cadre de l'autorisation de tournage ; lorsqu'un sujet lui paraît litigieux, il peut exiger l'examen du découpage complet.

Mais l'année 1959 apporte aussi son lot de changements bénéfiques. Elle inaugure le rattachement du Centre national de la cinématographie au ministère des Affaires culturelles nouvellement créé par Malraux. Ce passage de l'industrie à la culture s'accompagne d'une innovation majeure, « l'avance sur recettes », instaurée par le décret du 16 juin 1959. À ces nouveautés s'ajoute la forte personnalité du responsable de la production au CNC, Jacques Chausserie-Laprée, un ancien résistant qui travaille confraternellement avec Claude Jaeger. Ce « fonctionnaire favorable aux innovations » permet à Jean-Luc Godard de présenter la « nouvelle vague » comme fille de la Cinémathèque et du CNC[18]. Le divorce avec Malraux vient plus tard, en 1966, après l'interdiction de *La Religieuse* ; il est consommé en 1968 avec « l'affaire Langlois ». Prenant la défense du film de Rivette, Godard a rouvert sciemment les blessures de l'Occupation en qualifiant la censure de « Gestapo de l'esprit » et Malraux de « ministre de la Kultur »[19].

L'année 1959 marque aussi le début d'un nouveau cycle de films sur la Seconde Guerre mondiale. En 1957, *Les Louves* de Luis Saslavsky est la seule fiction française pro-

---

que trois membres titulaires désignés par le ministre de l'Information après consultation de l'UNAF, du Haut Comité de la jeunesse et de l'Association des maires de France (décret paru au *Journal officiel* du 19 janvier 1961).

18. Jean-Michel Frodon, *L'Âge moderne du cinéma français...*, *op. cit.*, p. 112.

19. Frédéric Hervé, « Les enfants du cinématographe... », thèse citée, p. 168 *sq.*

duite sur le sujet ; le passé y sert de simple point d'ancrage à une intrigue policière sulfureuse, interprétée en huis clos par François Périer, Jeanne Moreau et Micheline Presle. En 1958, Henri Decoin emporte un beau succès avec un film de Résistance, *La Chatte*, qui exploite la plastique de Françoise Arnoul ; il récidive un an plus tard avec *La chatte sort ses griffes*[20]. En 1959, dix films sont consacrés à la lutte clandestine et à l'Occupation, marquant un net regain d'intérêt qui ne se dément pas tout au long de la décennie : soixante-dix films (documentaires et fictions, dont certaines en couleurs) sont dédiés à la Seconde Guerre mondiale, parmi lesquels d'immenses succès commerciaux comme *La Vache et le Prisonnier*, *Babette s'en va-t-en guerre*, *La Grande Vadrouille*…

L'un des traits marquants de cette abondante production est la reviviscence de la geste héroïque qui coïncide avec le « règne gaullien ». Film-phare de la période, *Paris brûle-t-il ?*, de René Clément, en dévoile exemplairement les enjeux et permet d'en mieux comprendre les motifs. Cette résurrection se fait aussi sur le versant comique dans le bourgeonnement d'un genre demeuré sans postérité après *Le Père tranquille* : les comédies résistantes des années 1960, empreintes d'un « irrespect conservateur[21] », sont aux drames épiques sur la Résistance ce que le comique troupier est au film militaire. Dans le même temps, d'autres cinéastes poursuivent l'examen des zones d'ombres du passé. C'est le cas de Jean Dewever : son film méconnu, *Les Honneurs de la guerre*,

---

20. Le titre de Decoin pouvait abuser les spectateurs, « la Chatte » étant le nom de code de Mathilde Carré, membre du réseau Interallié : devenue la maîtresse d'un officier de l'Abwehr, elle trahit son organisation et donna ses anciens camarades. Le personnage de Cora, interprété par Françoise Arnoul, se laisse certes abuser par un espion allemand mais elle ne trahit en aucune manière. Le choix du titre provoqua les protestations du Comité d'action de la Résistance (voir Suzanne Langlois, *La Résistance dans le cinéma français*…, *op. cit.*, p. 200-202).

21. Joseph Daniel, *Guerre et cinéma*, *op. cit.*, p. 298.

subit l'ostracisme des pouvoirs publics et la méfiance des exploitants. Revisitant la Seconde Guerre mondiale à la lumière des conflits coloniaux, contestant le nationalisme gaullien, ces films plus confidentiels prennent déjà à partie les mythes simplificateurs de l'histoire officielle.

Chapitre 12

Le culte de la « reine morte »

Les cinéastes qui remettent la Résistance à la mode ont des profils et des parcours variés. Du côté des aînés, les querelles de l'après-guerre n'ont plus cours. L'ancien épuré Decoin, qui a travaillé pour la Continental, peut s'emparer de la Résistance sans que nul ne songe à protester ; son film *La Chatte* innove en prenant pour personnage principal une femme combattante. Julien Duvivier fait de même dans *Marie-Octobre*. Le célèbre exilé, qui a réalisé à Hollywood quelques films de propagande en faveur de la France libre, offre le rôle-titre à Danielle Darrieux, critiquée à la Libération pour son voyage à Berlin[1]. L'actrice interprète dans *Marie-Octobre* une ancienne résistante : quinze ans après la fin de la guerre, elle se fait justice en exécutant le traître qui fit tomber son chef de réseau. En 1959 toujours, François Villiers, ancien opérateur de la France libre, rend hommage aux lycéens morts pour la France dans *La Verte Moisson* ; Jean Valère, qui n'avait pas 20 ans quand il prit le maquis, dédie son premier film à la Résistance (*La Sentence*). Ce réenchantement pour l'armée des ombres se confirme dans les années 1960. René Clément, cinéaste sismographe, complète

---

1. Convoquée devant les commissions d'épuration, Danielle Darrieux fut relaxée. Elle avait accepté ce voyage sous la contrainte d'un chantage des Allemands, pour rejoindre son fiancé, le diplomate Rubirosa, qui était alors interné. Après avoir passé trois jours à Berlin, elle refusa de poursuivre et fut placée en résidence surveillée à Megève pendant quinze mois (Jean-Pierre Bertin-Maghit, *Le Cinéma sous l'Occupation...*, *op. cit.*, p. 167).

son abondante filmographie sur la guerre avec *Le Jour et l'Heure* et *Paris brûle-t-il ?* Claude Autant-Lara opère une étrange conversion avec *Le Franciscain de Bourges* : si le réalisateur du *Diable au corps* prend pour héros un frère franciscain allemand, nul ne l'attend dans un film édifiant sur la lutte clandestine dont l'angélisme et l'orthodoxie lui valent l'appui des catholiques et le soutien de l'Élysée[2]... Dans *Léon Morin prêtre* et *L'Armée des ombres*, Melville porte sur les années d'occupation un regard plus nostalgique ; au même moment, le révérend père Bruckberger, ancien aumônier des FFI, réalise, à la gloire du Général, le documentaire *Tu moissonneras la tempête*.

Parmi les nouveaux venus, Pierre Kast, ancien résistant et proche des *Cahiers*, tourne *Drôle de jeu* avec le soutien financier de l'ORTF. Alexandre Astruc (*La Longue Marche*), Costa-Gavras (*Un homme de trop*), Frédéric Dard (*Une gueule comme la mienne*), Claude Chabrol se penchent eux aussi sur la lutte clandestine. En 1966, le pape de la « nouvelle vague », dont *Les Cousins* a choqué par ses réminiscences fiévreuses du nazisme[3], surprend tous les critiques avec *La Ligne de démarcation*, film bien-pensant sur l'Occupation.

Abondamment revisitée sous la France gaullienne, la Résistance est mise en scène suivant les logiques du présent ; les cinéastes se réfèrent néanmoins à la première vague héroïque par des effets d'échos et des jeux de citations.

---

2. *Le Figaro littéraire* du 11 décembre 1967 affirme que l'Élysée serait intervenu auprès du CNC pour qu'il apporte une aide financière au *Franciscain de Bourges*.

3. La scène où Brialy, coiffé d'une casquette de SS et muni d'un chandelier, déclame des vers allemands sur fond de musique wagnérienne a choqué certains critiques.

La nostalgie d'un âge d'or

Une imagerie sédimentée

Tout commence par les clins d'œil d'Henri Decoin qui place les deux épisodes de *La Chatte* sous le signe des fleurons du cinéma libéré. Son cheminot résistant porte le pseudonyme d'Athos, emprunté à *La Bataille du rail* ; son héroïne Cora tombe dans les bras d'un officier allemand, déguisé en Helvète, et le message « Un ami viendra ce soir » est diffusé sur les ondes de la BBC. D'autres fictions, comme *La Verte Moisson*, projettent leurs spectateurs quinze ans en arrière, parasitant les souvenirs des plus âgés et formant l'horizon des plus jeunes. Le critique Michel Aubriant estime que les interprètes de François Villiers – Jacques Perrin, Claude Brasseur, Dany Saval, Jacques Higelin – ont trop regardé les films de la Libération : plutôt qu'aux véritables résistants, ils ressemblent à ces personnages de celluloïd légués par l'après-guerre[4]. Cette intertextualité fait revivre l'imagerie pieuse.

Interrogatoires musclés[5], cellules collectives où les condamnés attendent l'heure du supplice et partagent une dernière cigarette, lettres d'adieu et mort édifiante sous les balles du peloton… Les clichés du cinéma libéré sont repris et déclinés à l'envi. Le récit de *Jéricho* inspire lui aussi les réalisateurs. Dans *Le Septième Jour de Saint-Malo*, Paul Mesnier retrace l'attente des hommes de la cité malouine, pris en otages par des occupants inquiets de l'avancée alliée. L'héritage de Calef se retrouve aussi dans *La Sentence*. Sur la côte de la Manche, tandis que

---

4. Michel Aubriant, in *Paris-Presse*, 14 décembre 1959.

5. Les scènes de torture du *Franciscain de Bourges* furent allégées par la commission de contrôle qui les jugea trop violentes ; elles marquent le sommet de cette exploitation lacrymale du passé (séance du 26 mars 1968, archives du CNC).

les troupes anglo-américaines se battent sur les plages, quatre résistants commettent un attentat contre un officier allemand. Les deux hommes et les deux femmes sont arrêtés et enfermés dans la cave d'une maison de vacances en compagnie d'un vieux pêcheur qui leur a porté secours. Leurs geôliers décident de les exécuter sans jugement une heure plus tard. Le film se déroule alors en « temps réel », décrivant la douloureuse attente des prisonniers. Étude psychologique des condamnés à mort, duo amoureux du jeune couple de résistants, lente descente des martyrs vers le lieu du supplice, les scènes de *La Sentence* présentent de troublantes similitudes avec *Jéricho*. Mais le film de 1959 est nettement plus édifiant. Les personnages de Valère sont des résistants qui assument pleinement leur destin. Dans sa lettre d'adieu, le plus jeune paraphrase la célèbre ballade d'Aragon : « Nous penserons à vous tous jusqu'au dernier moment. Et si c'était à refaire je referais ce chemin. » Contrairement à l'héroïne de *Jéricho*, qui acceptait le bandeau tendu par ses bourreaux, l'étudiant de *La Sentence* le rejette et chausse même ses lunettes pour faire face au peloton. Calef avait refusé la dramatisation d'une orchestration musicale ; Valère fait entendre le *Requiem* de Mozart pour sublimer la mort de ses héros. Le critique de *L'Aurore* en retrouve les élans lyriques de la presse libérée et croit même entendre dans cette scène finale une « *Marseillaise triomphante*[6] ». Le sens du sacrifice se retrouve chez le jeune condamné à mort de *La Verte Moisson*, qui écrit à sa mère : « Je ne regrette rien. Un jour, tu comprendras que ça valait la peine ; il fallait que nous mourions pour que d'autres puissent vivre heureux. »

Les cinéastes renouent aussi avec la vision épique de la lutte clandestine, ses actions d'éclat et ses parachutages nocturnes, consolidant l'image du résistant dynamiteros, « chevalier sans peur et sans reproche faisant sauter,

---

6. *L'Aurore*, 6 octobre 1959.

mitraillette au poing, un nombre incalculable d'usines et de trains[7] ». À la fin des années 1960, *Drôle de jeu* et *La Longue Marche* proposent une vision plus réaliste et routinière des activités clandestines. En adaptant le roman de Roger Vailland, qui fut son compagnon d'armes, Pierre Kast souhaite sortir la Résistance du « champ clos de l'image d'Épinal ». L'un des personnages de *Drôle de jeu* s'inspire de Daniel Cordier auquel il emprunte le pseudonyme de Caracalla. Cet envoyé de Londres compare sa vie clandestine à un laborieux démarchage, qui fait de lui un « agenda vivant » :

> Si je pense à la Résistance, celle que je connais, celle que je fais, je vois surtout d'interminables promenades, des rues vides, un danger latent, invisible, mais toujours présent, un ennemi qu'on ne rencontre jamais ouvertement. Je vois des rendez-vous furtifs, incertains, angoissants, si on se manque on peut tout supposer, et pourtant la machinerie clandestine doit continuer à tourner.

En affirmant que *Drôle de jeu* n'est ni un « film-leçon » administré aux jeunes générations, ni un film d'ancien combattant irrigué par la nostalgie, Kast marque sa différence avec ceux de ses camarades qui succombent à l'une ou l'autre de ces tentations[8].

Les « tricheurs en scène »

Plus de vingt ans après la fin des combats, les blessures se joignent comme les mains d'une prière ; dans la mémoire de certains témoins, les années noires prennent une douce coloration sépia. Une phrase de Courteline sert d'épigraphe

---

7. Jean-Pierre Azéma, *De Munich à la Libération...*, *op. cit.*, p. 169.

8. Pierre Kast interviewé par Patrick Bureau dans *Les Lettres françaises*, n° 1220, 7 février 1968. Kast entra dans la Résistance comme secrétaire national des étudiants communistes ; il collabora avec Roger Vailland à la rubrique cinéma du journal *Action*.

à *L'Armée des ombres* : « Mauvais souvenirs, soyez pourtant les bienvenus… Vous êtes ma jeunesse lointaine. » Dans *L'Express*, Melville présente son film comme une « rêverie rétrospective et nostalgique » sur une période qu'il a passionnément aimée. En mars 1969, dans une émission de l'ORTF, il affirme que les années de guerre furent « fantastiques » et se félicite d'avoir eu 22 ans en 1939 : « C'est une grâce que l'on m'a faite »[9]. Plus tard, dans ses entretiens avec Rui Nogueira, Melville reviendra lucidement sur son adaptation du livre de Kessel :

> Dans ce film j'ai montré pour la première fois des choses que j'ai vues, que j'ai vécues. Toutefois, ma vérité est, bien entendu, subjective et ne correspond certainement pas à la vérité réelle. Avec le temps nous sommes beaucoup plus portés à raconter ce qui nous arrange plutôt que ce qui s'est passé […]. D'un récit sublime, merveilleux documentaire sur la Résistance, j'ai fait une rêverie rétrospective ; un pèlerinage nostalgique à une époque qui a profondément marqué ma génération[10].

En 1949, Melville a revendiqué son coup de force cinématographique et sa fidélité respectueuse à la nouvelle de Vercors. Vingt ans plus tard, il privilégie son identité d'ancien FFL et justifie sa vision sublimée du passé. Après la parabole abstraite du *Silence de la mer* vient le temps de l'hommage personnel aux grandes figures de la Résistance :

> Gerbier représente sept ou huit personnes différentes. Le Gerbier du camp de concentration est mon ami Pierre Bloch, ancien ministre du général de Gaulle. Celui qui s'échappe de la Gestapo qui siégeait à l'hôtel Majestic, à Paris, est Rivière, député UNR. Cette évasion, d'ailleurs, m'a été racontée par Rivière lui-même à Londres […].

---

9. Dans l'émission *L'Invité du dimanche* qui lui fut consacrée (ORTF, 30 mars 1969).
10. Rui Nogueira, *Le Cinéma selon Melville*, p. 201-202.

Ainsi, quand Gerbier et Jardie traversent Leicester Square, ayant derrière eux le Ritz qui affiche *Gone with the Wind*, j'ai pensé à ce que Pierre Brossolette m'a dit dans les mêmes circonstances : « Le jour où les Français pourront voir ce film et lire à nouveau *Le Canard enchaîné*, la guerre sera finie »[11].

Luc Jardie, interprété par Paul Meurisse, emprunte surtout au philosophe et mathématicien Jean Cavaillès, dont les ouvrages sont montrés à l'écran[12] ; et comme Jean Moulin, le personnage de Melville meurt sous la torture « après avoir livré un seul nom : le sien ». La relation de Luc et son frère Jean-François pourrait évoquer plus intimement celle des frères Grumbach : pendant la guerre, Melville a retrouvé son aîné à Marseille et en Angleterre, au gré des missions clandestines que Jacques Grumbach accomplit jusqu'à sa mort tragique. Quant à Simone Signoret, interprète de Mathilde, elle prend pour modèle Lucie Aubrac dont elle a été l'élève avant guerre.

Dans cette œuvre crépusculaire aux couleurs froides, Melville noue un dialogue orphique avec les chers disparus, ses « frères dans l'ordre de la nuit », revenus parmi les vivants pour conter leur histoire. Tous les personnages du film marchent en effet vers une mort annoncée et aucun ne verra la Libération. « Je ne crois que les histoires dont les témoins se feraient égorger » : Melville cite cette pensée de Pascal dans la bande-annonce de son film et en donne ainsi la clé. Placée sous le signe des témoins disparus, *L'Armée des ombres* est un cortège de spectres.

D'autres cinéastes, qui vécurent l'époque sans en partager la gloire, ravivent le souvenir heureux de leurs débuts professionnels. « En ce moment je retrouve le climat de *La Bataille du Rail* », confie René Clément pendant le tournage de *Paris brûle-t-il ?* qu'il présente comme un hommage au

---

11. *Ibid.*, p. 209.
12. Melville attribue en effet à Jardie cinq ouvrages de Cavaillès (dont *Transfini et continu* et *Sur la logique et la théorie de la science*) qu'il fit fabriquer dans la collection blanche de la NRF (*ibid.*).

« cinéma d'éclatement » de l'immédiat après-guerre[13]. En choisissant comme chef opérateur Marcel Grignon, ancien cameraman de *La Libération de Paris*, en confiant la direction de production à Louis Wipf, en choisissant pour conseillers techniques Louis Daquin et Roger Mercanton, Clément – malmené par la « nouvelle vague » – convoque les témoins d'un autre passé sublimé : celui de ses premiers succès.

L'attendrissement nostalgique se renforce parfois d'une incompréhension envers la nouvelle génération et du cinéma dans lequel elle se reconnaît. *La Verte Moisson* de François Villiers, dialoguée par son frère Jean-Pierre Aumont, impose à la jeunesse française l'autorité des morts glorieux. Après leur démobilisation en 1940, les deux frères Salomons, menacés par les lois antijuives, ont rejoint les États-Unis. Aumont travaille pour Hollywood et est, aux côtés de Gene Kelly, la vedette du film *The Cross of Lorraine* ; il s'engage en 1943 dans les FFL et fait la campagne de France dans la 1re division française libre, comme aide de camp du général Brosset. En 1942, Villiers, qui a travaillé avant la guerre comme opérateur à *Éclair-Journal*, tourne des films de propagande pour la marine canadienne sous la direction de Joris Ivens ; il rejoint Londres en 1943 comme engagé volontaire[14]. Son entraînement militaire est interrompu par Claude Divonne de Boisgelin : à Carlton Gardens, le chef du bureau photographie et cinéma du service d'information recherche des cameramen. Pour les besoins de la propagande gaullienne, Villiers est envoyé en Afrique équatoriale qu'il parcourt pendant six mois aux côtés de la photographe Germaine Krull. Puis il intègre à Alger les services de l'Office français d'information cinématographique (OFIC), couvre les déplacements du général de Gaulle et fait la campagne d'Italie comme correspondant de guerre. Comme

---

13. René Clément, in *Combat*, 28 août 1965 ; *Témoignage chrétien*, 20 octobre 1966.

14. Voir son entretien avec Stéphane Launey, archives de la Défense, sous-série TO, 2007 TO 34.

Le culte de la « reine morte » 413

son frère, François Villiers débarque en France en août 1944 avec la 1re division. Après sa démobilisation en janvier 1946, il monte sa maison de production et entreprend le montage de plusieurs courts métrages – *Autour de Brazzaville*, *L'Amitié noire*… – dont il puise la matière dans ses images de guerre. En 1954, il réalise *Ils étaient tous volontaires*, autre documentaire à la gloire de la France libre[15]. Cinq ans plus tard, Villiers passe à la fiction dans un « film-leçon », scénarisé par Remo Forlani.

Comme *Marie-Octobre*, *La Verte Moisson* joue sur le passage du temps et s'inscrit sous le signe d'un travail de mémoire : le passé est convoqué dans le présent de l'action, sous la forme d'une longue réminiscence. Le film commence en 1959, dans une petite ville de province : l'ancien aumônier du lycée Jean-Jacques-Rousseau croise un touriste allemand, venu en pèlerinage sur le lieu de ses années d'occupation. « Je me rends bien compte que pour vous c'est une période que vous voudriez oublier », s'excuse le visiteur. Sa réflexion déclenche la méditation intérieure du prêtre : « Oublier, comme ce serait facile, comme ce serait bon d'oublier. Hélas trop d'événements nous ont marqués, trop de deuils, trop de larmes. Et ce bruit de bottes, comment pourrions-nous l'oublier ? » Le *flash-back* peut commencer sur l'image d'une patrouille qui, comme dans *Jéricho*, traverse la place au son d'un martial *Aili, ailo*[16]. Le film évoque alors les actes de résistance et le martyre des élèves de 1re B, dont l'histoire rappelle celle des lycéens de Buffon. Cet agencement temporel permet à Villiers d'ériger le passé en exemple pour le présent et d'exprimer sa réprobation morale à l'encontre du nouveau cinéma et de ses héros douteux :

J'ai pensé que le moment était venu [...] de tourner cette histoire, fondée sur des faits réels. Le public, il me semble, est las des

---

15. Voir sur ce film l'analyse de Suzanne Langlois, *La Résistance dans le cinéma français…*, *op. cit.*, p. 178-180.

16. Voir *supra*, p. 210.

exploits d'une jeunesse pourrie, dont on lui montre complaisamment tous les faits et gestes à longueur de pellicule, las de ces jeunes désabusés avant d'avoir vécu. Il est peut-être utile de rappeler de temps en temps qu'il existe de vrais jeunes[17].

Pour André Lafargue, lui-même ancien résistant, *La Verte Moisson* vient à son heure : « Il insuffle un peu d'air pur à notre cinéma et donne de la jeunesse une image à la fois plus sympathique et plus vraie que certaines bandes qui broient du noir jusque dans les blousons[18]. » « Il n'y a pas que des "tricheurs" et des "blousons noirs" parmi les jeunes », titre *Libération*[19]. Cet étrange court-circuitage des temps s'appuie sur un fait sociologique et sur un film événement. En 1959, l'apparition des « blousons noirs » inaugure dans l'imaginaire social le « retournement négatif du mythe de la jeunesse[20] ». L'année précédente, *Les Tricheurs* de Marcel Carné ont suscité l'émoi et alimenté une abondante glose sur la « jeunesse d'aujourd'hui ». En empruntant à Carné la comédienne Dany Saval, qu'il transfigure en résistante, en placardant sur le mur du lycée une affiche de *L'Eau vive*, son film précédent sorti lui aussi en 1958, Villiers érige *La Verte Moisson* en contre-type des *Tricheurs* et désigne à la jeunesse les voies de la rédemption[21]. Le débat lancé par Carné est envenimé par la naissance de la « nouvelle vague » ; en 1959, Henri Jeanson qualifie de « tricheurs-en-scène[22] » les cinéastes débutants qui triomphent à Cannes. Au coup de

---

17. Entretien de François Villiers dans *La Tribune de Genève*, 21 janvier 1960.
18. André Lafargue, in *Le Parisien libéré*, 4 décembre 1959.
19. Jeander, in *Libération*, 5 décembre 1959.
20. Pierre Nora, « La génération », *in* Pierre Nora (dir.), *Les Lieux de mémoire*, vol. 3, t. I, *op. cit.*, p. 943.
21. L'interview du réalisateur à *La Tribune de Genève* (21 janvier 1960) est titrée : « François Villiers réhabilite la jeunesse à l'écran ».
22. Henri Jeanson, in *Arts*, mai 1959, cité par Jean-Michel Frodon, *L'Âge moderne du cinéma français...*, *op. cit.*, p. 43.

force cinématographique s'ajoute la philosophie désabusée de leurs héros oisifs, jeunes joueurs désinvoltes, parfois délinquants, mi-hussards et mi-puritains.

Cette lecture générationnelle se retrouve dans la réception de *La Sentence*. Confondant premier film et film de jeunesse, les critiques de la vieille école se félicitent de ce que le « jeune cinéaste » et Marcel Moussy, scénariste des *Quatre Cents Coups*, rendent ainsi hommage à la Résistance[23]. Pour Armand Monjo, *La Sentence* apporte la preuve rassurante que « les jeunes générations, si elles n'ont pas vécu le drame de notre pays, n'en éprouvent pas moins le besoin de se replonger aux sources de la réalité nationale d'hier, de mesurer à leur poids d'humanité les sacrifices et l'héroïsme de notre peuple[24] ».

En 1966, l'étoile de la « nouvelle vague » a légèrement pâli mais *La Ligne de démarcation* ravive les braises de ce vieux conflit. Chabrol, sous la contrainte de revers financiers, a réalisé ce film de commande pour le producteur Georges de Beauregard. Après *Le tigre aime la chair fraîche* (1964), *Marie-Chantal contre le Docteur Kha* (1965) et *Le tigre se parfume à la dynamite* (1965), *La Ligne de démarcation* clôture ce cycle de films alimentaires. La fiction résistante de Chabrol fait en tout cas le bonheur de certains critiques. Claude Garson, dans *L'Aurore*, se réjouit que cet enfant terrible de la « nouvelle vague » réintègre les rangs de la « génération respectueuse » :

Claude Chabrol s'est assagi. Il en a fini avec les travaux d'amateur qui le rendaient célèbre lors de la flambée de la Nouvelle Vague. Il a produit un film de professionnel, c'est

---

23. Jean Valère est un ancien résistant qui s'est battu dans le maquis du Vercors. Né en 1925, il est un peu plus âgé que la plupart des ténors de la « nouvelle vague », nés pour la plupart après 1930. L'idée du film *La Sentence* vient de Robert Hossein qui en est également l'interprète aux côtés de Marina Vlady.

24. Armand Monjo, in *L'Humanité*, 10 octobre 1959.

très bien ainsi [...]. Pour ceux qui, comme nous, ont vécu cette époque, le film est vrai. Il a le mérite de n'être point emphatique ou grandiloquent. Il nous restitue une sombre période de notre vie.
À ceux, plus jeunes, qui n'ont point connu les horreurs de cette dernière guerre mondiale, nous conseillons d'aller voir *La Ligne de démarcation* pour apprendre ce que fut la France sous l'Occupation[25].

Henry Chapier s'irrite au contraire du film laborieux de son cadet de trois ans :

Je ne crois pas offenser la mémoire des résistants en refusant certain appel aux bons sentiments populaires, inséparables de ce genre de cinéma commercial [...] on se demande si cette ligne de démarcation a pu jamais brûler les doigts de Chabrol et s'il n'a eu de cesse de transposer l'histoire à l'écran ? !
Je m'étonnerais fort qu'une telle impatience lui tint à cœur : il y a, pour un metteur en scène de sa génération, des sujets plus angoissants [...].
La véritable ligne de démarcation dans cette affaire [...] passe entre un film honnête de commande – comme celui-ci – et le cinéma d'auteurs, dont il me semblerait de mauvais goût de rappeler la saveur ou l'écriture à Claude Chabrol[26] !

Deux ans plus tard, les « événements » de 68 ouvrent une nouvelle crise générationnelle, engendrant d'autres usages offensifs du passé. Ses effets sur les écrans se manifestent surtout sous l'ère pompidolienne. Le projet du *Chagrin et la Pitié*, porté par Marcel Ophuls aux côtés d'André Harris et Alain de Sédouy, a mûri dès 1967 au sein de la télévision d'État, dans le sillage de leur documentaire : *Munich ou la paix pour cent ans*. Mais le tournage commence en avril 1969, grâce à l'apport de capitaux suisses et allemands, après que l'équipe de *Zoom*, qui participa à la grande grève

---

25. Claude Garson, in *L'Aurore*, 26 mai 1966.
26. Henry Chapier, in *Combat*, 27 mai 1966.

de l'ORTF, a été renvoyée. Pour Ophuls, la crise de mai et son interpellation brutale des aînés donnent forme et sens à son œuvre :

> Je ne crois pas qu'on aurait pu tourner ce film avant 68 [...]. La contestation de leurs filles et de leurs fils avait contribué à mettre en déséquilibre bien des parents, à semer le doute dans leurs esprits et à faire reculer pendant quelque temps l'autosatisfaction si caractéristique de la bourgeoisie française, puisque c'est d'elle, somme toute, qu'il s'agit dans le film. La classe dirigeante de ce pays ressemble à une huître. De temps en temps, pour laisser pénétrer l'eau et se rincer, elle entrouvre un peu sa coquille[27].

Dans l'immédiat, la révolte estudiantine éclaire d'un jour nouveau quelques films réalisés avant Mai 68 et sortis dans son sillage. En présentant *Tu moissonneras la tempête* sur Europe 1, Bruckberger adresse aux contestataires un sermon radiophonique :

> Quand les jeunes gens disent : « CRS-SS » [...], s'ils avaient eu affaire à de vrais SS, le premier jour, il y aurait eu 1 000 morts sur le carreau et 10 000 types qui auraient été méditer dans les camps de concentration[28].

Le critique de *La Croix*, Jean Rochereau, remercie Bruckberger pour cette déclaration qui présente « le double intérêt de ramener à leurs exactes proportions "historiques" les barricades de Mai 68 et de remettre le passé en mémoire de ceux qui les édifièrent »[29].

De son côté, Pierre Kast met à profit la sortie de *Drôle de jeu* pour dialoguer avec la jeune génération. Éternel

---

27. Marcel Ophuls, *Le Chagrin et la Pitié*, Paris, A. Moreau, 1980, p. 221-222.
28. Cité par Jean Rochereau, in *La Croix*, 16 octobre 1968.
29. *Ibid.*

combattant sous la double étoile de Saint-Just et de Valmont, il proclame l'actualité de la Résistance, présentée dans son film comme une contestation de l'ordre établi, un combat contre l'idéologie bourgeoise, une machine de guerre contre le puritanisme[30]. Le réalisateur de *Drôle de jeu* est demeuré proche de la « nouvelle vague » par son œuvre et son compagnonnage avec *Les Cahiers*, même s'il fut sévère à l'encontre du pamphlet de Truffaut, taxé d'« étudiant maurrassien excité », mi-terroriste et mi-prédicant[31]. L'engagement clandestin de Kast lui permet d'inscrire cette histoire dans le creuset du cinéma moderne et de placer la Résistance au service d'une nouvelle rébellion.

Melville fait fructifier différemment l'héritage dans *L'Armée des ombres* qui clôture le cycle de la République gaullienne. S'il a été l'un des oncles de la « nouvelle vague », le cinéaste s'en est depuis désolidarisé. Son adaptation du livre de Kessel est classée par les *Cahiers* dans la catégorie de « l'Art gaulliste[32] » et du cinéma des anciens. Pour Jean-Michel Frodon cependant, *L'Armée des ombres* est plus ambivalent qu'il n'y paraît, inscrit sous le signe du drôle de jeu de la clandestinité. Si le Melville des années 1960 est sorti des ghettos du cinéma d'auteur pour toucher un large public, sa tactique est duplice. Avec *Le Doulos*, *Le Deuxième Souffle*, *Le Samouraï*... il conjugue une apparente soumission aux règles du genre avec des films intellectuellement ambitieux qui relèvent toujours du cinéma d'auteur. Ses films proposent une réflexion austère sur le genre policier tout en encaissant les dividendes du cinéma populaire. Le « malentendu est total et donc la réussite de Melville absolue[33] », conclut Frodon.

---

30. Voir Pierre Kast, interviewé par Patrick Bureau dans *Les Lettres françaises*, n° 1220, 7 février 1968.

31. Antoine de Baecque, « "Contre la Qualité française"... », art. cité, p. 58.

32. Jean-Louis Comolli, in *Les Cahiers du cinéma*, n° 216, octobre 1969, p. 63.

33. Jean-Michel Frodon, *L'Âge moderne du cinéma français...*, *op. cit.*, p. 96.

Cette technique d'infiltration du système de production dominant se retrouverait dans *L'Armée des ombres* :

> Melville serait resté un clandestin, ou le serait redevenu après les défaites à visage découvert de *Bob le flambeur* et de *Deux hommes dans Manhattan*. Il a rompu avec les réseaux trop voyants de la Nouvelle Vague, s'est inventé une fausse identité de cinéaste de genre virtuose, s'est constitué une planque qui assure sa sécurité et son autonomie [le studio de la rue Jenner] [...]. Ce qui amène à envisager différemment *L'Armée des ombres*, non plus comme un écart du côté du monument historique [...] mais comme la proclamation codée de ce que Melville n'a en réalité jamais cessé de faire : de la résistance. De là à considérer les passagers de l'ambulance qui, sous l'uniforme ennemi, pénètrent dans l'immeuble de la Gestapo comme la métaphore d'une équipe de tournage de Melville[34]...

« L'uniforme ennemi », c'est celui des adversaires de la « nouvelle vague » que Melville dénigre, c'est celui des membres de la commission de contrôle dans laquelle il a accepté de siéger, c'est celui des coupeurs de bourses du cinéma d'auteur auxquels il fait écho en dénonçant le gaspillage des subsides publics.

La mise en regard de *L'Armée des ombres* avec le premier film de Melville conforte l'hypothèse de Jean-Michel Frodon. *Le Silence de la mer* est le récit d'un combat intérieur, en même temps qu'un film de rupture formelle et professionnelle : Melville y pratique le don-quichottisme de la Résistance en s'attaquant à la citadelle du cinéma et à ses contreforts syndicaux. *L'Armée des ombres* met en scène des héros combattants ; film du souvenir, il paraît céder à l'académisme et se conformer aux lois du genre, engloutissant un lourd budget dans les émoluments du *star system* et les décors méticuleusement reconstruits en studio. *L'Armée des ombres* est-il pour autant le film du renonce-

---

34. *Ibid.*, p. 98.

ment et de la soumission à l'ordre établi comme le crurent certains critiques ? En mars 1969, à la fin du tournage, Simone Signoret affirme que Melville a bel et bien tourné un « gros machin » mais qu'il l'a piloté comme un artisan : son studio de la rue Jenner ayant brûlé, le cinéaste a investi les plateaux de Boulogne-Billancourt où il travaille « comme il travaillait chez lui »[35]. Interrogé par Jean Chalais sur le luxe inusité de ce tournage pour lequel il s'est offert les Champs-Élysées entre deux rangées de policiers, Melville a cette réponse : « [Cet argent] ne me fait absolument rien, je ne le sens pas ; ça ne me dérange pas, je ne le sais pas. Je continue à faire du cinéma comme j'en ai toujours fait. »

Le récit de *L'Armée des ombres* se décline précisément sur le thème du double jeu, de la fidélité et de la trahison – celle de Paul, le gamin perdu qui a dénoncé Gerbier (Lino Ventura), celle douloureuse et sublime de Mathilde, celle de Jean-François (Jean-Pierre Cassel), qui n'est qu'un faux-semblant masquant la loyauté, l'abnégation et le sacrifice. Dans sa lettre d'adieu, le jeune résistant affirme à Philippe Gerbier qu'il abandonne le combat car il n'est pas à la hauteur de la force, du courage, de la hardiesse de ses camarades ; Jean-François vient en fait de se dénoncer pour secourir Félix (Paul Crauchet), emprisonné et torturé par la Gestapo. Il mourra sans savoir que son frère, Luc Jardie, cet intellectuel distrait réfugié dans la bulle éthérée de son cabinet de lecture, était le chef de son réseau. En cinéaste moraliste, Melville affirme à la presse que Gerbier est un « héros discutable », capable de tuer, tandis que les « deux traîtres » de son film sont ceux dont on voudrait précisément « qu'ils ne meurent pas »[36]. Ces deux figures tragiques appartiennent de plein droit au « terrible cortège » de Jean Moulin auquel Malraux rendit hommage, célébrant en un

---

35. *L'Invité du dimanche : Jean-Pierre Melville*, ORTF, 30 mars 1969.
36. Dans l'émission *Cinéma critique* de Philippe Collin, ORTF, 19 septembre 1969.

même élan ceux qui moururent « dans les caves sans avoir parlé » et ceux qui moururent en ayant parlé, « ce qui est peut-être plus atroce ».

La mise en scène de *L'Armée des ombres* brouille les pistes à l'envi. On y retrouve les codes et les conventions du film de Résistance : l'évasion rocambolesque de Gerbier, l'atterrissage nocturne des Lysander, le style empesé des séquences londoniennes, toutes à la dévotion du Général, la ferveur hiératique et l'imagerie édifiante, le pathétique des pauvres corps torturés... Pour Hervé Aubron cependant, « les visages tuméfiés de Félix et de Jean-François ne cherchent pas à horrifier le spectateur par un réalisme voyeur : le maquillage les représente comme des masques de tragédie aux yeux fermés par les ecchymoses[37] ».

De fait, dans *L'Armée des ombres*, chaque cliché paraît miné de l'intérieur, démenti par une autre stylistique, hanté par un autre cinéma : l'économie des dialogues, la lenteur bressonnienne, la tentation de l'épure, les méditations intérieures des personnages, l'impitoyable réalisme de l'exécution du traître, la subversion de la catégorie du héros... L'hybridité des formes et la duplicité de la mise en scène suscitent la perplexité des observateurs. Ce qui a assuré le succès du cycle policier conduit à l'échec de 1969 : le public et la critique, déconcertés, ne savent si Melville se joue du genre ou s'il le statufie. Ce grand film sorti à contretemps ne deviendra une référence qu'à la faveur des années.

Avec *L'Armée des ombres* s'achève l'ère des témoins ; pendant une décennie, ils ont réinvesti leur jeunesse glorieuse dans des films testaments, revisité le cinéma de leurs premiers succès, exprimé leur nostalgie et réarmé leurs fidélités. Mais cette renaissance de la Résistance s'inscrit dans un nouveau contexte politique qui lui donne sens en alimentant l'illusion de la grandeur française.

---

37. Christian Delage et Vincent Guigueno, *L'Historien et le Film*, Paris, Gallimard, « Folio Histoire », 2004, p. 94.

L'illusion compensatrice

« *La Verte Moisson* n'a pas été tourné dans la période fervente qui suivit la Libération, mais en 1959. Pourquoi en 1959 précisément ? Qu'a apporté ce délai de quinze ans ? Quelle est *l'actualité* du combat mené par les lycéens du film, l'idéologie qui les anime ? » s'interroge René Guyonnet. Et de répondre : « Un nationalisme au sens le plus étroit du terme : le nationalisme comme réponse à tout[38]. » Accusant la presse de gauche d'être dupe de « l'émotion et de la fidélité du souvenir », le critique de *L'Express* voit dans ce retour de la « reine morte » une ruse de l'histoire : « [C'est un film] non pas à la gloire des élèves de 1re du lycée Buffon [...] mais à la louange du régime nouveau, auquel il propose des héros et des martyrs selon son cœur. »

François Villiers privilégie en effet une vision strictement patriotique de la Résistance. Ses lycéens sont mus par la seule volonté de « faire quelque chose contre les boches » : « Personne leur a demandé de venir ici, ils n'avaient qu'à rester peinards dans leur Prusse », réplique l'un d'entre eux, dans le droit-fil du *Père tranquille*. Pour l'aumônier-narrateur, ces quatre années d'héroïsme et de souffrance ne sauraient être rayées de l'Histoire comme le voudrait le touriste allemand : l'épreuve du temps ne doit pas effacer le souvenir de la France martyre, ni la force de son sentiment national. En dédiant son film « à tous les jeunes pour qui l'espoir naît de l'action », Villiers vise les « oisifs » pétrifiés par « la démission d'eux-mêmes ». René Guyonnet le soupçonne d'autres arrière-pensées : « À la limite, expliquer aujourd'hui l'action d'un résistant par un pur besoin d'activité nationaliste, c'est en faire un *activiste*. » Car l'année 1959 est riche en références fiévreuses à la période d'Occupation : quelques semaines plus tôt, l'ancien président du CNR, Georges Bidault, a proclamé

---

38. René Guyonnet, in *L'Express*, 10 décembre 1959.

à Alger qu'il résistera à nouveau contre « l'interminable et sacrilège processus des abandons ». Le retour du modèle héroïque s'opère dans un climat de suspicion que les accords d'Évian apaiseront peu à peu.

Au tournant des années 1960, le deuil du rêve impérial impose la Résistance comme la dernière épopée française. Jean Rochereau l'affirme dans *La Croix*, à l'occasion de la ressortie du documentaire *Leclerc*, réalisé quinze ans plus tôt[39] :

> Plus je songe à Leclerc, à ce sillon de feu qu'il traça, sans une ombre, sans une larme, dans le ciel de notre histoire de France, plus je pense que nos temps n'étaient pas dignes de lui, plus je pense que le bon Dieu le récompensa mieux encore que les hommes, en lui épargnant tout ce qui allait suivre […]. Quand j'avais vu cette évocation pour la première fois, en 1949, il m'avait semblé que la piété des réalisateurs l'emportait sur le nombre et la qualité des documents de l'épopée. Curieusement, mon sentiment de 64 diffère du tout au tout […] ; je vous souhaite de le voir comme je l'ai revu, avec fierté et nostalgie. Mais en vous disant, tout de même, que la France, jamais, n'a manqué de héros[40].

Le bain de jouvence héroïque atténue l'amer « calice de l'inéluctable[41] ». Les fictions sur la Résistance des années 1960 se chargent de réenchanter le passé et de consolider le mythe de l'union nationale. Nombre d'entre elles font revivre l'ancienne imagerie d'une population dressée contre l'occupant, unanimement solidaire de la Résistance. Celle-ci se retrouve dans l'adaptation chabrolienne de *La Ligne de démarcation* du colonel Rémy. Hormis deux traîtres rejetés par la communauté – un faux passeur et un interprète à la Kommandantur –, les habitants de ce village français sont soudés contre l'envahisseur et se mobilisent pour aider les aviateurs alliés et le radio français, parachutés sur leurs terres.

---

39. Voir *supra*, p. 283, note 10.
40. Jean Rochereau, in *La Croix*, 11 septembre 1964.
41. Charles de Gaulle, *Le Renouveau, 1958-1962, op. cit.*, p. 90.

L'union sacrée est de mise : l'instituteur laïc se réconcilie avec le curé ; le garde-chasse fraternise avec la comtesse ; l'ancien combattant socialiste rend hommage à l'aristocrate tombé sous les balles allemandes. Ce personnage interprété par Maurice Ronet doit beaucoup au colonel Rémy. À son retour de captivité, brisé par la défaite, il se découvre des affinités de caste avec un officier de la Wehrmacht. Le comte rappelle alors à son épouse britannique (jouée par Jean Seberg) que la guerre est bel et bien perdue et il professe sa défiance contre les terroristes qui mettent en péril la vie de leurs compatriotes. Mais l'arrestation de sa femme par des SS sanguinaires lui dessille les yeux et le conduit au sacrifice : le comte fera don de sa personne à la France pour sauver le jeune résistant. La rédemption du pétainiste est dans la manière du colonel Rémy qui a appelé à la réhabilitation du vieux Maréchal, popularisant la métaphore des deux cordes – de Gaulle et Pétain – nécessaires à l'arc de la France victorieuse. Nul critique ne songe pourtant à rouvrir ce vieux débat : le film de Chabrol dénonce sans ambages la grande illusion de la collaboration et offre une vision particulièrement consensuelle de la France occupée[42].

Claude Chabrol a eu conscience de répondre aux attentes d'une époque :

> J'ai eu l'impression de faire un épinaloscope, de montrer les choses telles qu'on voudrait les figer. Je ne crois pas que ce soit d'une très grande vérité [...] au niveau de la vue d'ensemble, je trouve que ça obéit parfaitement à la codification admise de tous les films de Résistance. C'est-à-dire : tous les occupants sont des méchants,

---

42. Sur « l'affaire Rémy », voir Henry Rousso, *Le Syndrome de Vichy...*, *op. cit.*, p. 43-50. Dans *Un homme de trop*, Maurice Ronet interprète à nouveau un pétainiste fourvoyé : intoxiqué par la propagande de Radio-Paris, ce personnage reproche à sa bonne d'écouter la BBC, prône l'attentisme et le respect des conventions d'armistice ; mais, après avoir été enlevé par des maquisards pour soigner un de leurs blessés, le maréchaliste se ressaisit et prend les armes aux côtés des résistants.

avec une petite nuance c'est-à-dire que les gens de la Wehrmacht sont moins méchants que les gens de la Gestapo et bien entendu toute la France est résistante à l'exception de quelques salauds, idiots [...]. J'ai suivi ce schéma-là parce qu'il m'était demandé[43].

Dans les années 1960, la résurrection de l'armée des ombres réactive également les enjeux politiques que la IVe République a mis en sommeil. La Résistance redevient, pour un temps, une inépuisable fabrique des légitimités.

Le « duel-duo »

Dès son retour aux affaires, le général de Gaulle use des références à l'Histoire et à la légende de la France combattante. Au gré des discours et des commémorations, l'acte fondateur du 18 Juin justifie la prise de pouvoir du 13 mai ; le chef de la France libre assure la légitimité du président de la nouvelle République. Les 17 et 18 juin 1960, de Gaulle inaugure au mont Valérien le Mémorial de la France combattante et accueille ses compagnons dans la crypte funéraire[44]. La cérémonie est retransmise par la télévision ; elle est précédée d'une rétrospective de Frédéric Rossif sur la France combattante, qui glorifie le général de Gaulle. L'émission *18 juin 1940 à 18 h* est commentée par Jean Marin, voix célèbre de Radio-Londres, dont les premiers mots rappellent ceux d'André Gillois dans *La Grande Épreuve* : « Seul et démuni de tout, le général de Gaulle, dans une modeste automobile, roule à travers Londres vers le studio de la BBC où l'appel du 18 Juin va sceller son destin et le nôtre. » Le rôle de relais du petit écran monte en

---

43. Témoignage de Claude Chabrol dans *Le Cinéma de l'ombre*, de Pierre Beuchot (1984).
44. Voir Serge Barcellini et Annette Wieviorka, *Passant, souviens-toi ! Les lieux du souvenir de la Seconde Guerre mondiale en France*, Paris, Plon, 1995, p. 166 *sq.*

puissance tout au long des années 1960 qui voient s'affirmer le jeu de références au passé glorieux.

Les cérémonies du souvenir prennent leur pleine ampleur lors du vingtième anniversaire de la Libération : l'heure est venue, « pour un gaullisme sorti de l'épreuve, d'ancrer sa légitimité dans un passé sublimé[45] ». La panthéonisation de Jean Moulin marque le point d'orgue de cette flambée commémorative. Largement retransmises sur les « étranges lucarnes », les cérémonies de 1964 s'accompagnent de rétrospectives et d'émissions historiques qui prolongent la liturgie gaullienne. Roger Stéphane et Roland Darbois inaugurent la série *Mémoires de votre temps* ; la première émission s'ouvre sur la page glorieuse d'août 1944.

Les gaullistes patentés sont également actifs sur le grand écran. De Villiers à Melville en passant par Bruckberger, ils entretiennent la flamme de la Résistance gaullienne[46]. Les scènes londoniennes de *L'Armée des ombres* prennent la forme d'un pèlerinage sacré sur les lieux de la France libre, que surligne la série de zooms sur les façades de Wigmore House et Frognal Street, la résidence privée du général de Gaulle. Le générique du film place, aux côtés de Kessel, une autre grande figure de la France libre, André Dewavrin. Melville a su convaincre le colonel Passy d'interpréter son propre rôle à l'écran. L'ancien chef du BCRA a réécrit la scène où il reçoit Gerbier et Jardie, leur promettant de nouveaux radios et leur expliquant que les Britanniques renâclent à armer la Résistance. Melville, qui conservait sur son bureau une photographie dédicacée du Général, enrôle Dewavrin pour une seconde scène où il n'hésite pas à convoquer le chef de la France libre.

La doublure du Général apparaît dans le fond de la pièce, au son d'une musique solennelle et romantique. Une seconde

---

45. Henry Rousso, *Le Syndrome de Vichy*..., *op. cit.*, p. 95.
46. Témoignage de Rui Nogueira dans le film d'Oliver Bohler, *Sous le nom de Melville* (2009).

série de plans présente la haute silhouette de dos, épinglant sur la veste de Jardie la décoration présentée par Passy ; les deux résistants émus lèvent leurs visages irradiés de lumière vers le grand corps astral, surdimensionné, qui déborde du cadre puis occupe tout l'écran... Dans le cinéma des années 1960, le général de Gaulle gagne une nouvelle épaisseur cinématographique où se superposent la gloire passée du grand homme et les hautes fonctions du présent. À l'instar du maréchal Staline, divinisé par le cinéma soviétique, le Général apparaît comme « une transcendance incarnée[47] ».

De *Bataillon du ciel* à *L'Armée des ombres*, le cinéma d'inspiration gaullienne marque une seconde mutation : la première adaptation de Kessel a négligé la Résistance intérieure au profit des FFL ; incorporée à la mémoire gaullienne, elle est au centre du film de Melville.

Philippe Viannay, le fondateur de Défense de la France, évoque les raisons de cette annexion qui se fait jour en 1959 :

> Tant que la Résistance pouvait être un prétendant, il fallait l'abattre, et même en se servant des partis. Contre les partis, se cramponnant au pouvoir, la Reine morte redevint bonne à prendre [...] Beaucoup ont été persuadés et le restent que la République nouvelle était fondée par de Gaulle, c'est-à-dire la Résistance, le mauvais intermède de la IVe République ayant pratiquement disparu des mémoires. C'est choquant pour la conscience historique, agaçant pour les acteurs qui sont suspects s'ils laissent entendre que la Résistance et de Gaulle ne sont pas identiques, c'est efficace en politique[48].

Au même moment, les communistes rentrent dans le jeu. En 1960, Alexandre Kamenka monte la première coproduction

---

47. André Bazin, cité par Christophe Chauville, « Guerres froides : Bazin *versus* Sadoul », *Vertigo*, n° 13, 1995, p. 31-35. La mystique du chef se retrouve dans l'amour proclamé de Gerbier pour son « patron » Jardie.

48. Manuscrit de Philippe Viannay cité par Henry Rousso, *Le Syndrome de Vichy...*, *op. cit.*, p. 110.

franco-soviétique autour d'un projet ancien d'Elsa Triolet[49] sur l'escadrille Normandie-Niemen. Le film retrace les combats des pilotes de la France libre qui se battirent sur le front de l'Est aux côtés des aviateurs de l'armée Rouge et met en scène la mythique bataille d'Orel. Soucieux de ne pas agiter le chiffon rouge, Kamenka en confie la réalisation à un cinéaste non communiste, Jean Dréville. *Normandie-Niemen*, qui s'ouvre sur une citation autographe du général de Gaulle, célèbre avec lyrisme la vaillance du peuple russe et l'amitié franco-soviétique. Le film est récupéré par les pouvoirs publics, à la veille de la visite en France de Khrouchtchev ; sans surprise, la presse communiste le couvre d'éloges. Le film de guerre retrouve grâce à ses yeux et la direction du PCF porte à nouveau sur la Résistance les yeux de Chimène[50]. Aussi les communistes savent-ils saisir l'opportunité offerte par *Paris brûle-t-il ?* pour faire valoir leurs vues ; mais ils rencontrent sur leur route des gaullistes déterminés à tirer profit du projet de Paul Graetz. L'histoire du film de René Clément illustre exemplairement la singularité de cette période qui marque la fin du duel gaullo-communiste au profit d'un inégal duo[51].

Paris brûle-t-il ?, une rétro-histoire sous contrainte

En 1964, deux producteurs de renom, Paul Graetz et Darryl Zanuck, se sont disputé âprement les droits d'adaptation du best-seller de Dominique Lapierre et Larry Collins, *Paris*

---

49. Qui coscénarisa le film avec Constantin Simonov et Charles Spaak ; leur relation fut houleuse. Sur la genèse de cette coproduction, voir Pauline Gallinari, « Cinéma et communisme en France… », thèse citée, p. 458-463.

50. Sur la ligne historiographique du PCF après la mort de Thorez, voir Stéphane Courtois, « Luttes politiques et élaboration d'une histoire… », art. cité, p. 20.

51. Pierre Nora, « Gaullistes et communistes », *in* Pierre Nora (dir.), *Les Lieux de mémoire*, vol. 3, t. I, *op. cit.*

brûle-t-il ?[52]. Le producteur du *Diable au corps* ayant gagné la partie, le patron de la Fox contre-attaque en acquérant les droits des mémoires de Dietrich von Choltitz, l'ancien commandant du Gross-Paris. L'écho du projet de Zanuck parvient jusqu'en France où il soulève un tollé. En décembre 1964, la Fédération du spectacle fait savoir qu'elle s'opposera par tous les moyens « à une falsification historique qui consisterait pour un producteur américain à tourner une histoire de la résistance française, d'après le livre écrit par un général allemand[53] ».

Cette menace sonne comme un avertissement pour Paul Graetz, qui reste seul en lice après l'abandon de Zanuck. Le producteur du *Diable au corps* sait d'expérience qu'une opposition de la toute-puissante Fédération équivaut, *de facto*, à une interdiction de tournage[54]. *Paris brûle-t-il ?* ne peut non plus aboutir sans l'accord des résistants communistes qui seront représentés dans le film.

Or la nature du projet ne garantit pas l'adhésion du PCF et de la centrale syndicale. L'ouvrage de Collins et Lapierre est en effet entaché de partialité. Maniant le dithyrambe à l'égard des résistants gaullistes et de la France libre, les deux journalistes présentent les communistes comme de dangereux agités, prêts à sacrifier la capitale et la vie des Parisiens à leurs appétits de pouvoir. Sur nombre de questions litigieuses qui divisent les acteurs des journées parisiennes, Collins et Lapierre tranchent en faveur des gaullistes. Ils présentent la

---

52. Dominique Lapierre et Larry Collins, *Paris brûle-t-il ? 25 août 1944 : Histoire de la libération de Paris*, Paris, R. Laffont, 1964, rééd. Pocket, 2001. Un contentieux existait entre les deux producteurs qui avaient travaillé ensemble sur le projet du *Jour le plus long*, avant que Paul Graetz n'abandonne la partie.

53. *France-Soir*, 25 décembre 1964.

54. En 1960, le Syndicat des techniciens de la production (CGT) regroupe les trois quarts des techniciens de la production, des metteurs en scène jusqu'aux habilleuses (Jean Pivasset, *Essai sur la signification politique du cinéma...*, *op. cit.*, p. 58-59).

trêve comme une sage solution qui permit d'éviter à Paris le sort de Varsovie[55] ; reprenant l'accusation du général de Gaulle, ils imputent les fusillades de Notre-Dame aux FTP qui auraient fomenté un complot pour maintenir leurs forces armées dans la capitale[56]. Les auteurs ont en outre prêté une oreille fort complaisante aux confidences de Choltitz qui aimait à poser en « nouvelle sainte Geneviève[57] ».

Les communistes ont encore d'autres motifs d'inquiétude. Le projet est placé sous tutelle américaine par le truchement de la société Paramount, distributrice du film. L'écriture du scénario est confiée à deux Américains : Gore Vidal et Francis Ford Coppola. Une équipe française – composée de Jean Aurenche, Pierre Bost et Claude Brûlé – travaille aussi sur le projet. La nature de leur participation demeure controversée : Louis Wipf affirme que les deux équipes d'adaptateurs écrivirent conjointement le scénario ; Jean Aurenche soutient que deux projets distincts furent proposés à la production qui choisit celui des Américains. Les archives étayent plutôt la version du directeur de production : une lettre de René Clément évoque, en mai 1965, l'imminente « collusion des deux scripts » ; un découpage du même mois porte les signatures des cinq auteurs[58]. Mais les noms des Français ne figurent pas dans le générique du film. L'hypothèse la plus vraisemblable est donc celle d'un travail commencé en binôme, avant que les scénaristes français se retirent ou

---

55. Si les résistants gaullistes présents dans la capitale défendirent largement le principe de la trêve, celle-ci apparut inopportune à Charles de Gaulle, qui rappelle dans ses mémoires qu'elle lui procura une « désagréable impression » (*Mémoires de guerre*, t. II, *L'Unité, 1942-1944*, Paris, Plon, 1971, réed. Pocket, 1980, p. 301).

56. Voir *ibid.*, p. 315.

57. Comme l'écrit plaisamment Jean-Pierre Azéma à propos de Pierre Taittinger, autre sauveteur putatif de la capitale (*De Munich à la Libération...*, *op. cit.*, p. 349).

58. Lettre de René Clément à Paul Graetz, 19 mai 1965, archives de la Fondation René-Clément ; découpage technique, Cinémathèque française/Bifi, SCEN 2037 B608.

Le culte de la « reine morte »

soient écartés à la suite d'un désaccord. « Il n'est rien resté de mon travail, sans doute ne plaisait-il pas à René Clément », affirme Jean Aurenche, près de trente ans plus tard, sur un ton passionné laissant supposer de houleuses relations[59].

Le PCF, qu'inquiétait la mainmise de Hollywood, est rassuré d'apprendre que le film sera réalisé par René Clément et non par Sidney Lumet, un temps pressenti[60]. Depuis *La Bataille du rail* et l'époque héroïque de la Coopérative, Clément a conservé son prestige auprès des communistes ; en s'entourant d'anciens membres du CLCF – Louis Daquin, Roger Mercanton, Louis Wipf – il ajoute encore à son crédit. Le parti accepte finalement de déléguer Henri Rol-Tanguy comme conseiller historique auprès du metteur en scène. L'ancien chef des FFI d'Île-de-France, qui doit paraître à l'écran sous les traits de Bruno Cremer, a été approché par Paul Graetz en mars 1965[61]. En participant activement au film, les communistes espèrent peser sur son contenu et corriger les imperfections du livre.

La réalisation du projet nécessite aussi l'accord des résistants gaullistes figurés à l'écran : Jacques Chaban-Delmas, Alexandre Parodi, Yvon Morandat, Yves Bayet... Si Melville a pris pour modèles des morts illustres, Clément doit composer avec des vivants, à l'exception du général Leclerc dont la veuve intransigeante lui fit peut-être regretter que le grand soldat ne fût plus de ce monde. Les gaullistes, magistralement servis par Collins et Lapierre, donnent facilement leur aval, sans renoncer à un vigilant droit de regard. Paul Graetz prend des engagements auprès des autorités gaulliennes pour décrocher les autorisations officielles nécessaires à cette ambitieuse entreprise.

---

59. Entretien téléphonique de l'auteure avec Jean Aurenche, le 8 avril 1991.
60. Témoignage de Louis Wipf.
61. Lettre de Graetz à Clément, 12 mars 1965, archives de la Fondation René-Clément.

Les tournages dans les rues parisiennes et les monuments historiques nécessitent en effet de nombreux agréments. André Malraux accepte la présence des équipes techniques sur les sites historiques. Une course de vitesse s'engage alors contre les « ratons-laveurs » du ministère de la Culture qui a lancé le spectaculaire ravalement des monuments parisiens. En juin 1965, Graetz découvre, navré, que « les façades intérieures et extérieures de la préfecture de Police » ont été « blanchies », interdisant à l'équipe toute vue d'ensemble sur le bâtiment[62]. La préfecture et la rue de Rivoli sont reconstruites en studio.

Le ministre de l'Intérieur, Roger Frey, autorise, non sans quelque réticence, le tournage dans les grandes artères parisiennes[63]. Les négociations sont plus complexes encore avec le préfet de Police, un certain Maurice Papon... Ce dernier fait valoir les « multiples et graves problèmes » que posent « les prises de vues sur la voie publique » et les « lourdes sujétions » qu'elles impliquent « pour les services de la préfecture de Police ». Il informe Graetz qu'il lui faudra obtenir l'aval de la présidence du Conseil pour placer des Allemands sur la voie publique. Papon fait enfin savoir à Clément qu'il ne pourra l'autoriser à « faire une guerre bruyante dans les rues de Paris[64] ». Le cinéaste s'engage donc à « faire la guerre sans bruit » et met ses techniciens sur le gril pour qu'ils inventent des procédés donnant l'illusion des tirs, sans impact sonore. Au terme de cette longue palabre, Papon donne son aval au tournage du film qui redore opportunément le blason de la police parisienne : « Vous ne sauriez douter du vif désir de la préfecture de Police

---

62. Lettre de Graetz au directeur du CNC, Holleaux, 15 juin 1965, archives de la Fondation René-Clément.

63. Une lettre du conseiller d'Alain Peyrefitte, M. Hostache, indique au ministre qu'il a reçu MM. Graetz et Wipf et que ceux-ci souhaitent désormais une entrevue avec le général de Gaulle en raison de difficultés rencontrées « du côté du ministre de l'Intérieur » (lettre du 13 juillet 1965, AN, F 41 2382 8B).

64. Rapport d'activité du 27 avril 1965, AN, F 41 2382 8B.

Le culte de la « reine morte » 433

d'apporter tout son concours à cette opération susceptible de servir le prestige national [...][65]. » Les négociations sont plus faciles avec le ministère des Armées qui s'engage à participer au film en prêtant des hommes et du matériel.

Si l'on ajoute à ces tractations un budget mirifique de plusieurs dizaines de millions de francs[66], justifié par le gigantesque travail de reconstitution, la myriade de figurants et l'aréopage d'acteurs prestigieux, on conçoit que les marges de manœuvre de Clément et de ses collaborateurs aient été limitées. Le scénariste Gore Vidal s'en ouvre à la presse avec une déconcertante franchise :

> Beaucoup d'éléments du livre, qui sont pourtant authentiques, ne peuvent être utilisés ; si l'on offense de Gaulle, nous n'aurons pas les rues, si l'on offense les communistes, nous n'aurons pas les électriciens et les machinistes[67].

Quant à René Clément, il laisse percer son agacement :

> Avec un budget comme celui de *Paris-brûle-t-il ?*, forcément, on n'est pas totalement libre *Les pressions de toutes sortes*, les tracasseries de tous bords, les amours-propres à ménager, l'offensive des médiocres, des parvenus, des sclérosés, de tous ceux que vingt ans de démissions accumulées ont délabrés, de tous ceux qui en vingt ans se sont dessinés une jolie petite image d'Épinal d'eux-mêmes, des événements, confinés dans une fausse gloire[68].

---

65. Lettre de Maurice Papon à Paul Graetz, 15 juillet 1965, AN, F 41 2382 8B.
66. Le chiffre de quarante millions fut avancé par la presse ; le devis prévisionnel déposé à la commission d'agrément fait état de 28 millions de francs, une somme déjà considérable pour l'époque. Le film fut coproduit par Paul Graetz (Transcontinental Films) avec Henri Michaud (Marianne Production).
67. Cité par René Chateau, in *Lui*, n° 29, mai 1966.
68. Souligné par nous. René Clément, in *Arts*, 20 avril 1966.

Six mois plus tard, lors du lancement de *Paris brûle-t-il ?*, René Clément s'est ravisé ; dans un entretien à *Témoignage chrétien*, il affirme qu'il n'a « subi de *pression d'aucune sorte* » pour réaliser ce film « honnête et objectif »[69]. Les archives du cinéaste permettent d'éclairer la douloureuse gestation du film.

La griffe de Hollywood

Première grande fresque française sur la Seconde Guerre mondiale, *Paris brûle-t-il ?* n'en porte pas moins le label de la Paramount. En brûlant la politesse à Zanuck, Graetz veut battre le record du *Jour le plus long* ; il rêve d'un *blockbuster* à l'américaine. Mais la libération de Paris n'est pas le Jour J et les acteurs de cet événement sont « à 80 % » français[70]. En juin 1965, Graetz rappelle à Coppola qu'il n'en vise pas moins une audience internationale : son scénario doit à tout prix « accrocher » une audience américaine et éviter qu'elle puisse penser, dès le plan d'ouverture, qu'elle regarde un film français[71]...

Le livre de Collins et Lapierre se prête aux desseins du producteur et de la Paramount. En reprenant les recettes de Cornelius Ryan, l'auteur du *Jour le plus long*, les deux journalistes, formés à *Paris-Match* et à *Newsweek*, ont conquis leur immense lectorat en écrivant un « roman historique » authentifié par les souvenirs d'une kyrielle de témoins. Ils ont donné chair à leur récit en privilégiant les notations psychologiques, la vision personnaliste de l'histoire, l'idéologie charismatique du grand homme, la représentation manichéenne des protagonistes, le goût pour les secrets d'alcôve et les petits détails qui sonnent vrai. Lors de la parution de

---

69. Souligné par nous. René Clément, in *Témoignage chrétien*, 20 octobre 1966.
70. Lettre de Graetz à Coppola, 21 juin 1965, archives de la Fondation René-Clément.
71. Lettre citée de Graetz à Coppola, traduction, 21 juin 1965.

l'ouvrage en août 1964, Jean Planchais, perspicace, y voit un western hollywoodien :

> [On y retrouve] l'affreux chef des bandits (Adolf Hitler), le hors-la-loi au cœur tendre (le général von Choltitz) et, en face, sur un fond assez incertain d'Américains bien intentionnés mais incompréhensifs, un shérif de haute taille, un peu dégingandé (Charles de Gaulle) ; bien qu'une partie de ses auxiliaires (les communistes) soient peu sûrs, il gagnera la partie[72].

L'adaptation filmée dégraisse le livre et resserre considérablement l'action ; elle n'en joue pas moins la carte de la fiction hollywoodienne. *La Libération de Paris* décrit le combat du point de vue des soldats anonymes ; *Paris brûle-t-il ?* l'envisage en surplomb, sous l'angle des états-majors. Comme dans *Le Jour le plus long*, le récit est dominé par les agissements d'un aréopage de grands personnages auréolés par le légendaire. Trois intrigues se croisent et recroisent dans le film de Clément : les combats des insurgés et des hommes de Leclerc ; le bras de fer entre gaullistes et communistes, prolongé par la mission de Cocteau-Gallois, que Rol a envoyé dans les lignes américaines ; le drame de conscience du général von Choltitz (Gert Fröbe) auquel le consul de Suède (Orson Welles) donne la réplique. Nordling-Welles est également impliqué dans le mélodrame de Françoise Labé (inspirée par Marie-Hélène Lefaucheux) qui tente de sauver son mari de la déportation[73]. Cette construction narrative est agrémentée de courtes vignettes qui mettent en scène les anonymes et les petites gens : à un rythme de métronome alternent le drame édifiant et les scènes cocasses, destinés tour à

---

72. Jean Planchais, in *Le Monde*, 18 août 1964.
73. C'est l'occasion pour René Clément de reconstituer le départ, depuis la gare de Pantin, du convoi de déportés du 15 août 1944. Dans les versions antérieures du scénario, il était également prévu de consacrer une séquence à l'arrivée de Nordling dans le camp de Drancy, le 18 août 1944.

tour à faire pleurer et à amuser les spectateurs[74]. Graetz et la Paramount veillent au respect de cette partition avec un soin scrupuleux, intervenant à maintes reprises dans le travail des deux équipes de scénaristes.

Le producteur a tardivement pris conscience que la libération de Paris, à la différence de l'opération *Overlord*, se prête mal au genre épique du film de guerre. Il s'obstine cependant et veut contraindre René Clément à transformer un petit accrochage de la 2e DB sur la route de Paris en une scène de bataille grandiose. De guerre lasse, le cinéaste fait mine d'accepter. Mais le jour dit, il reste chez lui en prétextant qu'il n'a pas reçu sa feuille de service ; pressé de se rendre sur les lieux, Clément arrive sous la pluie et le tournage est annulé[75]. Graetz doit recourir à des images d'archives, réunies par Frédéric Rossif, pour composer maladroitement une bataille de chars, rehaussée par des tirs de canons et de roquettes. Sur le plan militaire, *Paris brûle-t-il ?* pâlit incontestablement de la comparaison avec *Le Jour le plus long*[76]. Mais les affres de Choltitz ouvrent une autre voie, tout aussi hollywoodienne, centrée sur la rédemption du méchant. Le film accorde une place considérable au drame de conscience du commandant du Gross-Paris. Graetz et la Paramount marchent sur des œufs avec ce témoin sourcilleux : la société américaine envoie cinq avocats en Allemagne pour s'assurer que Choltitz n'entreprendra aucune action juridique contre le film ; à leur retour, elle intime l'ordre aux scénaristes de se conformer en tout point au portrait complaisant brossé par Collins et Lapierre. Dès mai 1965, Graetz a suggéré à

---

74. En témoigne notamment une lettre de Graetz à Coppola du 2 juin 1965 (archives de la Fondation René-Clément).

75. Témoignage de l'assistant réalisateur Michel Wyn dans « Les secrets du tournage », complément de programme du DVD de *Paris brûle-t-il ?* (Paramount, 2011), réalisation Pierre-Henri Gibert.

76. Témoignage cité de l'assistant réalisateur Michel Wyn dans « Les secrets du tournage », complément de programme du DVD de *Paris brûle-t-il ?* (Paramount, 2011).

Gore Vidal de gommer une allusion fâcheuse au « boucher de Rotterdam »[77]. Au mois d'août, Clément se rebiffe, accusant Graetz de vouloir produire un « film proallemand ». Le producteur réplique qu'il entend surtout faire « un film qui puisse être présenté et non saisi[78] » ; mais il est piqué au vif et leur relation s'envenime. En plein tournage, Graetz met Clément en demeure, par huissier de justice, de tourner la scène entre Hitler et Choltitz au QG de Rastenburg, dont il vient tout juste d'écrire les dialogues[79]. Le cinéaste est contraint de céder mais il invoque son droit moral qui l'autorisera, le cas échéant, à retirer son nom du générique, et il adresse au producteur cette mise au point :

> Pour qui vous prenez-vous ? Et pour qui prenez-vous les autres ? Pensez-vous une seconde que si l'on m'avait dit : « Les dialogues du film sur la Libération de Paris sont de Monsieur Paul Graetz », j'aurais accepté la tâche écrasante qui est la mienne depuis des mois ?
> Ne vous rendez-vous pas compte que, péchant par excès d'orgueil, vous voulez faire dire à des acteurs renommés des platitudes qui compromettent la tenue artistique du film ?
> [...] Je n'ai aucune arrière-pensée politique. Je ne suis pas assuré qu'il en soit de même pour vous. Je ne cherche ni à réhabiliter les uns, ni à écraser les autres. Je veux seulement faire un film qui reste digne de l'Histoire que des Français et leurs Alliés ont écrite et que des Allemands ont subie[80].

L'interventionnisme de Graetz et de la Paramount conduit aussi à édulcorer les épineuses négociations entre les Français

---

77. Lettre en anglais de Graetz à Gore Vidal, 17 mai 1965, archives de la Fondation René-Clément.
78. Lettre de Graetz à Clément, 9 août 1965, archives de la Fondation René-Clément.
79. Mise en demeure du 10 novembre 1965, archives de la Fondation René-Clément.
80. Lettre de Clément à Graetz, en recommandé, 12 novembre 1965, archives de la Fondation René-Clément.

et l'état-major d'Eisenhower[81]. Ils imposent enfin à Clément un casting plus prestigieux encore que celui du *Jour le plus long*[82]. Le cinéaste, qui aurait préféré des acteurs peu connus, doit distribuer les rôles à Jean-Paul Belmondo (Morandat), Leslie Caron (Françoise Labé), Bruno Cremer (Rol-Tanguy), Alain Delon (Chaban-Delmas), Kirk Douglas (Patton), Pierre Dux (Parodi), Daniel Gélin (Bayet), Michel Piccoli (Pisani), Claude Rich (Leclerc) et tant d'autres…

Quand *Paris brûle-t-il ?* sort sur les écrans, en octobre 1966, le critique de *L'Express* estime que « cette bataille populaire » manque singulièrement de « soldats inconnus »[83] ; « pour nos petits-enfants Paris aura été libéré par Delon, Belmondo et Gélin », soupire André Lafargue dans *Le Parisien libéré*. Jacques Chaban-Delmas est du même avis ; s'il est flatté d'apparaître sous les traits d'Alain Delon – « mince, brun, le geste vif » comme il le fut naguère… – il précise à Léon Zitrone, sur un ton d'abnégation contrite :

> À partir du moment où le film va commencer à être présenté au public en France et à l'étranger, les acteurs de la Libération vont être entièrement effacés au profit des acteurs du film. Et je crois que dorénavant nous aurons complètement disparu.

Quant à René Clément, contraint de défendre un choix qui n'est pas le sien, il justifie maladroitement son casting, reniant les enseignements de *La Bataille du Rail* :

> Un acteur doit savoir jouer la comédie, et ce qu'on lui demande, c'est un certain talent. Imaginez que certains personnages du film aient été incarnés par des inconnus ne sachant pas jouer la comédie[84].

---

81. Dans le film furent notamment coupées les répliques les plus tranchantes de Patton qui figurent dans les versions intermédiaires du scénario.

82. Denitza Bantcheva, *René Clément, op. cit.*, p. 159-166.

83. André Lafargue, in *Le Parisien libéré*, 27 octobre 1966 ; *L'Express*, 24 octobre 1966.

84. René Clément, in *L'Humanité*, 24 octobre 1966.

Le culte de la « reine morte »

Ces concessions au *star system* et aux conventions du *storytelling* hollywoodien ruinent les efforts du cinéaste qui s'est pourtant dépensé sans compter. Ses images de rues, habilement recadrées sur les prises de vues d'époque (puisées pour l'essentiel dans *La Libération de Paris* dont il s'inspire aussi pour sa mise en scène), restituent par instant avec bonheur la dimension populaire de l'insurrection[85]. Elles ne parviennent pourtant pas à contrebalancer l'académisme du film, l'aspect « musée Grévin » des scènes d'intérieur ni les artifices du scénario. Claude Mauriac, convoquant dans sa mémoire le film du CLCF, en vient à douter du bien-fondé de cette coûteuse reconstitution :

> À quoi bon tant d'effort, de talent, d'argent ? S'il faut pour que nous regardions enfin ce film avec émotion, reconnaissance, bonheur qu'il ne soit plus celui qu'à tant de frais on a tourné, mais ces bouleversantes et péremptoires images prises, au moment même, par les premiers reporters de Paris délivré[86] ?

Si *Paris brûle-t-il ?* porte la griffe de Hollywood, il a donné lieu en coulisses à des combats très franco-français.

L'UNR libère Paris

« Aujourd'hui, de Parodi à Tanguy, tous sont d'accord pour dire qu'ils travaillaient la main dans la main pour libérer Paris[87] », déclare le réalisateur pendant le tournage du film placé sous le signe de l'unanimisme. Cet irénisme se

---

85. Clément s'inspira de *La Libération de Paris* pour reconstituer certaines scènes : celle où une jeune FFI sort de l'Hôtel de Ville pour arracher son arme à un soldat allemand couché sur la chaussée fut composée à partir d'un plan célèbre du documentaire où Anne-Marie Dalmaso, dite « Anita », accomplit la même action (voir Sylvie Lindeperg, *La Voie des images...*, *op. cit.*, p. 89-90).
86. Claude Mauriac, in *Le Figaro littéraire*, 3 novembre 1966.
87. René Clément, in *Combat*, n° 6589, 28 août 1965.

retrouve dans l'image d'une population parisienne dressée contre l'occupant, à l'exception d'un traître diabolisé[88], et par la vision d'un soulèvement populaire bon enfant que ne viennent ternir ni la peur, ni les accès de colère, ni la brutalité envers les prisonniers, les collaborateurs, les femmes tondues.

Sur un plan politique, les forces en présence se réduisent à une partition inégale entre les gaullistes et les communistes, comme le note Joseph Daniel :

> Le spectateur a tôt fait de distinguer les deux tendances de la Résistance : le colonel Rol et ses « rolistes » – on ne les qualifie pas de communistes – représentent l'enthousiasme irréfléchi et dangereux, le général Chaban et ses amis incarnent le bon sens et la modération. Mais au moment de l'action, ce sont les gaullistes qui prendront de vitesse leurs partenaires, réduits à accepter le fait accompli. Les gaullistes ont d'ailleurs l'élégance d'affirmer l'unité des combattants face à l'ennemi qui les dissocie : parlant pour une fois des communistes, mais sans les assimiler explicitement aux rolistes, Parodi lance à Choltitz : « Je ne distingue pas entre communistes et non-communistes. Je ne connais que des camarades engagés dans le même combat »[89].

Cet équilibre sommaire (établi au détriment des membres du Comité parisien de libération comme André Tollet et André Carrel) a fait l'objet d'un patient déminage. Pendant l'écriture du film, Graetz, soucieux de se prémunir contre les polémiques et les procès[90], presse Clément et les scénaristes de rencontrer les acteurs de la libération de Paris pour recueillir leur témoignage et leur assentiment. Henri Rol-Tanguy, Jacques Chaban-Delmas, Edgard Pisani, Yvon Morandat, Roger Cocteau-Gallois ont l'occasion de faire

---

88. Un agent français de la Gestapo, Serge Marcheret, interprété par Jean-Louis Trintignant.
89. Joseph Daniel, *Guerre et cinéma*, *op. cit.*, p. 374.
90. Lettres de Graetz à Clément, 12 mars et 9 août 1965, archives de la Fondation René-Clément.

Le culte de la « reine morte »

valoir leurs vues ; certains dialogues sont écrits ou réécrits sous leur dictée[91]. Le producteur a fixé la feuille de route du cinéaste : « Il faut naturellement – et cela, c'est plutôt style et ton que parole – éviter de montrer trop les pages moins honorables des gens qui ont fait la libération de Paris et surtout, les montrer sous leur aspect positif et *sympathique*[92]. »

Cette écriture chorale, qui donne voix aux témoins, achoppe un temps sur les orientations partisanes du livre de Collins et Lapierre. Celles-ci sont progressivement adoucies pour ne pas incommoder les communistes. En témoigne la réécriture de la scène où le docteur Monod s'entretient avec Cocteau-Gallois, dans une villa de Saint-Nom-la-Bretèche. Dans le livre, le résistant gaulliste explique à l'envoyé de Rol qu'il doit presser les Américains de marcher sur Paris : l'envoi des armes permettrait aux communistes d'organiser le coup d'État dont ils rêvent[93]. Il demeure quelque trace de cette argumentation dans le découpage technique de mai 1965 : « Rol compte s'emparer de la ville. Les Allemands s'apprêtent à la détruire s'il le fait. Et vous voulez l'aider ? » ; « En aucun cas ne demandez d'armes, pas pour le colonel Rol »[94]. Dans le film, les mises en garde du médecin sont moins ciblées et plus évasives :

> Écoutez, mon vieux, pour moi, c'est de la folie de demander aux Alliés de parachuter des armes dans une grande ville comme

---

91. Graetz demanda à diverses reprises que certaines scènes soient visées par les témoins. Dans une lettre à Clément du 17 mai 1965, il écrit par exemple : « À vérifier avec Chaban-Delmas afin que le dialogue ne soit pas contesté. » (Archives de la Fondation René-Clément.)

92. Souligné dans le texte. Lettre de Graetz à Clément, 19 mai 1965, archives de la Fondation René-Clément.

93. Dominique Lapierre et Larry Collins, *Paris brûle-t-il ?...*, *op. cit.*, p. 303.

94. Scénario de *Paris brûle-t-il ?* (découpage technique du film, Cinémathèque française/Bifi, SCEN 2037 B608, p. 82-83). Dans le même document, Gallois apparaît en désaccord avec le colonel FTP. À Rol-Tanguy qui s'offusque de l'appel au cessez-le-feu, il répond : « Ce n'est pas une si mauvaise idée » (*ibid.*, p. 72). Dans la version filmée, Gallois soupire : « J'ai bien peur qu'on y soit contraint, faute de munitions. »

Paris. Vous vous rendez compte, des armes pleuvant sur les toits, dans les rues...Vous savez aussi bien que moi qu'elles peuvent tomber dans les mains de n'importe qui.

« Chaque polémique doit être exclue, écrit Graetz à Clément. Dans ce film plus que dans tout autre, nous devons *suggérer* au lieu de souligner[95]. » Telle est la ligne adoptée par le cinéaste qui parvient aussi à se prémunir contre l'anticommunisme des responsables de la Paramount. Voici comment l'un d'entre eux, William Fadiman, résume le suspens créé par l'avancée de la 2e DB : « Dès que le public saura que Leclerc se met en route sur Paris, il sera impatient de savoir comment cela se passera, et de savoir s'il arrivera à temps pour sauver la ville des Allemands et/ou des Communistes [*sic*][96]. » Rol et ses amis revenaient de loin !

« Suggérer au lieu de souligner »... Ce que les scénaristes ont écarté de leurs dialogues est souvent pris en charge par la mise en scène. L'une des premières séquences du film met aux prises Chaban et Rol dans une salle du musée Carnavalet. Le délégué militaire national demande au chef des FFI d'organiser la libération de Bernard Labé emprisonné à Fresnes. « Je ne vois qu'un moyen », lui répond le colonel Rol sur un ton résolu et légèrement menaçant. La caméra recadre alors un tableau de Nicolas Edward Gabe figurant les combats des insurgés de 1848 sur la place du Panthéon, couverte de barricades ; cette image est dramatisée par une orchestration musicale où dominent les cuivres. Le plan suivant montre une pierre brisée portant le nom de Varsovie : dans une salle de cinéma, Chaban discute avec Françoise Labé de la libération de son époux. Le commentaire des

---

95. Souligné dans le texte. Lettre du 12 mars 1965, archives de la Fondation René-Clément.

96. *Memo inter-office* de William Fadiman à Ray Stark. Ce dernier ajoute : « J'aimerais voir çà et là dans ce scénario certaines images reflétant une foi religieuse profonde. » Sur ce point non plus il ne fut pas entendu (archives de la Fondation René-Clément).

actualités évoque la destruction de la cité polonaise : « De cette ville qui a voulu se révolter contre l'autorité militaire allemande, il ne restera plus qu'un champ de ruines. Ce destin tragique serait celui de toute ville qui sous l'influence de la propagande ennemie tenterait de se soulever. » Par ce montage très suggestif, la mise en scène dénonce la position de Rol qui prit le risque de livrer la capitale française au bourreau de Sébastopol. Pour les besoins de leur démonstration, les auteurs antidatent la chute de la capitale polonaise et confectionnent un reportage d'actualités de leur cru. Dans une version intermédiaire du scénario, le dialogue entre Rol et Chaban est plus explicite et se prolonge par une scène entre Rol et Gallois, dans un café parisien : ce dernier, songeur, donne raison à Chaban – « les Allemands sont parfaitement capables de faire sauter la ville » –, s'attirant cette réplique de Rol, sur un ton enjoué : « Commandant Gallois, crois-en un vieux révolutionnaire : les Allemands sont foutus, au bout de leur rouleau. Pour nous, ça ne fait que commencer[97]. »

Par-delà les dialogues, la mise en scène des personnages avantage les gaullistes[98]. Hormis Rol, les communistes sont des silhouettes fugitives, entraperçues dans les Catacombes. Ils se cantonnent à des emplois de figuration et demeurent anonymes, à l'exception du colonel Fabien qui fait une brève apparition dans la séquence consacrée à La Fouchardière. Si Rol-Tanguy bénéficie d'un rôle très étoffé, servi par la forte présence de Cremer, son personnage apparaît surtout comme l'incarnation d'une idée, d'une ligne politique. Calculateur et tactique, il travaille pour le futur plus que

---

97. Scénario non daté, version franco-américaine, archives de la Fondation René-Clément.

98. Dans une lettre à Bella Clément, qui servit souvent de *go-between*, Paul Graetz insiste sur ce point : « Il est absolument nécessaire que les séquences Chaban-Delmas et Parodi soient mises en relief, comme vous le savez aussi bien que moi. » (Lettre du 6 juillet 1965, archives de la Fondation René-Clément.)

pour le présent. Cocteau-Gallois, le non-communiste enrôlé chez les « rolistes », se taille la part du lion. Personnage de chair découpé dans l'étoffe des héros gaullistes, il joue comme eux sur les registres sensibles de l'émotion, de la sagesse et du dévouement. Contrairement aux communistes, les combattants de la France libre et les résistants gaullistes, même fugacement filmés, sont nommés et rattachés à leur environnement social ou familial (les enfants de Pisani ; le père du lieutenant Karcher ; la femme de Landrieu…). Ces ancrages identitaires et ces liens personnels donnent à leur engagement tout son poids d'humanité.

Quant au chef de la 2e DB, campé par un Claude Rich inspiré, il tourne résolument à l'hagiographie. Joseph Daniel évoque ce Leclerc mystique « auréolé de sa légende (un thème musical particulier ponctue chaque apparition de l'acteur qui pose à lui ressembler), annonciateur symbolique d'un autre chef qui n'apparaîtra qu'aux dernières images[99] ». Le choix du comédien ne se fit pas sans mal et la maréchale fut longue à donner son feu vert. Début août 1965, après des mois de tergiversations, Graetz écrit à Clément qu'il est « fermement décidé à ne pas quitter la maréchale Leclerc sans lui avoir arraché son autorisation[100] ». Mais il lui faut quelques semaines supplémentaires et une « longue séance avec le conseil de la Maréchale[101] » pour arriver à ses fins. Reste à trouver l'acteur idoine, ce qui ne va pas de soi. Clément désespère d'y parvenir, lorsque sa maquilleuse vient le trouver : l'acteur Claude Rich, qui interprète le rôle de Pierre de La Fouchardière, a essayé le képi et la moustache de Leclerc ; la ressemblance est troublante. Le réalisateur

---

99. Joseph Daniel, *Guerre et cinéma*, *op. cit.*, p. 375.
100. Lettre de Graetz à Clément, 9 août 1965, archives de la Fondation René-Clément.
101. Lettre de Graetz à Clément, 2 septembre 1965, archives de la Fondation René-Clément.

Le culte de la « reine morte »

craint que les Américains refusent de réutiliser le même comédien dans une production si prestigieuse ; mais tous sont convaincus par les essais. Claude Rich interprète donc les deux personnages ; pour celui de Leclerc, il est postsynchronisé[102]. Mais la veuve et ses proches ne sont pas pour autant satisfaits. Conviés à une préprojection en juillet, ils expriment leur courroux :

> Du côté de la Maréchale Leclerc et de sa famille, on déplore toujours le jeu de l'acteur qui représente le Général Leclerc avec une certaine désinvolture, qui n'était absolument pas le caractère de ce chef de guerre remarquable, très humain, très perspicace et très grand seigneur. Si certaines scènes n'étaient pas rejouées, la famille Leclerc ferait savoir aux Anciens de la 2e DB qu'elle n'a pas obtenu satisfaction quant aux retouches à faire à ce film et que l'Association des Anciens de la 2e DB ne peut participer en tant que telle à sa présentation au public[103].

Les scènes ne furent pas rejouées et le film manifeste à l'endroit de Leclerc une dilection particulière. Sa première apparition est sanctifiée par le rite de l'annonciation : ultime recours pour le docteur Monod, « lion impatient » pour Patton, Leclerc est précédé par sa réputation de vaillance et d'opiniâtreté. Aussi Cocteau laisse-t-il percer sa dévotion lorsqu'il se trouve enfin devant le chef de la 2e DB qui, d'un mouvement de canne, chasse sa propre émotion. Le héros se transforme à son tour en ange Gabriel pour annoncer l'arrivée du général de Gaulle. Et le film se conclut sur l'apothéose du 26 août, restituée par les images d'archives, au son des

---

102. Témoignage de Claude Rich dans « Les secrets du tournage », complément de programme du DVD de *Paris brûle-t-il ?* (Paramount, 2011), réalisation Pierre-Henri Gibert.

103. Lettre d'Alain de Boissieu à Robert Favre Le Bret (délégué général du Festival de Cannes), 18 juillet 1966, CAC 19870373, art. 26, cité par Frédéric Hervé, « Les enfants du cinématographe… », thèse citée, p. 404.

cloches de Notre-Dame. La brièveté de cette apparition ne lui ôte pas sa force : si le Général n'est montré qu'à la toute fin du film, il est très présent dans le dialogue des personnages qui l'érigent en *deus ex machina*. Si René Clément voue au héros de Koufra le culte de dulie, il réserve à de Gaulle celui de latrie, expliquant à la presse : « Je peux montrer le Diable (Hitler)[104] mais pas le bon Dieu. Pour le général de Gaulle nous utiliserons des films d'actualités […][105]. » Par sa construction même, le film envisage la libération de Paris sous l'angle d'un combat singulier et d'un affrontement biblique : ouvert par Hitler-Satan dans le QG de Rastenburg, *Paris brûle-t-il ?* se clôt sur le triomphe gaullien, par la victoire des forces du Bien qu'il incarne[106]. En recourant aux images de *La Libération de Paris*, Clément leur donne un sens nouveau : là où le CLCF a célébré la République restaurée, il entretient le culte du grand homme.

Sur ce point également, le cinéaste a subi des pressions. Il a dans un premier temps accepté de mettre en scène, très fugitivement, l'arrivée du général de Gaulle à Cherbourg, le 20 août 1944, « et ce à titre symbolique ». Mais en novembre 1965, Graetz l'enjoint de choisir un acteur pour interpréter le rôle du Général dans différentes scènes imaginées par les scénaristes. Clément reprend donc la plume, le « papier timbré » et l'accusé de réception :

> Puisqu'il m'apparaît fort clair que nos attitudes réciproques pourront un jour prochain être appréciées par des tiers, je tiens à préciser très exactement ma position personnelle quant à l'apparition du Général de Gaulle, *personnifié à l'écran par un acteur, et aux phrases qui seront dites par lui.*
>
> Je suis comme tout Français, conscient de la part prise par le Général de Gaulle depuis le 18 juin 1940, à la Libération et à

---

104. Le rôle de Hitler est interprété par le comédien Billy Frick.
105. René Clément, in *Le Figaro*, 4 août 1965.
106. Et par un extrait de la citation du général de Gaulle instaurant la ville de Paris dans l'ordre de la Libération.

Le culte de la « reine morte »   447

la Victoire, et la reconnaissance que les Français lui doivent est infinie. Me permettez-vous de me considérer à cet égard comme au moins aussi bon juge que vous !

Il y a quelque temps, vous me demandiez de tourner la scène de l'arrivée du Général de Gaulle […]. On aurait vu, de dos, une silhouette et le spectateur aurait su qu'il s'agissait du Général de Gaulle. Vous aviez mon accord à ce sujet.

Aujourd'hui, il s'agit non seulement de montrer le Général comme une silhouette vague, mais de faire jouer un acteur le représentant, et prononçant de longues phrases. On verrait successivement le Général :

– serrer la main du Résident Général Puaux ;
– converser avec le Capitaine Guy sur un « mode ironique » ;
– s'excuser auprès de Madame Puaux de quitter sa table plus tôt que prévu ;
– parlant avec le Commandant Marinier ;
– puis avec un officier anglais ;
– desserrant sa ceinture dans l'avion et allumant un cigarillo ;
– chaussant ses lunettes, regardant la côte, pointant un doigt sur une carte […], etc.

Je pose lors une question essentielle :

Quel acteur jouera le rôle du Général de Gaulle ? Quel acteur parlera dans ce rôle ?

Avez-vous une idée de ce que représente le tournage demandé, et comme temps, et surtout comme responsabilité du metteur en scène sur le plan moral ?

Avez-vous l'accord du Général de Gaulle ?

Traiterez-vous avec désinvolture ce problème[107] ?

Le 29 novembre, Graetz répond à Clément par cette phrase laconique : « Vous savez très bien que la scène de l'arrivée du général de Gaulle en avion *doit être tournée*[108]. » Mais elle ne le sera pas. Le producteur, qui s'y est engagé auprès

---

107. Les mots en italiques sont soulignés dans le texte original. Lettre de Clément à Graetz, en recommandé avec AR, 16 novembre 1965, archives de la Fondation René-Clément.

108. Souligné par nous. Lettre de Graetz du 29 novembre 1965, archives de la Fondation René-Clément.

des gaullistes, meurt en plein tournage, le 5 février 1966. Et le cinéaste campe sur ses positions, refusant de filmer la séquence où de Gaulle apparaît en héros hollywoodien : embarqué pour la France à bord d'un Lockheed à court d'essence, le chef de la France libre repousse la proposition d'atterrir en Angleterre ; tandis que son pilote, en proie aux pires angoisses, poursuit sa route et parvient à poser l'avion au réservoir vide, de Gaulle « écrase tranquillement son cigare dans le cendrier »…

Dans la passe d'armes entre Clément et Graetz s'affrontent deux conceptions du film historique : le cinéma hollywoodien a coutume d'incarner les grands hommes de la nation américaine au moyen d'acteurs grimés, choisis pour leurs ressemblances physiques avec leurs illustres modèles ; les cinéastes français y sont nettement plus rétifs. L'exercice est particulièrement périlleux dans le cas de *Paris brûle-t-il ?* : de Gaulle est l'actuel chef de l'État, personnage public omniprésent sur les écrans télévisés. L'imitation de sa voix célèbre et de son corps hors norme eût été particulièrement délicate ; trois ans plus tard, la scène ratée de *L'Armée des ombres*, qui fera rire les spectateurs dans les salles, en apporte la preuve aux dépens de Melville. Le cinéma et la télévision, en même temps qu'ils produisent les archives du futur, condamnent souvent les reconstitutions historiques à l'inauthenticité, au ridicule, à la contrefaçon.

Mais l'obstination de Clément indispose quelques gardiens du temple gaulliste. En juillet 1966, Marie-Madeleine Fourcade – ancienne dirigeante du réseau Alliance qui préside le Comité d'action de la Résistance – sonne la charge auprès d'Alain de Boissieu, commandant de Saint-Cyr et gendre du général de Gaulle. Elle se plaint de ce que la Paramount profite de la mort de Graetz pour se défaire des « engagements moraux » pris par ce dernier « vis-à-vis du Général de Gaulle ». Elle rappelle que « toutes les autorisations de facilités de tournage qui lui ont été accordées par les pouvoirs publics n'auraient pas

Le culte de la « reine morte »

existé sans la garantie formelle du respect de la vérité historique[109] ». Une lettre du ministère de l'Information laisse supposer que de Gaulle a reçu Paul Graetz et approuvé son projet en 1965[110]. Selon Marie-Madeleine Fourcade, la société distributrice prétend désormais qu'un interlocuteur officieux, venu de l'Élysée, lui aurait soufflé que le Général ne désirait pas « être représenté par un acteur[111] ». Et l'ancienne résistante de pointer un doigt vengeur vers le cinéaste réfractaire :

> Manifestement, le réalisateur René Clément considère le général De Gaulle comme une quantité négligeable. Comme, par ailleurs, le rôle dominant, sympathique et efficace est donné à Rol-Tanguy, que l'on entend, notamment, traiter les Gaullistes de « Quels salauds ! » [*sic*] lorsqu'il apprend qu'une trêve a été instituée par eux pour sauver la Préfecture de police, il est facile de deviner où l'on veut en venir et le public ne s'y trompera pas. Nos adversaires de tous poils seront ravis et les Résistants Gaullistes seront, à juste titre, consternés. Sans compter le mal que pourra faire un tel film dans le monde entier – De Gaulle absent de la libération de Paris, c'est impensable ! – et aussi pendant la période préélectorale, car vous n'ignorez pas, mon Général, quelles sont les campagnes calomnieuses qui minent nos milieux résistants, dont l'affreux bouquin de Jacques Laurent n'est qu'un aperçu[112].

---

109. Lettre de Marie-Madeleine Fourcade à Alain de Boissieu, 7 juillet 1966, CAC 19870373, art. 26, citée par Frédéric Hervé, « Les enfants du cinématographe… », thèse citée, p. 403-404.

110. Dans la note citée de M. Hostache à Alain Peyrefitte, le conseiller technique écrit en effet au sujet de MM. Graetz et Wipf : « Ce qu'ils sollicitent désormais me dépasse : il s'agit de *reparler* au général de Gaulle de ce projet qu'il avait initialement approuvé, mais qui rencontrerait des difficultés du côté du ministère de l'Intérieur ! » (Lettre du 13 juillet 1965, AN, F 41 2382 8B.)

111. Frédéric Hervé, « Les enfants du cinématographe… », thèse citée.

112. Allusion à l'ouvrage de Jacques Laurent, *Mauriac sous de Gaulle*, paru à La Table ronde en 1964 (lettre citée par Frédéric Hervé, *ibid.*).

Alain de Boissieu ne reste pas inactif. Il a été « mêlé au scénario », grâce à la maréchale Leclerc, et a assisté « à une projection partielle du film en compagnie du Général Dio » :

> Nous avions trouvé que la part faite à certains éléments de la résistance intérieure était vraiment excessive et peu conforme à la réalité. Tout semblait se passer comme si l'insurrection de Paris avait été faite contre le gré du Chef de la France Combattante et contre l'avis de ses représentants en France.
> L'Élysée, consulté, avait pris pour attitude de ne pas se mêler de l'affaire mais avait désigné cependant M. Palewski, qui accompagnait le général De Gaulle dans l'avion, pour régler cette question avec M. Paul Graetz[113].

Le gendre du Général est peut-être aussi meurtri de ne pas apparaître à l'écran dans les combats du Luxembourg auxquels il a participé et pour lesquels il a été consulté par l'équipe réalisatrice[114]. De Boissieu tente une première démarche auprès d'Yvon Bourges, lui suggérant d'alerter la Paramount sur le risque d'un refus de visa si la fameuse scène d'avion n'est pas tournée. Mais le ministre de l'Information, sans doute échaudé par l'affaire de *La Religieuse*, paraît peu soucieux d'intervenir[115]. Le dossier est transmis au ministère de la Défense.

---

113. Lettre d'Alain de Boissieu à Pierre Mesmer, 18 juillet 1966, CAC 19870373, art. 26, citée par Frédéric Hervé, *ibid.*, p. 404-405.

114. Pointant la disparition de ce passage du scénario mettant en scène de Boissieu, Marie-Madeleine Fourcade conclut : « Tout cela est bien bas et vil. » (Lettre de Marie-Madeleine Fourcade à Alain de Boissieu, 7 juillet 1966, citée par Frédéric Hervé, *ibid.*, p. 403-404.)

115. Comme le suggère Frédéric Hervé, *ibid.* Bourges transmet à Malraux en lui suggérant d'obtenir « certaines corrections dans le montage de l'œuvre ». Il précise qu'il signalera ces « manques d'objectivité » à la commission de contrôle tout en ajoutant : « Mais celle-ci n'a pas, au regard des textes qui l'ont créée, à apprécier comme "critère de censure" les altérations de la vérité historique. » (Lettre du 29 juillet 1966, AN, F41 2382 8B.)

Le culte de la « reine morte »

Le 20 juillet, Clément est contacté par le colonel Silve, du service d'informations cinématographiques de l'armée, chargé d'arbitrer son différend avec de Boissieu[116]. On ignore la teneur de la discussion. Mais un mois plus tard, Robert Touzery peut rassurer sa tutelle. Après avoir visionné le film dans le cadre de la commission de contrôle, il constate que, si le rôle de Rol-Tanguy est « mis en valeur avec sympathie » au début du film, la seconde partie fait la part belle à la 2e DB, « de sorte que l'on peut dire que le rôle joué par l'armée de la France libre n'est nullement sous-estimé[117] ».

Dans *Paris brûle-t-il ?* en effet, les FFL prennent immédiatement l'initiative et le commandement des opérations. Dès l'arrivée de Dronne à l'Hôtel de Ville, Rol est abandonné dans son poste de contrôle des Catacombes ; la partie décisive se joue alors entre les Allemands et les militaires français et américains. La silhouette fugitive du colonel Fabien illustre insuffisamment le combat commun livré par les soldats sans uniforme aux côtés des troupes de la France libre. Pierre Bost, dans *La Libération de Paris*, affirmait que Paris s'était libéré avant l'arrivée des soldats de Leclerc ; le film de Clément présente ces derniers comme les sauveurs de la capitale. Ce parti pris est renforcé par l'occultation de la signature de l'acte de reddition, symbole de la fraternité d'armes entre les FFI et les FFL. On murmure à ce sujet dans la presse communiste que l'Élysée s'est formellement opposé à la reconstitution de cet épisode[118]. La reddition de Choltitz figure bel et bien dans les scénarios de mai et décembre 1965, au prix d'une compression chronologique : à la préfecture de Police, sur l'instigation de Chaban, Leclerc propose à Rol de signer l'acte en tant que « commandant de

---

116. Lettre de Roger Spiri-Mercanton à René Clément, 20 juillet 1966, archives de la Fondation René-Clément.

117. Note de Robert Touzery à Yvon Bourges, CAC 19870373, art. 26, citée par Frédéric Hervé, « Les enfants du cinématographe… », thèse citée.

118. Samuel Lachize, in *L'Humanité*, 2 novembre 1966.

la Résistance pour Paris »[119] ; quittant la salle des billards, le chef de la 2e DB lance à Cocteau : « Allons, commandant Gallois, tout est bien qui finit bien… »

Veto gaulliste, crainte des auteurs et producteurs d'indisposer l'Élysée ou difficulté à trancher entre les versions contradictoires de Rol, Chaban et la maréchale[120], la cause de cette omission reste à établir. Elle ne peut que satisfaire le Général qui manifeste encore quelque agacement au rappel de cet épisode : lors de la cérémonie anniversaire du 24 août 1959, le chef de l'État a commémoré l'événement sans prononcer le nom du colonel Rol[121]…

Cette réécriture sélective se combine avec la disparition suspecte de quelques grandes figures de la Résistance. Ainsi Georges Bidault, *persona non grata* du régime, est-il précipité aux oubliettes de l'Histoire. L'ancien président du CNR est peu cité dans l'ouvrage de Collins et Lapierre ; les auteurs évoquent néanmoins son rôle à l'Hôtel de Ville où il accueillit le détachement de Dronne puis le général de Gaulle, qui y prononça son fameux discours. Les résistants de l'Hôtel de Ville sont les grands absents des séquences dédiées aux journées des 24, 25 et 26 août[122]. L'hebdomadaire *Candide* affirme qu'une scène y aurait été tournée puis supprimée au montage. Reproduisant un cliché présenté comme une photo de tournage, l'auteur affirme :

---

119. La signature de Rol fut apposée non à la préfecture de Police mais à Montparnasse sur l'une des ampliations de la convention de reddition.

120. C'est ce qu'affirme Michel Wyn dans « Les secrets du tournage », complément de programme du DVD de *Paris brûle-t-il ?* (Paramount, 2011), réalisation Pierre-Henri Gibert. Dans les premières notes rédigées sur Rol à partir du livre de Collins et Lapierre, le chef des FFI entre « furieux » dans la pièce où Choltitz signe sa reddition et insiste pour que son nom figure sur l'acte de capitulation… Interrogé sur cette omission, René Clément invoqua quant à lui des considérations d'économie budgétaire qui l'auraient contraint à renoncer à certaines scènes du film (lettre à l'auteur, 25 février 1993).

121. Gérard Namer, *Batailles pour la mémoire…*, *op. cit.*, p. 182.

122. Tout juste peut-on apercevoir un groupe de FFI enthousiastes sortant de l'Hôtel de Ville pour accueillir les chars de Dronne, le soir du 24 août.

Le culte de la « reine morte » 453

Micro en main, c'est notre confrère Jacques Chapus. Il joue le rôle de Pierre Crenesse qui, en 1944, assura le reportage de la Libération, place de l'Hôtel-de-Ville. La scène a été coupée : à l'Hôtel de ville, il y avait Georges Bidault[123].

Dans le *Journal du Parlement*, René Saive soutient que la disparition de Bidault a été âprement négociée avec le producteur[124] :

M. Graetz ne tarda pas à l'apprendre : entre l'histoire véridique et l'histoire officielle, il y avait plus que des nuances. Ainsi dut-il, sur ordre, effacer Georges Bidault de ses tablettes [...]. À contrecœur, voulant sauver l'essentiel, M. Graetz sacrifia Bidault aux copains du régime. Quant à sacrifier le capitaine Dronne, dont on lui demandait la tête, par-dessus le marché, il s'y refusa mordicus, incapable qu'il était de pousser la farce aussi loin[125].

René Saive fait parler un mort qui n'a guère le loisir de le contredire. L'activisme du Palais – de Gaston Palewski à Alain de Boissieu – donne cependant du poids aux accusations des opposants au régime gaulliste. La *damnatio memoriae* de Bidault est pratique courante chez les tenants de l'histoire officielle. L'ancien président du CNR est « oublié » par Roger Stéphane et Roland Darbois dans l'épisode de *Mémoires de votre temps* consacré aux épisodes glorieux de la bataille de France. Évoquant cette émission, André Ribaud écrit dans *Le Canard enchaîné* :

Sous des avis faussement objectifs et une apparence pseudo-documentaire, c'est une émission de pure propagande électorale, destinée à mettre les téléspectateurs en condition avant les « législatives » de mars prochain.

---

123. *Candide*, n° 290, 14 novembre 1966, p. 18.
124. Le spectateur pouvait tout de même voir Bidault dans les images d'archives consacrées au défilé du 26 août.
125. René Saive, in *Journal du Parlement*, n° 1487, 28 octobre 1966, p. 1.

Suivez le téléguide. En août 1944, de Gaulle libère la France (c'est à peine s'il est question du Conseil National de la Résistance. Quant à son président, Bidault, gouaché, biffé, rayé des contrôles selon les bonnes recettes de l'histoire à la stalinienne)[126].

Ulcéré par ces omissions, Jacques Laurent – placé dans le viseur de Marie-Madeleine Fourcade pour son « affreux bouquin » – se rend au Brésil ; il y réalise une longue interview de Bidault qui est publiée dans *Candide*[127]. La disparition du président du CNR ne suscite pas la seule réprobation des nostalgiques de l'Algérie française. « Mais qui a tué Bidault ? » s'interroge Michel Duran dans *Le Canard enchaîné* :

> Personnellement, je me fous de Bidault, mais le procédé manque de cette élégance que Clément met dans ses manières et son habillement. Et s'il prend des libertés avec l'Histoire, il reste au garde-à-vous devant le général, l'œil fixé sur le ruban ou la pastille rouge qu'il aura bien mérité, comme bon maître d'œuvre du cinéma et serviteur obéissant du pouvoir[128].

Cette disparition apparaît à certains d'autant plus choquante qu'Edgard Pisani, qui a joué un rôle nettement plus modeste, bénéficie des honneurs de l'écran. Incarné par Michel Piccoli, il figure dans les différentes séquences tournées à la préfecture de Police. Lachaume va jusqu'à soutenir que l'acteur a été affublé d'un collier de barbe rétrospectif : ce postiche lui permettrait de ressembler, non point au résistant de 1944 qui avait la légèreté de n'en point porter, mais bien au ministre de l'Équipement du gouvernement Pompidou[129]. Sans prétendre trancher ce délicat débat sur le système pileux d'Edgard Pisani, notons que ce dernier, sur les photos de

---

126. André Ribaud, in *Le Canard enchaîné*, 19 octobre 1966, p. 5.
127. Jacques Laurent, in *Candide*, n° 290, 14 novembre 1966, p. 15-18.
128. Michel Duran, in *Le Canard enchaîné*, 2 novembre 1966, p. 21.
129. François Lachaume, in *Le Nouvel Adam*, n° 7, février 1967, p. 7.

Le culte de la « reine morte »   455

la Libération, porte non seulement la barbe mais aussi la moustache[130] !

Le traitement de faveur accordé à Pisani, que Graetz désigne comme « l'un des ministres français les plus importants du moment[131] », suscite l'irritation de Raymond Dronne. L'ancien baroudeur de la 2e DB affirme dans *L'Aurore* : « Je n'ai jamais vu M. E. Pisani, actuellement ministre, qui est l'une des "vedettes" de *Paris brûle-t-il ?* Et pourtant, je vous assure que ma mémoire est fidèle[132]. » Le bras droit d'Yves Bayet était pourtant présent à la préfecture de Police : en dépit de sa prodigieuse mémoire, Dronne ne possédait certes pas le don d'ubiquité. Mais la disproportion pouvait paraître choquante entre la relative modestie de son rôle et la durée de ses apparitions filmées mises en valeur par un comédien de renom. Car, pour le reste, le film – qui met en scène Pisani en téléphoniste zélé – ne lui prête d'autre emploi que celui qui fut le sien dans cette affaire[133].

À la préfecture de Police se trouvait également l'ancien communiste Maurice Kriegel-Valrimont, autre absent de *Paris brûle-t-il ?* Il n'apparaît pas non plus dans la séquence consacrée à la réunion du 21 août, au cours de laquelle la trêve fut dénoncée. Kriegel-Valrimont a pourtant participé activement à cette séance historique et rédigé la veille un long mémorandum hostile à l'initiative de Nordling ; dans le film, il est remplacé par Rol-Tanguy, qui n'a pas assisté à la réunion[134]. Si l'injustice faite à Bidault fait couler beaucoup

---

130. Voir notamment la photo publiée par Adrien Dansette, *Histoire de la libération de Paris*, Paris, Fayard, 1946, p. 138.
131. Lettre de Graetz à Clément, 9 août 1965, Fondation René-Clément.
132. Raymond Dronne, in *L'Aurore*, 25 octobre 1966.
133. Encore le film passe-t-il sous silence la négociation menée par Pisani avec Raoul Nordling (Adrien Dansette, *Histoire de la libération de Paris*, *op. cit.*, p. 161).
134. Voir le compte rendu de cette séance par Maurice Kriegel-Valrimont dans *La Libération. Les archives du COMAC, mai-août 1944*, Paris, Minuit, 1964, p. 205 *sq*. Dans *Paris brûle-t-il ?*, la scène sur la trêve, qui met

d'encre, la disparition de l'ancien membre du COMAC suscite peu d'émoi. François Lachaume affirme que cette absence a été soufflée par le PCF qui « voulait que l'on voie sur l'écran Rol-Tanguy le plus souvent possible [...] mais préférait aussi qu'on n'aperçoive pas Kriegel-Valrimont[135] ». La presse communiste, qui relève consciencieusement les omissions du film (grève des cheminots, oubli du Comité parisien de libération, sous-évaluation du rôle de Fabien, signature de l'acte de reddition...) ne fait aucune mention de l'injuste disparition du « renégat », victime de la grande purge de 1960.

« Le tableau, tel qu'il est peint aujourd'hui, fait songer parfois à ces tympans où les personnages de la Bible portent des chausses du Moyen Âge : les auteurs et les témoins qu'ils ont interrogés voient parfois les drames d'il y a vingt ans à travers le prisme de la Ve République[136]. » Cette critique de Jean Planchais vaut autant pour le film que pour le livre. En participant activement à la promotion de *Paris brûle-t-il ?*, les pouvoirs publics consolident les soupçons d'instrumentalisation du passé.

La liturgie gaullienne ou « l'attrape-nigaulle[137] »

Le lancement du film présente quelque analogie avec la panthéonisation de Jean Moulin : en décembre 1964, le pouvoir gaulliste a magistralement récupéré une initiative

---

aux prises Pierre Villon, Henri Rol-Tanguy, Alexandre Parodi et Jacques Chaban-Delmas, ne présente qu'un lointain rapport avec la vérité historique. Sa première mouture était plus conforme à la réalité ; y figure notamment une longue intervention de Jean de Voguë dénonçant la trêve. À l'issue du vote, Parodi quittait la salle en compagnie de Chaban ; le premier soupirait : « Et maintenant, que Dieu aide Paris ! » ; le second répliquait : « Pas Dieu, de Gaulle ! » (Scénario de mai 1965, *ibid.*, p. 72-75.)

135. François Lachaume, in *Le Nouvel Adam*, n° 7, février 1967, p. 47.
136. Jean Planchais, in *Le Monde*, 18 août 1964.
137. Titre d'un article de Clément Ledoux sur l'émission *Mémoires de votre temps*, in *Le Canard enchaîné*, 26 octobre 1966, p. 6.

Le culte de la « reine morte »

lancée par l'opposition au printemps 1963[138] ; il est tout aussi prompt à tirer profit de *Paris brûle-t-il ?*

La réalisation du film bénéficie dès 1965 d'une couverture médiatique exceptionnelle à l'ORTF. Tout au long du tournage, les journaux gaullistes distillent anecdotes et témoignages sur le film et se livrent au petit jeu des têtes qui consiste à reconnaître les acteurs historiques et les personnalités du régime, sous les traits des vedettes du grand écran. Dans les jours qui précèdent la sortie de *Paris brûle-t-il ?*, le battage médiatique prend une ampleur inégalée. Le gala de première a lieu le 24 octobre 1966, au palais de Chaillot, devant un impressionnant parterre de personnalités[139]. La projection est organisée comme une cérémonie officielle ; mais le violent orage qui s'abat sur Paris écourte les manifestations. Pour pénétrer dans la salle de projection, les deux mille cinq cents invités, triés sur le volet, évoluent entre deux haies de gardes républicains porteurs de torches, au son de la fanfare de la préfecture de Police. Au même moment, les vingt-cinq principaux monuments de Paris sont illuminés pendant quelques minutes tandis qu'une colonne d'engins blindés légers, accompagnée d'un puissant projecteur d'une portée de quinze kilomètres, reconstitue le parcours accompli par la division Leclerc. À l'issue de la projection, Yves Montand interprète la chanson *À Paris !* depuis le premier étage de la tour Eiffel ; mais le gigantesque feu d'artifice, qui devait clore la soirée en apothéose, est gâché par les perturbations météorologiques.

Ce caprice des cieux paraît opportun à plus d'un journaliste. Irrité par cette publicité officielle, Marcel Reguilhem se félicite de ce que la pluie ait mouillé les bannières UNR

---

138. L'initiative fut lancée conjointement par le député socialiste Raoul Bayou et l'Union des résistants, déportés, internés et des familles des morts de l'Hérault (Henry Rousso, *Le Syndrome de Vichy...*, *op. cit.*, p. 96-97).

139. Après une série de projections privées par les personnalités, dont l'une organisée à l'Élysée.

et neutralisé « cette publicité politico-commerciale »[140]. Si le critique prend soin de distinguer l'œuvre de René Clément – qu'il juge d'une grande honnêteté – et la campagne de récupération orchestrée par le pouvoir, d'autres ne s'embarrassent pas de nuances. À quelques mois des législatives de mars 1967, le film est taxé d'œuvre de propagande. *Paris brûle-t-il ?* subit le tir groupé de tous les opposants au régime, conjonction des contraires qui regroupe la gauche non-communiste, une partie de la droite non-gaulliste et quelques nostalgiques de la collaboration.

Pour la gauche non-communiste, le vent de l'histoire a servi à gonfler une baudruche. « Il est difficile de se payer davantage la tête du bon populo », remarque Jean-Louis Bory dans *Le Nouvel Observateur* : « On nous explique bien tout, de peur que nous ne sachions pas pour qui voter aux élections prochaines. Car les voilà tous, autrefois ministrables, à présent ministres. Ils se bousculent. C'est à qui criera : "J'y étais"[141]. » *Paris brûle-t-il ?* devient la cible favorite du *Canard enchaîné*. Dans ses numéros d'octobre et novembre 1966, l'hebdomadaire satirique prend un malin plaisir à se gausser de Chaban-Delmas qui multiplie les déclarations complaisantes à l'occasion de la sortie du film. Il reproche surtout vertement au pouvoir sa récupération électoraliste de l'Histoire. Pour le journal, *Paris brûle-t-il ?* constitue le pendant cinématographique de l'émission *Mémoires de votre temps* : l'homme du 18 Juin sert d'agent électoral au président de la Ve République. François Lachaume partage ce point de vue :

> L'UNR aborde les élections législatives de mars 1967 avec plusieurs armes : les moyens et les idées de l'agence « Service et Méthodes » […] l'influence incontestée de la télévision et un film sur grand écran, *Paris brûle-t-il ?* […].

---

140. Marcel Reguilhem, in *Réforme*, 5 novembre 1966.
141. Jean-Louis Bory, in *Le Nouvel Observateur*, n° 103, 2 novembre 1966, p. 47.

Le culte de la « reine morte »

> Chaque soir […] ou presque, dans quelque ville de province, un gala a réuni autorités locales, notables et ce qu'il faut de bon public. La projection terminée, tous ces gens sont réconciliés autour du film avec le gouvernement, devant le buffet, sous un regard attendri du préfet, et attentif des inspecteurs des Renseignements généraux qui comptaient peut-être les larmes dans les yeux des maires d'opinion indécise[142].

Sur ce point, Lachaume exagère à peine : entre octobre 1966 et février 1967, l'ORTF multiplie, dans ses journaux régionaux, les reportages sur la tournée triomphale de *Paris brûle-t-il ?* en province. Tous montrent l'arrivée de personnalités locales et nationales, civiles et militaires, réunies sous l'œil attentif d'un préfet de région. Les sujets sont souvent agrémentés par des entretiens avec d'anciens témoins, pour la plupart résistants gaullistes et notables locaux[143]. L'Amicale de la 2e DB s'active tout particulièrement autour du film : elle organise de nombreux galas et fait disposer ses bannières devant les salles de cinéma ; la maréchale et sa famille, présentes à plusieurs projections, ont signé l'armistice avec René Clément. « Ils finiront par faire un film où Debré présidera le CNR », ironise quant à lui Georges Bidault du fond de son exil. Le disciple de Seignobos s'étonne « que le gaullisme n'attende le succès que du travestissement ou de l'amputation de la vérité » :

> On m'a parlé aussi d'émissions de télévision où, sous couvert de scènes d'histoire contemporaine, on fait l'apologie des serviteurs du régime. Tout se passe comme si l'Histoire n'avait aux yeux du pouvoir d'autre raison d'être que, bien grimée, de servir de tremplin à des campagnes électorales[144].

L'extrême droite nostalgique n'est naturellement pas en reste pour brocarder *Paris brûle-t-il ? Rivarol* se gausse de

---

142. François Lachaume, in *Le Nouvel Adam*, n° 7, février 1967, p. 47.
143. Émissions conservées à l'INA, visionnables à l'Inathèque de France.
144. Georges Bidault, in *Candide*, n° 290, 14 novembre 1966, *op. cit.*

« l'interminable » film de René Clément qui comble des « spectateurs avides d'héroïsme en chambre » et en profite pour prétendre que Dietrich von Choltitz, Otto Abetz et Pierre Taittinger furent les véritables sauveurs de la capitale[145]... Pointant les excommuniés de *Paris brûle-t-il ?*, Jean-Luc Godard qualifie pour sa part le film de « stalinien », en référence à ces photos de groupe d'apparatchiks soviétiques sur lesquelles disparaissaient les visages des disgraciés[146].

Contre cette coalition hétéroclite, la presse de sensibilité gaullienne fait front. On retiendra l'article passionné de Michel Droit dans *Le Figaro littéraire*. L'expert en communication élyséenne vole au secours de René Clément, dénonçant le « complot » ourdi par des critiques mal intentionnés :

> Il paraît ainsi, selon certains, que *Paris brûle-t-il ?* serait un film de propagande électorale. Quand on sait qu'il a été financé par des capitaux américains, son scénario tiré par un auteur américain, Gore Vidal, du livre de Lapierre et Collins, et quand on devine à quelle propagande il est fait allusion, il faut bien reconnaître que la chose ne manque pas d'un certain sel[147].

Michel Droit en appelle aussi à l'arbitrage des communistes, citant les appréciations élogieuses de Rol-Tanguy dans *L'Humanité*. En effet, les voix autorisées du PCF se sont jointes à celles des gaullistes pour louer le film. Dans un exercice de congratulations réciproques, le colonel FFI dialogue aimablement avec René Clément sur cinq pages de

---

145. *Rivarol*, 10 novembre 1966.
146. Cité par François Lachaume, in *Le Nouvel Adam*, n° 7, février 1967, p. 47.
147. Michel Droit, in *Le Figaro littéraire*, 1er décembre 1966. Dans une lettre du 27 août 1967, Michel Droit écrit à Clément qu'il vient de revoir *Paris brûle-t-il ?* pour la « 10e ou 12e fois » : « Il s'agit, de très loin, du plus beau film qu'on ait réalisé pour servir, comme on dit, à l'histoire de la France. »

Le culte de la « reine morte »

L'Humanité, en compagnie du critique maison chargé de ponctuer la conversation par le rappel des temps forts de la geste insurrectionnelle[148]. Rol-Tanguy encense le cinéaste, avouant avec candeur qu'il a décidé, en accord avec ses camarades, de retenir du film ses seuls aspects positifs. Quelques résistants communistes laissent pourtant percer leur amertume. André Ouzoulias – autre absent de *Paris brûle-t-il ?* – écrit une longue lettre à *L'Humanité* pour protester contre son compte rendu élogieux. Le quotidien ne publie pas le courrier du chef des FTP parisiens mais il affirme en avoir tenu compte. De fait, la critique de Samuel Lachize, publiée quelques jours plus tard, est plus nuancée, pointant les imperfections et les carences du film. Mais elle se conclut sur cette note apaisante : « René Clément n'a peut-être pas réussi le film que nous souhaitions, mais, avec honnêteté et intelligence, il a rendu un bel hommage au Paris populaire[149]. »

Ce débat interne illustre l'opportunité qui est offerte aux communistes de glorifier le « parti des fusillés » ; il en montre aussi les limites. Sans en être dupe, le PCF tente de tirer profit de cette nouvelle politique de mémoire, amplement phagocytée par le pouvoir. Et il est fréquent de voir les communistes et les gaullistes célébrer côte à côte, dans une salle de projection, les mannes de l'armée des ombres. De galas officiels en sélections festivalières, les fictions résistantes reçoivent la caution de ces anciens rivaux qui se sont déchirés sous la IVe République. Cette réconciliation dépasse les frontières : en janvier 1967, René Clément et son épouse Bella font une tournée triomphale en URSS où ils présentent *Paris brûle-t-il ?* aux côtés d'Henri Rol-Tanguy et de Pierre Villon[150]. La sortie du documentaire du révérend père Bruckberger, *Tu moissonneras la tempête*, en est une autre illustration. Une projection privée est organisée à l'Élysée

---

148. Samuel Lachize, in *L'Humanité*, 24 octobre 1966.
149. *Id.*, in *L'Humanité*, 2 novembre 1966.
150. Archives de la Fondation René-Clément.

qui réunit Elsa Triolet et le général de Gaulle ; la promotion du film est assurée par un cocktail aux Catacombes en présence de Jacques Chaban-Delmas et d'Henri Rol-Tanguy. La presse communiste ne ménage pas ses compliments à Bruckberger ; à tel point que *Le Figaro* l'accuse d'avoir soumis son documentaire à l'approbation du comité central du PCF[151]… Le film de l'ancien aumônier témoigne à tout le moins du chemin parcouru. D'une tonalité résolument gaullienne, *Tu moissonneras la tempête* ménage une place de choix à la résistance communiste dont il loue l'efficacité, le sens de la clandestinité et la « fraternité passionnée » ; des poèmes d'Aragon et Éluard contrebalancent les nombreuses citations des *Mémoires de guerre*. Dans son livre de souvenirs, publié en 1948, le révérend père a pourtant fait part de son « dégoût des communistes, de l'exploitation faite par eux de la Résistance » qu'il qualifiait d'« imposture » et d'« escroquerie »[152]…

Du « duel au duo[153] », de la relégation au partage inégal de l'écran, de la production à la captation…, le nouveau cinéma héroïque transforme les conditions de l'appel au passé glorieux. La monopolisation de la « reine morte » n'est pas le seul apanage des fidèles. Les cinéastes de la Libération ont prudemment gommé les identités partisanes de leurs héros ; les réalisateurs des nouvelles fictions résistantes affichent sans fausse pudeur les couleurs du communisme et du gaullisme. Leurs films marquent aussi fréquemment l'apostasie des foules et du peuple en armes, au profit du chef charismatique vers lequel confluent les souvenirs. Sur les écrans de la Ve République fleurissent les croix de Lorraine,

---

151. *Le Figaro*, 24 octobre 1967, p. 31. Cet écho fut démenti par Bruckberger dans *Le Figaro* du 28 octobre 1967.

152. Raymond-Léopold Bruckberger, *Nous n'irons plus au bois*, Paris, Amiot-Dumont, 1948, p. 32 et p. 34.

153. Pour reprendre la formule de Pierre Nora dans « Gaullistes et communistes », *in* Pierre Nora (dir.), *Les Lieux de mémoire*, vol. 3, t. I, *op. cit.*, p. 349.

les citations gaulliennes et les références nominatives au chef de la France libre : dans les films de la Libération, on rejoignait Londres ; dans ceux des années 1960, on se met aux ordres de De Gaulle.

Cette réincarnation de l'Histoire se conjugue avec une conception nouvelle de l'« efficacité » cinématographique. À René Chateau qui s'étonne que le réalisateur de *La Bataille du rail* puisse aimer *Le Jour le plus long*, Clément répond que le film américain a le mérite d'un tout autre retentissement auprès du public[154]. Il en est de même pour *Paris brûle-t-il ?* En dépit d'une critique boudeuse, le film rencontre un public à la mesure du capital investi et dépasse la barre des 500 000 entrées pour son exploitation parisienne[155]. S'il fait le plein de spectateurs, *Paris brûle-t-il ?* n'en souffre pas moins de la comparaison avec *La Grande Vadrouille* de Gérard Oury, record longtemps inégalé du *box-office* français. Le triomphe des comédies légères consacrées à la Résistance constitue l'autre phénomène marquant du cinéma de la République gaullienne.

---

154. René Clément, in *Lui*, n° 29, mai 1966.
155. *Paris brûle-t-il ?* totalise à ce jour 4 946 359 entrées.

Chapitre 13

Le jour le plus drôle

Avec *La Vache et le Prisonnier* (Henri Verneuil) et *Babette s'en va-t-en guerre* (Christian-Jaque), placés aux troisième et septième rangs du *box-office* pour la saison 1959, la Ve République s'annonce propice aux comédies sur la Seconde Guerre mondiale. Le cycle sur les Stalags est complété par *Le Caporal épinglé* de Jean Renoir en 1961 et *Les Culottes rouges* d'Alex Joffé en 1962[1]. *Babette s'en va-t-en guerre* fait école plus tardivement : en 1966 sortent coup sur coup *La Vie de château* (Jean-Paul Rappeneau), *La Grande Vadrouille* et *Martin soldat* (Michel Deville) ; à des échelles différentes, ces comédies résistantes conquièrent toutes le public.

La bataille du rire fait recettes

Le projet de *Babette s'en va-t-en guerre* est habilement monté par les producteurs Alexandre Mnouchkine et Raoul Lévy[2]. Le premier a produit *Fanfan la tulipe* de Christian-Jaque. Le second a lancé Brigitte Bardot dans *Et Dieu créa la femme* et il cherche à l'employer dans un film autorisé aux mineurs, capable de séduire une audience internationale. En le situant

---

1. Ce film, plus grinçant, s'ouvre sur un clin d'œil au film de Verneuil, *La Vache et le Prisonnier*.
2. Lévy dirigeait Les Productions IENA ; Mnouchkine, Les Films Ariane.

à Londres, au cœur de la France libre, il peut réunir deux figures emblématiques de la Ve République naissante : Charles de Gaulle et Brigitte Bardot. Distribué par la Columbia, le film est en partie financé par les recettes de *Et Dieu créa la femme* et *En cas de malheur*, autre production de Lévy, autre succès de BB[3]. La production ne lésine pas sur les moyens : elle offre au public le premier film sur la guerre en scope et en couleurs. Au départ, il n'était pas prévu que ce film soit une comédie. Dans les premières moutures d'un projet intitulé *De Londres à Paris*[4], la Résistance est abordée sur le mode dramatique. Mais celles-ci laissent Raoul Lévy insatisfait. Il opte pour la comédie, travaillant avec Gérard Oury sur le scénario et confiant les dialogues à Michel Audiard.

Sept ans plus tard, Oury écrit *La Grande Vadrouille* avec sa fille Danièle Thompson et Marcel Jullian. Il a parié d'emblée sur la comédie, misant sur le couple vedette du *Corniaud* – Bourvil et de Funès – pour amortir un dispendieux budget de treize millions de francs. Fruit d'une coopération franco-britannique, le montage financier est en partie assuré par les bénéfices du *Corniaud*. Pour disposer d'argent frais, le producteur Robert Dorfmann a demandé aux exploitants de régler leurs bons de commande avant la sortie du film. Ils n'auront pas à regretter leur investissement. Après une semaine d'exclusivité dans six salles parisiennes, *La Grande Vadrouille* totalise 105 759 entrées, pulvérisant tous les records du cinéma français[5]. Le succès ne se dément pas : trois mois plus tard, le film dépasse le

---

3. Dossier de la commission d'agrément intégré au dossier de censure (archives du CNC). D'après ce document, le budget prévisionnel était de 3 800 000 francs.

4. Témoignage de Louis Wipf, directeur de production de *Babette s'en va-t-en guerre*.

5. À titre de comparaison, pour une surface d'exploitation équivalente, *Le Corniaud* et *Le Jour le plus long*, immenses succès du *box-office*, ont comptabilisé respectivement 71 000 et 100 000 entrées. À ce jour, le chiffre d'exploitation de *La Grande Vadrouille* est de 17 273 692 entrées en France (chiffres d'exploitation du CNC).

Le jour le plus drôle 467

cap du million de spectateurs parisiens. *La Grande Vadrouille* triomphe pareillement en province : à Valenciennes, Rouen, Lille, Trouville ou Nancy, on comptabilise plus de spectateurs que d'habitants ! Véritable phénomène de société ausculté par Frédéric Rossif sur l'ORTF[6], *La Grande Vadrouille* est plébiscitée par un public familial, faisant « regretter aux enfants des mal nourris de l'an quarante de ne pas avoir vécu cette époque[7] ». En 1959, les facéties du truculent Francis Blanche, le gestapiste de *Babette*..., ont déjà fait la joie des collégiens et des lycéens, qui imitent Papa Schultz dans les cours et les préaux. Nicole Stéphane, productrice de *La Vie de château*, estime elle aussi que le succès du film de Rappeneau fut largement assuré par les jeunes spectateurs[8]. Son réalisateur, âgé de 12 ans en 1944, a mobilisé ses souvenirs d'enfance :

> Pour moi, c'était une époque heureuse : l'école avait été supprimée, j'étais à la campagne, les maquisards se cachaient dans la forêt voisine ; je regardais la guerre à travers une vitre. La guerre de mon film, c'est la guerre vue par des enfants, avec ses invraisemblances[9].

« J'en veux à cette dernière guerre parce que je l'ai ratée de trop près », ajoute encore Rappeneau[10]. S'il succombe

---

6. Dans l'émission *Cinéma* diffusée le 10 avril 1967, Rossif et son équipe s'emploient à analyser le succès du film en menant l'enquête auprès des spectateurs, à Paris et en province, et en interrogeant Gérard Oury, Robert Dorfmann, Georges Sadoul... Le réalisateur filme également les spectateurs hilares en salle, pendant la projection, et remonte la séquence des égouts avec leurs rires pour seule bande-son.

7. Henry Rousso, *Le Syndrome de Vichy*..., *op. cit.*, p. 248.

8. En dépit de rendements (et de budgets) plus modestes, *La Vie de château* et *Martin soldat* furent de très bonnes affaires pour leurs producteurs respectifs, Nicole Stéphane et Pierre Braunberger (témoignages de Nicole Stéphane et de Pierre Braunberger).

9. Jean-Paul Rappeneau, in *La Gazette de Lausanne*, 12 février 1966. Le scénario fut coécrit par Alain Cavalier et Claude Sautet.

10. *Id.*, in *L'Aurore*, 25 janvier 1966.

comme ses aînés à la nostalgie, la volonté d'édifier les jeunes spectateurs cède le pas à la recherche de complicités malicieuses. Comme *La Grande Vadrouille*, *Martin soldat* est le fruit d'une collaboration entre générations qui associe l'ancien résistant Maurice Rheims à de jeunes « frôleurs d'événement », Michel Deville et Nina Companeez, la fille du scénariste d'*Un ami viendra ce soir*.

Ces quatre comédies diffèrent dans leurs formes et leurs ambitions : Christian-Jaque renoue avec la veine de *Fanfan la Tulipe* ; Oury, maître incontesté de la comédie populaire, a trouvé le Saint-Graal ; Deville cherche à se hisser au niveau de Lubitsch ; Rappeneau signe son premier film, couronné par le prestigieux prix Louis-Delluc. Leurs récits n'en adoptent pas moins la même recette : un zest d'irrévérence pour deux doigts de flagornerie, un soupçon d'audace pour une bonne dose de conformisme.

« La guerre ! Et puis quoi encore, pourquoi pas le rhume des foins ! »

On retrouve dans tous ces films la figure du « héros malgré lui ». C'est Babette, la petite bonne godiche de Conflans, fortuitement embarquée à bord de l'*Intrépide* en compagnie des pensionnaires d'une maison close. L'aventure les conduit à Londres, leur esquif ayant été détourné vers l'Angleterre pour servir à l'évacuation de Dunkerque. Babette en repart par la voie des airs, pour remplir une périlleuse mission au bras d'un séduisant Français libre interprété par Jacques Charrier, le fiancé de BB. Jérôme (Philippe Noiret), le *gentleman farmer* bedonnant de *La Vie de château*, abandonne ses charentaises pour participer au débarquement de Normandie. Après la défection d'un héros de l'Armée secrète foudroyé par les yeux de la châtelaine (Catherine Deneuve), le hobereau attentiste monte à l'assaut d'un blockhaus allemand, une grenade dans sa poche de smoking. Toujours à l'aube du

6 juin 1944, le comédien Martin (Robert Hirsch), médiocre interprète du *Siegfried* de Giraudoux, doit à son costume de scène d'être emporté dans la tourmente de la Libération. L'irascible chef d'orchestre Stanislas (Louis de Funès) et le peintre en bâtiment Augustin (Bourvil) sont entraînés dans l'aventure de la Résistance par l'arrivée inopinée de trois pilotes de la RAF. « Peter Cuningham, Royal Air Force. – Augustin Bouvet, peinture et ravalement »... Cet échange de civilités entre un Britannique droit sorti d'un film de guerre et un « Français moyen », prototype du nouveau héros des comédies résistantes, joue sur la confrontation entre deux univers cinématographiques.

Les quatre films s'attachent en effet à subvertir les clichés de l'imagerie épique. Les scènes de parachutage sont ainsi revisitées sur le mode burlesque : les balais aériens réglés par d'impeccables héros font place à des performances plus pittoresques, exécutées dans une joyeuse et indescriptible pagaille. Dans l'avion qui la conduit au-dessus de la France, Babette est prise de vertige ; s'accrochant à la carlingue, elle répond au pilote qui la presse de sauter : « *Go, go...* Vous avez qu'à y aller vous, sautez donc pour voir ! » Cette palabre la déporte très loin de son point de chute initial. Dans *La Grande Vadrouille*, l'équipage d'un bombardier britannique touché par la DCA est contraint de sauter sur Paris : l'un des aviateurs plonge dans le bassin des otaries du Jardin d'acclimatation, un second atterrit sur la plate-forme du peintre Augustin, le troisième sur une statue équestre du palais Garnier. Dans *La Vie de château*, le FFL, parachuté ivre mort en Normandie, reste accroché à un arbre et s'endort lourdement, réveillant par ses ronflements l'officier allemand qui occupe la demeure.

Les films s'en prennent sur le même ton aux clichés pathétiques. Dans *Babette*..., le gestapiste Papa Schultz fait rire les spectateurs en menaçant ses ennemis de sévices raffinés et de « zéfères fusillades ». Pour son premier contact avec la France occupée, Babette se heurte à une patrouille allemande martiale qui chante à pleins poumons l'incontournable *Aili, ailo* ; mais le détachement se disloque bientôt pour porter la valise de la « cholie mademoiselle ». Sermonnés par un officier qui les prive de sortie, les soldats s'en retournent penauds, traînant leurs bottes, au son du même hymne passablement désaccordé. Dans *La Grande Vadrouille*, l'interrogatoire d'Augustin et de Stanislas est tourné en dérision : après un abondant concert de claquements de dents, les deux compères parviennent à apitoyer l'officier sur les « gross malheurs » de la guerre ; tous trois se mettent à pleurer de conserve. Ayant échappé *in extremis* au peloton d'exécution pour supplément d'information, Martin est conduit au siège de la Gestapo. À la vue des portraits de Hitler, il s'exclame : « C'est moche chez vous, c'est mal arrangé, c'est surtout les peintures que j'aime pas. » Emmené dans une cave pour un interrogatoire musclé, le comédien s'évanouit à la seule vue du tortionnaire faisant craquer ses articulations. « Que voulez vous, je ne suis pas un héros », lance-t-il à son bourreau après la syncope qui lui évite la question.

Guerre sans morts et sans hémoglobine où les protagonistes se battent à coups de pots de peinture et de cigares explosifs, où le ridicule tue plus efficacement que les mitraillettes, le conflit des années 1940 est ramené aux dimensions pittoresques d'un décor de dessin animé.

Ces traits d'humour ne sont pas toujours du goût des critiques. « Le rire a ses limites », écrit Samuel Lachize dans *L'Humanité* au sujet de *Martin soldat* : « Il y a [des] scènes de très mauvais goût, notamment sur la Gestapo et la torture. Rire avec ça ? Alors, à quand une comédie musicale sur les camps de concentration[11] ? » Sept ans plus tôt, le critique d'*Esprit* dénonçait dans *Babette*... la « mystérieuse impunité du sadisme le plus bas, le moins intellectualisé, le moins élaboré, qui se met au niveau des petits rêves de petits boutiquiers[12] ».

---

11. Samuel Lachize, in *L'Humanité*, 1er octobre 1966.
12. Michel Mesnil, in *Esprit*, n° 11, janvier 1960, p. 161-162.

Le jour le plus drôle

Emportés dans un tourbillon d'aventures qui les dépassent, les héros déchiffrent la guerre à l'aune de leur pauvre rationalité ; et ils en découvrent peu à peu les avantages. « Eh bien, j'ai compris, la guerre c'est une histoire de fous », s'exclame Babette avant de partir pour la France en compagnie du beau Gérard ; elle en reviendra victorieuse, sa mission remplie, riche d'une promesse de mariage. À l'officier allemand couché dans le cockpit qui s'exclame que la guerre continue et qu'ils ne l'ont pas encore gagnée, Babette répond, péremptoire : « Moi, si ! »

En dépit de sa sainte frousse, Augustin reconnaît que la guerre a du bon car elle lui a permis de rencontrer « la fille du Guignol ». Et Martin trouve dans la bataille de libération une occasion rêvée d'endosser de nouveaux costumes de scène. « La guerre, et puis quoi encore, pourquoi pas le rhume des foins ! » s'exclame la jeune mariée de *La Vie de château* dont le seul rêve est de découvrir Paris. C'est pourtant la guerre, ce mauvais prétexte invoqué par les hommes, qui lui permettra de faire une entrée triomphale dans la capitale, ses valises arrimées sur un char de la 2e DB.

Cette séquence finale, entrecoupée d'images d'archives de la division Leclerc, illustre un autre procédé récurrent des comédies résistantes. Faisant coexister la petite et la grande Histoire, les scénaristes revisitent les événements les plus connus pour leur donner de nouvelles et triviales explications. L'échec du projet d'invasion de l'Angleterre est attribué à Babette ; Jérôme sauve l'exécution compromise du débarquement de Normandie ; le saltimbanque Martin évite la destruction de la capitale en dérobant le plan des dynamitages dans les locaux de la Gestapo. Michel Deville déclare que son film se veut un peu le « contrechamp » de *Paris brûle-t-il ?*[13]. S'il prend pour modèle *To Be or Not To Be*, *Martin soldat* abonde en clins d'œil ironiques au drame épique de René Clément ; en témoigne la scène où

---

13. Michel Deville, in *Cinéma 66*, n° 108, juillet-août 1966, p. 13.

l'acteur, réveillé en sursaut, s'exclame : « Mon Dieu, Paris saute-t-il ? »

L'espièglerie des cinéastes, qui parodient les classiques de la Libération et les fresques épiques des années 1960, s'exerce aussi à l'égard du général de Gaulle. Dans l'épilogue de *Martin soldat*, une doublure du chef de la France libre apparaît de dos, dans la cour des Invalides, pour décorer le comédien et le remercier, au nom de la France, « de lui avoir gardé Paris ». En récompense de ses efforts, l'acteur demande la faveur d'une audition à la Comédie-Française. En 1959, Christian-Jaque s'amuse déjà à mettre en scène le Général « qui distribue les billets de retour »[14]. Promue standardiste au quartier général, Babette a inversé la fiche d'un appel téléphonique qui arrive par erreur sur le bureau du chef de la France libre ; le personnage, filmé de dos, est reconnaissable au képi à deux étoiles posé sur sa table. « Allô, poupette, c'est ton petit *Frenchman*. Oui, j'ai la permission de minuit, on fait la dînette ? » susurre l'officier installé dans le bureau voisin. « Impossible », répond laconiquement la voix caverneuse du Général à son interlocuteur pétrifié. Cette scène était à l'origine plus étoffée et de Gaulle plus disert. Mais la commission de contrôle, réunie en séance plénière, exigea la « coupure du plan qui met en scène le chef des Français libres, la représentation du chef de l'État ne paraissant pas convenable [*sic*] »[15].

La rigueur des censeurs étonne plus encore qu'elle n'amuse. Comment ces farouches gardiens du temple, qui défendaient la réputation de leur président à travers celle du chef de la France libre, ne prirent-ils conscience de ce que cette irrévérence avait de flagorneuse ? À travers le petit monde de

---

14. Le scénario intermédiaire parlait avec attendrissement du « grand Charles » (Cinémathèque française/Bifi, SCEN 244 B72).

15. La décision est prise par dix voix contre neuf (en l'absence du représentant des réalisateurs de longs métrages), séance du 10 juin 1959 (archives du CNC).

Le jour le plus drôle

St-Stephen's House où Babette fait régner une charmante confusion, le film livre une vision attendrie du « grand Charles » et de ses fidèles. Le Général est omniprésent dans les dialogues de ses subordonnés qui vivent dans son ombre immense et tutélaire. Par un effet de symétrie, Papa Schultz invoque avec dévotion la figure du Führer. Comme de Gaulle, le maître du IIIe Reich jouit du don d'ubiquité : « Il va pas nous suivre partout c't'Hitler ! » s'exclame l'une des prostituées à la vue d'un avion allemand égaré dans le ciel britannique. « Ça pour devenir collant, il devient collant ! » rétorque Babette. Pour contribuer à la victoire de son champion, la petite bonne allège de Gaulle du fardeau de l'intendance. À un gradé qui s'offusque qu'elle ait confisqué ses cigarettes, Gérard explique : « Nous vivons ici en communauté, pour les questions militaires nous relevons du Général mais pour les questions domestiques nous dépendons de Babette. »

Jouant avec les attributs familiers du chef de l'État – la haute silhouette ; le képi ; la voix gutturale –, *Babette s'en va-t-en guerre* et *Martin soldat* participent à l'« épinalisation » du Général, devenu dans les années 1960 un repère incontournable du folklore national[16]. Pour *Le Canard enchaîné*, la comédie de Christian-Jaque, tournée avec le soutien de l'armée et l'Association des Français libres, est bel et bien « un film français, républicain, joyeux, UNRisé et ultra-communautaire[17] ».

Sept ans plus tard, Gérard Oury, qui a coécrit le scénario de *Babette*, s'émancipe de toute figure historique. Il joue ouvertement la carte de l'anachronisme, à l'image de ce traceur de ligne blanche qui percute les motocyclistes allemands lancés à la poursuite d'Augustin et de Stanislas. Oury persiste en revanche dans son allégeance au mythe héroïque.

---

16. Pierre Nora, « Gaullistes et communistes », *in* Pierre Nora (dir.), *Les Lieux de mémoire*, vol. 3, t. I, *op. cit.*, p. 348.
17. C. P., in *Le Canard enchaîné*, 15 juillet 1959.

« L'irrespect conservateur[18] »

L'espièglerie au service de l'infaillibilité française

Les quatre comédies popularisent l'image consensuelle d'une France peuplée de bons patriotes, prêts à en découdre avec les Allemands. Tout juste croise-t-on dans *Babette...* la figure d'un aristocrate pétainiste, père du jeune résistant : excédé par les restrictions de tabac qui l'ont contraint à fumer la capeline en paille de son épouse, le duc de Crécy-Lozère s'agace aussi de l'engagement de Gérard dans une « formation rebelle ». À sa femme qui juge le terme « rebelle » inapproprié, il réplique : « Comment appelez-vous un général condamné à mort par le gouvernement légal de son pays ? » Quand son fils débarque dans leur hôtel particulier avec une équipe de clandestins, l'aristocrate se retire dans ses appartements pour ne point bifurquer dans le séditieux. « Seriez-vous lâche, Edmond ? » lui demande alors la duchesse ; et son époux de répliquer, en désignant les bustes de famille : « Mes aïeuls répondent de moi, Madame. » On est loin de l'ironie décapante de *Boule de suif* et du *Repas des fauves*. La satire a d'autant moins de portée que le rejeton et la mère patriote sauvent la réputation de la famille : « Mon fils fait de la Résistance, je ferai de la Résistance ! » s'exclame la duchesse.

Le Paris de *Martin soldat* est lui aussi quadrillé par les FFI qui tiennent le haut du pavé. Et tous les Normands de Rappeneau viennent en aide à la Résistance, de la châtelaine altière et ruinée (Mary Marquet) à son riche fermier (Pierre Brasseur), en passant par les ouvriers agricoles et un enfant berger. Dans *La Grande Vadrouille*, la densité de héros au mètre carré est surréaliste. Aux côtés des résistants patentés (le ténor de Faust ; les ouvriers de l'Opéra), les Français

---

18. Joseph Daniel, *Guerre et cinéma*, *op. cit.*, p. 298.

Le jour le plus drôle

sont tous complices et forment une chaîne ininterrompue de solidarité. Le gardien du zoo repêche « Big Moustache » dans le bassin des otaries, Juliette ouvre sa porte à Augustin et Peter poursuivis par les Allemands, son grand-père leur prépare un plan d'évasion, la patronne de l'auberge du Globe les aide à passer la ligne de démarcation et une bonne sœur – dont le visage s'illumine aux seuls mots de « Royal Air Force » – les convoie jusqu'au hangar des planeurs.

En choisissant pour héros ceux-là mêmes qui paraissent les moins enclins à s'engager dans la lutte, les auteurs consolident l'image d'une France héroïque. *A priori*, en effet, ni la bonne de Conflans, ni le taciturne Augustin, ni l'égoïste et colérique Stanislas, ni le châtelain pantouflard, ni le comédien cabotin ne présentent de grandes dispositions pour les actions d'éclat. Comme dans *Le Père tranquille*, le décalage entre l'apparence des êtres et leurs ressources cachées, ressort des comédies, flatte habilement le public.

En 1956, Truffaut conseillait aux spectateurs de *La Traversée de Paris* de ne pas rire trop fort, se félicitant qu'Autant-Lara donne à réfléchir « sur le "Français moyen" que l'on flatte d'ordinaire d'autant plus que c'est lui qui amortit les films[19] ». Il est tentant de comparer le Bourvil-Martin de *La Traversée de Paris*, film méchant et corrosif, au Bourvil-Augustin de *La Grande Vadrouille*, film gentil et émollient. On trouve à la base des deux récits un antihéros peureux et geignard, exploité par un compère aux origines sociales plus élevées. Mais ce personnage est mis au service de deux philosophies de l'Histoire – le nihilisme féroce d'un côté, l'unanimisme lénifiant de l'autre. À l'inverse d'Autant-Lara, Oury tendait à son public un miroir complaisant, exploitant avec brio « ce drame du Français moyen : la jonction d'une petitesse réelle et d'une apothéose rêvée[20] ».

---

19. François Truffaut, in *Arts*, 31 octobre 1956, p. 3.
20. M. Flacon, in *Cinéma 67*, n° 116, mai 1967, p. 29, cité par Joseph Daniel, *Guerre et cinéma, op. cit.*, p. 370.

Cette accession à la grandeur étant offerte par les circonstances exceptionnelles de l'Occupation, la guerre s'en trouve enfin réhabilitée. Fraîche et joyeuse, génératrice d'aventures galantes et rocambolesques, elle concilie le devoir patriotique avec l'assouvissement des rêves intimes et des désirs personnels. En plein cœur du conflit algérien, le « faites la guerre et l'amour » de Christian-Jaque suscite quelques protestations. Pour Doniol-Valcroze, cette « Bécassine aux armées » transformée en Jeanne d'Arc de la Ve République offre au peuple un « opium tricolore » qui l'induit à croire « que la bataille de la Résistance a été gagnée comme on trousse un vaudeville bien agencé et que donc il n'y a pas de raison pour que la guerre d'Algérie ne se gagne pas avec des chansons et des Kermesses aux Étoiles »[21].

Babette s'en va-t-en guerre parvient du moins à distraire son public du drame algérien, tout en exaltant une forme singulière de patriotisme.

La tripe tricolore

Dans *Le Syndrome de Vichy*, Henry Rousso pointe la coïncidence entre l'avènement de la Ve République et la naissance d'Astérix dans le journal *Pilote* ; il relève les points communs entre le village des irréductibles Gaulois et la France virginale de l'historiographie gaullienne[22]. On retrouve dans les comédies résistantes le nationalisme gouailleur des personnages de Goscinny et Uderzo. Les héros de Christian-Jaque et Gérard Oury sont les dignes descendants de ces guerriers bons vivants et fortes têtes, aussi prompts à festoyer qu'à distribuer des « baffes » aux Romains. Le critique d'*Arts* décrit en ces termes la recette de *Babette*... : « Sur un grand fond de cocarde tricolore, vous placez de

---

21. Jacques Doniol-Valcroze, in *France-Observateur*, 24 août 1959, p. 23.
22. Henry Rousso, *Le Syndrome de Vichy...*, *op. cit.*, p. 95.

Le jour le plus drôle

fines lamelles de cochon gaulois, égrillard et équivoque et vous arrosez le tout à l'eau de rose[23]. »

L'autodérision cache mal l'immense satisfaction cocardière. Celle-ci s'exprime dans le patriotisme grivois de Mme Fernande, la tenancière de maison close : « Je suis française et je ne laisserai pas une Française aux mains des vainqueurs », clame-t-elle en prenant la jeune bonne sous son aile : « Les vainqueurs ça se croit tout permis, eh bien, des clous, comme dit Monsieur, on nous passera peut-être dessus, mais pas sans payer ! » Arrivée en Angleterre, la mère maquerelle aide Babette à tromper la vigilance d'une WAAF pudibonde ; en guise de viatique, elle lui conseille de « faire comme Cambronne à Waterloo ». La référence au général de la vieille garde napoléonienne, emblème national de l'audace et du franc-parler, n'est certes pas fortuite. La satisfaction chauvine trouve de l'écho chez l'officier britannique Fitzpatrick : « Vous êtes français, vous vous débrouillerez très bien », lance-t-il à Babette et Gérard en les chargeant de faire échouer le projet « déplaisant » d'invasion de l'Angleterre. Le joyeux tandem parviendra en effet à berner l'officier mélomane de la Wehrmacht et le chef de la Gestapo, pourtant convaincu de sa « kolossale finesse ». Francis Blanche a bénéficié pour son rôle des conseils de son compère Pierre Dac. L'ancien résistant, qui, pendant la guerre, avait exercé ses talents d'humoriste à la BBC, rendit visite au comédien pendant le tournage de *Babette*... et il s'amusa à réécrire discrètement quelques répliques. Papa Schultz s'exprime tantôt en allemand, tantôt dans un français guttural, truffé d'idiotismes germains ; grâce à Pierre Dac, le gestapiste antisémite prononce aussi quelques mots en yiddish[24]... Cette contrebande sémantique, qui se jouait de

---

23. *Arts*, n° 741, 23 septembre 1959, p. 11.
24. Ouvrant la valise de l'héroïne, qui déborde de cochonailles, Papa Schultz s'exclame « *Lokshen Soup !* » (« Bouillon aux nouilles ! ») ; plus tard, il lance à Babette « *Meshuge !* » (« Cinglée ! ») et « Quelle *Hustpe !* »

la langue du IIIe Reich, échappa au cinéaste et aux critiques de l'époque.

Dans *Babette*, les personnages britanniques répondent eux aussi aux clichés en vigueur : flegmatiques, caustiques, pétris d'un attachement pittoresque à la tradition (la charge désuète des cavaliers anglais abattant un avion allemand à coups de carabine), ils sont également froids, calculateurs, manipulateurs. La fabrique des stéréotypes nationaux, revisitée à la lumière d'une construction européenne entravée par la raideur britannique, se nourrit d'un rappel historique aux contentieux entre les deux nations. Soupçonneux à l'encontre de Fitzpatrick chargé d'entraîner Babette, Gérard égrène le long chapelet des différends franco-britanniques : « Ah, elle est jolie, l'entente cordiale, la loyale Angleterre ! On peut s'y fier... Perfide Albion, oui ! Azincourt, Sainte-Hélène.... Et si on parlait de Jeanne d'Arc ? ! Hein, c'est joli ça ! Et Fachoda ? ! Pas mal non plus, Fachoda... »

Comme Babette et Gérard, Augustin et Stanislas oscillent à l'égard des Anglais entre la sympathie et la défiance atavique ; mais, coproduction oblige, la première finit par l'emporter. Ce qu'ils perdent en courage, les héros français le compensent en bon sens et en débrouillardise, face à un occupant plus bête que méchant. Le Teuton balourd rappelle le Romain stupide d'*Astérix* ; il sert de faire-valoir à des Français râleurs mais rusés, champions toutes catégories du système D. « La médiocrité foncière des personnages – combinaison de maladresse bricoleuse, de panache apeuré et d'agressivité pleurarde – devient l'instrument même de leur réussite », note le critique de *Cinéma 67*. « L'irréalité farcesque de ce postulat ne trouverait pas tant d'audience si elle n'instituait en profondeur le triomphe de l'esprit chauvin. Par ce biais, *La Grande Vadrouille* résistante rejoint la

---

(« Quel culot ! »), lorsqu'il comprend qu'elle l'a trahi. Je remercie Talila Guteville et Annette Wieviorka d'avoir attiré mon attention sur ce point.

Le jour le plus drôle

flamme cocardière de *Paris brûle-t-il ?* »[25]. Son confrère de *Réforme* est du même avis, croyant retrouver dans la comédie d'Oury le « climat de béate satisfaction et de doux chauvinisme [de] *Paris brûle-t-il ?*[26] ». Dans la presse communiste, le film d'Oury provoque une déflagration : Samuel Lachize l'accueille avec une certaine bonhomie, mais Albert Cervoni l'accuse violemment d'abêtir les masses. Le critique de *France nouvelle* s'en prend à la « nullité intrinsèque » d'un film qu'il juge « littéralement atterrant pour quiconque tient le cinéma pour un art non indigne, non inférieur aux autres » :

> C'est aussi bête, aussi indécent que le plus bêtement bourgeois théâtre de boulevard. C'est « Patate » sous l'Occupation, « Patate » sur pellicule[27].

L'hebdomadaire communiste est bientôt assailli par les lettres de lecteurs indignés qui prennent la défense de *La Grande Vadrouille*. Pour apaiser les esprits, la rédaction de *France nouvelle* compose un éditorial qui leur donne raison :

> Nous avons eu l'occasion de dire à Cervoni que certains de ses articles sont écrits, dans la forme et dans le fond, davantage en direction des spécialistes et des initiés que pour l'ensemble de nos lecteurs et lectrices[28].

Si certains boudent leur plaisir, la presse fait plutôt bon accueil à *La Grande Vadrouille*. L'hypothèque algérienne est levée ; les critiques peuvent rire de bon cœur et joindre leurs

---

25. M. Flacon, in *Cinéma 67*, n° 116, mai 1967, art. cité.
26. *Réforme*, 17 décembre 1966.
27. Albert Cervoni, in *France nouvelle*, 4 janvier 1967, cité par Laurent Marie, *Le cinéma est à nous...*, *op. cit.*, p. 230.
28. Cité par Laurent Marie, *ibid.*, p. 233. Dans ses mémoires non publiés, Cervoni accuse la direction de *France nouvelle* d'avoir fabriqué ces courriers (voir Pauline Gallinari, « Cinéma et communisme en France... », thèse citée, p. 412).

suffrages à ceux du public. La gauche non communiste, qui a été prompte à brocarder *Babette*..., n'est pas la dernière à saluer les comédies de Rappeneau, Oury et Deville. « Rire de la guerre n'est pas obscène. C'est la guerre qui est obscène, et le respect tragique dont on l'entoure », écrit Jean-Louis Bory à propos de *La Vie de château* :

> Ce rire réclame seulement quelques précautions. Il y faut d'abord du recul. Vingt ans font une bonne distance : celle d'une génération. Dès que le père se met à rabâcher ses exploits ou ses souffrances, les fils se poussent du coude et piquent des fous rires – vive la vie. Pour nous, le rire c'était Verdun (cf. Brassens). Pour nos fils c'est la Résistance et la Libération[29].

La largesse d'esprit paraît à certains d'autant moins coûteuse que ces comédies espiègles présentent le mythe de l'infaillibilité française sous un jour plus attrayant que les drames édifiants. Nombreux sont les critiques qui précisent que la morale patriotique est sauve. En rappelant que Nicole Stéphane et Maurice Rheims ont appartenu à la Résistance, en assurant les spectateurs qu'ils peuvent rire « en toute bonne conscience », en affirmant que « l'insolence du propos » ne vise point « à quelque louche renversement des valeurs »[30], la presse dessine en creux les limites imposées à l'irrévérence.

Certains articles trahissent aussi un certain dédain à l'égard du public populaire, assimilé à une figure enfantine. Les comédies de Christian-Jaque et Oury favorisent l'identification des spectateurs aux héros issus du peuple – Babette et Augustin –, caractérisés par leur comportement puéril. La petite bonne de Conflans et le peintre en bâtiment sont infantilisés par leurs partenaires d'un niveau social plus élevé : l'aristocrate Gérard porte sur Babette un regard paternaliste, misogyne et condescendant ; le chef d'orchestre

---

29. Jean-Louis Bory, in *Arts*, 26 janvier 1966.
30. *L'Express*, 10 janvier 1966 ; *Le Figaro littéraire*, 27 janvier 1966 ; *Le Monde*, 29 janvier 1966.

exploite le peintre immature et le maintient dans une position subalterne.

La transfiguration du peuple en enfant prend tout son sens dans les scènes de réconciliation finale qui présentent le rire comme le moyen d'abolir les différences sociales. *Babette...* se clôt sur un fou rire général après l'explosion du cigare offert à Fitzpatrick par les deux Français ; *La Grande Vadrouille* se conclut sur l'hilarité contagieuse des six héros embarqués dans leurs planeurs. De fait, le triomphe des personnages populaires réside dans leur capacité à attirer leurs compagnons dans l'univers joyeux de l'enfance. Par cette mise en abîme du divertissement populaire, les films de Christian-Jaque et Oury convertissent la guerre et la Résistance en principe de plaisir, pourvoyeur de consensus politique, social, intergénérationnel. Au même titre que le carnaval, moment cathartique d'inversion qui préserve l'immuable hiérarchie des possessions, la subversion des codes héroïques assure la survie du légendaire et d'une idéologie de la conservation sociale. Combinant l'ironie de façade et la « sauvegarde des valeurs », les cinéastes renouvellent le genre en apportant la preuve que l'on peut « rire de tout sans se moquer de rien »[31].

Les comédies résistantes donnent aussi raison à Marx lorsqu'il affirme que les grands événements et les personnages historiques se répètent toujours deux fois : la première comme tragédie, la seconde comme farce[32]. Tandis que Christian-Jaque, Deville, Oury et Rappeneau se livrent à leurs facéties, d'autres cinéastes s'emploient, plus difficilement, à réviser les clichés du cinéma dominant.

---

31. *La Croix*, 4 février 1966.
32. Karl Marx, *Le 18 Brumaire de Louis Bonaparte*, Paris, Éd. sociales, 1976, p. 15.

Chapitre 14

De l'autre côté du miroir

Si les cinéastes furent nombreux, sous la IVe République, à porter un regard sans complaisance sur la France occupée, Autant-Lara et Cayatte sont les seuls à creuser encore ce sillon dans les années 1960. Le talent du premier s'est toutefois émoussé et ses flèches ratent parfois leur cible. Dans *Le Bois des amants* (1960), il transpose sous l'Occupation un mélodrame de François de Curel situé pendant la Grande Guerre[1]. Ce récit des amours tragiques entre une Allemande et un FFL sombre dans les conventions du drame bourgeois, affaiblissant le plaidoyer pacifiste[2]. Si les critiques sont sévères, *Positif* défend Autant-Lara contre les « nationalistes maurrassiens ou thoréziens » ; pour Raymond Borde, « cet anarchiste libertin qui préfère l'amour au drapeau tricolore » est devenu « la tête de Turc des imbéciles »[3]. Le cinéaste tente de renouer avec la veine de *La Traversée de Paris* en réalisant *Les Patates* (1969), adapté du roman de Jacques Vaucherot. Il dresse un portrait féroce de la France occupée et d'une paysannerie envieuse et mesquine à travers les mésaventures d'un fermier ardennais, interprété par Pierre Perret,

---

1. François de Curel, *Terre inhumaine*, Paris, A. Chatenet, 1923.
2. En 1959, Michel Boisrond a déjà proposé une adaptation édulcorée du *Chemin des écoliers* de Marcel Aymé, décrivant l'idylle entre un jeune lycéen et une femme de prisonnier.
3. Raymond Borde et Marcel Oms, in *Positif*, n° 41, septembre 1961, cités par Suzanne Langlois, *La Résistance dans le cinéma français...*, *op. cit.*, p. 226-227.

qui défend sa récolte contre la convoitise de ses voisins. Mais Vaucherot, pour peindre cet harpagon du tubercule, n'a pas la verve acide de Marcel Aymé. La critique juge conventionnelle cette farce tragi-comique, mise en scène par un réalisateur au crépuscule de sa carrière.

Cayatte, quant à lui, a conservé intacte sa faculté à lancer de profonds débats de société. *Le Passage du Rhin* (1960) suit les destins croisés du journaliste Jean Durrieu et du pâtissier Roger Perrin, prisonniers de guerre affectés aux champs. Durrieu s'évade du Kommando pour rejoindre la France libre, n'hésitant pas à humilier Helga, la fille candide du bourgmestre. Préférant « être un con qu'un salaud », Perrin choisit de rester en Allemagne. Devenu le bras droit du maire, le pâtissier noue d'étroites relations avec les villageois et s'éprend d'Helga. La guerre finie, il n'aura de cesse de repasser le Rhin pour échapper à son épouse acariâtre et retrouver la jeune Allemande, devenue orpheline. « Là-bas, je servais à quelque chose », confie-t-il à Jean en reprenant le chemin de l'Allemagne. Au même moment, dans Paris libéré, l'ancien résistant est confronté à ses camarades de combat, devenus des épurateurs intransigeants ; ils somment Durrieu de choisir entre la direction du journal et son mariage avec Florence, accusée de collaboration. *Le Passage du Rhin*, coproduit par la UFA, suscite en France de vives réactions. Dès l'annonce du projet, de bonnes âmes tentent de décourager le scénariste Armand Jammot[4] ; Charles Aznavour, l'interprète de Perrin, subit lui aussi des intimidations. Les protestations reprennent à la sortie du film en octobre 1960. Pierre Billard juge « parfaitement inopportun [le] message européen » du cinéaste[5]. Louis Marcorelles dénonce son « goût de fraternisation manquée » et craint que sa remise en cause

---

4. Le film fut coscénarisé par André Cayatte, Armand Jammot, Pascal Jardin et Maurice Aubergé.

5. Pierre Billard, in *Cinéma 61*, n° 52, janvier 1961, p. 116. Voir aussi Georges Sadoul, in *Les Lettres françaises*, n° 847, 27 octobre 1960, p. 7.

des « classifications romantiques entre "intrépides résistants" et "dégoûtants collabos" » ne passe pour une défense de la collaboration[6]. Couronné par le Lion d'Or de Venise, *Le Passage du Rhin* recueille les suffrages d'un public toujours séduit par « la cybernétique d'André Cayatte[7] ».

Plusieurs films contemporains de la jeune garde contestent eux aussi la geste héroïque et les clichés manichéens. Tout en empruntant des voies cinématographiques bien différentes, Jean Dewever, Georges Lautner, Alain Resnais, Jean Kerchbron partagent une conscience à vif de l'Histoire, aiguisée par le conflit algérien[8].

Dans *Arrêtez les tambours*, Lautner met en scène le personnage « cayattien » d'un médecin humaniste, maire de la petite ville de Courdimanche, confronté à l'intolérance et au fanatisme[9]. Le docteur Leproux soigne avec un même sens du devoir les soldats allemands et un parachutiste blessé, chassé par ses concitoyens. Il aide les maquisards à dérober des cartes d'alimentation et inscrit son nom sur la liste des otages exigée par l'occupant. Mais il entretient aussi une relation amicale avec un médecin allemand qui s'éprend de sa fille. À l'approche de la Libération, les sentiments patriotiques s'échauffent : les pleutres de Courdimanche conjurent le remords de leur inaction en jurant de tondre la fille du maire. La conduite ambivalente de Leproux lui vaudra d'être tout à la fois condamné à mort par le maquis et fusillé par l'occupant.

---

6. Louis Marcorelles, in *France-Observateur*, n° 549, 10 novembre 1960, p. 26, cité par Joseph Daniel, *Guerre et cinéma, op. cit.*, p. 317.
7. André Bazin, « La cybernétique d'André Cayatte », *Les Cahiers du cinéma*, n° 36, juin 1954, p. 22-27. *Le Passage du Rhin* totalise à ce jour 4 658 939 entrées (chiffres d'exploitation du CNC).
8. Resnais est né en 1922, Kerchbron en 1924, Lautner en 1926, Dewever en 1927.
9. Sans connaître la réussite du *Passage du Rhin*, le film remporte un certain succès. À ce jour, il totalise 1 642 335 entrées (chiffres d'exploitation du CNC).

En 1959, *Hiroshima mon amour* a déjà ravivé le souvenir des femmes tondues. En 1949, Michel Braspart avait regretté que Clouzot eût manqué d'audace en préservant la chevelure de Manon[10] ; Resnais suscite une polémique en mettant en scène la tonte de la jeune Nivernaise, punie pour sa liaison avec un soldat allemand. La presse communiste est la plus virulente. « Situer le drame de Nevers dans les scories de la Libération (les femmes tondues), c'est un scandale qui ne réjouira que les pétainistes ou les collaborateurs d'hier », estime Armand Monjo[11]. Georges Sadoul accuse Resnais de dénigrer la Résistance :

Je n'ai pas vu autour de moi, à la Libération, les chefs de la Résistance ordonner de tondre ces filles-là[12]. Au contraire, si la foule mettait en action un mot d'ordre lancé (si j'ai bonne mémoire) par la radio de Londres, ils intervenaient pour éviter les sabbats qui scandalisèrent (à bon escient) Paul Éluard[13].

Étrange critique... Dans la séquence d'*Hiroshima*..., rien n'indique que les tondeurs sont des résistants ; aucun porteur de brassard n'apparaît dans cette scène silencieuse, qui a la lenteur des choses perçues dans un demi-sommeil[14]. Resnais et Duras, comme Clouzot avant eux, sont également blâmés pour avoir placé en regard la tragédie d'Hiroshima et le drame de la petite tondue de Nevers[15]. Ils l'auraient été plus encore si le cinéaste avait tourné la scène imaginée par la romancière dans laquelle la jeune femme coud une

---

10. Michel Braspart, in *Réforme*, 19 mars 1949.
11. Armand Monjo, in *L'Humanité*, 13 juin 1959, p. 2.
12. Celles qui ne furent ni des collaboratrices des nazis, ni des dénonciatrices.
13. *Les Lettres françaises*, n° 777, 11 juin 1959, p. 1 et p. 7.
14. Dans une version du scénario, Duras fait dire à Emmanuelle Riva : « Ils sont jeunes. *Ce sont des héros sans imagination*. Ils me rasent avec soin jusqu'au bout. » La phrase sur les héros ne figure pas dans le film (découpage de *Hiroshima mon amour*, Cinémathèque française/Bifi, fonds Sylvette Baudrot, GU61 B24 1/2).
15. Voir *supra*, p. 350 sq.

étoile jaune sur son chemisier[16] ; Duras réunissait ainsi, en un même personnage, la « collaboratrice horizontale » et la victime de l'antisémitisme. Mais si *Hiroshima mon amour* déclenche des débats passionnés et divise le monde des lettres et du cinéma, cette déflagration vient surtout des audaces formelles du cinéaste. Par sa nouveauté radicale et sa modernité, l'œuvre d'Alain Resnais s'impose comme un jalon majeur du septième art, creusant « une voie inédite dans le cinéma mondial[17] ».

Tel n'est pas le cas du film *Vacances en enfer* (1960), où Jean Kerchbron conte le parcours sinueux d'un milicien déserteur[18]. Le jeune homme trouve refuge chez un couple de résistants qu'il défend contre les exactions des « maquis noirs ». S'étant épris de leur fille, André s'enfuit avec elle vers la frontière pyrénéenne où il tombe aux mains des Allemands. Le héros de Kerchbron n'a rien du gamin perdu de *La neige était sale* : brillant élève du lycée Louis-le-Grand, il s'est courageusement battu en 1940, recevant cinq citations. S'il admet s'être trompé de camp, abusé par un père pétainiste, André défend les valeurs du courage et de l'engagement qui l'ont conduit sur le front russe ; il exprime son dégoût pour les attentistes et les profiteurs de guerre. Le personnage de Kerchbron annonce Christian de La Mazière, le Waffen SS du *Chagrin et la Pitié*. La presse éprouve de l'indulgence pour ce héros fourvoyé et repentant ; ce d'autant

---

16. Découpage de *Hiroshima mon amour*, Cinémathèque française/Bifi, fonds Sylvette Baudrot, GU61 B24 1/2.

17. Luc Lagier, *Hiroshima mon amour*, Paris, Cahiers du cinéma-Scéren-CNDP, 2007, p. 3. *Hiroshima mon amour* crée l'événement au Festival de Cannes, où il est présenté hors compétition pour ne pas indisposer les Américains. Le film d'Alain Resnais rencontre le succès auprès du public parisien : il reste trente-trois semaines à l'affiche et récolte 160 368 entrées, beau résultat pour un film de cette ambition. À ce jour, *Hiroshima mon amour* totalise 2 229 279 entrées (chiffres d'exploitation du CNC).

18. France Roche signa l'adaptation, Maurice Clavel les dialogues. *Vacances en enfer* fut le premier film de cinéma tourné par Kerchbron, qui travailla surtout pour la télévision.

que le cinéaste est un ancien résistant qui a rejoint les FTP à l'âge de 17 ans[19]. Les critiques fusent en revanche contre *Les Honneurs de la guerre* de Jean Dewever. L'histoire de ce film dérangeant éclaire les enjeux souterrains d'un courant minoritaire du cinéma français qui ne parvient pas à s'imposer dans les années 1960.

Les Honneurs de la guerre : les paradoxes de l'allégorie

Jean Dewever a 33 ans lorsqu'il tourne *Les Honneurs de la guerre*, son premier long métrage. Il a suivi un parcours classique d'assistant réalisateur et signé un court métrage remarqué, *La Crise du logement*, couronné en 1956 par le prix Louis-Lumière. Cette œuvre de combat démontre ses qualités de cinéaste et ses préoccupations sociales. De ses années d'apprentissage, Dewever conserve un amour intransigeant de la technique et un goût pour le classicisme qui le distinguent des cadets de la « nouvelle vague ». Le projet des *Honneurs*… naît en 1958 : Jean Dewever s'associe au scénariste Jean-Charles Tacchella pour écrire un film dénonçant l'absurdité des conflits militaires. Bercé par le pacifisme de son père, un ancien combattant, le cinéaste a été marqué par son adolescence sous l'Occupation ; les conflits coloniaux ravivent sa haine viscérale de la guerre et il est indigné par l'envoi du contingent en Algérie[20]. L'écriture du scénario, maintes fois remanié, dure deux ans. *Les Honneurs de la guerre* sort en 1961.

---

19. Arrêté en juillet 1944, Jean Kerchbron fut interné à Fresnes puis à Drancy ; libéré grâce aux négociations du consul Nordling, il participa à la libération de Paris. *Vacances en enfer* totalise à ce jour 423 446 entrées (chiffres d'exploitation du CNC).

20. Dans *Témoignage chrétien* (10 août 1962), Jean Dewever confie à Claude Fléouter : « Je hais la guerre. J'ai eu l'occasion de voir un certain nombre de gens brillants rappelés en Algérie, et qui se sont fait tuer là-bas. »

Des vaincus et des héros superflus

L'action du film se situe pendant l'été 1944. Les habitants d'un village des bords de Marne ont célébré prématurément leur libération : la fête a été interrompue par l'arrivée inopinée d'un détachement de la Wehrmacht. Sur la place de Nanteuil encore parée de guirlandes et de drapeaux alliés, les soldats allemands surveillent des résistants barricadés dans l'Église. Privés de leur chef grièvement blessé, ils envisagent de négocier une trêve. Mais la venue d'un capitaine de la Wehrmacht met fin au fragile processus de paix. L'officier refuse que ses soldats rendent les armes à des civils et leur ordonne de partir à la rencontre des Américains pour capituler devant des troupes régulières. Tandis que les Allemands se préparent au repli, les résistants de Nanteuil croient la trêve rompue. Ils alertent les habitants du village voisin de Muzières qui viennent à leur secours. Sur un quiproquo absurde et dérisoire, les armes se remettent à parler :

> Après la paix, la guerre est revenue et, bêtement, des hommes sont en train de mourir. Peu importe lesquels : à ce jeu, il n'y a que des vaincus et des héros superflus[21].

Le film de Dewever dépouille ainsi les combats de la Libération de leur dimension épique, les réduisant à d'inutiles escarmouches. Son récit ne manque pourtant pas de vraisemblance. La bataille de libération de l'été 1944 a donné lieu à une multitude de situations contrastées : « France libérée et gaullienne de la côte normande, France insurgée et paisible de la "République de Mauriac", France traquée du Vercors, France martyre de Dordogne et de Corrèze[22] ». Si les Allemands en déroute se sont parfois livrés à de terribles massacres, d'autres se sont rendus sans coup férir aux armées victorieuses ; si la

---

21. Texte inscrit en surimpression sur les dernières images du film.
22. Jean-Pierre Azéma, *De Munich à la Libération...*, *op. cit.*, p. 328.

Résistance française a réalisé des actions d'éclats en Bretagne et dans la vallée du Rhône, beaucoup de villages se sont libérés tranquillement comme Muzières, d'autres ont pu subir, comme Nanteuil, les conséquences d'un fatal quiproquo. Au sein de la diversité des situations, Dewever a choisi l'un des possibles et il en rend compte avec talent.

L'audace du cinéaste tient d'abord à sa peinture des villageois français qui tranche avec le conformisme ambiant. Dans la bourgade de Muzières, désertée par les Allemands et les miliciens, la vie a repris un cours paisible et les invités d'une noce attendent gaiement l'arrivée du maire. Leur quiétude est troublée par l'irruption d'un FTP qui annonce la prise de Nanteuil. Quelques hommes se résignent à former une délégation pour parlementer avec les Allemands ; lorsque la nouvelle de la trêve leur parvient, ils l'accueillent avec soulagement et enthousiasme. Les parlementaires décident d'attendre le signal de la reddition dans le bistrot champêtre du père Sauvage. Ils reçoivent aussitôt le renfort d'une troupe badine : un veuf joyeux, un porteur de francisque coiffé d'un casque de la Grande Guerre, Mme Clovis qui offre ses services de cantinière, la postière Mlle Lherminier. Juché sur la remorque des pompiers, escorté par deux gendarmes, ce plaisant équipage emprunte les routes ensoleillées qui mènent à la guinguette. Ils sont stoppés en chemin par le cadavre d'un milicien. Un second milicien, poursuivi par des paysans, s'approche du convoi. Crachant son venin sur les « youpins » et les assassins d'Henriot, il vitupère contre les trognes « de dégénérés » de ses assaillants : « Des gueules comme ça, c'est tout le procès du suffrage universel ! »

Cette rencontre avec le fanatisme et la mort est vite oubliée dans l'insouciance d'un repas arrosé. Sous la tonnelle, la postière colporte des ragots sur les trafiquants du marché noir et les hommes parlent politique, suspectant les communistes de vouloir prendre le pouvoir. Mais les antagonismes ne résistent pas longtemps aux douceurs émollientes d'une nature épanouie et aux vapeurs de la « mominette ». Les couples se dispersent dans les prés et Mme Sauvage entonne *On n'a pas tous les jours vingt ans* devant l'assistance clairsemée. Cette torpeur bienheureuse est interrompue par le tocsin de Nanteuil que sonnent les résistants réfugiés dans l'Église. Les hommes dégrisés et résignés se dirigent à pas lents vers le village assiégé.

L'image de ces Français libérés choque plus d'un critique. « Je n'incite pas les amis survivants du Vercors, des Glières et de mille autres maquis à tenter de se reconnaître parmi ces sous-produits humains de Clochemerle[23] », soupire Henry Magnan. « Les Français ? » ajoute Maurice Ciantar :

> Uniformément des bâfreurs, à l'enseigne de Brillat-Savarin et du Beaujolais. Les Françaises ? Des sottes ou des messalines de carrefour. De la dignité, aucune ! Du courage ? En paroles, verre en main. Seule figure estimable : un milicien manifestant son dégoût pour cette humanité digestive, par un « sale juif ! », ressenti sans mot dire par ces Gaulois bedonnants[24].

« Votre seule sympathie va au milicien qui traite son défenseur de "sale juif !" », lui répond Dewever :

> Que vous puissiez, après cela, le trouver « estimable » me semble tout simplement scandaleux […] et, cependant, comme mes personnages je n'ai envie ni de vous frapper, ni même de vous insulter. Peut-être parce que je suis comme eux, digestif ou bedonnant[25].

Ce portrait des Français paraît d'autant plus fautif à certains que celui des occupants leur semble complaisant. Dans les premiers plans du film, Dewever met en scène des soldats harassés, à la démarche languissante, qui raclent leurs bottes sur la route poussiéreuse. Puis il pénètre par petites touches

---

23. Henry Magnan, in *Libération*, 28 juillet 1962.
24. Maurice Ciantar, in *Paris-Jour*, 28 juillet 1962, p. 16.
25. Droit de réponse adressé au rédacteur en chef de *Paris-Jour*, le 28 juillet 1962 (archives privées de Jean Dewever).

dans l'intimité de ces hommes. Les guerriers allemands n'ont certes pas abandonné leurs pratiques barbares. Sur la place déserte, un bâtiment incendié fume encore et un pendu se balance – son ombre, comme l'aiguille d'un cadran, marque l'heure et le passage du temps tout au long du film. Mais les Allemands sont las et aspirent au repos. Profitant de la blessure de leur chef, ils s'abandonnent au désœuvrement, échangent des souvenirs de la campagne d'Afrique, se disputent sur les mérites comparés des actrices Marika Rökk et Zarah Leander, ébauchent des pas de danse au son d'une radio grésillante. Interprétés par des acteurs allemands aux accents régionaux et aux dialectes variés, les occupants des *Honneurs de la guerre* s'éloignent radicalement des clichés en vigueur.

Dewever et Tacchella ont soumis leurs dialogues à deux auteurs allemands, chargés de les traduire et d'en contrôler l'authenticité[26]. Ces derniers adoucissent les répliques et humanisent les personnages. L'agent des comédiens allemands contrôle lui aussi le scénario, brandissant la menace de résilier les contrats si le film ne contribue pas à « l'entente entre la France et l'Allemagne »[27]. Lors du tournage, les acteurs nuancent encore leurs personnages et font modifier quelques scènes[28]. Dans *Les Lettres françaises*, Michel Mardore tire les leçons de cette collaboration franco-allemande inédite :

> Les Français ont été typés avec beaucoup de minutie, et Dewever s'en est tenu là, reconnaissant des portraits familiers et parfaitement plausibles, mais qui en raison de la netteté de chaque

---

26. W. Kuri et E. Kipfmüller.
27. M. Lazar, « Jovanic & Wieler », *Internationale Film- und Theateragentur*, 1ᵉʳ juin 1960 (archives de Jean Dewever).
28. Les acteurs firent notamment supprimer une scène où les soldats cuisent un chat à la broche. Comme le note Jean Dewever, ils admettaient aisément que des Allemands puissent pendre un villageois mais s'offusquaient qu'on les suspectât de manger les chats (entretien avec l'auteure).

caractère frôlent un peu la caricature. Le même procédé avait été adopté pour peindre les Allemands, mais au cours du tournage, Dewever demandait très souvent leur avis à ses acteurs d'outre-Rhin. Il en est résulté une série de nuances qui, sans modifier l'essence des caractères, ont enrichi et assoupli les expressions et le comportement. La proximité, la chaleur humaine de ces « deuxièmes classes » de la Wehrmacht, replacés dans le contexte manichéen de la Libération, nous paraissent presque invraisemblables, alors que ce sont probablement les plus justes, les plus vrais, que l'on ait vus depuis longtemps[29].

Si l'image de l'occupant a évolué depuis la Libération, ces soldats « trop humains » transgressent ouvertement la codification tacite. Dans les années 1960, les films sur les Stalags ont repris et popularisé la figure de la civile allemande secourable. « Toutes les mères sont les mêmes, dommage que les pères soient si bêtes », soupire Bailly-Fernandel dans *La Vache et le Prisonnier*. En effet, ces paysannes compréhensives n'effacent pas la brutalité des frères, des fils et des maris. Sur ce point, *Le Passage du Rhin* a franchi une ligne rouge en offrant un portrait de groupe des Allemands en guerre. Leur vie au village diffère bien peu de celle des Français ; les humbles et les petits y sont les victimes éternelles d'une guerre qu'ils subissent sans l'avoir voulue. La défaite du IIIe Reich fait connaître aux civils allemands le sort des Français : Cayatte filme avec empathie ces villageois endeuillés et exsangues, soumis à la réquisition forcée de leurs vieillards et de leurs adolescents, subissant les bombardements et la tragédie de l'exode. La figure de la « bonne Allemande » fait ainsi place à l'image honnie de la « bonne Allemagne » ; la coresponsabilité du peuple allemand, victime de ses dirigeants, s'en trouve effacée[30].

---

29. Michel Mardore, in *Les Lettres françaises*, 2 août 1962.
30. Au même moment, le cinéma de la RFA (qui prépare son entrée dans l'OTAN) travaille à innocenter les militaires de la Wehrmacht et la

Dans les films des années 1960, l'image des troupes d'occupation a elle aussi subi une évolution sensible : les officiers de la Wehrmacht courtois et raffinés, mélomanes et fins lettrés, sont désormais légion dans les fictions résistantes. Mais ces militaires courtois sont entourés d'une soldatesque brutale et de fanatiques hitlériens. Tandis que les officiers de la Wehrmacht jouent du Meyerbeer au piano et déclament du Péguy, les rustres barbares et les nazis enragés écorchent la langue française, martyrisent les Français, pratiquent les représailles, la torture, les exécutions sommaires. Les hitlériens et la meute hurlante des patrouilles contrebalancent l'officier « korrect » de la Wehrmacht.

En pénétrant l'intimité d'un détachement militaire, Jean Dewever bouleverse ce savant équilibre qui conduit vers la réconciliation, à petits pas comptés. Reprenant à Cayatte l'idée d'un portrait de groupe, il aggrave son cas en filmant une patrouille, symbole de la barbarie des forces d'occupation. Il passe définitivement les bornes en opposant à ces soldats « trop humains » une bande joyeuse de Français hédonistes.

Les critiques de la gauche libertaire et de l'extrême droite nostalgique[31] s'amusent de cette révision des stéréotypes nationaux ; d'autres, plus nombreux, s'en offusquent. « Tous les Allemands présents, à une exception près, sont bons et humains, tandis que la majorité des Français ont une "faille" », souligne *Le Figaro*[32]. *Témoignage chrétien* déplore le contraste « entre le conformisme vulgaire du banquet champêtre et

---

population allemande, victime de ses dirigeants (voir Béatrice Fleury-Vilatte, *Cinéma et culpabilité en Allemagne, 1945-1990*, Perpignan, Institut Jean-Vigo, 1995).

31. *Le Canard enchaîné* prend la défense du film à plusieurs reprises (voir les éditions des 27 juin, 28 juillet et 1er août 1962) ; à l'autre extrémité de l'échiquier, Lucien Rebatet est lui aussi élogieux (*Rivarol*, 12 juillet 1962, p. 5).

32. S. F., in *Le Figaro*, 2 août 1962.

la description beaucoup plus sympathique et nuancée des Allemands[33] ». Maurice Ciantar est plus virulent :

> Jamais film [...] ne fut plus antifrançais et jamais censure ne fut plus coupable, en dépit de certaines coupures, d'avoir autorisé sa sortie [...]. En contraste [des Français], la patrouille allemande, contrôlant le village, apparaît, tant au physique qu'au moral, comme la quintessence de l'Espèce ! Belles gueules, carrures d'athlètes. Plongés dans leurs gamelles vides, car les pauvres ne mangent pas à leur faim, ils échangent, entre deux bouchées squelettiques, des propos athéniens. Ce film masochiste, singulièrement dévoyé, qui fait fi des misères endurées par l'Europe à l'heure allemande, qui est une insulte à la fierté et au courage de ce pays [...] est d'autant plus nocif que sa qualité est grande [...]. Plus que nos monuments, davantage que nos immeubles, c'est la conscience de certains Français qui a besoin d'être ravalée, obligatoirement, s'il le faut[34].

La censure, mise en cause par Ciantar, n'a pourtant pas négligé ses devoirs. En mars 1960, elle a examiné le scénario des *Honneurs de la guerre* et préconisé de nombreuses coupes et modifications ; mais elle est plus attentive à l'image de la France et des Français qu'au portrait des Allemands. Le représentant de la chancellerie conseille aux auteurs de « veiller à ce que les séquences évoquant l'esprit et l'action de la Résistance ne soient, à aucun moment, susceptibles d'être interprétées comme constituant une critique de cette dernière »[35]. Le délégué du ministre de l'Information a pointé les séquences risquant de provoquer les « protestations véhémentes » des anciens résistants. Il conseille à Dewever d'atténuer l'antimilitarisme du propos et le climat de liesse du banquet, « choquante pour des résistants ayant mené des actions identiques et aussi meurtrières ». Plaçant

---

33. M. G.-L., in *Témoignage chrétien*, 10 août 1962.
34. Maurice Ciantar, in *Paris-Jour*, 28 juillet 1962, p. 16.
35. Dossier de censure des *Honneurs de la guerre*, archives du CNC.

dans sa mire le personnage du FTP, il recommande de ne pas « donner une priorité de préparation ou d'action à un mouvement particulier de la Résistance ». Il préconise une réduction drastique du rôle de la Milice et la suppression des allusions à la collaboration de la gendarmerie française. Il juge contraire à la vérité la réplique d'un soldat de la Wehrmacht s'exclamant : « En 1940, les Français fuyaient comme des lapins… C'est à ce moment-là qu'ils auraient dû se battre. » Il avertit enfin le cinéaste que le visa à l'exportation ne pourra lui être accordé s'il persiste à montrer « d'une façon manifeste et générale la division qui aurait été celle des Français ». Le représentant de la Défense nationale a pour sa part émis un avis défavorable, laconiquement justifié par « l'inopportunité » du sujet. Dewever – qui est aussi le producteur du film[36] – se trouve averti. Il remanie son scénario, réduit le rôle de la Milice, supprime les allusions à la débâcle et à la collaboration de la gendarmerie. Bien lui en prend : son film, examiné en plénière le 25 janvier 1961, reçoit le visa d'exploitation.

Le cap de la censure passé, Dewever peut envisager l'avenir avec plus d'optimisme. Le 21 juin 1961, le CNC sélectionne *Les Honneurs de la guerre* pour représenter la France au Festival international de San Sebastian ; le 5 juillet, il obtient l'avance sur recettes, pour un montant de 200 000 francs. Quelques mois plus tard, les autorités fédérales allemandes lui accordent le « Prädikat besonders wertvoll », une récompense qui offre des avantages financiers pour distribuer le film en Allemagne de l'Ouest[37].

---

36. Le film fut financé par sa propre maison de production, la société Ako.

37. Cet octroi a été conditionné au changement du titre allemand. Dewever a initialement proposé : *Mit Eichenlaub und Schwertern* (« Avec feuilles de chêne et glaives », emblèmes ornant la croix de chevalier de la Ritterkreuz – croix de Fer), qui reprend, par l'écart instauré entre le titre et le contenu du film, la tonalité ironique du titre français (courrier de la Filmbewertungsstelle – autorité de contrôle et d'évaluation de la production

Cette gratification, offerte à une fiction sur la Seconde Guerre mondiale, éveille-t-elle les soupçons des autorités françaises ? Certains diplomates s'avisent soudain que le film n'est pas sans reproche.

La première alerte vient du consul de France à Hambourg. Refusant de patronner le long métrage, il s'inquiète auprès de Jean Dewever de ses effets sur une audience allemande :

> Dans un film conçu d'abord pour un public français vous avez voulu sans doute traiter loyalement l'armée allemande et vous avez exécuté ce projet au point de la rendre très sympathique. Les Français en revanche sont caricaturés. La caricature est souriante, certes, mais est tout de même caricature. Il existe donc ici à mon avis de nouveau un danger : celui que les spectateurs allemands pensent : « Notre Wehrmacht était donc non seulement correcte mais humaine. Quant aux francs-tireurs, c'étaient des ivrognes en qui on ne pouvait avoir aucune confiance »[38].

Depuis le milieu des années 1950, comme le démontre l'affaire de *Nuit et brouillard*, les diplomates français se sont dépensés sans compter pour ménager la susceptibilité de leurs partenaires ouest-allemands ; *Les Honneurs de la guerre* leur pose un problème inédit. Dewever s'en amuse dans une lettre au Quai d'Orsay :

> Il me paraîtrait étonnant que le contenu délibérément pacifiste du film soit de nature à porter atteinte à la réputation de notre pays à l'étranger. Ou que l'on me reproche, à l'heure de la Communauté européenne, d'avoir présenté des soldats allemands sous un jour trop « humain »[39].

---

cinématographique en RFA – à la société productrice Ako, 17 octobre 1961, archives privées de Jean Dewever).

38. Consul général de France (J. Fernand-Laurent) à Jean Dewever, Hambourg, 6 février 1962, archives de Jean Dewever.

39. Lettre de Jean Dewever au ministre des Affaires étrangères, 26 juin 1962, archives de Jean Dewever.

Suite au refus du consul de Hambourg, la première mondiale a lieu à Berlin, le 22 février 1962, dans une salle de la Maison française. L'accueil des spectateurs allemands est très chaleureux mais des membres de l'Institut français critiquent à leur tour ce « film antifrançais »[40]. Le consul de Berlin, appuyé par l'ambassade de France, fait pression sur le distributeur allemand pour qu'il renonce à exploiter *Les Honneurs de la guerre*[41]. En juin 1962, le haut commandant des forces françaises en Allemagne annule une projection du film prévue pour les ressortissants français[42]. Cette agitation diplomatique a un effet désastreux sur la distribution du long métrage en Allemagne. Celui-ci sort à la sauvette dans quelques villes, privé du lancement publicitaire initialement prévu. Ce fiasco fait boule de neige : le distributeur allemand ayant laissé « transpirer ce qui lui était arrivé auprès d'autres importateurs de films français à l'étranger[43] », les Hollandais, les Suédois et les Autrichiens rompent les négociations entamées avec le cinéaste-producteur.

Les Honneurs de la guerre se heurte également à la censure des États : il est interdit en Algérie, au Maroc et en Israël. Selon Dewever, diverses pressions auraient « été faites, ici et là, probablement à l'échelon consulaire, auprès de gouvernements ou de distributeurs étrangers pour que le film ne soit pas autorisé ou programmé[44] ».

---

40. *Ibid.*
41. L'information lui est communiquée par Louis François-Poncet, correspondant en France de la société Europa Filmverleih (lettre de Mme Jochimsen, correspondante berlinoise de Europa Filmverleih, à Jean Dewever, 13 mars 1962, archives de Jean Dewever).
42. Lettre de M. Labaume, représentant de Rex Films, 16 juin 1962, archives de Jean Dewever.
43. Lettre citée de Jean Dewever au ministre des Affaires étrangères, 26 juin 1962, archives de Jean Dewever.
44. Lettre citée de Jean Dewever au ministre des Affaires étrangères, 26 juin 1962. La direction générale des affaires culturelles du Quai d'Orsay lui répond, le 17 août 1962, que le ministère des Affaires étrangères ne s'est en aucune façon opposé à l'exportation du film hors des frontières

De l'autre côté du miroir 499

Il n'a pas plus de succès pour présenter son film en France[45] : tel directeur de salle se trouve dans l'obligation de reporter *sine die* la projection ; tel autre a déjà bouclé sa programmation ou trouve le film peu commercial. En juin 1962, à l'occasion d'un point de presse, le réalisateur confie que le film ne se heurte nulle part à un veto formel mais qu'il est partout « déconseillé », victime de la « technique du coton ».

Refusant de baisser la garde, Dewever multiplie les projections privées. Claude Chabrol, Louis Daquin, Jacques Demy, Pierre Kast, Alain Resnais, Claude Sautet, Agnès Varda… signent une pétition de soutien. En juillet 1962, un an après l'obtention du visa, le cinéaste finit par trouver une petite salle d'exclusivité parisienne. Mais la période estivale est peu propice aux sorties : *Les Honneurs…* reste trois semaines à l'affiche et totalise 8 227 entrées. Dewever mettra plus de vingt ans à rembourser cet échec[46]…

À la ruine du producteur se mêle l'amertume du cinéaste, convaincu, non sans raison, de ne pas avoir été compris. Car sa chronique de la France libérée se veut une fable allégorique, en prise directe avec l'actualité.

Sur l'autre rivage

Dewever s'en explique dans *Les Lettres françaises* :

Je n'ai pas cherché à faire un film historique, fidèle à des événements réels. Pour diverses raisons, on ne peut pas parler des événements actuels. Et pourtant, il y a des guerres. En France,

---

françaises et qu'aucune directive n'a été donnée à ce sujet aux représentants diplomatiques ou consulaires (archives de Jean Dewever).

45. En octobre 1961, le cinéaste apprend que la Centrale catholique du film a octroyé à son film la cote 4 S : « pour adultes après coupures ».

46. Le budget prévisionnel de 750 000 francs a été largement dépassé en raison de mauvaises conditions climatiques qui entraînent un surcoût de 400 000 francs. À ce jour, le film totalise 219 663 entrées (chiffres d'exploitation du CNC).

nous sommes en guerre depuis près de vingt ans, on nous empoisonne avec la guerre. Aussi, par le truchement d'une sorte de conte philosophique, j'ai essayé de montrer les conséquences néfastes d'une certaine mentalité qui entraîne les hommes le plus souvent malgré eux dans l'engrenage de la guerre. Il y a dans mon film un côté de pure parabole, car ce qui m'importe c'est de rendre sensible la vanité absolue de la guerre [...]. Au-delà de ce qui arrive à mes personnages, on comprendra mieux peut-être dans quelles situations absurdes se sont trouvés des soldats français en Indochine et en Algérie[47].

Pour construire cette parabole, le scénario des *Honneurs de la guerre*, initialement intitulé *La Cote 307*, a connu de nombreuses moutures. Dans un pays marqué à vif par le drame algérien, Dewever et Tacchella savent qu'il n'est pas question d'aborder de front la question coloniale. Pour contourner la censure, ils jouent, comme tant d'autres avant eux, la carte de l'allégorie historique : le scénario, qui connaît plusieurs versions, est situé pendant la Grande Guerre.

Le récit se déroule dans une tranchée du nord de la France, en 1917. Saisis par le froid, taraudés par la faim, démangés par la vermine, les soldats des deux camps s'observent. Côté français, on attend impatiemment la relève en luttant contre les rats qui menacent les gamelles. Côté allemand, la lassitude gagne et la souffrance est à son comble. Tandis que leur chef blessé agonise, les soldats de Guillaume II envisagent de se rendre à l'ennemi. Mais l'arrivée du lieutenant Rollingen, qui réintroduit une discipline de fer dans la tranchée, met fin à leur projet. Pour occuper ses hommes, l'officier ordonne de construire un nouvel abri. Entendant les coups lointains, les Français se persuadent que l'ennemi mine leur galerie. Un émissaire est dépêché à l'état-major qui donne l'ordre d'attaquer. Sur un tragique quiproquo, les deux camps se lancent dans un assaut meurtrier. Quand la nuit tombe enfin sur le *no*

---

47. Jean Dewever, in *Les Lettres françaises*, n° 884, 13 juillet 1961, p. 8.

De l'autre côté du miroir 501

man's land, les cadavres jonchent le sol ; les positions des adversaires demeurent inchangées :

> Quelque temps après, un général français, dans un ordre du jour, rendait hommage au courage des combattants de la cote 307 pour les faits d'armes de cette nuit du 12 octobre 1917... Et un général allemand en faisait autant. Les deux communiqués étaient des communiqués de victoire[48].

Les auteurs dénoncent ainsi l'absurdité de la guerre et les mécanismes pervers de l'embrigadement militaire. Le lieutenant allemand Rollingen, usant tour à tour de la flatterie et de la menace, replace ses hommes dans le carcan rassurant de la discipline. Subjugué par le charisme du chef, le soldat Hermann, qui a lancé l'idée d'une mutinerie, est le premier à tirer sur les Français. Le récit se conclut par une cérémonie parodique. Tandis que les combattants allemands, blessés, misérables et crottés, regagnent péniblement la tranchée, l'officier et ses soldats, sabre au clair, leur rendent les honneurs. « Alors, ironisent les scénaristes, le miracle éternel se produit » :

> Ces blessés, que rien ne semblait plus pouvoir arracher à leur abattement et à leur souffrance, se redressent instinctivement. Sans un mot, l'un après l'autre, ils passent devant Rollingen, devant « leur chef », l'un après l'autre, ils le remercient avec ce petit mouvement sec du menton qui fige les visages, les transfigure... Un instant comme celui-là vous paye de bien des souffrances[49].

La Cote 307 présente de nombreux points communs avec les fictions pacifistes des années 1930 que sont *Les Croix de bois* (Raymond Bernard), *À l'Ouest rien de nouveau* (Lewis Milestone) ou encore *Quatre de l'infanterie* (Georg Wilhelm Pabst). Dewever et Tacchella s'avisèrent qu'ils en partageaient

---

48. Première version de *La Cote 307*, p. 40-41, archives de Jean Dewever.
49. Seconde version de *La Cote 307*, p. 43, archives de Jean Dewever.

aussi les ambivalences : ils n'évitaient pas les pièges du pacifisme cocardier ni les clichés du film de guerre – romantisme de la mort et du sacrifice, camaraderie du front... Enfin, les tranchées de 1914-1918 parurent aux scénaristes trop éloignées de la réalité des conflits coloniaux. Ils les abandonnèrent. La Libération de la France offrait un cadre plus propice aux analogies. Ils changèrent de décor et d'époque.

La première version des *Honneurs de la guerre* doit encore beaucoup à la guerre de positions de *La Cote 307*. Elle met aux prises les militaires allemands assiégeant Nanteuil à un groupe de FFI :

> Une trentaine de Français débraillés, les yeux brillants de fièvre, occupent le château qu'ils se préparent à défendre [...]. Commandés par un ex-instituteur, le « capitaine » Michelet, la plupart ne sont pas des villageois mais des étrangers à la région. Parisiens chassés de chez eux, juifs traqués, réfractaires au STO, ils appartiennent à un maquis. Tous partagent la même foi, le même enthousiasme[50].

Le camp français, comme celui des Allemands, compte quelques fanatiques. Le FFI Morizot rêve de baroud d'honneur et s'en prend violemment à une « collaboratrice horizontale », la menaçant de venir cracher « sur son beau petit crâne tout nu »[51]. Du moins ces résistants ont-ils pour eux la légitimité : comme le soulignent les dialogues, ils luttent contre une puissance d'occupation. Plus proche de la situation algérienne, ce nouveau récit ne satisfait toujours pas les auteurs : il ignore les drames d'une population civile,

---

50. Première version des *Honneurs de la guerre*, p. 6, archives de Jean Dewever.

51. Première version des *Honneurs de la guerre*, p. 36, archives de Jean Dewever. En 1944, l'adolescent Dewever fut choqué par le triste spectacle des femmes tondues ; cette scène en rendait compte. Il y renonça après la sortie d'*Hiroshima mon amour* : « Je n'avais plus rien à dire sur le sujet, le film de Resnais était parfait. » (Entretien avec l'auteure.)

solidaire des résistants, mais peu désireuse de s'engager et de prendre les armes.

La seconde version des *Honneurs...* s'ouvre à cette majorité silencieuse, représentée par les paisibles villageois de Muzières, pris entre les feux des militaires allemands et des résistants français. Le portrait des FFI demeure peu flatteur et leurs méthodes n'ont guère à envier à celles des nazis, comme l'illustre la scène où un résistant fait subir le supplice de la baignoire à un milicien. Au même moment, dans *Le Petit Soldat*, Jean-Luc Godard renvoie dos à dos les tortionnaires du FLN et de l'OAS ; son film ne passe pas le cap de la censure[52]. Il en aurait été de même pour cette version des *Honneurs...*, qui foisonne par ailleurs en allusions à la collaboration d'État et aux guerres franco-françaises.

La dernière mouture du scénario est sur ce plan moins audacieuse. L'argument en est aussi différent. La place des résistants a été encore réduite au profit des villageois de Muzières. Il s'agit désormais d'opposer deux manières de régler les conflits, celle des militaires et celle des civils :

> L'inutilité, l'absurdité de la guerre ne signifient nullement que, si elle éclate [...] l'homme ne puisse, ne doive prendre parti. Mais il y a deux moyens d'agir.
> Ou librement, comme les civils français.
> Ou en soldat, comme les Allemands[53].

À l'embrigadement aveugle des soldats allemands répondent donc l'humanisme et le pacifisme épicurien des villageois français. Les hommes de Muzières ne renoncent pas à venir

---

52. En séance plénière, le 7 septembre 1960, la commission de contrôle décide, par treize voix contre six et une abstention, l'interdiction totale du *Petit Soldat*. Parmi les griefs retenus figure ce reproche : « scènes de torture pratiquées par le FLN, et dont on indique qu'elles sont aussi le fait des Français » (archives du CNC).

53. Lettre de Jean Dewever à l'écrivain et ancien résistant Claude Aveline, 21 janvier 1962, archives privées de Jean Dewever.

en aide aux camarades de Nanteuil : mais ils le font avec résignation, la peur au ventre. C'est naturellement vers eux que va la préférence des auteurs. La mise en scène de Dewever souligne encore cette inclination. Le film confronte un monde minéral, organisé pour la guerre et la mort, à un univers dédié à la vie où s'épanouit une nature généreuse. Par un jeu de références et de citations, les scènes de la guinguette au bord de l'eau renvoient à Renoir (*Une partie de campagne*), Ophüls (*Le Plaisir*), Vigo (*L'Atalante*), Duvivier (*La Belle Équipe*) ; celles de Nanteuil, village de pierres ossifié autour du monument aux morts, s'inspirent du monde funèbre et guerrier des films de Pabst et de Raymond Bernard.

Les scénaristes ont également coupé toutes les scènes de violence pour ne point sacrifier au romantisme de la mort au combat[54] : « Quand on tue quelqu'un sur un écran, on fait une œuvre de guerre ; filmer des scènes violentes, c'est souscrire à la violence[55]. » Dewever et Tacchella écrivent donc un film de paix, tout entier tendu sur le fil fragile de la négociation. Aucun coup de feu n'éclate entre le générique et l'épilogue : la trêve rompue, la guerre reprend mais le cinéaste n'en montre rien. Il conclut son film sur le bruit des détonations et l'image d'un cadavre de chien secoué par une rafale.

Dans cette version du scénario, écrite en 1960, les auteurs ont considérablement renforcé la dimension allégorique de la fable. Leur conte cruel entend dénoncer « l'occupation française en Algérie et l'avènement triomphal du nationalisme gaulliste en métropole[56] ». Les auteurs poussent les feux de l'analogie : par-delà les identités nationales, les protagonistes du film appartiennent tous à une même nation, la France

---

54. Le film de Dewever, comme *Jéricho*, est dépouillé de toute orchestration musicale.

55. Entretien de Jean Dewever avec l'auteure.

56. Lettre de Jean Dewever à René Prédal, 21 avril 1971 (archives privées de Jean Dewever). Cette lettre est publiée presque intégralement dans l'ouvrage de René Prédal, *La Société française (1914-1945) à travers le cinéma*, Paris, Armand Colin, 1972, p. 313-323.

gaullienne, enlisée dans une guerre sans issue à laquelle ses gouvernants peinent à mettre un terme.

Les militaires de la Wehrmacht symbolisent les soldats appelés en Algérie. Leur chef Rollingen, qui les sacrifie par son attachement désuet à la discipline, s'inspire de la figure du général de Gaulle, exigeant une négociation dans les formes et appelant à la « paix des braves ». Pour consolider leur identification, Dewever et Tacchella font traduire en allemand quelques fragments des discours du chef de l'État qu'ils placent dans la bouche de leur officier. Comme de Gaulle, Rollingen fait la tournée des popotes, s'inquiète de savoir si la soupe est bonne et affirme à ses hommes : « Je sais ce que vous voulez dire. Je connais vos difficultés. Vous avez eu raison d'essayer d'en sortir[57]. » Dans ce système d'équivalences, les villageois de Muzières représentent les Français de métropole qui aspirent à la paix et s'inquiètent du sort des appelés[58] ; les résistants renvoient aux déserteurs de l'armée française et aux « porteurs de valises » ; les miliciens aux « dynamiteros de l'OAS »[59].

Ainsi, entre 1958 et 1960, de retouches en reprises, se promenant d'une guerre à l'autre, les auteurs écrivent un scénario-palimpseste sans cesse épaissi et stratifié, dont ils sont sans doute les seuls à détenir encore les clés. Dewever et Tacchella ont imaginé un film, le public en voit un autre ; le malentendu est total et l'échec absolu.

---

57. Référence au discours du 4 juin 1958.
58. Lettre citée de Jean Dewever à René Prédal, 21 avril 1971.
59. Lettre citée de Jean Dewever à Claude Aveline, 21 janvier 1962. Dewever ajoute, à propos de son personnage de milicien/OAS : « L'injure et la menace à la bouche, il se fera tuer, mais il ne mourra jamais. Il reviendra. Tant pis. »

Sale guerre et guerre juste

Pour mettre les spectateurs sur la piste de l'allégorie, Dewever ajoute à son film un carton d'avertissement qu'il n'a pas soumis à la censure :

> En plaçant notre action en 1944, nous avons délibérément choisi le moment où une guerre sans issue paraît devoir faire face à la paix. Des civils et des soldats, des hommes qui portent un uniforme, d'autres qui n'en portent pas, voilà nos héros. Leur nationalité est simplement affaire de circonstance.

Le cinéaste ne doute pas que le public préférera ces civils, sans doute pétris de défauts, mais rachetés par leur immense amour de la vie, leur sensualité, leur osmose panthéiste avec la nature. Il en dresse le portrait attendri dans une lettre à l'écrivain et ancien résistant Claude Aveline :

> [Mes villageois] aiment manger, boire, baiser, chanter, et la poésie d'un paysage. Vulgairement. D'instinct. Ils n'ont pas fait d'études pour en arriver là, ils n'ont pas reçu d'ordres, ni de formation. Ils n'en ont pas besoin : c'est leur grandeur.
> Ils s'expriment simplement, sans grossièretés inutiles, sans pathos insupportable. Ils disent les phrases de tous les jours, parfois un peu bêtes […]. Ils ne sont pas tous intelligents. Peu importe, ils « sentent ».
> Ils sentent que leur devoir, c'est de secourir les faibles, les opprimés. Cela et cela seul les guide dans leur démarche, dans leur résolution […]. Seule la nécessité d'agir avant qu'il ne soit trop tard les pousse à affronter un monde organisé pour la guerre, pour la mort. Mais ils aiment trop la vie pour ne pas avoir peur. Là est la valeur de leur action[60].

Par contraste, les soldats allemands représentent le camp honni de ceux qui ont « accepté d'être embrigadés, ballottés

---

60. Lettre citée de Jean Dewever à Claude Aveline, 21 janvier 1962.

De l'autre côté du miroir

au gré des événements et des ordres, affublés d'un uniforme et d'un numéro de matricule[61] ».

En pensant que les spectateurs aimeraient les villageois imparfaits plutôt que les militaires obéissants, Dewever a commis une erreur d'appréciation dont il prend conscience après coup : « Les gens choisissent presque automatiquement le camp des soldats. C'est en eux qu'ils se reconnaissent, c'est pour ça qu'il y a toujours la guerre. Et que le film "ne marche pas"[62]. » Tout à sa lecture allégorique, le cinéaste fait toutefois mine d'ignorer que les civils et les soldats de son film n'appartiennent pas à la même nation. Il a manipulé sans précaution les identités nationales et ravivé les blessures de l'Occupation.

Sa seconde erreur fut de penser que le cadre de la Seconde Guerre mondiale se prêtait à un conte pacifiste. Le consul de France à Hambourg lui en fait reproche :

> Votre film démontre très bien l'inutilité des combats lorsque la décision militaire a été remportée. Mais le danger existe, je crois, que des spectateurs élargissent l'enseignement qu'il contient et en tirent la conclusion que toute guerre, en particulier la dernière, fut inutile. Cependant la majorité de nos contemporains estiment que cette dernière guerre avait tout de même un sens dans la mesure où elle a voulu mettre un arrêt à l'expansion du racisme et délivrer les internés des camps de concentration.

Le constat de Samuel Lachize est identique dans *L'Humanité* :

> J'avoue que cette façon de dénoncer l'absurdité de la guerre ne m'a pas du tout convaincu. Sans doute parce que malgré les précautions oratoires prises par Jean Dewever et l'auteur de l'histoire, Jean-Charles Tacchella – le prologue fait une vague allusion à la guerre d'Algérie – toute cette histoire appartient à un passé trop proche pour qu'on puisse le traiter aussi légèrement.

---

61. Lettre citée de Jean Dewever à Claude Aveline, 21 janvier 1962.
62. Entretien de Jean Dewever avec l'auteure.

Personne ne nie qu'il y eut de grotesques résistants de la dernière heure et des Allemands ayant compris – bien tardivement – dans quel pétrin Hitler les avait fourrés [...]. Mais on ne voit pas très bien où les auteurs ont voulu parvenir en choisissant ce récit « à rebrousse-poil » et en le situant dans une époque qui montra plus d'héroïsme que d'absurdité[63].

Dans leur immense majorité, les Français estiment que la guerre contre le nazisme a été une cause juste et un combat légitime, même si le cinéma français de l'époque rend fort peu compte de cette dimension idéologique. Pour Dewever, elle n'a guère plus de sens ni de justification que les autres conflits. Son antimilitarisme et son pacifisme radical s'expriment dans sa vision des accords de Munich. Évoquant les deux villageois de Muzières venus parlementer avec les Allemands, le cinéaste confie à Claude Aveline :

> Morizot et Nieucourt devant les barbelés ont toujours évoqué dans mon esprit Chamberlain et Daladier à Munich. Étaient-ils assez grotesques ces Laurel et Hardy de la paix ? Mais combien émouvants, combien supérieurs par l'esprit aux militaires, aux fanatiques impeccables et caparaçonnés qui les recevaient[64].

Dans la droite ligne d'Autant-Lara, Dewever défend le principe de la paix à tout prix ; il réfute la notion de « guerre juste » qu'il tient, comme son aîné, pour une imposture. Ce faisant, il prive sa parabole anticolonialiste de toute efficacité. En effet son film ne peut séduire les principaux opposants à la guerre d'Algérie. Nombre d'entre eux, qualifiés par Pierre Vidal-Naquet de « dreyfusards », combattent le colonialisme au nom des valeurs de la Résistance. C'est dans cet esprit que Resnais et Cayrol – plus tard signataires du manifeste des 121 – ont réalisé *Nuit et brouillard*, film hanté par le retour de la « bête immonde ».

---

63. Samuel Lachize, in *L'Humanité*, 27 juillet 1962.
64. Lettre citée de Jean Dewever à Claude Aveline, 21 janvier 1962.

Dewever perd donc sur les deux tableaux. Que *Les Honneurs de la guerre* soit interprété comme un film historique ou comme une parabole anticolonialiste, il ne peut satisfaire ses contemporains. Ceux qui s'en tiennent à l'image de la France libérée protestent contre la remise en cause des stéréotypes nationaux et l'atteinte portée à la mémoire de la Résistance. Ceux qui perçoivent sa dimension allégorique lui reprochent de brouiller les frontières entre la « guerre juste » antifasciste et la « sale guerre » impérialiste ou colonialiste.

Avec ce film, l'histoire des représentations de la Seconde Guerre mondiale franchit donc un nouveau seuil. Si certains cinéastes ont déjà mobilisé les valeurs de la Résistance contre le colonialisme, Dewever est le premier à croire qu'elle peut servir de masque et de filtre à une actualité plus brûlante. Contrairement à la Grande Guerre, conflit lointain qui entraîna dans son sillage une lame de fond pacifiste, la Seconde Guerre mondiale, plus proche et plus singulière, n'a rien d'une histoire refroidie, pacifiée, réifiable. En l'utilisant comme un écran pour dépayser son intrigue, Dewever joua l'usage du passé contre sa mémoire toujours à vif. Il ne le fit pas impunément.

« Une censure peut en cacher une autre[65] »

La genèse des *Honneurs de la guerre* souligne l'empreinte souterraine de la guerre d'Algérie sur l'image de la France occupée ; elle a aussi des effets sur les pratiques censoriales. Au plus fort de la crise algérienne, certains interdits sur les années 1939-1945 sont réactivés puis à nouveau levés après les accords d'Évian.

Le décret de janvier 1961, systématisant la précensure,

---

65. Marc Vernet, « Si Orphée se retourne, Madame Dupont lui sourira. À propos du "Rendez-Vous des quais" de Paul Carpita (1953-1955) », *Cinémathèque*, n° 1, mai 1992, p. 92-105.

permet à la commission d'agir plus en amont, au stade de l'écriture du film. Les demandes de coupes et de modifications des scénarios sont moins coûteuses pour le producteur que celles pratiquées sur le film ; elles sont aussi plus insidieuses et plus secrètes. Ces petits arrangements échappent souvent à la presse et ne sont pas portés à la connaissance du public. L'examen des dossiers de la commission permet d'en rendre compte.

Les nouvelles normes du contrôle cinématographique

Le retour au pouvoir du général de Gaulle a des effets immédiats sur l'image de la Résistance. Après l'intermède de la IVe République, les représentants des pouvoirs publics veillent à ce qu'aucune atteinte ne lui soit plus portée. Ils se soucient également de la suprématie de la Résistance gaullienne. Ils contrôlent enfin toutes les apparitions de l'homme du 18 Juin, devenu le chef de l'État. On a vu, en 1959, la commission alléger la scène de la standardiste dans *Babette s'en va-t-en guerre* ; en février 1966, examinant le scénario de *Martin soldat*, elle demande au producteur Pierre Braunberger d'« éviter à tout prix le ridicule[66] », dans la séquence de remise des décorations qui met en scène le général de Gaulle.

Le respect sacré de la Résistance et du chef de la France libre est une constante et une ligne de force de la censure des années gaulliennes[67]. D'autres interdits fluctuent en suivant l'onde de choc de la guerre d'Algérie. Le tabou de la débâcle militaire, levé par *Jeux interdits*, est rétabli en

---

66. Séance du 15 février 1966, rapportée dans une lettre de Robert Touzery à Pierre Braunberger datée du 16 février 1966 (archives du CNC).
67. En décembre 1960, la commission envisage de refuser le visa d'exportation du film de Lautner, *Arrêtez les tambours* : « Certaines scènes mettant en action la Résistance et le milieu villageois attentiste pouvant peut-être ne pas être comprises à l'étranger. » (Dossier de censure du film, archives du CNC.)

1960 pour *Les Honneurs de la guerre* ; quatre ans plus tard, il n'a plus cours.

En 1964 en effet, Henri Verneuil réalise *Week-End à Zuydcoote*, première fiction entièrement dédiée à la débâcle de 1940. Pour porter à l'écran le livre de Robert Merle, prix Goncourt de l'année 1949, le producteur Raymond Hakim a sollicité très tôt l'aide matérielle de l'armée française. Mais les militaires ont refusé, jugeant son projet d'une opportunité toute relative[68]. Sitôt le conflit algérien terminé, l'armée revient sur sa décision et prête au réalisateur bateaux, automobiles, avions et soldats. Les autorités militaires auront tout lieu de s'en féliciter. Trahissant l'esprit du livre avec l'assentiment de son auteur[69], le film gomme l'absurdité et l'hébétude qu'ont ressenties les soldats français ; dans le rôle du sergent-chef Julien Maillat, Jean-Paul Belmondo fait triompher l'esprit bravache et le panache cocardier des Français. La mise en scène hollywoodienne d'Henri Verneuil tire l'événement du côté de l'épopée. À grand renfort de pyrotechnie, il transforme la débâcle en un spectacle grandiose et consolant. La défaite est filmée comme une victoire ; elle flatte, à sa manière, les vaincus de 1940.

La même année, un documentaire de Jean Aurel, *La Bataille de France*, en offre une tout autre image. Ce film, commenté par Jacques Laurent[70], offre une vision très caustique de la déroute. Sur un ton sardonique, l'ancien hussard dénonce les atermoiements munichois et invoque la figure d'un Daladier « crucifié par les acclamations » des pacifistes. Puis il ironise sur les fanfaronnades des militaires français et peint un tableau sans concession de la campagne de France. Les images des opérateurs allemands, d'un réalisme cruel, révèlent la déroute dans toute son amplitude. Le commentaire règle son sort à Gamelin : « La fatalité prend souvent le

---

68. Témoignage de Robert Merle dans *Téléstar*, 14 mai 1977.
69. Robert Merle fut le dialoguiste du film.
70. Sous le pseudonyme de Cecil Saint-Laurent.

masque de la bêtise. » Le film se conclut sur le guet-apens de Dunkerque, cimetière maritime aux plages dévastées, vers lesquelles converge la marée des prisonniers conduits en Allemagne. D'une défaite à l'autre, d'un abandon à l'autre, Jacques Laurent solde ses comptes avec l'Histoire. Le tabou de la débâcle est définitivement levé. En 1967, le médecin attentiste d'*Un homme de trop* (Costa-Gavras) peut reprendre la réplique censurée des *Honneurs de la guerre* : « C'est à ce moment-là [en 1940] qu'il fallait se battre […]. Les Allemands ? J'ai quitté Paris pour ne plus les voir, c'est vous qui les avez laissés entrer, vous avez filé comme des lapins. » La même année, au sein de l'ORTF, André Harris, Marcel Ophuls et Alain de Sédouy leur font écho ; dans *Munich ou la paix pour cent ans*, ils fourbissent déjà les armes et livrent une alternative au « déferlement d'autosatisfaction » qui leur semble « dominer les antennes nationales »[71].

Les interdits sur Vichy et la collaboration d'État sont plus tenaces et plus impérieux. Ils évoluent eux aussi. On a vu qu'en mars 1960, dans le droit-fil de *Nuit et brouillard*, Jean Dewever avait dû couper ses scènes sur la collaboration de la gendarmerie ; un mois plus tard, examinant le scénario de *Vacances en enfer*, la censure demande l'aménagement de deux séquences suggérant que les organisations de jeunesse de Vichy conduisaient vers la Milice : « Il s'agit d'un faux historique susceptible d'entraîner bien des protestations[72]. » En novembre 1960, la commission s'en prend au *Candide* de Norbert Carbonnaux. Cette fiction transpose dans le cadre du XXe siècle le conte satirique de Voltaire ; elle comporte des séquences sur les années noires qui ne sont pas du goût des censeurs. Maître Pangloss (Pierre Brasseur)

---

71. Marcel Ophuls, *Le Chagrin et la Pitié*, *op. cit.*, p. 17.
72. De fait, les Chantiers de jeunesse en conduisirent d'autres vers la Résistance (dossier de *Vacances en enfer*, avis de la précensure, 13 avril 1960, archives du CNC).

et Candide (Jean-Pierre Cassel) parcourent la France des années 1939-1945, croisant sur leur chemin un boutefeu fanatique, le colonel Nanard (Michel Simon), un gestapiste français champion du double jeu (Louis de Funès) et deux policiers opportunistes, au comportement ambigu (Jean Poiret et Michel Serrault). La commission exige que soit coupée une séquence où les deux acolytes paraissent heureux « de revoir le drapeau à croix gammée » puis « déçus de le voir remplacé par le drapeau tricolore ». La coupe est faite et la commission examine à nouveau le film[73]. Mais le représentant du ministère de l'Intérieur n'est toujours pas satisfait. Il veut « que les policiers aient l'air ennuyé de voir le drapeau nazi et heureux du drapeau français » ! Sa demande, qui a pour conséquence d'inverser le sens de la scène, exige aussi de la remonter entièrement ; elle est mise aux voix et repoussée. Les censeurs s'accordent en revanche pour refuser le visa à l'exportation : « Si l'état d'esprit du film peut être compris en France, il ne manquera pas à l'étranger d'être considéré comme reflétant une opinion des Français sur les sujets qu'il évoque [*sic*][74]. »

Passée l'acmé de l'année 1960, le tabou sur la collaboration d'État est progressivement levé et l'allusion devient licite. Le 12 février 1963, la commission accorde son visa au *Jour et l'Heure* de René Clément ; le film met en scène un policier tortionnaire, condamné à mort par la Résistance, flanqué d'un commissaire opportuniste qui retourne sa veste à l'approche de la Libération. En 1963 toujours, la censure autorise *La Mémoire courte* de Francine Premysler et Henri Torrent ; ce documentaire offre une place de choix à Vichy et à la collaboration d'État. Introduit par le discours de

---

73. Une autre demande de coupe porte sur une scène écornant la neutralité suisse : un douanier helvète y revend Candide aux Allemands.
74. Dossier de *Candide ou l'optimisme au XXe siècle*, séances des 30 novembre, 1er décembre et 7 décembre 1960. Au cours de l'année 1961, le ministère de l'Information accepta de lever au cas par cas l'interdiction à l'exportation, moyennant de nouvelles coupes (archives du CNC).

Pétain du 17 juin 1941, auquel il emprunte son titre, le film s'emploie à raviver la « mémoire courte » des Français. Torrent et Premysler leur font redécouvrir les actualités de l'Occupation, oubliées depuis *Au cœur de l'orage*. Ils montrent Vichy, la Milice, les « nervis du PPF », la LVF, les discours de Doriot et Mayol de Lupé. Les auteurs évoquent aussi la coopération des polices française et allemande. Ils stigmatisent « l'antisémitisme des nazis et de leurs valets » et exhument le reportage des *Actualités mondiales* sur l'inauguration de l'exposition « Le Juif et la France », au palais Berlitz. Le film sort encore de l'oubli la grande rafle parisienne de juillet 1942, bien que son évocation demeure allusive et incomplète. « 20 000 juifs sont conduits au Vél' d'Hiv' », rappelle Henri Torrent, à l'appui d'images reconstituées qui montrent des soldats allemands procédant à des arrestations dans une cage d'escalier[75]. Il faut attendre *Tu moissonneras la tempête* (1968) pour que soit pointé le rôle de la police française dans l'opération *Vent printanier*. Si Bruckberger évoque à son tour sans fard le régime de Vichy, son film sauve l'honneur de tous les « bons Français » trompés par le Maréchal qui usa de son prestige et de sa gloire pour endormir les consciences ; il oppose à Pétain la figure du sauveur de Gaulle, transformant la victoire du Général en triomphe national.

Moins politique que le révérend père, Torrent et Premysler s'attardent surtout sur la vie quotidienne en France occupée. Leur film se veut le tableau de mœurs d'une époque et il révèle leur goût immodéré pour le pittoresque. Les auteurs invitent le public à un voyage dans le temps, à l'époque lointaine des gazogènes et des rutabagas, des bas au brou de noix et des pulls en laine de chien. Ils épinglent les vedettes du grand écran qui firent le voyage en Allemagne. Ils rythment leur promenade au son de Mlle Swing et des revues

---

75. Sur la question des « images manquantes » de la rafle du Vél' d'Hiv', voir Sylvie Lindeperg, *La Voie des images…*, *op. cit.*, p. 19 *sq*.

du Tabarin et font une longue escale à Vichy, « capitale du foie ». C'est sur un ton goguenard que *La Mémoire courte* décrit la Révolution nationale, le corporatisme et le retour à la terre, le paternalisme et la mystique du chef, raillant le ministre Borotra et « l'inimitable Maréchal », prophète de l'expiation. Tels des enfants espiègles découvrant dans un grenier un secret de famille poussiéreux et indélicat, Torrent et Premysler sont tout à leur joie de rendre aux spectateurs les images oubliées de la France vichyste et du Paris occupé. Leur film est autorisé par la censure en dépit des réserves du ministère de l'Information :

> Cette évocation historique de la période 1939-1945, bien que réalisée exclusivement à l'aide de bandes d'actualités ou d'extraits de films de cette époque, risque cependant de sensibiliser diversement les spectateurs et de poser peut-être certains problèmes d'ordre politique surtout en période électorale actuelle [*sic*][76].

De fait, il les sensibilise diversement... Henry Chapier s'en prend vertement à la commission de contrôle, estimant qu'elle a failli à sa mission en autorisant le film. Le critique accuse Torrent de vouloir inculquer de force au public « une mémoire-handicap » entretenant « la haine, la rancœur et la mesquinerie dans le cœur d'hommes amenés aujourd'hui à travailler de concert »[77]. Jean Rochereau ne voit que fiel et ressentiment dans ce remâchage de « vieilles haines rancies »[78].

Ces réactions outragées révèlent les relations ambivalentes de la presse avec la censure. Certains critiques, qui ont été prompts à brocarder ses *diktats*, se trouvent démunis devant sa libéralisation progressive. Ils le sont plus encore en 1971, lorsque sort *Le Chagrin et la Pitié*. Car si *La Mémoire courte* verse dans l'anecdote, le documentaire de Marcel Ophuls

---

76. Séance de la sous-commission, 15 octobre 1962, archives du CNC.
77. Henry Chapier, in *Combat*, 7 janvier 1963.
78. Jean Rochereau, in *La Croix*, 23 janvier 1963.

est, au sens fort, une œuvre politique, un film de combat, né sous le règne gaullien. Le réalisateur dénonce le mythe du sauveur, la croyance en l'homme providentiel et l'emprise gaullo-communiste sur la mémoire de la Résistance. Il brocarde l'infantilisme politique des Français et s'en prend au Général comme historiographe et « infirmier de la dignité française[79] ». Il s'émancipe d'une lecture strictement patriotique de la guerre pour définir l'engagement résistant sous le signe d'un combat contre l'idéologie nazie. Il démonte impitoyablement les mécanismes de la collaboration d'État et offre l'image d'une population française encline au pétainisme et à l'antisémitisme. L'entreprise de démystification prend ici la forme d'un « contre-mythe[80] ». « La meilleure arme contre le mythe », note Roland Barthes, consiste à « le mythifier à son tour » pour en produire un « mythe artificiel » qui fonde le premier en « naïveté regardée »[81]. La légende gaullienne et *Le Chagrin et la Pitié* reposent sur un même biais qui consiste à présenter les années noires comme un bloc homogène en négligeant les évolutions sensibles de l'opinion et des comportements. De Gaulle ne veut prendre en compte que le ressaisissement final d'une population de plus en plus hostile à la collaboration et critique à l'égard du régime de Vichy ; le sursaut sert d'écran aux défaillances antérieures. Marcel Ophuls retient le soutien massif au maréchal Pétain dans les débuts de l'Occupation ; il ignore à son tour le long et complexe cheminement de l'opinion. Pour évoquer la Libération, le documentaire l'inscrit en miroir du « cinéma gaullien » : l'histoire officielle y voit un temps fort de la réconciliation nationale ; le réalisateur l'évoque comme le point paroxystique des luttes franco-françaises.

---

79. L'expression est de Stanley Hoffmann dans *Essais sur la France*, Paris, Seuil, 1974, p. 74.

80. Ce concept de « contre-mythe » est formulé par Stanley Hoffmann, *ibid.*

81. Roland Barthes, *Mythologies*, *op. cit.*, p 222.

De l'autre côté du miroir

Examiné par la censure en 1971, *Le Chagrin et la Pitié* est taxé à son tour de film « antifrançais ». « Ce film est pénible, conclut le rapporteur de la commission, comme le disait, avec modération, le représentant de l'Intérieur, "il est fait par des gens qui ne nous aiment pas". Faut-il incriminer la participation de la Norddeutsche Rundfunk[82] ? » Marcel Ophuls bénéficie cependant de l'assouplissement de la « censure politique », entré dans les faits sous la présidence de Georges Pompidou. Surmontant son aversion, la commission délivre le visa et le débat est porté sur la place publique, engageant dans une dispute passionnée témoins, historiens, politiciens, anciens résistants et déportés[83]…

Auparavant, le film a subi une contrainte plus insidieuse : la « censure par inertie[84] ». Le projet du *Chagrin et la Pitié*, né dans le giron de la télévision d'État, a été finalement financé par la SSR/TV de Lausanne et la Norddeutsche Rundfunk ouest-allemande. L'ORTF refuse d'acheter les droits de diffusion du documentaire, diffusé sur la BBC et les chaînes allemandes ; son P-DG, Jean-Jacques de Bresson, fait savoir que *Le Chagrin et la Pitié* détruit « des mythes dont les Français ont encore besoin[85] ». Grâce à Claude Nedjar et Vincent Malle, le film de télévision devient donc un film de cinéma[86]. Il est d'abord exploité dans la petite salle

---

82. Rapport de la sous-commission signé G. V. Letondot, séance du 2 mars 1971, dossier de censure du *Chagrin et la Pitié*, archives du CNC.

83. Sur l'influence du film d'Ophuls, voir Pierre Laborie, *Le Chagrin et le Venin. La France sous l'Occupation, mémoires et idées reçues*, Paris, Bayard, 2011 ; voir également Vincent Lowy, *Marcel Ophuls*, Latresne, Le Bord de l'eau, 2008.

84. L'expression est de Marcel Ophuls dans *Le Chagrin et la Pitié*, *op. cit.*, p. 20.

85. Jean-Jacques de Bresson lors de son intervention en 1971 devant la commission des Affaires culturelles du Sénat. Comme l'explique Vincent Lowy, Bresson, ancien directeur de cabinet d'Alain Peyrefitte, fut « mis en fonction à la suite des grèves de 68 pour liquider les contestataires » (*op. cit.*, p. 38).

86. Voir la correspondance avec la NEF dans le fonds Louis Malle, Cinémathèque française/Bifi, MALLE 0437 B 103.

parisienne du Saint-Séverin ; quelques semaines plus tard, l'engouement du public, et tout particulièrement des jeunes spectateurs, lui permet de gagner les grands boulevards[87]. Les films des années 1960 sur la mémoire de la déportation et l'antisémitisme n'ont pas cette chance : boudés par les exploitants, ils sont rarement sauvés par le public.

La dictature de l'indifférence

Les premiers sont tournés par d'anciens déportés de la Résistance. Le dramaturge Armand Gatti doit surmonter maintes difficultés pour réaliser *L'Enclos* en 1960. Ce film, conçu comme un « exorcisme[88] », est financé par des fonds franco-yougoslaves, grâce à la persévérance d'un couple de producteurs allemands[89]. Gatti met en scène deux internés – Karl, un résistant communiste allemand (Hans Christian Blech) et David, un juif français (Jean Négroni). Les deux déportés sont enfermés dans un enclos par leurs gardiens nazis, qui promettent d'épargner la vie de celui qui tuera son compagnon d'infortune. Nourri par l'expérience concentrationnaire du réalisateur, *L'Enclos* opère une première distinction entre le sort des internés juifs et celui des résistants. Gatti offre surtout une œuvre engagée, d'une grande force, inquiète du présent et innervée par l'actualité[90].

Jean Cayrol suit la même voie. Dans *On vous parle*, court métrage de 1960, il met en scène le monologue d'un rescapé, confronté à l'expérience du retour dans un paysage

---

87. Au Paramount-Élysées puis dans d'autres salles parisiennes comme Le Marais. À ce jour, le film totalise 560 644 entrées (chiffres d'exploitation du CNC).

88. Voir son entretien dans *Les Lettres françaises*, 2 mars 1961.

89. La productrice Lucy Ulrich avait perdu toute sa famille dans les camps ; aidée par son mari, elle mit dans l'affaire son énergie et ses deniers (voir Claudine Drame, *Des films pour le dire. Reflets de la Shoah au cinéma 1945-1985*, Genève, Métropolis, 2007, p. 153 *sq.*).

90. Claudine Drame, *ibid.*, p. 174.

bouleversé. En 1964, avec Claude Durand, il réalise son premier long métrage, *Le Coup de grâce*. Le film suit le parcours d'un délateur, revenu à Bordeaux sur le lieu de ses crimes. Vingt ans plus tôt, Capri (Michel Piccoli) a livré des centaines de résistants et décapité leur réseau. Ayant changé de visage et de nom, ce séducteur cynique s'introduit chez ses anciennes victimes, parmi lesquelles Yolande (Danielle Darrieux), veuve d'un résistant mort à Mauthausen. Cayrol donne à son personnage le nom du dénonciateur qui l'a conduit dans ce même camp, en 1943 ; son frère Pierre, arrêté avec lui, mourut en déportation. Lorsque tombent les masques, les victimes de Capri se lancent à sa poursuite ; mais le traître est finalement liquidé dans un terrain vague, pour une sordide histoire d'argent. Méditation sur la conscience, la mémoire et la justice, *Le Coup de grâce* baigne dans l'univers « lazaréen », cher à Jean Cayrol. L'écrivain-cinéaste filme Bordeaux comme une ville-labyrinthe, livrant un récit discontinu et troué, tissé de bribes et d'éclats, comme les pièces d'un puzzle qui ne pourra jamais plus s'assembler.

« Le souvenir ne demeure que lorsque le présent l'éclaire », a écrit l'auteur de *Nuit et brouillard*[91]. Présentant *Le Coup de grâce* en 1964, Cayrol invoque le rôle déclencheur de la guerre d'Algérie, qui redonne consistance à la « criminalité dostoïevskienne » des accusés de Nuremberg[92] :

> Si [j'avais tourné *Le Coup de grâce*] dans les années 1945-1950, nous n'aurions eu qu'une histoire d'après-guerre. Une séquelle de la déportation si vous préférez. Maintenant le film entre pleinement dans l'époque où nous sommes. Cela ne concerne plus seulement les amicales ou les anciens, mais tout le monde. En 1964, la culpabilité a changé de visage. On peut avoir commis un crime et se sentir innocent[93].

---

91. Jean Cayrol, in *Les Lettres françaises*, 9 février 1956.
92. *Id.*, in *Les Lettres françaises*, 28 janvier 1965.
93. *Id.*, in *Le* Figaro *littéraire*, 10 septembre 1964.

Ces vingt ans passés voient notamment se poser la question de la prescription des crimes de guerre, qui préoccupe douloureusement les associations d'anciens résistants et déportés ; leur mobilisation débouche sur la loi du 26 décembre 1964 inscrivant dans le droit français l'imprescriptibilité des crimes contre l'humanité.

Les années 1963-1965 sont aussi celles du procès de Francfort contre les criminels d'Auschwitz ; il fait suite à celui de Jérusalem, qui coïncide avec une timide émergence de la mémoire du génocide dans le cinéma français. En 1961, Frédéric Rossif réalise *Le Temps du Ghetto*, produit par Pierre Braunberger, qui donne voix aux survivants. Ces témoignages sont conjugués avec les images du ghetto de Varsovie, tournées et mises en scène par les cameramen nazis en mai et juin 1942[94]. Les premières fictions évoquant le génocide des juifs sont elles aussi construites sur le mode de la réminiscence. Elles sont portées par l'engagement de réalisateurs mus par une nécessité impérieuse qui les conduit derrière la caméra. Aux côtés du doyen Henri Calef qui réalise, en 1964, *L'Heure de la vérité*, le musicien Philippe Arthuys monte une coopérative pour tourner *La Cage de verre* avec le chef monteur Jean-Louis Lévi-Alvarès ; le metteur en scène de théâtre André Charpak finance sur fonds propres *Le Crime de David Lévinstein* (1967), son premier long métrage[95]. Cette fiction s'inscrit dans la lignée du

---

94. La même année, Marceline Loridan évoque sa déportation à Birkenau dans *Chronique d'un été*, de Jean Rouch et Edgar Morin. Sur le film de Rossif, voir Sylvie Lindeperg, *Clio de 5 à 7...*, *op. cit.*, p. 182, et Julie Maeck, *Montrer la Shoah à la télévision de 1980 à nos jours*, Paris, Nouveau Monde éditions, 2009, p. 59-63. Sur le tournage de mai-juin 1942 dans le ghetto de Varsovie, voir Sylvie Lindeperg, *La Voie des images...*, *op. cit.*, p. 117-122.

95. Auparavant, il a réalisé *La Vie normale*, court métrage écrit par Anna Langfus, consacré à la difficile réadaptation d'une ancienne internée de Ravensbrück. Pour *Le Crime de David Lévinstein*, il bénéficia après coup d'une avance sur recettes (Claudine Drame, *Des films pour le dire...*, *op. cit.*, p. 253).

Coup de grâce, évoquant le destin d'un enfant juif déporté à Auschwitz où il fut la victime sexuelle d'officiers nazis. Vingt ans plus tard, David Lévinstein décide de se faire justice, révolté que l'instituteur qui l'a dénoncé n'ait pas été inquiété et que ses anciens bourreaux mènent une existence paisible en Allemagne.

Le film de Charpak bénéficie du soutien des distributeurs israéliens, sous forme d'un préachat ; ceux de Calef et d'Arthuys, tournés en Israël, sont coproduits par l'État hébreu. Cette aide résulte de la nouvelle politique de mémoire, amorcée à la faveur du procès Eichmann[96]. Celui-ci sert de cadre et de motif à ces deux films. *La Cage de verre* conte l'histoire d'un ancien déporté juif, appelé à témoigner à la barre. Cette perspective réveille en lui un souvenir douloureux : à l'appel de son nom, il a laissé un autre déporté, son quasi-homonyme, partir pour la chambre à gaz. Le survivant refuse de témoigner puis il se ravise, prenant conscience que sa déposition lui permettra de vaincre la culpabilité et le traumatisme[97]. Écrit par Edgar Morin, *L'Heure de la vérité* est le fruit d'une construction en miroirs qui rayonne autour du procès de Jérusalem. Son personnage principal est un ancien officier SS, chef d'un Sonderkommando, qui a pris l'identité d'une de ses victimes juives. Installé en Israël, il y mène une vie paisible jusqu'au jour où un universitaire américain fait tomber les masques et révèle son identité. Parallèlement au procès Eichmann s'ouvre celui de l'imposteur, instruit par ceux qu'il a abusés quinze ans durant. Sur le mode mineur sont repris les arguments du débat qui divise la communauté juive quant à la peine à infliger au dignitaire nazi. *Le Crime de David Lévinstein*, *L'Heure de la vérité*, *La Cage de verre* ont ainsi valeur de

---

96. Voir Annette Wieviorka, *Le Procès Eichmann*, Bruxelles, Complexe, 1989 et *L'Ère du témoin*, Paris, Plon, 1998.

97. On retrouve dans le film Jean Négroni aux côtés de Françoise Prévost, fille de l'écrivain mort dans le maquis du Vercors.

témoignage sur l'éveil du souvenir et les scansions de la mémoire du génocide.

Pour passer derrière la caméra, Charpak et Arthuys, comme Cayrol et Gatti, ont bénéficié de l'assouplissement des conditions d'accès au métier qui se fait jour au cours des années 1960, dans le sillage de la « nouvelle vague ». Mais ils se heurtent tous au mur de l'exploitation : quelle qu'ait été la valeur artistique de leurs films[98], ils sont jugés « non commerciaux » par les distributeurs et les exploitants. Le pouvoir des premiers est d'autant plus fort qu'ils sont alors peu nombreux ; 25 % d'entre eux contrôlent les trois quarts du marché. Pour le philosophe Georges Gusdorf, les distributeurs et les exploitants se trouvent ainsi promus « à la redoutable dignité de directeurs inconscients de la conscience universelle[99] ». Distribués à Paris, dans un réseau de petites salles, *La Cage de verre*, *Le Crime de David Lévinstein*, *Le Coup de grâce* sont retirés de l'affiche après une ou deux semaines d'exploitation parisienne[100]. La « dictature du silence » a fait place à celle de l'indifférence.

Le sort du *Vieil Homme et l'enfant* (1967) est bien différent. S'inspirant de ses souvenirs de l'Occupation, Claude Berri raconte l'histoire d'un enfant juif turbulent que ses parents envoient se réfugier à la campagne. Il est accueilli par un vieux couple qui ignore son identité. Le « pépé », interprété par Michel Simon, est un auditeur assidu de Philippe Henriot ;

---

98. Tous les critiques s'accordent pour reconnaître la force d'évocation et la qualité artistique du film de Gatti. Les avis sont plus partagés sur les autres films.

99. Cité par Jean Pivasset, *Essai sur la signification politique du cinéma...*, *op. cit*, p. 70-71.

100. Ils totalisent entre 10 000 et 30 000 spectateurs parisiens. *Le Coup de grâce* fut présenté au public deux ans après sa réalisation. Les chiffres d'exploitation sont à ce jour de 100 471 entrées pour *Le Crime de David Lévinstein*, 72 829 pour *Le Coup de grâce*, 12 541 pour *La Cage de verre* ; les chiffres sont meilleurs pour *L'Enclos* : 575 511 entrées à ce jour (chiffres d'exploitation du CNC). Le film de Calef, *L'Heure de la vérité*, ne sortit pas en salles.

De l'autre côté du miroir 523

il vitupère à l'envi contre les juifs et les bolchéviques. Mais le cœur est plus fort que les idées chez ce « vieil imbécile » qui se prend d'une vive affection pour l'enfant. « J'aurais volontiers intitulé mon film "Réflexions sur la question juive" », déclare Claude Berri dans *Les Lettres françaises*. Son récit est tout entier nourri par l'idée sartrienne selon laquelle le juif est celui que les autres tiennent pour tel : il est le pur produit de l'antisémitisme.

Berri, également coproducteur du film, a éprouvé les mêmes difficultés que Gatti, Charpak ou Arthuys pour monter son projet et il se voit refuser par deux fois l'avance sur recettes. Le film terminé, il ne trouve pas de distributeur. Mais la mobilisation de Simone Signoret, François Truffaut et quelques autres lui ouvre trois petites salles parisiennes. Dès les premiers jours, les prévisions pessimistes des exploitants sont spectaculairement démenties. *Le Vieil Homme et l'enfant* rencontre un succès équivalent à celui de *La Vie de château*[101]. La mise en regard des deux films est éclairante : la chronique intimiste de Berri, servie par le talent de Michel Simon, adopte le ton léger de la comédie et filme les années noires à travers le regard d'un enfant. Pour Jean-Paul Rappeneau, la guerre est synonyme de grandes vacances ; pour l'enfant juif Claude Langmann-Berri, les années 1943-1944 passées à la campagne le sont à leur manière, comme l'indique le carton d'ouverture du *Vieil Homme et l'enfant* :

> Ce film est une histoire vraie mais vue à travers l'imagination d'un enfant particulièrement sensibilisé par les tragiques événements qui l'entouraient dans une France occupée. La chaude affection trouvée dans cette famille de braves gens qui l'avait

---

101. Toutes proportions égales par ailleurs, avec un budget inférieur d'un tiers à celui de Rappeneau, une surface de distribution également inférieure d'un tiers, il récolta deux tiers des recettes engrangées par *La Vie de château*. Il poursuivit une brillante carrière en province et aux États-Unis. À ce jour, le film totalise 2 886 953 entrées (chiffres d'exploitation du CNC).

accueilli lui ont cependant laissé une certaine nostalgie poétique de cette époque et une profonde reconnaissance envers eux.

André Charpak, dénoncé sous l'Occupation par son instituteur, adoptait le ton d'un procureur dans *Le Crime de David Lévinstein*[102] ; Claude Berri, qui traversa les années noires comme une salamandre, en livre une vision plus légère et poétique, teintée de nostalgie. Il se laisse attendrir par son personnage d'antisémite, aiguillonné par Michel Simon qui n'entend pas endosser un rôle antipathique. Le comédien refuse notamment de jouer une scène où il doit décrocher en pleurant le portrait du Maréchal pour le remiser au grenier[103]. Il fait modifier la séquence finale, située dans les premiers jours de la Libération. À l'enfant qui constate que « les juifs vont revenir », le vieil homme répondait : « Oui, ils vont revenir », comme s'il faisait le constat d'une catastrophe inéluctable. Dans la scène revisitée par Michel Simon, le grand-père réplique : « Les juifs ne peuvent pas être plus méchants que les autres »[104]. Cette fin plus gentillette appelle l'indulgence du spectateur pour cet « Édouard Drumont de bistroquet[105] » interprété par un grand acteur populaire.

Synthèse réussie entre deux tendances du cinéma des années de Gaulle, *Le Vieil Homme et l'enfant* annonce les années 1970, marquées par le réveil de la mémoire juive et les chroniques d'enfance.

---

102. André Charpak ne connut pas le destin tragique de son héros mais il fut lui aussi dénoncé par son instituteur. Lors de l'examen de son scénario, le 25 juillet 1967, la précensure achoppa sur ce personnage d'instituteur délateur, craignant qu'il ne jette « le discrédit sur le corps enseignant, du fait d'une seule "brebis galeuse" » (archives du CNC).
103. Cette tâche fut donc confiée à la grand-mère, interprétée par Luce Fabiole.
104. Scénario du *Vieil homme et l'enfant* (Cinémathèque française/Bifi, SCEN 2877 B878) et témoignage de Claude Berri dans *Les Lettres françaises*, 9 mars 1967.
105. François Truffaut, in *Le Nouvel Observateur*, 8 mars 1967.

Conclusion du livre second

L'écho-cinéma

Ainsi, la guerre d'Algérie, le procès Eichmann, les débats sur la justice et la prescription favorisent l'émergence, dans les années 1960, d'une mémoire douloureuse et d'une vision plus critique du passé. Mais si les thèmes sont esquissés, le moment de la cristallisation reste à venir. Ces films aux voix singulières ne parviennent pas à modifier en profondeur le regard des contemporains. Ils restent dans les marges d'un cinéma dominant, largement recentré sur la geste héroïque.

Après s'être éclipsée le temps de la IVe République, la Résistance fait retour, confirmant l'influence de l'histoire institutionnelle sur le cours des représentations. Mais ce retour met aussi au jour de nouveaux enjeux liés au passage du temps. De 1958 à 1969, la remobilisation du passé glorieux est le fruit d'une « opération cinématographique » bien différente de celle de l'immédiat après-guerre.

La Libération et la Ve République naissante, toutes deux marquées par la présence du général de Gaulle à la tête de l'État, se distinguent d'abord par le rapport des forces entre les héritiers de la Résistance. En 1944-1945, de Gaulle a fait jeu égal avec les communistes ; de retour au pouvoir en 1958, plébiscité par l'écrasante victoire du « oui » au référendum, il assure d'emblée sa domination sur un PCF défait aux élections de novembre. L'élaboration de *Paris brûle-t-il ?* porte la marque de cet inégal « duel-duo » qui, tout au long de la décennie, consacre le triomphe de la mémoire gaullienne. La genèse du film de René Clément témoigne aussi de la nouvelle emprise du politique sur les images du passé : délaissant le terrain de la production cinématographique, les gaullistes et les communistes investissent celui du contrôle et de la captation. Cette dernière se conjugue avec l'annexion de la Résistance intérieure, désormais incorporée à la mémoire gaullienne.

Une autre singularité tient à la capacité du général de Gaulle à réenchanter l'histoire et à s'offrir au cinéma comme une figure d'appropriation. Les films de la Libération privilégient l'image d'un peuple en armes et une philosophie prométhéenne, exaltant la capacité des hommes à agir ensemble sur leur destin[1]. Ceux des années 1960 promeuvent une vision plus personnaliste et providentialiste de l'Histoire. Dans la République gaullienne, les références à la Résistance se sont institutionnalisées et les nouvelles formes d'exercice du pouvoir favorisent le culte du grand homme. De Gaulle, « sauveur » par deux fois de la France, ajoute aux vertus d'Alexandre celles de Cincinnatus. Comme le consul romain, le président de la République mobilise les souvenirs, appelant « un passé d'ordre et de gloire », au secours d'un « présent de confusion et de défaite »[2]. Le cinéma libéré a campé de Gaulle en Dieu lointain, symbole de la Résistance, sans cesse invoqué mais rarement montré. Dans les films des années 1960, l'imagerie du général de Gaulle, qui incorpore l'homme du 18 Juin et le chef de l'État, conquiert une épaisseur humaine et une familiarité qui en « privatisent la ferveur[3] ». Ce « détour-retour » suit

---

1. Georges Gurvitch définit le prométhéisme comme le moment où la « société se fonde sur [...] la croyance aux virtualités de l'intervention de l'homme dans la société » (cité par Jean Pivasset, *Essai sur la signification politique du cinéma...*, *op. cit.*, p. 529).

2. Raoul Girardet, *Mythes et mythologies politiques*, Paris, Seuil, 1986, p. 74.

3. Selon l'expression de Jean-Pierre Rioux, cité par Pierre Nora, « Gaullistes et communistes », *in* Pierre Nora (dir.), *Les Lieux de mémoire*, vol. 3, t. I, *op. cit.*, p. 356.

le parcours inverse de celui du père de Hamlet étudié par Michel de Certeau : après avoir été assassiné, le roi shakespearien revient « en fantôme, sur une autre scène, et c'est alors qu'il devient la loi à laquelle son fils obéit » ; de Gaulle fait son retour sur la scène, non plus en divinité lointaine, mais en père de la nation[4]. « L'Homme de la différence, glacial et taciturne Commandeur, est devenu, par la grâce des médias, par la sympathie de la caricature, par la vertu d'un interminable commentaire, l'image d'Épinal la plus consommable de l'imagination populaire, le grand Charles, notre Astérix national et notre tour Eiffel », note Pierre Nora[5]. La transfiguration du chef de la France libre en figure paternelle trouve son plein accomplissement dans les comédies résistantes, qui modifient la vision de la guerre et de l'Occupation. Leurs héros infantilisés sont tout à la fois les acteurs et les spectateurs émerveillés de l'Histoire. Si la Résistance les mobilise malgré eux, elle leur offre la possibilité d'assouvir leurs rêves inaccessibles.

Dans le cinéma libéré, l'engagement dans la Résistance relève de l'oblation ; l'armée des ombres y paie le prix du sang. Sous la IVe République, les réalisateurs dénoncent cette culture du sacrifice et les désastres de la guerre broyeuse de destins. Les comédies résistantes réconcilient la quête individuelle du bonheur avec les lois de la cité. Plébiscitées par le public, elles convertissent la guerre en principe de plaisir et en source de profit. La privatisation des enjeux collectifs se retrouve dans les mises en scène et la fabrique des drames épiques des années 1960. Si les gaullistes et les communistes, qui contrôlent la réalisation de *Paris brûle-t-il ?*, veillent à la place accordée à chaque camp, ils se penchent aussi

---

4. Michel de Certeau, *Histoire et psychanalyse entre science et fiction*, Paris, Gallimard, « Folio Essais », 1987, p. 97. Voir l'usage subtil qu'en propose Brigitte Gaïti dans *De Gaulle prophète de la cinquième République, 1946-1962*, Paris, Presses de Sciences Po, 1998.

5. Pierre Nora, « Gaullistes et communistes », *in* Pierre Nora (dir.), *Les Lieux de mémoire*, vol. 3, t. I, *op. cit.*, p. 348.

sur le sort des individus : le rôle des résistants est réécrit et corrigé en fonction de leurs trajectoires ultérieures, de leurs parcours politiques, de leurs positions dans le champ du pouvoir. De François Villiers à Jean-Pierre Melville, les réalisateurs vieillissants revisitent l'époque lointaine de leurs années héroïques. La nostalgie prend parfois la forme d'une leçon adressée à la jeunesse. Et la mobilisation du passé vire au conflit générationnel, d'autant plus aigu qu'il croise des questions internes au monde du cinéma. Les jeunes oisifs dénoncés par Villiers sont les héros de la « nouvelle vague », qui bouleverse au même moment les repères d'une profession vieillie, figée dans ses pratiques. Bousculés par cette fronde, des « anciens » se prennent à idéaliser l'époque de leurs débuts professionnels : quand les hommes sont insatisfaits de leur présent, remarque Sigmund Freud, ils « se retournent vers le passé et espèrent [...] pouvoir reconnaître comme vrai le rêve jamais effacé d'un âge d'or[6] ».

À ces variables politiques et générationnelles s'ajoute un processus de sédimentation cinématographique. Les drames résistants multiplient les citations et les emprunts au cinéma libéré ; les comédies en subvertissent les clichés sur le mode burlesque. Cette construction en miroirs illustre la prise d'autonomie croissante du cinéma à l'égard de l'événement : d'abord fixé sur le passé, le curseur s'est déplacé vers les images qui en furent produites. Adaptant le concept d'écho-histoire de Pierre Nora, on qualifiera ce buissonnement d'*écho-cinéma*, créant, « à partir d'un foyer central et constitutif », « des genres de plus en plus raffinés et ramifiés qui s'appellent les uns les autres dans un rebondissement perpétuel »[7].

---

6. Sigmund Freud, *L'Homme Moïse et la religion monothéiste. Trois essais*, trad. Cornélius Heim, Paris, Gallimard, 1986, rééd. « Folio Essais », 1993, p. 157.

7. Pierre Nora, « Gaullistes et communistes », in Pierre Nora (dir.), *Les Lieux de mémoire*, vol. 3, t. I, *op. cit.*, p. 357.

Ainsi, le retour de la geste héroïque dans les films des années 1960 ne saurait être envisagé comme le va-et-vient d'un cycle de pendule. Il naît d'un mouvement enveloppant de spirale qui s'éloigne irrémédiablement de son axe, formant autour du passé des cercles élargis, amplifiés par le passage du temps et l'épaisseur sédimentée des images.

Postface

Les ailes du temps

> Il est temps, maintenant, au nom du Temps, d'user de mes ailes. N'en faites pas un crime, ni à moi, ni à mon passage rapide, si je glisse par-dessus seize années et laisse inexplorés les événements de ce vaste intervalle, puisqu'il est en mon pouvoir de transgresser la loi et, dans une seule de ces heures nées de l'heure, de planter et de déplanter la coutume [...]. Si votre patience le permet, je retourne mon sablier et je fais faire un grand saut à ma pièce, comme si vous aviez dormi entre-temps[1].
> William Shakespeare,
> *Le Conte d'hiver*

Personnage météorite de Shakespeare s'immisçant entre deux actes du *Conte d'hiver*, le Temps apparaît comme un démiurge espiègle et inventif qui enfreint ses propres lois en une série de sauts et glissements, de dilatations et contractions ; il est aussi l'alibi du dramaturge, la justification d'une écriture qui soumet l'histoire à ses avancées, la conforme à ses exigences.

Il y a seize ans, je concluais la première édition des *Écrans de l'ombre* sur l'année 1969. Elle clôturait l'époque gaullienne qui constitua la Résistance en capital symbolique et soumit ses images à de puissants enjeux de légitimation.

---

1. William Shakespeare, *Le Conte d'hiver*, trad. Bernard-Marie Koltès, Paris, Minuit, 1988, p. 67.

En s'installant à l'Élysée, Georges Pompidou rompait avec les pratiques anciennes : l'héritier-liquidateur du gaullisme fut certes accusé de tirer profit de la remise en cause des mythes héroïques, réactivant sous une autre forme la « vieille imposture de la réconciliation nationale »[2] ; mais les pouvoirs publics n'imposaient plus leur contrôle ni leur marque sur le cinéma dédié à la Seconde Guerre mondiale. Ainsi s'ouvrait une nouvelle histoire dont je me gardai de tisser les fils tant la tâche me semblait différente de celle jusqu'ici accomplie.

Près de cinquante ans nous séparent aujourd'hui de l'année 1969 et ce « gouffre du temps » renforce ma conviction. Ce demi-siècle d'images et de récits filmés attend l'historien qui s'y consacrera pleinement en réinventant la méthode, refondant les questions, imaginant les sources et les outils pour en rendre compte[3]. Aborder cette période suppose d'interroger à nouveaux frais la place que tient désormais le cinéma français dans la construction des imaginaires de la Seconde Guerre mondiale.

Dès les années 1970, le septième art fut pris dans un mouvement plus vaste, celui de la « mode rétro », qui en dilua et en diffusa les effets : puisant ses sources dans la littérature, cette vague européenne essaima peu à peu dans tous les secteurs de l'activité culturelle[4]. La décennie suivante fut marquée par la montée en puissance de la télévision. Le petit écran contribua largement aux débats passionnés

---

2. En novembre 1971, Pompidou graciait Touvier et invitait les Français à oublier ces temps où ils « ne s'aimaient pas ». Le débat fut relancé en 1974 par la sortie de *Lacombe Lucien* (Louis Malle) et de *Portier de nuit* (Liliana Cavani). Voir notamment Mona Ozouf, in *Le Nouvel Observateur*, 25 mars 1974, et les deux numéros « anti-rétro » des *Cahiers du cinéma*, n° 251-252, juillet-août 1974 et n° 253, octobre-novembre 1974 ; Aurélie Feste-Guidon, « "Lacombe Lucien" de Louis Malle. Histoire d'une polémique ou polémique sur l'Histoire ? », thèse sous la dir. de Pascal Ory et Élisabeth Parinet, École des Chartes, mars 2009.

3. Pour la période 1969-1993, voir Suzanne Langlois, *La Résistance dans le cinéma français...*, *op. cit.*, p. 281-414.

4. Henry Rousso, *Le Syndrome de Vichy...*, *op. cit.*, p. 149-154.

Les ailes du temps 533

sur Vichy, la Résistance et l'Occupation qui marquèrent les septennats de François Mitterrand et se poursuivirent au-delà[5].

La télévision a aussi favorisé l'émergence puis l'omniprésence médiatique du génocide des Juifs, longtemps placé dans l'ombre portée du système concentrationnaire. Après l'« inversion des pôles » entre les camps de concentration et les centres de mise à mort est venu le temps du « magnétisme de la Shoah ». Ophir Levy le définit comme un irrésistible effet d'attraction aimantant tous les discours et les images sur la Seconde Guerre mondiale[6]. Le septième art a certes contribué à ce retournement puis à cette dominance : la sortie de *Shoah* en 1985 fut un événement cinématographique et mémoriel dont l'onde de choc s'est déployée sur plusieurs décennies. Le film de Claude Lanzmann a imprimé durablement sa marque sur le cinéma et la façon d'appréhender l'extermination des Juifs. Il a nourri le débat public et intellectuel sur le statut du témoignage, les « images manquantes », l'éthique du regard, les limites de la représentation. Ce rayonnement doit beaucoup à la puissance novatrice de cette œuvre hors norme. Mais il s'explique aussi par l'omniprésence de son créateur qui contribua à l'imposer dans la durée et à en construire sans relâche la postérité. Reste que la télévision assuma la transmission de l'événement auprès du « grand public », par la démultiplication progressive des documentaires et des téléfilms, des émissions et des reportages sur la déportation et la destruction des Juifs d'Europe[7]. Par

---

5. Les décennies 1980 et 1990 furent aussi marquées par l'ère des procès (Klaus Barbie en 1987 ; Paul Touvier en 1994 ; Maurice Papon en 1997-1998) et par l'important discours de Jacques Chirac au Vél' d'Hiv', le 16 juillet 1995.

6. Ophir Levy, « Les images clandestines. De la sédimentation d'un imaginaire des "camps" et de son empreinte fossile sur le cinéma français et américain, des années 1960 à nos jours », thèse sous la dir. de Sylvie Lindeperg, université de Paris 1 Panthéon-Sorbonne, décembre 2013.

7. Dans les décennies 1990-2000, comme l'a montré Julie Maeck, l'apparition de nouvelles chaînes, parmi lesquelles Arte, aboutirent à une

un effet de contamination, l'ensemble des productions sur la Seconde Guerre mondiale s'en est trouvé peu à peu affecté. Ainsi s'est imposé un nouveau mode de relation au passé, fondé sur l'antienne du « devoir de mémoire », les supposées vertus d'une « pédagogie » des larmes, d'une identification aux victimes, d'une sollicitation exclusive des affects. Sous le feu constant des médias, la Shoah est devenue le paradigme universel et « l'horizon noir de notre appréhension du monde[8] ». Ce phénomène d'infiltration et de recouvrement fut encore favorisé par les productions américaines, depuis le téléfilm *Holocaust* (Chomsky, 1978) jusqu'à *La Liste de Schindler* (Spielberg, 1993). Plus généralement, l'influence en France de quelques *blockbusters* hollywoodiens (*Il faut sauver le soldat Ryan*, 1998 ; *Inglourious Basterds*, 2009) a débordé résolument les cadres nationaux de construction de la mémoire et des imaginaires de guerre.

Ces effets conjugués d'atomisation et de dissémination ont conduit à un brouillage des scènes qui pose des problèmes inédits et rend plus complexe la mesure du rôle joué par le cinéma français dans la transmission des événements.

Parallèlement, le passage des années a suscité un réinvestissement d'ordre esthétique sur la période de l'Occupation qui mériterait une étude approfondie. Tout au mieux peut-on esquisser ici les inflexions les plus visibles. Dès les années 1970, l'un des courants dominants du « rétro » cultiva un rapport décoratif et fétichiste au passé ; ces films désormais en couleurs exhumaient les oripeaux de la période nazie et contribuaient à son esthétisation[9]. À rebours de

---

véritable inflation télévisuelle de la « Shoah » sur les petits écrans (Julie Maeck, *Montrer la Shoah à la télévision de 1960 à nos jours*, Paris, Nouveau Monde éditions, 2009, p. 343-400).

8. Ophir Levy, « Les images clandestines… », thèse citée, p. 143.

9. Sous le signe du kitsch selon Saul Friedländer (*Reflets du nazisme*, Paris, Seuil, 1982), d'un « érotisme de pacotille » pour Michel Foucault, dans son dialogue qui fit date avec les critiques des *Cahiers du cinéma* (*Les Cahiers du cinéma*, n° 251-252, juillet-août 1974 et n° 253, octobre-

Les ailes du temps

l'épopée gaullienne, l'ère giscardienne marqua résolument le « déclin de la mémoire morale au bénéfice d'une mémoire esthétique[10] ». Pour nombre de cinéastes, les années noires s'offraient avant tout comme un décor aux séductions multiples ; la France occupée, en s'éloignant dans l'horizon temporel, devenait le cadre de films d'époque à costumes[11].

Au cours des décennies suivantes, nombre de films français sur les « années noires » accomplirent le passage de la mémoire à la patrimonialisation[12]. Serge Daney en eut le pressentiment lors de la sortie très médiatisée d'*Uranus* (Claude Berri, 1991). « Quand le passé devient à ce point décoratif, écrivait-il dans *Libération*, c'est qu'il a cessé de travailler notre présent », preuve que les deuils collectifs ont eux aussi une « date de péremption »[13]. Pour Daney, l'esthétique d'*Uranus*, « entre brocante et téléfilm », expliquait

---

novembre 1974). Voir également Patrice Maniglier et Dork Zabunyan, *Foucault va au cinéma*, Paris, Bayard, 2011.

10. Étudiant les commémorations giscardiennes, Gérard Namer écrit : « Si le goût de l'histoire chez de Gaulle était le goût de l'épopée, le goût de l'histoire qui sous-tend la commémoration de Giscard d'Estaing est un goût de l'histoire dans son détail, une histoire pour chercheurs et curieux » (*Batailles pour la mémoire...*, *op. cit.*, p. 189-211).

11. Le déco-rétro généra aussi ses anticorps. Dans *Monsieur Klein* (1976), Joseph Losey déjoue les pièges de la reconstitution, dédaignant les magasins d'accessoires comme garants illusoires de la vérité historique. À travers l'aventure kafkaïenne de Monsieur K., le cinéaste livre un portrait saisissant de la France occupée et met au jour les mécanismes profonds de l'antisémitisme : son film restitue l'esprit et les mentalités d'une époque plutôt que ses détails ornementaux. Pour évoquer la rafle du Vél' d'Hiv', Losey choisit de transposer l'événement en hiver. Ce petit déplacement confère à son évocation une puissance universelle et une force d'interpellation renouvelée : jusqu'aux stades de Santiago du Chili, il ouvre l'horizon du film au présent qui l'éclaire sans céder aux sirènes de l'anachronisme.

12. Voir à ce propos le constat légèrement désabusé de Pierre Nora à l'issue de la vaste entreprise des « lieux de mémoire » commencée en 1984 (Pierre Nora, *Les Lieux de mémoire*, vol. 3, t. I, *op. cit.*).

13. *Libération*, 8 janvier 1991.

qu'une fiction supposée « carburer au vitriol tourne vite à la pommade muséale »[14]. En 1997, *Lucie Aubrac*, du même Berri, parut lui donner raison : sous le signe du *biopic* et du *film heritage*, une armée des ombres momifiée, vidée de sa sève politique, entrait à son tour au musée. Ni *Laissez-Passer* de Bertrand Tavernier (2002) ni *L'Armée du crime* de Robert Guédiguian (2009)[15] ne parvinrent à corriger cette tendance. La Résistance devenait au cinéma ce masque mortuaire sur un visage défunt, « légende vraisemblable », « frisson immobilisé » d'une disparition[16].

Mais depuis quelques années, le passé apparaît surtout aspiré dans le champ d'attraction du spectacle total où toutes les époques offrent un même visage lifté par les techniques numériques. Entre représentation et simulation, les industries culturelles gouvernent ces visions de l'Histoire soumises aux tyrannies du visible et au « sacre du présent[17] ». Des fictions et des documentaires à base d'archives colorisées épousent nos nouvelles manières de voir et de rendre visible : ils tirent

---

14. Contrairement au *Chagrin et la Pitié*, *Uranus* « ne dérange personne et ravit toute le monde », conclut Daney. On serait tenté d'ajouter que Berri, sous couvert d'« iconoclasme », s'attaquait à des mythes qui n'avaient déjà plus cours : la vision du *Chagrin et la Pitié* étant en passe de devenir une « vulgate », le conformisme de sa mise en scène pouvait servir un nouveau mode de consensus historiciste. Sur cette question, voir Pierre Laborie, *Le Chagrin et le Venin...*, *op. cit.*

15. Sur *L'Armée du crime*, voir Jean-Michel Frodon, « Du bois dont on fait les légendes », *Slate.fr* [en ligne], septembre 2009, URL : http://blog.slate.fr/projection-publique/2009/09/13/du-bois-dont-on-fait-les-legendes. On peut ajouter à ces films de nombreux *biopics* télévisés : des deux *Jean Moulin* (Yves Boisset pour France 2 en 2002 ; Pierre Aknine pour TF1 en 2003) jusqu'au récent *Alias Caracalla, au cœur de la Résistance* (Alain Tasma pour France 3, 2013). Toujours sur le petit écran, la série *Un village français*, dont la saison 5 fut diffusée en novembre 2013, mériterait une analyse détaillée.

16. Natacha Michel, « La poussière qui vous parle. Le masque de Robespierre », *Du théâtre. La revue*, n° 12, printemps 1996, p. 15.

17. Pour reprendre l'expression de Zaki Laïdi, *Le Sacre du présent*, Paris, Flammarion, 2000.

Les ailes du temps 537

le passé vers un présent dilaté, envahissant, « qui n'a d'autre horizon que lui-même[18] ». Pour les réalisateurs de *La Rafle* (Roselyne Bosch, 2010) ou d'*Apocalypse* (Isabelle Clarke et Daniel Costelle, 2009), il s'agit d'entrer en immersion dans l'image et le son, de s'absorber dans une Histoire tout entière déchiffrable, rendue dans la plénitude du visible[19]. Ainsi nous offrent-ils l'opportunité de vivre le passé comme si nous y étions et mieux que si nous y avions été. Umberto Eco désigne sous le nom d'*hyper-réalité* le commerce avec une Histoire plus vraie que la vraie[20]. « La réalité est un film », écrivait-il après une visite au Movieland Wax Museum dans les décors neigeux du *Docteur Jivago*.

L'écrivain précisa sa pensée en Floride, sur le musée flottant du *Bounty*. La maquette fut reconstituée grâce aux dessins de la Royal Society de Londres mais en référence constante au film de Frank Lloyd interprété par Charles Laughton et Clark Gable : des figurines de cire portent les chaussures des acteurs dont les voix emplissent l'espace sonore du musée. Le recours aux *Révoltés du Bounty* ne permet pas seulement de « vendre du rêve », il authentifie la maquette en collant à la représentation cinématographique du passé qui gouverne l'impression de réalité et le sentiment de vérité[21].

La Seconde Guerre mondiale semble en passe d'emprunter ce chemin au moment où « l'écho-cinéma » accomplit son ultime révolution. Après *Papy fait de la résistance* (Jean-Marie Poiré, 1983)[22], le virtuose *Inglourious Basterds* poursuit la

---

18. François Hartog, *Régimes d'historicité. Présentisme et expériences du temps*, Paris, Seuil, 2003, p. 200.

19. Sur ces films et quelques autres, voir Sylvie Lindeperg, *La Voie des images...*, *op. cit.*, chap. I.

20. Umberto Eco, *La Guerre du faux*, Paris, Grasset, 1985.

21. On retrouve cette logique dans le *« Schindler's List » Tour* polonais qui propose aux touristes de suivre pas à pas, de Cracovie à Auschwitz, les stations du film de Spielberg.

22. *Papy fait de la résistance* fut conçu comme un pur pastiche. Jean-Marie Poiré puisait aux sources du *Père tranquille*, de *La Traversée*

plongée dans l'univers parallèle du septième art. Réfugiés dans une « caverne somptueuse, aux murs tapissés d'images[23] », des réalisateurs affranchis des contingences historiques quittent les berges du passé pour s'adonner librement à la cinéphilie ou s'abîmer avec délice dans une logique de la citation.

Ces intuitions étaient présentes lorsque j'introduisais pour la première fois ce livre sur les photogrammes du *Jour le plus long* exposés à Sainte-Mère-Église en 1994. Dix ans plus tard, le président George W. Bush invitait Tom Hanks et Steven Spielberg, acteur et réalisateur d'*Il faut sauver le soldat Ryan*, à célébrer en Normandie le soixantième anniversaire du débarquement. À la veille d'une nouvelle commémoration résonnent avec force ces mots de Jean-Louis Comolli : « Le cinéma fabrique le monde, premier temps ; ensuite, il le remplace[24]. »

Ravel, décembre 2013
pour la présente édition.

---

de Paris et des comédies résistantes des années 1960, agrémentant le tout d'un parfum de cinéma rétro et d'une parodie des *Dossiers de l'écran*. La première version du scénario envisageait d'insérer au générique les scènes d'ouverture de *L'Armée des ombres*, préférées au plan d'archives (Cinémathèque française/Bifi, HOLT 15 B4). De fait, le réalisateur ne visait pas l'histoire de la France occupée mais les images et récits qui en furent produits dans l'après-coup (certains par son père, le producteur Alain Poiré).

23. Daniel Mendelson à propos de *Kill Bill* de Tarantino, cité par Jonathan Schel dans sa critique de *Inglourious Basterds* (« L'inconséquence du spectateur », *Slate.fr* [en ligne], 2 septembre 2009, URL : http://www.slate.fr/story/9835/linconsequence-du-spectateur).

24. Jean-Louis Comolli, « Le miroir à deux faces », *in* Jean-Louis Comolli et Jacques Rancière, *Arrêt sur histoire*, Paris, Éd. Centre Pompidou, 1997, p. 43.

Sigles et acronymes

CATJC	Centre artistique et technique des jeunes du cinéma
CFLN	Comité français de libération nationale
CGCF	Coopérative générale du cinéma français
CGT	Confédération générale du travail
CLCF	Comité de libération du cinéma français
CMN	Commission militaire nationale, succède au COMAC
CNC	Centre national de la cinématographie
CNR	Conseil national de la résistance
COIC	Comité d'organisation de l'industrie cinématographique
COMAC	Comité d'action militaire
DGC	Direction générale du cinéma
FFI	Forces françaises de l'intérieur
FFL	Forces françaises libres
FLN	Front de libération nationale
FN	Front national, organisation créée par la résistance communiste
FNDIRP	Fédération nationale des déportés et internés, résistants et patriotes
FTPF ou FTP	Francs-tireurs et partisans français
IDHEC	Institut des hautes études cinématographiques
LVF	Légion des volontaires français
MRP	Mouvement républicain populaire

OAS	Organisation armée secrète
OFIC	Office français d'information cinématographique
OJC	Organisation juive de combat
ORTF	Office de radiodiffusion-télévision française
PCF	Parti communiste français
PPF	Parti populaire français
RAF	Royal Air Force
RPF	Rassemblement du peuple français
SCA	Service cinématographique de l'armée (avant juillet 1946)
	Service cinématographique des armées (à partir de juillet 1946)
SPCA	Section photographique et cinématographique de l'armée
STO	Service du travail obligatoire
UCL	Union cinématographique lyonnaise
UGC	Union générale cinématographique
UNR	Union pour la nouvelle République

Filmographie

Cette filmographie propose une double datation : les titres de films, classés par année de réalisation, sont suivis, pour les longs métrages, par la date de leur première sortie en salles à Paris.

La lettre D désigne les documentaires. Les lettres CM indiquent que le film est un « court métrage » (moins de 59 minutes). Figurent enfin en caractères romains des films dont le récit ne se déroule pas pendant les années 1939-1945 mais qui se réfèrent à cette période dans les dialogues, au moyen d'un *flash-back* ou par le biais de l'allégorie historique.

L'essentiel des films mentionnés ci-dessous sont disponibles en DVD ; certains sont consultables sur le site Ina.fr. Les films du SCA sont visionnables à l'ECPAD, au fort d'Ivry.

1944

Au cœur de l'orage, D, Jean-Paul Le Chanois, 30 avril 1948
Caméras sous la botte, D, CM, Albert Mahuzier et Robert Gudin, 1945
Ces va-nu-pieds superbes, D, CM, Yves Allégret
Dix minutes sur les FFI, D, CM, André Michel
La Libération de Paris, D, CM, CLCF, 29 août 1944
Le Six Juin à l'aube, D, Jean Grémillon, 2 novembre 1946, puis mai 1949 pour l'exploitation commerciale dans une version raccourcie
Oflag XVII A. Sous le manteau, D, CM, Maurice Reynaud et Jean Faurez, 1954

Prise de Strasbourg, D, CM, SCA, 1er décembre 1944
Réseau X, D, CM, Albert Mahuzier, novembre 1945
Vive la liberté, Jeff Musso, 7 février 1946

1945

Bataille du rail, René Clément, 27 février 1946
Bombardiers lourds, D, CM, SCA, 19 août 1945
Boule de suif, Christian-Jaque, 17 octobre 1945
Caravane blindée, D, CM, Pierre Caillet, SCA, 13 avril 1946
Ceux du groupe Lorraine, D, SCA, 13 novembre 1945
Les Clandestins, André Chotin, 17 avril 1946
Compagnons de la gloire, D, Yves Ciampi, 23 mai 1945
Les Démons de l'aube, Yves Allégret, 9 avril 1946
Étapes vers la victoire 1. De Tunis à Rome, D, CM, SCA, Bertrand Flornoy
Étapes vers la victoire 2. Débarquement Sud, D, CM, SCA, Pierre Poutays, août 1945
Fils de France, Pierre Blondy, 15 mai 1946
Frontière de la liberté, Guillaume Radot, D, SCA, 1er décembre 1945
Les Gars de Leclerc, D, CM, SCA, 30 juin 1946
La Grande Épreuve, D, SCA, 30 janvier 1946
Jéricho, Henri Calef, 13 mars 1946
Le Jugement dernier, René Chanas, 19 décembre 1945
La Loi du talion, D, CM, SCA, 3 mai 1945
La Marine au combat, D, Jean Arroy, SCA, 21 novembre 1945
Mission spéciale, Maurice de Canonge, 8 mars 1946 et 5 avril 1946
Nuits d'alerte, Léon Mathot, 25 septembre 1946
Patrie, Louis Daquin, 23 octobre 1946
La Prise de Colmar par la 1re armée, D, CM, SCA, 2 février 1945
Peloton d'exécution, André Berthomieu, 31 octobre 1945
Le Retour, D, CM, Henri Cartier-Bresson, 24 janvier 1946
La Rose et le Réséda, CM, André Michel, 1946
Un ami viendra ce soir, Raymond Bernard, 10 avril 1946

Filmographie 543

1946

Bataillon du ciel, Alexandre Esway, 5 mars 1947 et 16 avril 1947
Le Père tranquille, René Clément, 10 octobre 1946
Les Portes de la nuit, Marcel Carné, 3 décembre 1946
Troupes d'Afrique, D, CM, SCA, 1er décembre 1946

1947

La Bataille de l'eau lourde, Jean Dréville et Titus Vibe-Müller, 13 février 1948
Le Diable au corps, Claude Autant-Lara, 22 septembre 1947
Les Maudits, René Clément, 19 septembre 1947
Les Requins de Gibraltar, Émile Reinert, 14 novembre 1947
Le Silence de la mer, Jean-Pierre Melville, 22 avril 1949

1948

Le Bal des pompiers, André Berthomieu, 14 mars 1949
Le Diable boiteux, Sacha Guitry, 29 septembre 1948
Leclerc, D, Jean Régnier, 17 juin 1949
Manon, Henri-Georges Clouzot, 9 mars 1949
Retour à la vie, Dréville, Cayatte, Clouzot, Lampin, 14 septembre 1949

1949

Autant en emporte l'histoire, D, Jacques Willemetz, janvier 1950
Le Grand Cirque, Georges Péclet, 10 mars 1950
Le Grand Rendez-Vous, Jean Dréville, 10 février 1950
Mission à Tanger, André Hunebelle, 15 juillet 1949
La Tour de Babel, D, Georges Rony, décembre 1951

1950

Casabianca, Georges Péclet, 18 mai 1951
Les miracles n'ont lieu qu'une fois, Yves Allégret, 18 mai 1951

1951

L'Éternel Espoir, Max Joly, 2 juillet 1952
Gibier de potence, Roger Richebé, 4 janvier 1952
Jeux interdits, René Clément, 9 mai 1952
Les Mains sales, Fernand Rivers, 29 août 1951

1952

Deux de l'escadrille, Maurice Labro, 30 janvier 1953
La neige était sale, Luis Saslavsky, 19 février 1954
Nous sommes tous des assassins, André Cayatte, 21 mai 1952

1953

Avant le déluge, André Cayatte, 26 février 1954
Le Bon Dieu sans confession, Claude Autant-Lara, 9 octobre 1953
Le Défroqué, Léo Joannon, 26 février 1954
Tabor, Georges Péclet, 26 mars 1954

1954

La Cage aux souris, Jean Gourguet, 26 janvier 1955
Double Destin, Victor Vicas, 19 janvier 1955
Les Évadés, Jean-Paul Le Chanois, 17 juin 1955

1955

Nuit et brouillard, D, CM, Alain Resnais, 22 mai 1956

1956

Les Louves, Luis Saslavsky, 26 avril 1957
La Traversée de Paris, Claude Autant-Lara, 26 octobre 1956
Un condamné à mort s'est échappé, Robert Bresson, 11 novembre 1956

1958

La Chatte, Henri Decoin, 18 avril 1958
Hiroshima mon amour, Alain Resnais, 10 juin 1959
Marie-Octobre, Julien Duvivier, 24 avril 1959

1959

Babette s'en va-t-en guerre, Christian-Jaque, 18 septembre 1959
La chatte sort ses griffes, Henri Decoin, 9 mars 1960
Le Chemin des écoliers, Michel Boisrond, 23 septembre 1959
Normandie-Niemen, Jean Dréville, 26 février 1960
La Nuit des espions, Robert Hossein, 9 septembre 1959
La Sentence, Jean Valère, 2 octobre 1959
Le Septième Jour de Saint-Malo, Paul Mesnier, 20 avril 1960
Une gueule comme la mienne, Frédéric Dard, 13 juillet 1960
La Vache et le Prisonnier, Henri Verneuil, 16 décembre 1959
La Verte Moisson, François Villiers, 2 décembre 1959

1960

Arrêtez les tambours, Georges Lautner, 1er février 1961
Le Bois des amants, Claude Autant-Lara, 3 août 1960
Candide ou l'optimisme au XXe siècle, Norbert Carbonnaux, 16 décembre 1960
L'Enclos, Armand Gatti, 25 octobre 1961
Fortunat, Alex Joffé, 16 novembre 1960
La Guerre inconnue, D, Perry Wolf, 12 mai 1961
Les Honneurs de la guerre, Jean Dewever, 25 juillet 1962
Kamikaze, D, Perry Wolf, 18 janvier 1961
On vous parle, CM, Jean Cayrol et Claude Durand, 1961
Le Passage du Rhin, André Cayatte, 4 novembre 1960
Qui êtes-vous Monsieur Sorge ?, D, Yves Ciampi, 29 mars 1961

Tu ne tueras point, Claude Autant-Lara, 5 juin 1963
Un taxi pour Tobrouk, Denys de La Patellière, 12 juillet 1961
Une aussi longue absence, Henri Colpi, 17 mai 1961
Vacances en enfer, Jean Kerchbron, 24 mai 1961

1961

Le Caporal épinglé, Jean Renoir, 25 mai 1962
Carillons sans joie, Charles Brabant, 18 avril 1962
La Dénonciation, Jacques Doniol-Valcroze, 18 juillet 1962
Léon Morin prêtre, Jean-Pierre Melville, 22 septembre 1961
La Mémoire courte, D, Francine Premysler et Henri Torrent, 4 janvier 1963
La Planque, Raoul André, 21 septembre 1962
Le Temps du ghetto, D, Frédéric Rossif, 22 novembre 1961
La Traversée de la Loire, Jean Gourguet, 31 janvier 1962
Un cheval pour deux, Jean-Marc Thibault, 24 janvier 1962

1962

Les Culottes rouges, Alex Joffé, 19 décembre 1962
Le Jour et l'Heure, René Clément, 5 avril 1963
Le Vice et la Vertu, Roger Vadim, 1er mars 1963

1964

La Bataille de France, D, Jean Aurel, 3 juin 1964
La Cage de verre, Philippe Arthuys et Jean-Louis Levi-Alvares, 17 novembre 1965
Le Coup de grâce, Jean Cayrol et Claude Durand, 8 mai 1966
L'Heure de la vérité, Henri Calef, présentation le 29 avril 1965 sans sortie en salles
Les Longues Années, D, André Tranché, 10 juin 1964
Le Repas des fauves, Christian-Jaque, 26 août 1964
Week-End à Zuydcoote, Henri Verneuil, 18 décembre 1964

1965

La Longue Marche, Alexandre Astruc, 27 mai 1966
Paris brûle-t-il ?, René Clément, 26 octobre 1966
La Vie de château, Jean-Paul Rappeneau, 26 janvier 1966

1966

La Grande Vadrouille, Gérard Oury, 8 décembre 1966
La Ligne de démarcation, Claude Chabrol, 26 octobre 1966
Martin soldat, Michel Deville, 28 septembre 1966
Un homme de trop, Costa-Gavras, 5 avril 1967
Le Vieil Homme et l'enfant, Claude Berri, 10 mars 1967

1967

Le Crime de David Lévinstein, André Charpak, 23 avril 1968
Drôle de jeu, ORTF, Pierre Kast, 1er mai 1968
Le Franciscain de Bourges, Claude Autant-Lara, 29 avril 1968
Le Mois le plus beau, Guy Blanc, 26 juin 1968
Munich ou la paix pour cent ans, D, ORTF, Marcel Ophuls, 3 septembre 1967
Le Temps des doryphores, D, Dominique Rémy, 8 novembre 1967
Un homme à abattre, Philippe Condroyer, 10 novembre 1967
La Vie normale, CM, André Charpak, 1er juillet 1967

1968

Nous n'irons plus au bois, Georges Dumoulin, 16 septembre 1970
Tu moissonneras la tempête, D, Raymond-Léopold Bruckberger, 4 juin 1969

1969

L'Armée des ombres, Jean-Pierre Melville, 12 septembre 1969
Les Patates, Claude Autant-Lara, 21 novembre 1969
Le Chagrin et la Pitié, D, Marcel Ophuls, 5 avril 1971

Sources

ARCHIVES

Cinémathèque française/Bifi

Documents scénaristiques, de tournage, de production et distribution
Au cœur de l'orage :
- Archives de Jean-Paul Le Chanois, LC 09B2 et LC 09B3
- Archives de distribution, fonds Gergely, 32 B2
- Iconographie, PO 0011653 et PO 0011654

Babette s'en va-t-en guerre :
- Découpage ronéo avec annotations manuscrites, SCEN 244 B72
- Crédit national, CN1202 B555

La Bataille du rail :
- Fonds de la CGCF, CGCF 2 B1
- Découpage ronéo et *story-board*, CJ150 B21
- Crédit national, CN129 B86

Le Chagrin et la Pitié :
- Documents sur la distribution : MALLE 0437 B103

Le Diable au corps :
- Fonds Gérard Philipe : Diable au corps, AGP3 B1
- Continuité dialoguée, CJ423 B54

Double destin :
- Scénario, synopsis, devis, fiche de la commission d'agrément (ancienne cote : KAM 22)

Les Évadés :
- Scénario, devis, synopsis et fiche de la commission d'agrément (ancienne cote : KAM 15)

Le Grand Rendez-Vous :
- Découpage avec annotations manuscrites, CJ648 B87

Hiroshima mon amour :
- Document de repérage, dépouillement, découpage, plan de travail, BAUDROT GU62 B24

Jéricho :
- Continuité dialoguée, manuscrit de Charles Spaak, SPAAK 6 B1

Les Maudits :
- Découpage technique avec photos de repérage et annotations manuscrites, CJ945 B126

Patrie :
- Découpage technique avec annotations manuscrites, SPAAK 11 B2

Papy fait de la résistance :
- Découpage technique, HOLT 15 B4

Paris brûle-t-il ? :
- Synopsis en anglais, CJ1125 B150
- Découpage technique, SCEN 2037 B2

Peloton d'exécution :
- Découpage technique, dépôt Raymond Nègre

Retour à la vie :
- Découpage avec annotations manuscrites (ancienne cote 000004 *bis*)

Le Silence de la mer :
- Découpage avec annotations manuscrites, CJ1360 B176

Le Six Juin à l'aube :
- Fonds de la CGCF, CGCF 2 B9

Un héros très discret :
- Découpage technique, synopsis, LACHENAY 84B15

Le Vieil Homme et l'enfant :
- Scénario avec annotations manuscrites, CJ1595 B208

Matériaux publicitaires, *press-books* des films *La Bataille de l'eau lourde* ; *Bataillon du ciel* ; *La Cage de verre* ; *Les Démons de l'aube* ; *Double destin* ; *L'Heure de la vérité* ; *Tu ne tueras point* ; *La Verte Moisson*

**Bibliothèque nationale de France –
Département Arts du spectacle**

Le Massacre des innocents :
- Fonds Jean Grémillon, cinéaste 1926-1958, 4 COL 55

Le Six Juin à l'aube :
- Fonds Jean Grémillon, cinéaste 1926-1958, 4 COL 55
- Lot de photographies, 4 ICO CIN 5172

Institut national de l'audiovisuel (INA)

Service des actualités : première mouture du scénario de *La Libération de Paris* et rushes du film

Émissions et journaux télévisés (nationaux et régionaux) consultés à l'Inathèque sur *Paris brûle-t-il ?* ; *L'Armée des ombres* ; *La Grande Vadrouille* ; *Le Chagrin et la Pitié*

**Centre national du cinéma
et de l'image animée (CNC)**

Dossiers de la commission de classification (consultés 12 rue de Lübeck, Paris 16e) pour les films ci-dessous :
L'Armée des ombres ; *Arrêtez les tambours* ; *Au cœur de l'orage* ; *Autant en emporte l'histoire* ; *Avant le déluge* ;

Babette s'en va-t-en guerre ; *Le Bal des pompiers* ; La Bataille de France ; *La Bataille du rail* ; *Bataillon du ciel* ; *Bel Ami* ; *Le Bois des amants* ; *Le Bon Dieu sans confession* ; *Boule de suif* ; *La Cage aux souris* ; *Candide* ; *Carillons sans joie* ; *Le Chagrin et la Pitié* ; *La Chatte* ; *La chatte sort ses griffes* ; *Le Chemin des écoliers* ; *La Chute de Berlin* ; *Les Clandestins* ; *Le Corbeau* ; *Le Coup de grâce* ; *Le Crime de David Lévinstein* ; *La Dénonciation* ; *Le Diable au corps* ; *Le Diable boiteux* ; *Drôle de jeu* ; *L'Enclos* ; *L'Éternel Espoir* ; *Les Évadés* ; *Le Franciscain de Bourges* ; *La Grande Illusion* ; *Le Grand Rendez-vous* ; *Le Grand Tournant* ; *La Grande Vadrouille* ; *Les Guichets du Louvre* ; *Hiroshima mon amour* ; *Les Honneurs de la guerre* ; *Jéricho* ; *Jeux interdits* ; *Le Jour et l'Heure* ; *Le Jugement dernier* ; *Lacombe Lucien* ; *Léon Morin prêtre* ; *La Ligne de démarcation* ; *Les Longues Années* ; *La Longue Marche* ; *Les Mains sales* ; *Manon* ; *Martin soldat* ; *Les Maudits* ; *La Mémoire courte* ; *Mission diabolique* ; *Mission spéciale* ; *La neige était sale* ; *Normandie-Niemen* ; *Nous sommes tous des assassins* ; *Nuits d'alerte* ; *La Nuit des espions* ; *Nuit et brouillard* ; *Paris-brûle-t-il ?* ; *Passage du Rhin* ; *Patrie* ; *Peloton d'exécution* ; *Le Père tranquille* ; *Le Petit Soldat* ; *Les Portes de la nuit* ; *Le Repas des fauves* ; *Le Retour* ; *Retour à la vie* ; *La Sentence* ; *Le Silence de la mer* ; *Le Six Juin à l'aube* ; *Le Temps des doryphores* ; *Le Temps du ghetto* ; *La Tour de Babel* ; *La Traversée de Paris* ; *Tu moissonneras la tempête* ; *Tu ne tueras point* ; *Un ami viendra ce soir* ; *Un condamné à mort s'est échappé* ; *Une gueule comme la mienne* ; *Un homme de trop* ; *Untel père et fils* ; *Vacances en enfer* ; *La Vache et le Prisonnier* ; *La Verte Moisson* ; *Le Vice et la Vertu* ; *La Vie de château* ; *Le Vieil Homme et l'enfant* ; *Vive la liberté* ; *Week-end à Zuydcoote*

Cinémathèque de Toulouse

Press-books des films *Le Père tranquille* ; *Le Bal des pompiers* ; *L'Armée des ombres*

Archives nationales (AN)

Fonds F 41 : Ministère de l'Information
F 41 2371 8A et F 41 2372 8A : *Avant le déluge* ; *La neige était sale* ; *Les statues meurent aussi*
F 41 2379 : Dossiers sur *La Grande Illusion* et *Le Diable boiteux*
F 41 2382 8B : *Paris brûle-t-il ?*
F 41 2383 8B : *Le Silence de la mer*

Sous-direction de l'audiovisuel et de l'action extérieure (Service juridique et technique de l'information)
19870373 26 : *Paris brûle-t-il ?*

Fonds F 42 : Direction du cinéma
F 42 123 : Censure des films 1944-1945
F 42 131 : Dossiers « Commissions d'épuration », « Censure militaire »

Fonds 72 AJ : Papiers du Comité d'histoire de la Deuxième Guerre mondiale et fonds privés relatifs à la période 1939-1945
72 AJ 1895 : Procès de résistants
72 AJ 2280 : Notes sur l'organisation de la Résistance ferroviaire et les origines de Résistance-Fer
72 AJ 2294 : Brochure sur *La Bataille du rail*
72 AJ 2297 : Documentation sur la Résistance : notes sur Résistance-Fer et la « bataille du rail »

Ministère des Affaires étrangères (MAE)

Relations culturelles 1945-1947, œuvres diverses, boîte 243

Service historique de la Défense (SHD)

Fonds GR : Archives de la guerre
 GR 8Ye 118932 : Dossier militaire d'André Michel
 GR 16P 6829 : Dossier de résistance de Pierre Alekan
 GR 16P 65433 : Dossier de résistance de Pierre Blondy
 GR 16P 177197 : Dossier de résistance Nicole de Rothschild dite Nicole Stéphane
 GR 16P 272877 : Dossier de résistance de Jean-Pierre Grumbach dit Melville
 GR 16P 416817 : Dossier de résistance d'André Michel

Fonds TO : Témoignages oraux
 2007 TO 18 : Entretien avec Gilbert Larriaga par Stéphane Launey
 2007 TO 34 : Entretien avec François Salomons dit Villiers par Stéphane Launey
 2007 TO 328 : Entretien avec Louis Félix par Stéphane Launey

Archives départementales de Saint-Denis (AD)

Fonds 65 J : Fonds de la Fédération nationale du spectacle
 65 J 22 : procès-verbal de la réunion de la branche cinéma du 11 avril 1950
 65 J 238 : correspondances de la branche cinéma de la Fédération du spectacle (1945-1947) ; procès-verbal de la réunion de la branche cinéma du 26 juin 1946

Archives de la Fondation René-Clément

Bataille du Rail
Jeux interdits
Le Jour et l'Heure
Les Maudits
Paris brûle-t-il ?

Archives privées

Pierre Alekan
Henri Calef
Jean Dewever
Marc Maurette
André Michel

Entretiens

Henri Alekan, Boulogne, 17 janvier 1991
Pierre Alekan, Paris, 14 février, 21 mars et 25 septembre 1991
Jean Aurenche, 8 avril 1991 (par téléphone)
Maurice Bessy, Paris, 6 juin 1990
Pierre Braunberger Paris, 14 novembre 1989
Henri Calef, Paris, 18 avril 1991
René Clément, 25 février 1993 (par correspondance)
Jean Dewever, Montrouge, 10 avril, 24 avril et 2 mai 1991
Max Douy, Paris, 11 décembre 1990
Jean Dréville, Paris, 9 juillet 1990
Louis Félix, en collaboration avec Emmanuel Debono, Paris, 2 février 2004
Claude Heymann, Paris, 27 février 1991
Claude Jaeger, 16 avril 1991 (par téléphone)

Jean Kerchbron, 5 novembre 1996 (par téléphone)
Gilbert Larriaga, Tassin, 8 avril 1999 et 19 janvier 2004
Marcel Lathière, 15 avril 1991 (par téléphone)
Emma Le Chanois, Boulogne, 29 janvier 1991
Marc Maurette, Paris, 12 avril et 19 avril 1991
Roger Mercanton, Paris, 19 avril 1991
Alain de Sedouy, Neuilly, 30 mai 1990
Nicole Stéphane, Boulogne, 24 avril et 30 mai 1991
Jean-François Théry, Paris, 11 juillet et 13 juillet 1990
Louis Wipf, Arnouville-lès-Mantes, 4 mars 1991
André Zwobada, Nogent-le-Roi, 3 mai 1991

Index

Cet index comprend uniquement les noms des professionnels du cinéma : réalisateurs ; scénaristes dialoguistes ; producteurs ; acteurs ; techniciens...

Agostini, Philippe, 254
Alekan, Henri, 23, 30-33, 84, 86-88, 91
Alekan, Pierre, 31-33, 44, 199, 203, 224
Allégret, Marc, 31, 58, 337
Allégret, Yves, 84, 155, 159-160, 162, 164, 269-270, 315, 328, 331-332
Arnoul, Françoise, 403
Arroy, Jean, 132-133, 136-137, 150
Arthuys, Philippe, 520-523
Astruc, Alexandre, 406
Aubergé, Maurice, 159, 484
Audiard, Michel, 466
Audry, Colette, 88, 101, 220
Aumont, Jean-Pierre, 412
Aurel, Jean, 511
Aurenche, Jean, 26, 333, 335, 360, 399, 430-431
Autant-Lara, Claude, 58-59, 64, 300, 315, 348, 358-364, 366-368, 371-372, 393-394, 399-400, 406, 475, 483, 508
Aznavour, Charles, 484

Badie, Jean, 31
Bardot, Brigitte, 465, 468
Beauregard, Georges de, 415
Becker, Jacques, 27, 50, 58, 80, 300
Belmondo, Jean-Paul, 438, 511
Bernard, Raymond, 180, 183, 186-187, 190-191, 194, 198, 200-201, 274, 361, 501, 504
Berthomieu, André, 180-182, 191, 198, 200-202, 315, 328, 337, 339, 349, 393
Beuchot, Pierre, 88, 228, 425
Billon, Pierre, 162
Blanchar, Pierre, 27-28, 30, 41-43, 46, 50, 53, 56, 62, 76, 80, 82, 84, 164, 170, 244, 249-250
Blanche, Francis, 467, 477

Blondy, Pierre, 155-158, 162, 164
Boisrond, Michel, 483
Bost, Pierre, 27, 53, 73-75, 79-80, 104, 106, 244, 248-249, 333, 335, 360, 399, 430, 451
Bourvil, 365, 367-368, 466, 469, 475
Boyer, François, 333-335
Braspart, Michel, 213-214, 219-220, 231, 372, 486
Brasseur, Claude, 407
Brasseur, Pierre, 214, 216, 220, 222, 252, 474, 512
Braunberger, Pierre, 23, 59, 63-64, 349, 363-364, 467, 510, 520
Bresson, Robert, 58, 394
Brialy, Jean-Claude, 406
Brouillard, André (alias Pierre Nord), 127-128, 180-182, 191, 194, 202, 234
Bruckberger, Raymond-Léopold, 406, 417, 426, 461-462, 514
Brûlé, Claude, 430
Bussières, Raymond, 164, 199, 252

Caillet, Pierre, 131, 143
Calef, Henri, 23, 33, 205, 207-208, 210-212, 215, 217-221, 223, 232, 266-267, 407, 520-522
Canonge, Maurice de, 180-181, 183, 188, 197, 200-201, 326
Carbonnaux, Norbert, 512
Carné, Marcel, 41, 50, 58, 65, 156, 233, 251-254, 414

Carpita, Paul, 509
Cartier-Bresson, Henri, 275
Cavalier, Alain, 467
Cayatte, André, 58, 315, 328-329, 348-350, 354-357, 382-383, 393-394, 483-485, 493-494
Cayrol, Jean, 330, 390-391, 508, 518-519, 522
Cerf, André, 31-32
Chabrol, Claude, 356, 398, 406, 415-416, 424-425, 499
Chanas, René, 204
Charpak, André, 520-524
Chotin, André, 180, 188, 190, 200-201
Christian-Jaque, 58, 66, 233-234, 236-237, 240, 242, 399-400, 465, 468, 472-473, 476, 480-481
Ciampi, Yves, 132
Clair, René, 58, 156
Clavel, Maurice, 487
Clément, René, 32, 86-88, 91-92, 95, 97, 99, 101-102, 116, 119, 173, 218-220, 223, 228, 230, 315, 317, 326, 333-336, 360, 394, 399-400, 403, 405, 411-412, 428, 430-444, 446-449, 452, 454-456, 458-461, 463, 471, 513, 525
Clouzot, Henri-Georges, 26-27, 58, 64-66, 283, 300, 315, 328, 345, 350-353, 357, 393, 486
Clunie, Raymond, 31-32
Cohen, Jacques, 33
Colpi, Henri, 401
Companeez, Jacques, 184, 187, 202, 274

Index

Coppola, Francis Ford, 430, 434, 436
Corval, Pierre, 190, 202
Costa-Gavras, Constantin, 47, 406, 512
Coutable, 46
Cravenne, Marcel, 135
Cremer, Bruno, 431, 443
Cressoy, Pierre, 306
Crispin, Janine, 168

Dalio, Maurice, 259, 261
Daquin, Louis, 23, 27-29, 51, 54-55, 58, 62, 66, 79, 86, 104, 110-112, 115-117, 199, 233, 244, 248-251, 257, 284, 296, 300, 361, 373, 412, 431, 499
Darcante, Jean, 201
Dauman, Anatole, 385
Dauphin, Claude, 337
Decoin, Henri, 403, 405, 407
Delannoy, Jean, 27, 41-42, 58, 126, 399
Delon, Alain, 438
Demy, Jacques, 499
Deneuve, Catherine, 468
Dest, Jo, 185
Deville, Michel, 465, 468, 471, 480-481
Dewever, Jean, 403, 485, 488-489, 491-492, 494-509, 512
Diamant-Berger, Henri, 158
Dietrich, Marlène, 253, 429, 460
Douglas, Kirk, 438
Douy, Max, 23-24, 57
Dréville, Jean, 57-58, 309, 327-328, 341, 428
Dreyfus, Jean-Paul, voir Le Chanois, 25

Duras, Marguerite, 486
Duvivier, Julien, 58, 126, 221, 405, 504
Dux, Pierre, 438

Esway, Alexandre, 155, 162-163, 169

Fernandel, 493
Ferry, Jean, 159, 328
Feyder, Jacques, 58, 221
Flavin, Émile, 46, 103, 109
Forest, Pierre, 190, 199
Forestier, Félix, 46, 103, 106-108, 111-112, 116, 128, 265, 297-298
Fresnay, Pierre, 195, 258, 261, 267
Frick, Billy, 446
Funès, Louis de, 365, 368, 466, 469, 513

Gabin, Jean, 253, 259, 261, 265, 365, 367
Gable, Clark, 537
Gance, Abel, 31, 87
Gantillon, Simon, 182
Gatti, Armand, 401, 518, 522-523
Gélin, Daniel, 438
Godard, Jean-Luc, 64, 400, 402, 460, 503
Gordine, Sacha, 207, 210, 220
Graetz, Paul, 359, 361, 428-434, 436-437, 440-444, 446-450, 453, 455
Grémillon, Jean, 27-28, 39, 58, 66, 71, 119, 255-257, 272, 300

Greven, Alfred, 26, 40, 58, 237, 349
Grignon, Marcel, 412
Grumbach, Jean-Pierre, *voir* Melville
Gudin, Robert, 43-45, 109
Guignebert, Jean, 60
Guitry, Sacha, 194, 340, 345-347, 368, 373-377, 392, 394

Hakim, Raymond et Robert, 59, 511
Hayer, Nicolas, 24, 46, 50, 54, 244
Heymann, Claude, 23, 33, 40, 63-64, 207-208, 212, 215, 218-219, 221-222, 266, 349
Hirsch, Robert, 469
Hossein, Robert, 415
Houdet, René, 24
Huisman, Georges, 196, 202-203, 258, 282, 311, 373-376, 392

Jammot, Armand, 484
Jardin, Pascal, 484
Jay, Jean, 27, 46, 50, 54-55, 79, 103
Jeander, Jean Derobe, 170, 176, 200, 414
Jeanson, Henri, 65, 200, 233-239, 242-243, 299-300, 361, 399, 414
Joannon, Léo, 328
Joffé, Alex, 465
Joly, Max, 326
Jullian, Marcel, 466

Kamenka, Alexandre, 31, 59, 374, 427

Kast, Pierre, 401, 406, 409, 417-418, 499
Kerchbron, Jean, 485, 487-488
Kessel, Joseph, 155, 162, 165-166, 168, 304, 410, 418, 426-427

Labro, Maurice, 306, 308
Langlois, Henri, 27, 402
Lanzmann, Claude, 533
Lapierre, Dominique, 428-429, 431, 434, 436, 441, 452, 460
Laroche, Étienne, 24, 51
Larquey, Pierre, 220
Larriaga, Gilbert, 43, 77
Lauer, 63
Laughton, Charles, 537
Laurent, Jacques, 449, 454, 511
Lautner, Georges, 485, 510
Le Chanois, Emma, 23, 25, 285
Le Chanois, Jean-Paul, 24-26, 29, 46, 50, 54, 62, 66, 83, 103, 106-119, 147, 285-293, 295-296, 299-300, 328
Le Vigan, Robert, 64, 345
Leander, Zarah, 492
Lefèvre, René, 189
Lemare, Jacques, 24
Lestringuez, Pierre, 157, 200, 203
Lévi-Alvarès, Jean-Louis, 520
Lévy, Pierre, 117-118, 290-292
Lévy, Raoul, 465
Lhéritier, Octave, capitaine, 174, 194, 257-258, 326
Lubitsch, Ernst, 468
Luguet, André, 27
Lumet, Sidney, 431

Index 561

Madru, Gaston, 44, 109, 128
Mahuzier, Albert, 43-45, 109
Malle, Louis, 382, 395, 398, 532
Mamy, Jean, 64
Marais, Jean, 331
Marker, Chris, 387, 401
Marmande, Yves, 301
Marquès-Rivière, Jean, 64
Marquet, Mary, 345, 474
Mathot, Léon, 180, 188, 190, 193, 198, 200-203, 349, 374, 376
Maurette, Marc, 23-24, 50-51, 55, 60, 62-64, 103-104, 111-112, 199, 204, 237
Melville (Grumbach), Jean-Pierre, 12, 315-326, 399-400, 406, 410-411, 418-421, 426-427, 431, 448, 528
Mercanton, Roger, 23, 27, 50, 52, 54, 79, 129, 283, 412, 431, 451
Mesnier, Paul, 407
Michel, André, 33, 37, 84-86, 88-89, 109, 111, 167, 176-177, 199-201, 203-205, 273, 304
Milestone, Lewis, 501
Mirkine, Léo, 31
Missir, Hervé, 50, 52, 54
Mnouchkine, Alexandre, 465
Montand, Yves, 253, 457
Moreau, Jeanne, 403
Morin, Edgar, 520-521
Mouloudji, Marcel, 164, 354
Moussy, Marcel, 415
Mugeli, Jean, 373, 377
Musso, Jeff, 45, 180, 189-190, 197-199, 201
Muzard, Robert, 64

Natan, Émile, 59
Nattier, Nathalie, 253
Noë, Yvan, 31, 185, 202
Noël-Noël, 173, 223-225, 227-228, 230-232, 315, 341, 360
Nohain, Jean, 337, 339-340, 360, 393
Noiret, Philippe, 468
Nord, Pierre, *voir* André Brouillard

Ophuls, Marcel, 12, 416-417, 512, 515, 517
Ophüls, Max, 504
Oury, Gérard, 463, 466-468, 473, 475-476, 479-481

Pabst, Georg Wilhelm, 33, 501, 504
Parlo, Dita, 259, 264-265
Paulvé, André, 58
Péclet, Georges, 304-305, 308
Périer, François, 300, 403
Perret, Léonce, 158, 483
Perrin, Jacques, 407
Philipe, Gérard, 255, 359, 372
Piccoli, Michel, 438, 454, 519
Ploquin, Raoul, 26, 58
Poiré, Alain, 538
Poiré, Jean-Marie, 537
Poujouly, Georges, 334, 355
Poutays, Pierre, 131-132, 134, 136, 146, 150-151, 153
Premysler, Francine, 513-514
Presle, Micheline, 234, 359, 403
Prévert, Jacques, 27, 41, 251-252

Radot, Guillaume, 131
Rajk, Étienne, 132
Rappeneau, Jean-Paul, 465, 467-468, 474, 480-481, 523
Réfrigier, M., 107, 114
Renoir, Claude, 209, 223
Renoir, Jean, 58, 65, 87, 126, 200, 221, 233, 257-265, 268-269, 326, 337, 399, 465, 504
Resnais, Alain, 315, 329-330, 384-388, 390-392, 401, 485-486, 499, 502, 508
Rheims, Maurice, 468, 480
Rich, Claude, 438, 444-445
Richard, Pierre, 306
Richebé, Roger, 58, 328
Riva, Emmanuelle, 10, 486
Rivet, Marcel, 162
Rivette, Jacques, 402
Robbe-Grillet, Alain, 320
Roche, France, 487
Roitfeld, Jacques, 328, 341
Rökk, Marika, 492
Rollmer, 257
Ronet, Maurice, 424
Rony, Georges, 309-310
Rossi, Tino, 345
Rouch, Jean, 520

Saintenoy, Jane-Edith, 304
Saint-Loubert Bié, M., 117
Salacrou, Armand, 27
Sartre, Jean-Paul, 27-29, 35, 57, 65, 76, 177, 352, 365
Saslavsky, Luis, 328, 377, 379-380, 382, 402
Sautet, Claude, 467, 499
Saval, Dany, 407, 414
Seigner, Louis, 220

Signoret, Simone, 84, 159, 300, 411, 420, 523
Sigurd, Jacques, 189, 331
Simon, Michel, 186, 513, 522-524
Simonov, Constantin, 428
Sologne, Madeleine, 187
Spaak, Charles, 180, 207-209, 212, 215-217, 219-221, 244, 255, 258, 262, 328, 341, 354, 356, 399, 428
Stéphane (Rothschild), Nicole, 318, 321, 467, 480
Stroheim, Erich von, 183, 258, 262

Tabet, André, 381
Tacchella, Jean-Charles, 488, 492, 500-501, 504-505, 507
Thompson, Danièle, 466
Torrent, Henri, 513-515
Triolet, Elsa, 428, 462
Truffaut, François, 239, 346, 368, 395, 399-400, 418, 475, 523-524

Ullmann, Henri, 61-62, 109, 115-116, 287-291

Valère, Jean, 405, 408, 415
Valli, Alida, 331
Vassiliev, Sergei et Georges, 14
Verdier, Roger, 86, 89, 111
Verneuil, Henri, 465, 511
Vernon, Howard, 185, 229, 325
Vidal, Gore, 430, 433, 437, 460
Vigo, Jean, 399, 494, 504
Vilar, Jean, 252, 307
Villiers, François, 413, 426, 528

Weil, Albert, 46, 107, 128
Welles, Orson, 435
Wheeler, René, 193
Wipf, Louis, 23, 68, 237, 412, 430-432, 449, 466

Youtkevitch, Sergei, 74

Zanuck, Darryl, 428-429, 434
Zwobada, André, 23, 27, 40-41, 50, 53-55, 58, 63, 79, 307

Remerciements

Pour l'édition de 1997 :

J'exprime toute ma reconnaissance à ceux qui m'ont permis de réunir et consulter mes sources audiovisuelles et écrites :
Michelle Aubert aux Archives françaises du film ; Frédérique Bonnaud, Alain Marchand à la Cinémathèque française ; Jean-Paul Gorce et Francis Desbarats à la Cinémathèque de Toulouse ; le Lieutenant-Colonel Marignan à l'Établissement de communication et de production audiovisuelle de la Défense ; Christine Barbier-Bouvet à l'Inathèque de France.
Laurent Billia, Dominique Brun, Marc Vernet, à la Cinémathèque française/Bifi ; Emmanuelle Toulet au département des Arts du spectacle de la BNF ; Edith Reta et Marie Bessi au service des actualités de l'INA ; Jean-Claude Debray, Dominique Vallon et Pascal Vandewalle au CNC.

Toute ma gratitude va aux témoins qui m'ont reçue et m'ont confié leurs récits, leurs souvenirs, leurs archives :
Henri Alekan ; Pierre Alekan ; Maurice Bessy ; Pierre Braunberger ; Henri Calef ; Jean Dewever ; Max Douy ; Jean Dréville ; Emma Le Chanois ; Claude Jaeger ; Claude Heymann ; Marc Maurette ; Roger Mercanton ; Alain de Sédouy ; Nicole Stéphane ; Jean-François Théry ; Louis Wipf ; André Zwobada.

Cette recherche n'aurait pu aboutir sans le regard attentif, les conseils et les encouragements de Jean-Pierre Azéma,

Jean-Pierre Bertin-Maghit, Marc Ferro, Brigitte Gaïti, Raoul Girardet, Pierre Laborie et Annette Wieviorka.

Je remercie pour leur aide et leur compréhension mes collègues de Southampton University, Bill Brooks et Mike Kelly.

J'exprime toute ma reconnaissance aux accompagnatrices Raphaëlle Rérolle et Natacha Michel qui m'a aussi ouvert les archives de son père, André Michel.

À ceux enfin dont je ne saurais rien dire qu'ils ne sachent déjà : Béatrice Houplain et mes parents à qui ce livre est dédié.

Addendum à la présente édition :

La nouvelle parution des *Écrans de l'ombre* est l'occasion de remercier le jury de l'Institut Jean-Vigo qui a décerné à l'ouvrage le prix Jean-Mitry en 1997.
Cette édition refondue et augmentée a nécessité des visionnages complémentaires et de nouvelles consultations d'archives. J'exprime ma gratitude à : Béatrice de Pastre, Éric Leroy, Daniel Brémaud (AFF) ; Joël Daire, Valdo Kneubuhler, Laure Marchaut, Monique Fauhlaber (Cinémathèque française) ; Laure Gaudenzi, Olivier Corvée (Cinémathèque universitaire) ; Albane Brunel (ECPAD) ; Laurence Voix (Mémorial de la Shoah) ; Pierre Chaintreuil (CNC) ; Stéphane Launey (SHAT). Je remercie également ce dernier, ainsi que Laurent Veray, pour la relecture des pages consacrées au SCA. Ophir Levy m'a alimentée en DVD et m'a apporté son aide précieuse pour la dernière longueur, me sauvant de la noyade en repêchant les chiffres d'exploitation du CNC avec le concours de Monique Ménager (service du contrôle des résultats d'exploitation).
Cette nouvelle édition a été enrichie par les archives de

la Fondation René-Clément ; j'exprime ma vive reconnaissance à Johanna Clément pour son accueil chaleureux, sa générosité, sa disponibilité.

Le livre a été nourri par les questions alertes et sans cesse renouvelées de mes étudiants à Paris 3 puis à Paris 1. Tout au long de sa réécriture, j'ai reçu le soutien sans faille de Zinaïda Polimenova et de mon équipe d'accueil, l'Hicsa, dirigée par Philippe Dagen, ainsi que les encouragements amicaux et l'aide de Christa Blümlinger, Nathalie Ernoult, Catherine Gonnard, Christine Lamothe, Matthias Steinle. Ce livre a bénéficié de mes discussions avec Jean-Louis Comolli, Jean-Michel Frodon, Béatrice Houplain, Dork Zabunyan. Je remercie chaleureusement mon éditrice Séverine Nikel et Annette Wieviorka qui fut à l'origine de l'édition de 1997 et est à nouveau au rendez-vous, toujours fidèle, généreuse, vigilante. L'une et l'autre ont relu cette édition refondue qui doit beaucoup à la justesse de leurs remarques. À Lili enfin, qui a éclairé mon labeur de sa lumineuse présence.

Table

Introduction : Le passé au miroir 9
   Les usages cinématographiques du passé .. 10
   Le « film-palimpseste ».................. 12
   L'opération cinématographique........... 14

LIVRE PREMIER
CINÉMA, ANNÉES ZÉRO :
NAISSANCE D'UN IMAGINAIRE

PREMIÈRE PARTIE :
Portrait de l'artiste en résistant

1. Cinéastes de l'ombre...................... 23
« Une profession qui n'a pas trahi »
(Louis Daquin) 23
   La « Résistance cinématographique »...... 23
   L'engagement des exilés de l'intérieur..... 30
Quelle légitimité pour quel combat ? 34
   « L'exil hors du temps » 34
   La caméra sous le manteau.............. 43

2. De la Résistance à la Révolution :
   les illusions du Grand Soir 49

Le baptême du feu............................	50
La mystique se dégrade en politique :	
de l'euphorie à la confiscation	53
La reprise en main des actualités.........	54
Épuration : l'échec d'une catharsis	56
Organiser et produire....................	67

3. Le cinéma du Comité de libération :
   la reconversion des héros 71

La Libération de Paris :	
le film de la communion....................	72
Paris levé, debout.......................	72
L'Histoire et ses scories..................	77
Arbitrages..............................	79
La Bataille du rail :	
le temps des habiles compromis	84
Genèse.................................	85
L'hybridité des formes	
au service d'un discours pluriel	89
D'une logique de classe	
à une logique d'entreprise.............	92
Les usages du vrai......................	100
Au cœur de l'orage : le nœud gordien...........	102
Wolfram................................	103
Vercors	108
Pour que vive la France	113
Le CLCF, une imparfaite courroie	
de transmission.......................	120

DEUXIÈME PARTIE :
Une « pédagogie de l'honneur national »

4. Le Service cinématographique	
de l'armée, miroir de la « France éternelle »..	125
Souvenirs écrans et captation d'héritage..........	130

Le mythe de la « vraie France » 137
    La guerre de trente ans 138
    La continuité républicaine 140
Jeux de rôles, enjeux de pouvoir 142
    Le rang 142
    L'ordre 146
La bataille de mémoire 152

5. Terre de France :
    dans les marges du cinéma officiel 155
La gloire de la 1re armée 156
    Le retour du bleu horizon 156
    « Ils sentaient bon le sable chaud... » ... 159
Joseph Kessel, hagiographe de la France libre ... 162
    L'épopée revendiquée 162
    La guerre est un métier... 165
    Fidèle Marianne 168
    Triomphe public et succès critique 169

TROISIÈME PARTIE :
La Résistance comme fonds de commerce

6. Effets de mode : les sources d'un imaginaire ... 179
Héros et martyrs : l'histoire pieuse 179
    L'art d'accommoder les restes 180
    Naissance d'un genre 184
Les fables historiques 191
Politique et Résistance 196
Les écluses de la Commission militaire nationale .. 199
    Censure à la qualité 199
    Parcours sans faute 201
    Vérité et vraisemblance 202
    L'équilibre des forces 204

7. Ajuster le mythe au réel 207
Jéricho, radiographie d'un succès 207
    Nouveau regard sur la France captive..... 208
    La piété sans le pathos 216
Le Père tranquille, synthèse « pétaino-gaulliste » .. 223
    La Résistance en charentaises............ 223
    Travail, Famille, Patrie 227

8. Les usages de l'allégorie.................... 233
Les saillies de Jeanson....................... 233
    Vision de classes...................... 234
    Clarifications......................... 237
    Entre morale et politique................ 240
Patrie : la Résistance en hauts-de-chausses
et en pourpoints 244
    Jeux de masques....................... 245
    Repolitisation des critiques 248
L'hiver est venu............................ 251
La Grande Illusion dans le rétroviseur
de l'histoire.............................. 257
    Réveil d'Anastasie 257
    Procès rétroactif d'une œuvre :
    le film réinventé de Renoir 260

Conclusion du livre premier : Le cinéma écran.... 271
    Une Résistance à géométrie variable 271
    L'essence de la nation.................. 273
    L'écran aveugle 275

LIVRE SECOND
REPRISES ET REFONDATIONS

QUATRIÈME PARTIE :
La grande désillusion

9. Le cinéma entre en guerre froide	285
La nouvelle bataille du Vercors	285
Le ton du partisan	285
Le Vercors, pomme de discorde	291
De l'écran à la tribune	297
Marshall, nous voilà !	297
Éloges contestés des militaires et de la France libre	304
La chasse aux films soviétiques	310
10. Les lauriers sont coupés	315
De l'ombre au Silence : Melville franc-tireur	316
Coup de force	316
Affinités électives	320
Le désenchantement du monde	328
Vaincus et victimes	328
« Une âme de spectateur »	331
Guerres interdites	333
La gloire des dupes ou le patriotisme désuet de la petite bourgeoisie	337
11. La crise sacrificielle	345
Entre chien et loup	350
La gloire des malins	358
Censure et scandale	369
Quand le diable s'en mêle	369

La neige était trop sale	377
D'un déluge à l'autre	382
L'honneur d'un gendarme	384

CINQUIÈME PARTIE :
Le retour de l'enchantement

12. Le culte de la « reine morte »	405
La nostalgie d'un âge d'or	407
Une imagerie sédimentée	407
Les « tricheurs en scène »	409
L'illusion compensatrice	422
Le « duel-duo »	425
Paris brûle-t-il ?, une rétro-histoire sous contrainte	428
La griffe de Hollywood	434
L'UNR libère Paris	439
La liturgie gaullienne ou « l'attrape-nigaulle »	456
13. Le jour le plus drôle	465
La bataille du rire fait recettes	465
« La guerre ! Et puis quoi encore, pourquoi pas le rhume des foins ! »	468
« L'irrespect conservateur »	474
L'espièglerie au service de l'infaillibilité française	474
La tripe tricolore	476
14. De l'autre côté du miroir	483
Les Honneurs de la guerre : les paradoxes de l'allégorie	488
Des vaincus et des héros superflus	489
Sur l'autre rivage	499

Sale guerre et guerre juste	506
« Une censure peut en cacher une autre »	509
Les nouvelles normes du contrôle cinématographique	510
La dictature de l'indifférence	518
Conclusion du livre second : L'écho-cinéma	525
Postface : Les ailes du temps	531
Sigles et acronymes	539
Filmographie	541
Sources	549
Index	557
Remerciements	565

COMPOSITION : NORD COMPO À VILLENEUVE-D'ASCQ
IMPRESSION : NORMANDIE ROTO IMPRESSION S.A.S À LONRAI
DÉPÔT LÉGAL : AVRIL 2014. N° 113976 (1401141)
IMPRIMÉ EN FRANCE